제2판

R과 WinBUGS를 이용한
메타분석

김달호 · 장은진 · 황진섭 지음

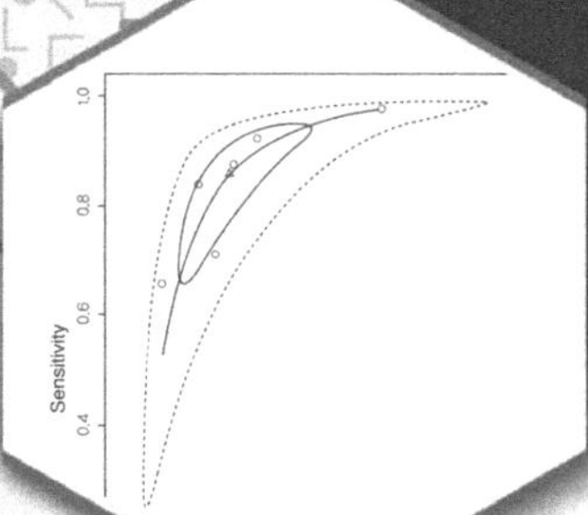

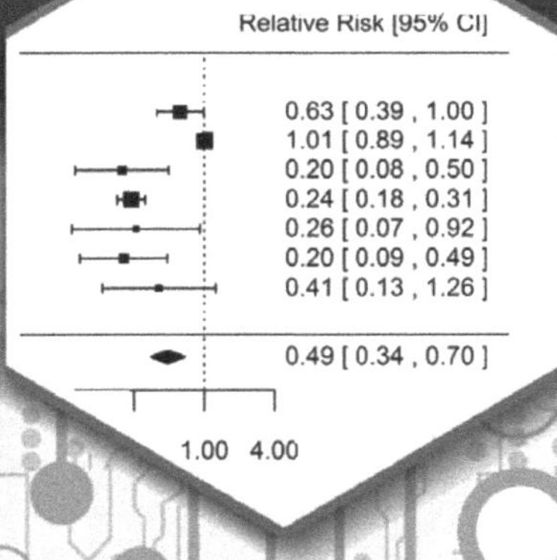

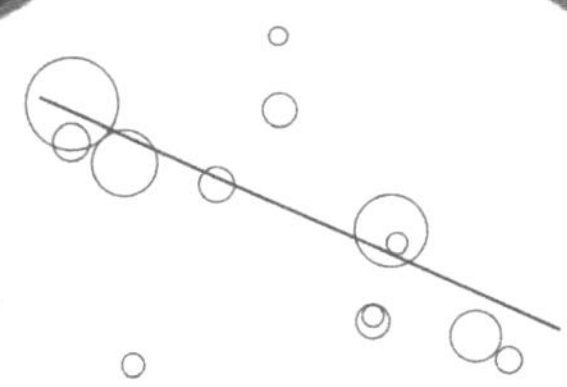

자유아카데미

머리말

최근 의학, 사회학, 교육학 분야에서는 체계적 문헌고찰을 이용한 연구가 증가하고 있으며, 아울러 메타분석 방법의 활용도 증가하고 있습니다. 체계적 문헌고찰은 동일한 연구주제로 수행된 연구들이 여러 개 있는 경우, 사전에 계획된 체계적인 방법을 사용하여 이들 연구의 결과를 종합하는 연구방법입니다. 그리고 메타분석은 하나의 주제에 대한 여러 개별 선행연구들의 결과를 양적으로 통합하기 위해 사용하는 통계적 방법입니다. 따라서 여러 연구들이 동질적이라고 할 수 있는 경우, 이들을 합리적이고 체계적으로 통합하는 것은 큰 의미가 있을 것입니다.

메타분석 방법 적용 시 비교하고자 하는 그룹에 대한 직접비교 연구들이 충분한 경우 직접비교 메타분석을 수행할 수 있으며, 직접비교 연구들이 충분하지 않은 경우 간접비교 또는 혼합비교 방법을 포함한 네트워크 메타분석을 수행할 수 있습니다. 그리고 통계적 추론의 측면에서 전통적 메타분석과 베이지안 메타분석으로 구분할 수 있습니다.

이 책은 10장으로 구성되어 있습니다. 3~6장에서는 전통적 메타분석 방법으로 효과크기의 추정, 통합추정치의 추정, 통계적 이질성 검토, 출판 비뚤림 검토에 대한 내용을 다루고 있으며, 8장에서는 베이지안 방법에 의한 직접비교 메타분석 방법을 다루고 있습니다. 그리고 9장에서는 공통대조군 간접비교 및 혼합비교를 수행하는 네트워크 메타분석 방법에 대해 다루고 있으며, 10장에서는 이번 제2판에 추가된 내용으로, 진단검사 연구의 결과를 통합하는 진단검사 메타분석 방법에 대해 다루고 있습니다.

이 책에서는 메타분석 방법에 대한 이론뿐만 아니라, 최근 널리 사용되고 있는 무료 소프트웨어인 R에서 메타분석을 수행하는 프로그램과 베이지안 메타분석 및 네트워크 메타분석을 수행하기 위한 WinBUGS 프로그램을 제공하고 있습니다. R과 WinBUGS의 기본 사용법에 대해서는 2장과 7장을 참고하시기 바랍니다. 특히 이번 제2판에서는 WinBUGS 프로그램을 R에서 활용할 수 있는 R2WinBUGS 패키지에 대한 설명을 추가하였습니다.

이 책은 메타분석에 대한 여러 책자들과 관련 논문, 보고서 등을 참고하고, 저자들의 메타분석 경험들을 바탕으로, 실제 메타분석을 수행하고자 하는 연구자들의 메타분석에 대한 이론적인 이해를 돕고 실질적으로 적용할 수 있도록 이론과 실습을 포괄하여 체계적으로 정리하였습니다.

메타분석 및 R과 WinBUGS를 처음 접하는 연구자들도 이 책에서 제공하는 R과 WinBUGS의 자료입력 방법, 프로그램 수행 방법, 그래프 출력 방법 등을 익힌다면, 메타분석 수행이 가능하도록 자세한 설명을 담았습니다. 특히 이번 제2판에서는 1.7절에서 R의 metafor 패키지를 이용한 메타분석 수행 절차에 대한 요약을 추가하였습니다. 따라서 이 책이 의학, 보건학, 교육학, 사회과학 등 여러 학문분야의 연구자들이 메타분석을 이해하고 수행하는 데 실질적인 도움이 되리라 생각합니다.

좋은 책을 위해 최선을 다했지만 부족한 부분이 있을 수 있습니다. 출간 후에라도 수정사항이 있을 경우에는 자유아카데미 홈페이지(www.freeaca.com) 자료실에 제공할 예정입니다.

마지막으로 이 책의 초판과 제2판이 출간되기까지 많은 이들의 도움이 있었음을 밝힙니다. 특히 편집 과정에서 수고를 아끼지 않았던 베이지안 통계학 연구실의 김은영, 최성미, 이자연, 류현남에게 고마움을 표하며, 자유아카데미 여러분의 수고에도 감사드립니다. 끝으로 이 저서는 2011학년도 경북대학교 학술연구비의 지원을 받았음을 밝힙니다.

2016년 10월

지은이 씀

프로그램 파일은 아래 홈페이지에서 다운로드 가능합니다.

http://bayesian.knu.ac.kr

차례

1장 메타분석 · 1

2장 R · 15

3장 효과크기 추정 · 61

8장 베이지안 메타분석 • 233

9장 네트워크 메타분석 • 275

10장 진단검사 메타분석 • 335

메타분석 1장

연구자가 가지고 있는 관심주제에 대해 수행된 기존 연구들이 이미 있을 경우, 이 연구결과들은 유사할 수도 있고 서로 상반된 결과를 보일 수도 있으며 명확히 결론을 내리기 어려운 경우도 있다. 이런 경우 동일한 연구주제에 대해 수행된 기존 연구들을 체계적으로 검색하고 선정하는 체계적 문헌고찰과 메타분석을 통해 결론을 도출하고자 하는 접근이 최근 여러 학문분야에서 증가하고 있다. 이 장에서는 메타분석의 개념과 필요성, 적용 시 유의할 점에 대해 설명하고, 메타분석의 수행 절차를 개괄적으로 설명하고자 한다.

1.1 체계적 문헌고찰과 메타분석

체계적 문헌고찰은 동일한 연구주제에 대해 수행된 일차연구가 여러 개 있는 경우, 사전에 계획된 체계적인 방법을 사용하여 연구결과들을 종합하는 연구방법이다. 여기서 일차연구란 연구대상자들을 대상으로 직접 자료를 수집하여 수행된 연구를 의미한다.

체계적 문헌고찰은 명확하고 체계적인 방법을 이용하여 수행하는 것이 중요하다. 체계적 문헌고찰을 수행하기 위해서는 ① 특정한 연구주제에 대해 체계적이고 포괄적인 문헌검색을 실시하고, ② 사전에 정해진 선정/제외기준에 따라 문헌들을 선택해야 한다. 그리고 최종 선정된 문헌에 대하여 ③ 자료를 추출하고, ④ 문헌의 비뚤림 위험을 평가하고, ⑤ 연구결과들의 양적 합성이 가능한 경우 메타분석을 실시한다. 마지막으로, ⑥ 연구주제에 대한 결론을 도출한다.

메타분석은 하나의 주제에 대해 연구한 여러 개별 선행연구들의 결과를 양적으로 통합하기 위해 사용하는 통계적 방법이다. 메타분석은 체계적 문헌고찰의 과정에서 선정된 연구들의 연구대상자, 결과변수 등의 연구특성이 충분히 동질적인 경우, 서로 다른 연구결과들을 통합하기 위해 수행할 수 있다.

메타분석은 반드시 체계적 문헌고찰에서만 이용되는 방법은 아니며, 체계적 문헌고찰에서도 연구들 간의 특성이 너무 이질적이면 자료의 양적 통합을 시도하지 않을 수 있다. 이처럼 메타분석을 실시하지 않고 타당성과 방법론적 장단점의 관점에서 고찰 가능한 연구에 대해 기술만 하는 경우를 질적 체계적 문헌고찰이라고 하며, 이에 반해 수학적으로 연구결과를 통합하는 메타분석을 양적 체계적 문헌고찰이라고 한다.

최근 의학, 사회학, 교육학 분야에서 체계적 문헌고찰을 이용한 연구가 증가하고 있으며, 아울러 메타분석 방법의 활용도 증가하고 있다. 여러 일차연구들의 결과에 대해 통합이 적절한 경우, 즉 연구들이 동질적이라고 할 수 있는 경우 여러 연구결과들을 합리적이고 체계적으로 통합하는 것은 큰 의미가 있을 것이다.

1.2 메타분석의 필요성

동일한 연구가설을 밝히기 위해 진행된 연구라 하더라도 여러 가지 제약조건으로 인해 각 연구마다 연구의 설계 및 분석방법, 표본의 크기와 연구대상자 등의 특성에 차이가 있을 수 있으며, 연구결과도 일관되지 않을 수 있다. 또한 표본수가 작은 개별 연구인 경우, 검정력이 떨어지고 정밀도도 낮아지게 되어, 도출된 연구결과에 대한 신뢰에 문제가 있을 수 있다.

메타분석을 수행하는 이유는, 첫째로 개별 연구들의 연구결과가 일관성이 있는 경우 메타분석을 통해 이들 결과를 통합하게 되면 표본수가 증가하게 된다. 따라서 만일 실제로 비교하고자 하는 두 그룹의 결과에 차이가 있을 경우 이를 더 쉽게 탐지할 수 있게 된다. 즉 검정력이 높아지며 증가된 표본수로 인해 정밀도도 증가하게 된다.

둘째로 개별 연구들의 연구결과가 일관성이 없는 경우 연구결과에 영향을 주는 요인들을 파악하기 위해 메타분석을 수행한다. 예를 들어 Colditz 등(1994)이 수행한 BCG 백신의 효과를 평가하기 위한 메타분석 연구에서는 연구가 수행된 국가의 위도(latitude)가 BCG 백신의 효과에 영향을 주는 요인임을 밝혔다.

마지막으로 새로운 연구가 필요할 때, 메타분석은 연구설계에 도움을 준다. 예를 들어 선행연구의 메타분석을 통해 특정 연구주제에 대한 결과를 더 잘 설명할 수 있는 결과지표를 파악하거나, 연구방법의 특징을 파악해 새로운 연구의 설계에 참고할 수 있다.

1.3 메타분석 시 유의할 점

메타분석은 관심 있는 연구주제에 대한 효과를 추정한 선행연구가 여러 개 있을 때, 연구들 간에 연구결과에 영향을 줄 수 있는 연구특성이 동질적이고 연구의 결과 변수가 비슷한 방법으로 측정된 경우에 수행할 수 있다. 이러한 메타분석 수행을 위한 기본 조건이 만족되지 않을 경우 메타분석을 통한 연구결과의 통합은 오히려 왜곡된 결론을 도출할 수 있으므로 주의해야 한다.

메타분석을 수행할 수 없는 경우는 ① 개별 연구의 특성(예를 들어 연구의 설계 및 분석방법, 연구대상자의 특성 등)이 서로 이질적이어서 통합 자체가 의미가 없는 경우 또는 ② 개별 연구 자체가 심각한 비뚤림(bias)을 가지고 있거나 ③ 심각한 출판 비뚤림(publication bias)이 있는 경우이다.

따라서 서로 이질적인 연구들을 대상으로 메타분석을 실시하거나, 비뚤림이 있는 연구들을 메타분석 대상에 포함시키지 않도록 유의해야 하며, 아무리 훌륭한 메타분석도 연구의 질이 낮은 개별 연구의 한계점을 극복할 수 없다는 점도 명심해야 한다.

1.4 메타분석 수행 절차

체계적 문헌고찰 과정에서 주어진 연구주제를 명확히 설정하고, 검색할 연구특성(연구대상자, 결과변수 등), 검색방법, 연구들의 선정/제외기준 등을 체계적으로 명시한 프로토콜을 사전에 작성한다. 작성된 프로토콜을 바탕으로 메타분석을 위한 연구들을 최종 선정하고 필요한 자료를 추출하여 정리한 후, 선정된 연구들의 연구특성 및 연구방법 등을 고려하여 연구들이 동질하다고 판단이 되는 경우 메타분석을 실시한다.

메타분석에서는 먼저 연구목적과 자료유형에 따라 효과크기(effect size)를 선정하고 고정효과모형(fixed-effects model, FE) 또는 랜덤효과모형(random-effect model, RE)을 이용하여 통합추정치(pooled estimates)를 추정한다. 메타분석 대상 연구들의 이질성을 검토하고 이질성에 문제가 있다고 판단될 경우 메타분석을 수행하지 않고 메타회귀분석이나 하위그룹분석(subgroup analysis)을 수행하여 이질성을 일으키는 원인을 파악한다. 만일 통합 대상 연구들이 동질적이라고 판단될 경우 메타분석을 수행하고, 출판 비뚤림을 검토한다. 마지막으로 민감도 분석(sensitivity analysis)을 통해 연구결과가 로버스트한지 검토하고 결론을 도출한다(그림 1-1).

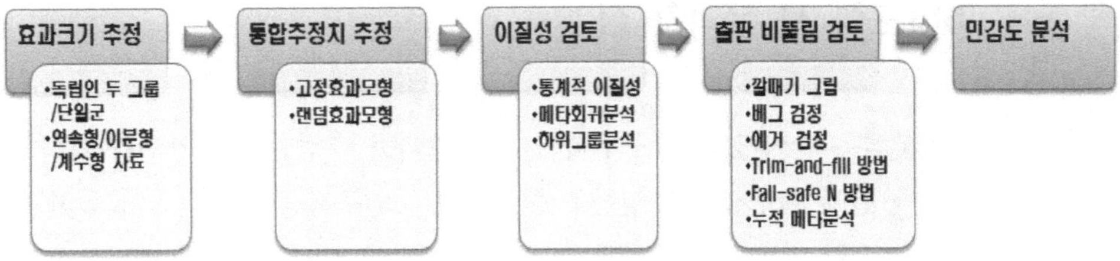

그림 1-1 메타분석 수행 절차

1.4.1 효과크기 추정

효과크기란 두 변수 간의 관계 또는 두 그룹 간의 차이를 수량화하여 나타내는 지표이며, 자료의 유형에 따라 적절한 효과크기를 사용해야 한다(표 1-1).

표 1-1 자료유형과 효과크기

자료유형	효과크기
연속형 자료	평균차(Mean Difference, MD) 표준화 평균차(Standardized Mean Difference, SMD) 상관계수(Correlation coefficient)
이분형 자료	위험비(Risk Ratio, Relative Risk, RR) 오즈비(Odds Ratio, OR) 위험차(Risk Difference, RD)
계수형 자료	발생률비(Incidence Rate Ratio, IRR) 발생률차(Incidence Rate Difference, IRD)

사회과학 분야에서는 효과크기로 평균차 또는 상관계수를 많이 사용하며, 의학연구 분야에서는 어떤 치료 또는 중재(intervention)에 의한 효과라는 의미로 효과크기를 치료효과로 표현하기도 하는데 주로 위험비, 오즈비, 위험차를 많이 사용한다. 일반적인 메타분석은 두 그룹 간의 비교에 관심이 있는 경우가 대부분이지만, 경우에 따라서는 단일 모집단에서의 평균이나 비율, 발생률 등의 추정이 목적인 경우도 있다. 따라서 본 교재에서는 효과크기를 단일군에서의 평균이나 비율, 발생률 등을 포함하는 포괄적인 용어로 정의하고자 한다.

선정된 효과크기를 추정할 수 있는 자료를 개별 연구에서 추출해야 하는데, 연속형 자료인 경우 평균과 표준편차가 필요하며, 이분형 자료인 경우 위험비, 오즈비, 위험차를 계산할 수 있는 전체 표본수와 관심사건이 발생한 표본수를 추출해야 한다. 효과크기를 추정하는 방법은 **3장. 효과크기 추정**에서 자료유형별로 자세히 다룰 것이다.

1.4.2 통합추정치 추정

개별 연구의 효과크기를 통합할 때의 기본 원칙은 각 연구의 중요도에 따라 가중치를 다르게 부여하여 가중평균을 구하는 것이다. 각 연구의 중요도를 고려하지 않고 여러 연구들의 효과크기의 단순평균을 계산하는 것은 좋지 않은 방법이다. 가중치를 부여할 때는 더 정밀한 추정치를 제공한 연구, 표본크기가 더 큰 연구에 더 많은 가중치를 부여하는 것이 원칙이며, 가중치로 고려할 수 있는 것은 표본의 크기, 분산, 정밀도, 연구의 질 등이 있다.

효과크기의 통합추정치 추정, 신뢰구간 추정 및 통합추정치에 대한 가설검정을 실시하기 위해 메타분석에서 주로 사용되는 통계적 모형으로는 고정효과모형과 랜덤효과모형이 있다. 이 두 모형의 차이는 개별 연구에서 얻어진 효과크기가 어떤 분포에서 얻어진 자료인지에 대한 통계적 관점의 차이라고 할 수 있는데, 이에 대한 자세한 내용은 **4장. 통합추정치 추정**에서 다룰 것이다.

1.4.3 이질성 검토

메타분석에서 이질성이란 통합 대상 연구들이 동질하지 않음을 뜻하며, 이는 연구설계 등의 차이로 인한 방법론적 다양성과, 연구들 간 효과크기가 통계적으로 다름을 의미하는 통계적 이질성으로 구분할 수 있다. 또한 의학연구 분야에서는 연구대상자의 차이, 치료법의 차이, 결과지표의 차이 등에 기인하는 임상적 다양성에 대한 추가 검토가 필요하다. 방법론적 다양성과 임상적 다양성은 양적으로 판단하는 것이 불가능하므로 연구자 및 전문가의 판단이 중요하다.

통계적 이질성 검토 결과, 연구결과들 간에 통계적 이질성이 있다고 판단된다면 메타분석은 조심스럽게 진행되어야 하며, 이질성이 나타나게 된 원인도 조사해야 한다. 서로 이질적인 연구결과들의 통합이 의미가 있는 것인지에 대한 비판은 계속되고 있으며, 연구결과를 통합해도 좋은 이질성의 크기 또한 명확한 기준이 없다. 랜덤효과모형은 연구결과들 간의 이질성을 해결하기 위한 방법이 아니라 연구결과들 간의 변동을 추가적으로 고려한 통계적인 모형일 뿐이므로, 통계적 이질성이 있는 경우 이질성이 나타나게 된 원인의 조사가 더 중요하다.

5장. 통계적 이질성에서는 개별 연구결과들 간의 통계적 이질성을 평가하는 방법으로 숲그림(forest plot) 방법, 코크란(Cochran)의 Q-통계량을 이용한 가설검정과 히긴스(Higgins)의 I^2-통계량에 대해 다룰 예정이며, 이질성의 원인을 파악하기 위한 방법인 하위그룹분석과 메타회귀분석에 대해서도 다룰 것이다.

1.4.4 출판 비뚤림 검토

일반적으로 메타분석은 체계적 문헌고찰을 통해 선정된 문헌의 연구결과들을 통합하기 위해 수행된다. 다시 말하자면 이미 출판을 통해 보고된 연구들만을 대상으로 하는 경우가 대부분이므로, 연구결과의 보고 과정에서 발생할 수 있는 보고 비뚤림이 발생할 수 있다.

가장 대표적인 보고 비뚤림은 출판 비뚤림이다. 출판 비뚤림은 유의한 결과를 가지는 연구가 출판되는 경향이 높고, 연구결과의 방향에 따라 출판여부가 영향을 받을 때 발생하는 비뚤림이다. 따라서 출판된 연구결과들만 통합하여 산출되는 통합추정치는 실제보다 과장될 수 있다.

출판 비뚤림을 검토하는 시각적인 방법인 깔때기 그림(funnel plot)과 통계적인 가설검정 방법인 베그(Begg) 검정, 에거(Egger) 검정과 더불어, 출판 비뚤림이 있다고 판단될 경우 출판 비뚤림이 연구결과에 미치는 영향을 파악하기 위한 방법인 trim-and-fill 방법, fail-safe N 방법, 누적 메타분석에 대해서는 **6장. 출판 비뚤림**에서 다룰 것이다.

1.4.5 민감도 분석

민감도 분석은 메타분석을 수행하는 과정 중 각 단계에서 행해진 주요 결정사항들이나 가정들에 의해 분석 결과가 쉽게 바뀌는지를 평가하고자 하는 것이다. 민감도 분석은 기본적으로 사전에 수립된 계획에 따라 수행되어야 비뚤림 위험을 줄일 수 있다.

일반적으로 민감도 분석에서는 다음 세 가지 경우에 대한 고려가 필요한데, 먼저 메타분석에 포함할 연구들의 선정에 대한 민감도 분석을 고려해야 한다. 예를 들어 의학분야 연구에서 대부분의 통합 대상 연구들이 무작위배정 임상시험인데 일부 연구가 비무작위배정 연구이거나 일부 연구의 효과크기가 이상치로 판단되는 경우 일부 연구들을 포함하거나 제외했을 때 통합추정치에 차이가 있는지 검토해야 한다.

다음으로 통합추정치 산출 시 적용한 통계적인 방법에 따라 통합추정치가 달라지는지에 대한 민감도 분석이 필요하다. 예를 들어 위험비 또는 오즈비, 평균차 또는 표준화 평균차 등 다른 효과크기가 사용되었을 경우 효과크기에 따라 결론이 달라지는지 검토가 필요하며, 통합추정치 산출 시 고정효과모형을 사용하는 경우와 랜덤효과모형을 사용하는 경우 결론이 동일한지에 대해서도 민감도 분석이 필요하다.

마지막으로 결측자료를 다루는 방법에 따라 결론이 어떻게 달라지는지에 대한 민감도 분석이 필요하다. 결측자료는 해당 연구의 불충분한 결과자료 또는 선택적 보고로부터 기인한 것으로 출판 비뚤림과 유사한 바이어스를 일으킬 수 있다.

결론적으로 분석방법이나 분석과정 중에 내려진 결정들이 변경되더라도 분석 결과가 민감하게 변하지 않는다면 메타분석의 결과는 더욱 신뢰할 수 있을 것이다.

1.5 메타분석 방법의 선정

메타분석 방법은 비교하고자 하는 그룹에 대한 직접비교 근거가 충분한지에 따라 직접비교와 간접비교로 구분할 수 있으며, 직접비교 근거와 간접비교 근거가 모두 있을 경우 이 근거들을 결합하여 혼합비교를 수행할 수 있다(그림 1-2). 예를 들어 의학연구에서 치료법 A와 치료법 B의 치료효과를 비교하고자 할 경우, 최종 문헌 선정 결과 치료법 A와 치료법 B를 직접비교한 문헌이 충분하다면 직접비교를 수행할 수 있다. 이때 직접비교는 전통적 메타분석 방법을 이용하여 수행할 수도 있으며, 베이지안 메타분석 방법을 적용할 수도 있다.

전통적 메타분석에서 효과크기는 정규분포를 따른다고 가정하는데, 메타분석 대상 연구의 수가 충분히 크다면 중심극한정리에 의해 효과크기는 정규분포를 따른다고 할 수 있다. 효과크기의 정규성 만족을 위하여 효과크기를 로그 변환하여 메타분석을 수행하는 경우도 있다. 하지만 연구의 수가 작으면 정규성 만족이 어려울 수 있으므로 전통적 메타분석을 이용하여 통합추정치를 추정하고 가설검정을 할 경우 바이어스가 생길 가능성이 높다. 따라서 통합대상 연구의 수가 작은 경우 또는 주어진 외부정보 또는 전문가 의견을 사전정보로 이용하고자 할 경우 최근 베이지안 접근법에 의한 메타분석법의 활용이 증가하고 있다.

본 교재의 3~6장에서 설명하고 있는 메타분석법은 통계학의 분류 측면에서 전통적 통계학, 즉 프리컨티스트 방법에 해당된다. 직접비교에 해당하는 베이지안 메타분석법에 대해서는 **8장. 베이지안 메타분석**에서 별도로 다루고자 한다.

비교하고자 하는 그룹들 간의 직접비교 연구들이 없는 경우, 하나의 공통대조군과 각 그룹 간 직접비교한 연구들이 존재한다면 공통대조군을 이용한 간접비교를 수행할 수 있다. 예를 들어 치료법 A와 치료법 B의 치료효과를 비교하고자 할 경우, 최종 문헌 선정 결과 치료법 A와 치료법 B를 직접비교한 문헌이 없고 치료법 A와 치료법 C를 비교한 문헌들과 치료법 B와 치료법 C를 비교한 문헌들만 있는 경우, 치료법 C를 공통대조군으로 하여 간접비교를 수행할 수 있다. 만일 연구목적이 여러 그룹을 동시에 비교하는 것인데 여러 그룹 간 직접비교한 연구가 하나도 없어서 근거 네트워크(evidence network)가 닫힌 형태가 아닌 경우 베이지안 네트워크 메타분석을 수행할 수 있다. 이때 근거 네트워크는 닫힌 형태가 아니므로 전통적 네트워크 메타분석은 수행할 수 없다.

만일 비교하고자 하는 그룹들 간의 직접비교 연구와 간접비교 연구가 동시에 있는 경우, 여러 그룹을 동시에 비교하기 위해 혼합비교를 수행할 수 있다. 이때 근거 네트워크는 닫힌 형태가 되며, 이런 경우는 베이지안 네트워크 메타분석뿐만 아니라 전통적 네트워크 메타분석도 수행할 수 있다. 전통적 네트워크 메타분석은 근거 네트워크가 닫힌 형태가 아닌 경우 적용이 불가능하고, 간접비교 또는 혼합비교는 분석대상 연구의 수가 작은 경우가 많으므로 베이지안 네트워크 메타분석법을 적용하는 경우가 많다. 따라서 **9장. 네트워크 메타분석**에서는 공통대조군 간접비교와 베이지안 네트워크 메타분석에 대해서 다룰 예정이다.

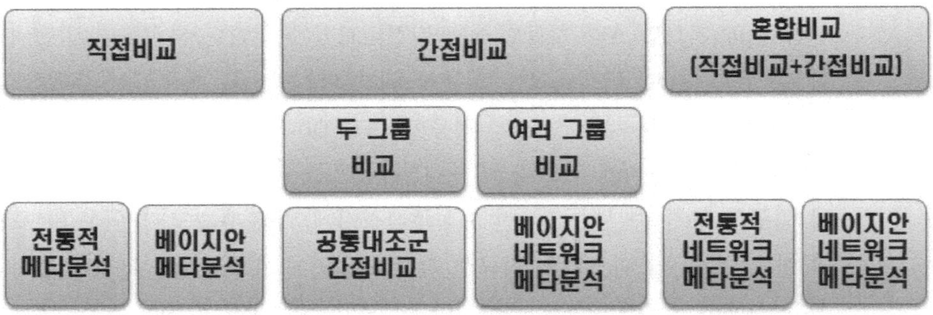

그림 1-2 메타분석 방법의 선정

1.6 메타분석 수행을 위한 소프트웨어

메타분석 수행을 위한 소프트웨어로는 CMA(Comprehensive Meta-Analysis)[1], MetaWin[2] 등의 유료 소프트웨어와 코크란 그룹(Cochrane collaboration)에서 제공하는 무료 소프트웨어인 RevMan(Review Manager)[3]이 있으며, Stata, SAS, SPSS 등의 통계 소프트웨어에서도 메타분석을 수행할 수 있다.

1) www.meta-analysis.com
2) www.metawinsoft.com
3) tech.cochrane.org/Revman

본 교재에서는 통계학 분야에서 널리 사용되고 있는 R을 기본으로 하여 메타분석을 수행하는 방법을 단계적으로 설명하고자 한다. R은 무료 소프트웨어이며, R에서 사용할 수 있는 메타분석 관련 패키지도 지속적으로 개발되어 20여 가지 이상 제공되고 있다. 또한 R에서는 NCBI(National Center for Biotechnology Information) 데이터베이스에서 검색한 컨텐츠를 다운로드 받을 수 있는 RISmed 패키지[4]를 이용하여 저자명, 제목, 연도 등을 추출하여 메타분석 시 이용할 수 있다.

R에서 메타분석을 수행할 수 있는 패키지는 metafor[5], rmeta[6], meta[7] 등 여러 패키지가 있는데, 각 패키지의 기능을 비교하면 다음 〈표 1-2〉와 같다.

본 교재에서는 여러 패키지 중 메타분석에 필요한 기능을 가장 많이 제공하고 있는 metafor(META-analysis FOr R) 패키지를 이용하여 메타분석의 각 적용단계를 설명하고자 한다. metafor 패키지는 모의실험뿐만 아니라 Stata, SAS, SPSS, R의 메타분석 프로그램과 메타분석 결과 및 기 출판된 연구결과와의 비교를 통해 검증 과정을 거쳤다(Viechtbauer, 2010). metafor 패키지에서는 자료의 유형에 따라 다양한 효과크기의 사용이 가능하며, 고정효과모형, 랜덤효과모형, 메타회귀모형의 적용이 가능하다. 또한 숲그림, 깔때기그림, L'Abbe 그림 등 메타분석을 위한 여러 종류의 그래프를 제공하며, 이분형 자료인 경우 피토(Peto) 추정법 및 멘텔-헨젤(Mantel-Haenzel) 추정법도 제공하고 있다. 또한 통계적 이질성을 검토할 수 있는 다양한 통계량과 함께 신뢰구간도 제공한다.

R 프로그램에 대한 일반적인 사용법과 베이지안 메타분석과 네트워크 메타분석을 수행하기 위해 필요한 WinBUGS 프로그램에 대해서는 2장. R과 7장. WinBUGS를 참고하기 바란다.

1.7 metafor 패키지를 이용한 메타분석 절차

〈그림 1-1〉에서 제시한 메타분석 절차에 따라 R 프로그램의 metafor 패키지를 이용하여 메타분석을 수행하는 절차에 대해 3~6장의 내용을 요약하여 제시하고자 한다. 구체적인 프로그램 예시를 위하여 예제 3-1의 뇌졸중 환자 자료 및 예제 3-3의 BCG 백신 자료를 이용한다.

---

4) http://cran.r-project.org/web/packages/RISmed/
5) http://cran.r-project.org/web/packages/metafor/
6) http://cran.r-project.org/web/packages/rmeta/
7) http://cran.r-project.org/web/packages/meta/

표 1-2 메타분석을 위한 R 패키지

		metafor (ver. 1.9-8)	rmeta (ver. 2.16)	meta (ver. 4.4-1)
효과크기	평균차	✓		✓
	표준화 평균차	✓		✓
	상관계수	✓		✓
	위험비	✓		✓
	오즈비	✓	✓	✓
	위험차	✓		✓
통합추정치 추정	고정효과모형	✓	✓	✓
	피토 오즈비	✓		✓
	멘텔-헨젤 오즈비	✓	✓	✓
	DerSimonian-Laird 랜덤효과모형	✓	✓	✓
	최대우도 랜덤효과모형	✓		✓
	메타회귀모형	✓		✓
통계적 이질성	τ^2	✓	✓	✓
	I^2	✓		✓
신뢰구간	효과크기	✓		✓
	통합추정치	✓	✓	✓
	τ^2	✓		
	I^2	✓		✓
그래프	숲그림	✓	✓	✓
	깔때기 그림	✓	✓	✓
	L'Abbe 그림	✓		✓
	Trim-and-fill 그림	✓		✓
기타	Leave-one-out 분석	✓		✓
	영향치 진단	✓		✓
	누적 메타분석	✓	✓	✓

(1) metafor 패키지 설치 및 로드

metafor 패키지를 사용하기 위해서는 R 프로그램 시작 후 CRAN 미러 사이트를 선정하고, 【Packages】 메뉴의 【Install package(s)】를 선택하여 패키지 metafor를 내려받은 후 라이브러리를 선언하여 R 시스템으로 로드시키면 된다.

```
> library(metafor)
```

(2) 메타분석을 위한 자료 입력

메타분석을 위한 자료 입력 시 자료의 유형에 따라 메타분석에 필요한 값을 입력하고, 숲그림으로 개별 연구의 효과크기 추정치 및 통합추정치를 나타내기 위하여 저자와 연도를 별도의 변수로 입력하는 것이 좋다.

• 엑셀 자료 불러오기

엑셀에 입력한 자료를 불어오기 위해서는 xlsx 패키지를 설치하고, xlsx로 엑셀 파일을 불러올 수 있다. 자세한 사항은 2장 36쪽을 참고하기 바란다.

```
> install.packages("xlsx")
> library(xlsx)
> data.bcg <- read.xlsx("D:/data.xlsx", sheetIndex=1, header=TRUE)
```

• R에서 직접 입력

R에서 직접 자료를 입력하고자 할 경우 이분형 결과변수인 경우 다음과 같이 괄호 안에 연구별 값을 ","로 구분하여 입력한다. 여기서 tpos, tneg, cpos, cneg는 〈표 3-1〉의 이원분류표에서 각 셀에 해당한다.

```
> # tpos : 백신 접종군에서 결핵 발생자수
> tpos <- c(4, 6, 3, 62, 33, 180, 8, 505, 29, 17, 186, 5, 27)
> # tneg : 백신 접종군에서 결핵 미발생자수
> tneg <- c(119, 300, 228, 13536, 5036, 1361, 2537, 87886, 7470, 1699,
   50448, 2493, 16886)
> # cpos : 대조군에서 결핵 발생자수
> cpos <-c (11, 29, 11, 248, 47, 372, 10, 499, 45, 65, 141, 3, 29)
> # cneg : 대조군에서 결핵 미발생자수
```

```
> cneg <-c (128, 274, 209, 12619, 5761, 1079, 619, 87892, 7232, 1600,
  27197, 2338, 17825)
> # dat라는 이름의 데이터프레임으로 저장
> dat <- data.frame(tpos, tneg, cpos, cneg)
```

연속형 결과변수인 경우 다음과 같이 괄호 안에 연구별 값을 ","로 구분하여 입력한다. 여기서 n1i, n2i는 그룹 1, 2의 표본수이며, m1i, m2i는 그룹 1, 2의 평균, sd1i, sd2i는 그룹 1,2의 표준편차를 각각 나타낸다. 예제 3-1의 경우 다음과 같이 입력한다.

```
> n1i <- c(155, 31, 75, 18, 8, 57, 34, 110, 60)
> m1i <- c(55, 27, 64, 66, 14, 19, 52, 21, 30)
> sd1i <- c(47, 7, 17, 20, 8, 7, 45, 16, 27)
> n2i <- c(156, 32, 71, 18, 13, 52, 33, 183, 52)
> m2i <- c(75, 29, 119, 137, 18, 18, 41, 31, 23)
> sd2i <- c(64, 4, 29, 48, 11, 4, 34, 27, 20)

> # dat라는 이름의 데이터프레임으로 저장
> dat <- data.frame(n1i, m1i, sd1i, n2i, m2i, sd2i)
```

(3) 개별 연구의 효과크기 및 통합추정치 추정

개별 연구의 효과크기는 escalc 함수를 이용하여 계산하며, 통합추정치는 rma 함수를 이용하여 추정한다. 자세한 사항은 3장과 4장을 참고하기 바라며, escalc 함수와 rma 함수에 대한 자세한 옵션은 3.5절과 4.4절을 참고하기 바란다.

• 이분형 결과변수

```
> # ln(OR)과 ln(OR)의 분산 계산
> dat_es <- escalc(measure="OR", ai=tpos, bi=tneg, ci=cpos, di=cneg,
  data=dat)
> summary.escalc(dat_es)

> # 역분산가중치 통합추정치 계산
> res_FE <- rma(yi, vi, data= dat_es, method="FE", slab=paste(author,
```

```
year, sep=", ")
> res_FE
```

위에서 slab 옵션을 사용하여 개별 연구들의 저자명과 연도를 개별 연구의 라벨로 지정할 수 있다. 여기서 지정한 개별 연구의 라벨은 숲그림에서 유용하게 사용할 수 있다.

• **연속형 결과변수**

```
> # MD와 MD의 분산 계산
> dat_es <- escalc(measure="MD", m1i=m1i, sd1i=sd1i, n1i=n1i, m2i=m2i,
    sd2i=sd2i, n2i=n2i, data=dat)
> summary.escalc(dat_es)

> # DerSimonian-Laird 방법 통합추정치 계산
> res_RE <- rma(yi, vi, data= dat_es, method="DL")
> res_RE
```

통계적 이질성 검토를 위한 코크란의 Q-통계량, T^2-통계량, I^2-통계량은 rma 함수를 이용한 통합추정치 추정 단계에서 함께 추정된다.

(4) 숲그림

개별 연구의 효과크기 및 통합추정치를 숲그림으로 나타낼 수 있다. 숲그림을 그리는 자세한 방법은 예제 5-1과 48쪽을 참고하기 바란다.

```
> # 숲그림
> forest(res_FE, showweight=TRUE)
```

(5) 하위그룹분석 및 메타회귀분석

하위그룹분석은 rma 함수에서 subset 옵션을 사용하여 수행할 수 있으며, 자세한 사항은 5.2절을 참고하기 바란다. 메타회귀분석은 rma 함수에서 보정할 공변량을 mods에 할당하여 수행할 수 있으며, 자세한 사항은 5.3절을 참고하기 바란다.

```
> # 하위그룹분석
> res.s <- rma(ai=tpos, bi=tneg, ci=cpos, di=cneg, data=dat.bcg,
   measure="RR", subset=(alloc=="systematic"), method="DL")

> # 메타회귀분석
> res <- rma(ai=tpos, bi=tneg, ci=cpos, di=cneg, data=dat.bcg,
measure="RR",mods=ablat, intercept=TRUE, method="DL")
```

(6) 출판 비뚤림

출판 비뚤림을 평가하기 위해 깔때기 그림, 베그 검정, 에거 검정을 사용할 수 있으며, 전체 효과 크기에 미치는 영향을 평가하기 위해 Trim-and-fill 방법, Fail-safe N 방법을 사용할 수 있다. 자세한 사항은 6장을 참고하기 바란다.

```
> # 깔대기 그림
> funnel(res_FE, atransf=exp)

> # 베그 검정
> ranktest(res_FE)

> # 에거 검정
> regtest(res_FE)

> # Trim-and-fill 방법
> res.tf <- trimfill(res_FE)
> res.tf
> funnel(res.tf)

> # Fail-safe N 방법
> fsn(yi, vi, data=dat, type="Rosenthal")
```

R 2장

통계학 분야의 연구와 교육에서를 이미 거의 표준 계산 언어가 된 통계 패키지 R을 소개한다. 공개 소프트웨어 R을 자유롭게 내려 받아 제시된 순서에 따라 잘 익히면 메타분석 등의 통계분석에 많은 도움이 될 것이다.

2.1 R 소개

R은 통계 계산과 그래픽을 위한 프로그래밍 언어이자 소프트웨어 환경이다. R은 처음 뉴질랜드의 오클랜드 대학교에서 교육용으로 개발되었으나 현재는 R 코어 팀에서 R 프로젝트라는 이름으로 계속 개발되고 있다. R은 AT&T사의 Bell 연구소에서 개발한 S 언어를 윈도 체계에서 구현한 상용 통계패키지 S-PLUS와 매우 비슷하다. R은 S 언어의 또 다른 형태이므로 S-PLUS와 R 사이에는 몇 가지 작은 차이만 있을 뿐 대부분의 S-PLUS 코드는 R에서 거의 사용이 가능하다. 따라서 S-PLUS에 관한 매뉴얼이나 책을 R에서 그대로 사용해도 거의 무방하다.

R은 매우 다양한 통계적 분석과 우수한 그래픽 방법을 제공할 뿐만 아니라 매우 뛰어난 프로그래밍 기능이 있으므로 사용자가 새로운 함수를 작성하여 추가할 수 있다. 또한 R은 인터넷을 통해 자유롭게 내려받아 사용이 가능하다. 공식적인 R 홈페이지는 http://www.r-project.org이며, 이곳에서 R에 관한 여러 가지 매뉴얼 등 관련 문서나 사용자 그룹에 대한 정보를 얻을 수 있다. 그리고 Search 메뉴로 여러 가지 R 관련 정보를 검색할 수 있다. R 홈페이지는 CRAN(Comprehensive R Archive Network)에 연결되어 있어 CRAN 사이트에서 R을 내려받아 쉽게 개인 컴퓨터에 설치할 수 있다.

R은 통계 소프트웨어 개발과 자료분석에 널리 사용되어 이미 대학에서 통계학 연구와 교육을 위한 표준 계산 언어가 되었다. 이는 R의 여러 장점과 유용성, 그리고

R을 사용하는 사용자 그룹의 급속한 확산 때문이다. 즉 새로운 통계적 방법을 사용자가 직접 작성한 패키지 형태로 인터넷에 공개하여 쉽게 공유할 수 있으며, 이를 개선할 수 있는 등 매우 유용한 환경을 제공하고 있다.

2.2 R 기초

• R 시작하기

R은 윈도, 맥 OS 및 리눅스를 포함한 UNIX 플랫폼에서 설치가 가능하다. R을 윈도에서 어떻게 설치하는지를 설명하고자 한다. R은 용량이 그렇게 크지 않기 때문에 설치 시 전체 설치(full installation)를 권장한다.

그림 2-1 R 설치 화면

R 홈페이지에서 내려받은 파일을 실행하면 〈그림 2-1〉과 같은 화면으로 설치를 시작하게 된다. 다음 단계에서 라이센스(license)에 동의하는가를 묻는데 "동의한다"를 선택한 후, 기본적으로 주어지는 대로 따라 하면 무리 없이 설치 과정을 마칠 수 있다.

일단 R을 설치하면 R의 시작은 간단하다. R 아이콘을 두 번 누르면 〈그림 2-2〉와 같은 R 윈도 첫 화면이 나타난다.

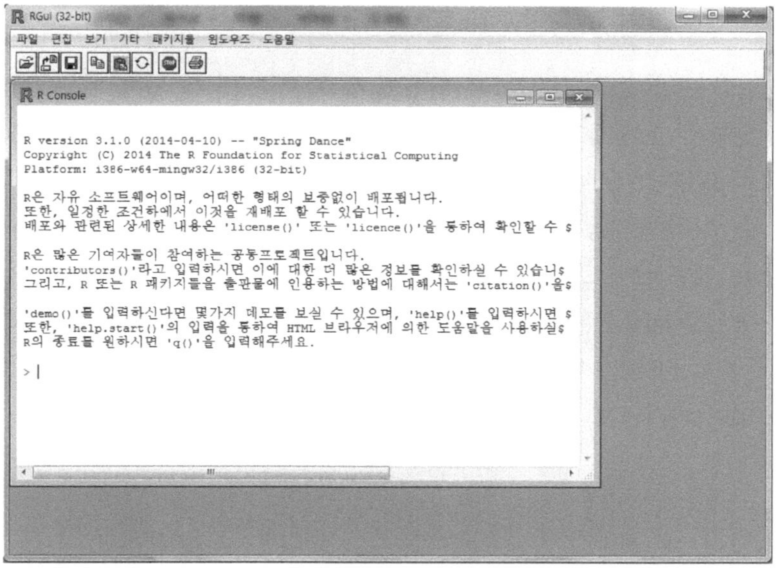

그림 2-2 R 프로그램의 첫 화면

R을 종료하려면 【File】 메뉴에서 【Exit】을 선택하거나 R Console 창에서 q()을 입력하면 〈그림 2-3〉과 같은 종료 화면이 나타난다. 이때 "작업공간 이미지를 저장하시겠습니까?"라는 메시지를 내보내는데, 이 물음에 "예(Y)"를 선택하면 지금까지 사용 중인 모든 변수들이 저장되며, 다음에 다시 R을 실행할 경우에 자동으로 저장된 변수들이 복원되어 다시 사용 가능한 상태가 된다.

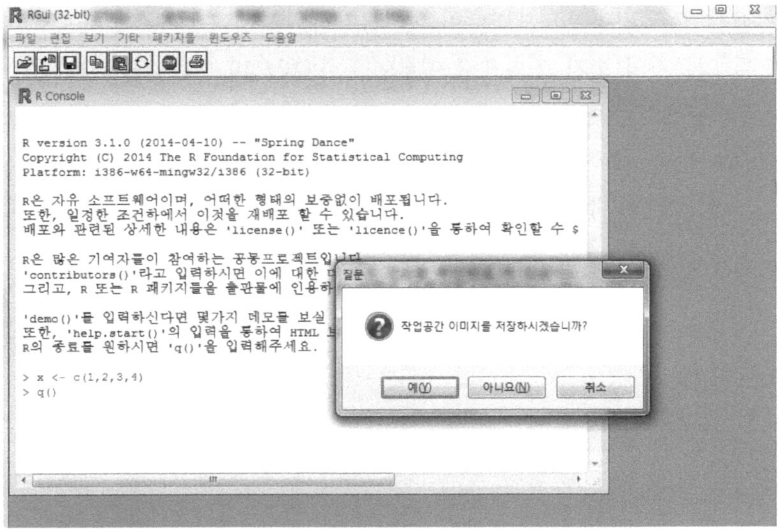

그림 2-3 R 프로그램의 종료 화면

• R 온라인 도움말 시스템 활용

R의 가장 큰 장점은 많은 명령어 함수가 내장되어 있어 이를 편리하게 사용할 수 있다는 것이다. 그런데 이들 명령어 함수는 매우 다양한 옵션을 가지고 있다. 하나의 명령어 내에서도 다양한 옵션이 존재하기 때문에 효과적인 프로그래밍을 위해서는 이러한 기능들을 최대한 활용하는 것이 무엇보다 중요하다. 이를 위해서는 R에서 제공하는 도움말(Help) 기능이 매우 유용하다. R에서 Help를 이용하는 방법은 메뉴를 이용하는 방법과 R Console 창에서 명령어를 직접 입력하는 방법이 있다. 만약 사용자가 R Console 창에 다음과 같이 입력하면 바로 help 사용에 관한 도움말이 나타나게 된다.

```
> help()
```

또한 사용자가 함수 plot( )에 대해 알고자 한다면 R Console 창에 다음과 같이 입력하면 plot에 관한 도움말이 나타나게 된다.

```
> help(plot)
```

• R의 객체

R은 자료를 숫자형(numeric)과 문자형(string)만으로 구분하며 모든 자료는 변수공간에 저장이 된다. 변수이름은 R 시스템 내부에서 사용하는 예약어를 제외한 모든 영문자와 숫자 조합으로 이루어질 수 있으며, 영문자는 대소문자를 구분한다. 변수이름으로 사용할 수 없는 것으로는 하나의 문자로 된 이름 c, q, t, C, D, F, I, T와 diff, df, pt 등이다. 그리고 변수이름이 숫자로 시작하는 경우는 허용되지 않는다. R에서 숫자형 변수와 문자형 변수를 입력하는 방법은 다음과 같다.

```
> x <- 2
    x
[1] 2
> y <- "string"
> y
[1] "string"
```

변수에 자료를 벡터, 행렬, 배열로 입력할 수 있다. 또한 외부 데이터셋을 R로 읽어 들일 수도 있다. 이에 대한 자세한 내용은 다음 절에서 좀 더 자세하게 알 수 있다.

R은 기본적으로 변수 혹은 객체라는 것을 이용한다. 여기서 객체(object)란 변수에 할당될 수 있는 모든 것을 일컫는 추상적 용어이다. 예를 들면, 모든 함수, 자료 그리고 적합모형들이 객체이다. 또한, R에서는 대부분 함수호출(function call)을 통해서 실행이 된다. 예를 들면, log(x) 혹은 plot(x, y) 같은 것이다. 함수의 형태는 함수이름과 바로 뒤 괄호 속에 있는 인수(argument)들로 구성되어 있다. 대부분 인수들은 기본적인 디폴트(default)를 가지고 있으므로 많은 인수들이 생략될 수 있다.

• R의 다양한 기능

R은 매우 다양하고 독창적인 자료분석 기능을 가지고 있을 뿐만 아니라 고화질의 뛰어난 그래픽 기능과 조절 능력을 가지고 있다. 먼저 R의 여러 가지 기능을 개괄적으로 살펴보자.

• 단순 계산 기능: 단순 연산, 로그함수, 지수함수 등

```
> 1+1
[1] 2
> log(2) # 밑이 e인 자연로그
[1] 0.6931472
> log(2,10) # 밑이 10인 상용로그
[1] 0.30103
> exp(2)
[1] 7.389056
```

• 난수 발생

```
> # 평균 0, 표준편차 1을 따르는 정규분포에서 5개의 난수 생성
> rnorm(5)
 [1]  2.28650961 -0.52379814  0.21379814  1.28967194  0.56907273
```

• 변수 할당과 그림 그리기

```
> x <- rnorm(100)
> hist(x)
```

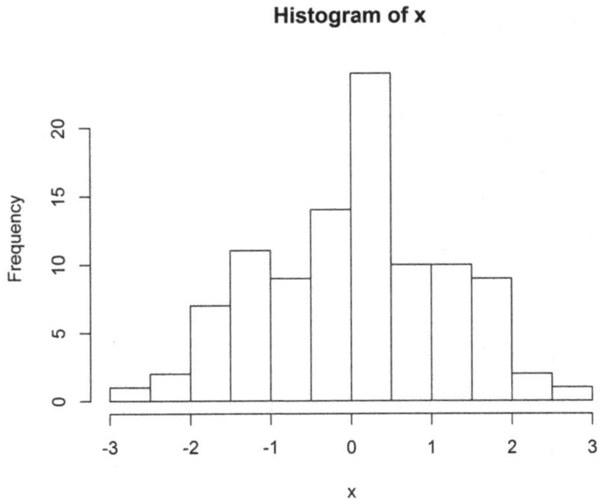

- **벡터 자료와 벡터 연산: 함수 c( )를 사용하여 벡터 정의**

```
> weight <- c(60,72,57,90,95,72) # kilograms
> weight
[1] 60 72 57 90 95 72
> height <- c(1.75,1.80,1.65,1.90,1.74,1.91) # meters
> bmi <- weight/height^2 # body mass index
> bmi
[1] 19.59184 22.22222 20.93664 24.93075 31.37799 19.73630
```

R은 벡터 자료 전체를 하나의 객체로 취급하므로 weight의 평균과 표준편차를 쉽게 계산할 수 있다.

```
> xbar <- sum(weight)/length(weight)
> xbar
[1] 74.33333
> sd <- sqrt(sum((weight-xbar)^2)/(length(weight)-1))
> sd
[1] 15.42293
```

R에는 이미 평균과 표준편차를 구하는 다음과 같은 내장함수(built-in function)가 있으므로 매우 편리하게 이용할 수 있다.

```
> mean(weight)
[1] 74.33333
> sd(weight)
[1] 15.42293
```

• 자료분석

```
> # 일표본 t-검정
> t.test(bmi, mu=22.5) # default is mu=0
        One Sample t-test
data:  bmi
t = 0.3449, df = 5, p-value = 0.7442
alternative hypothesis: true mean is not equal to 22.5
95 percent confidence interval:
   18.41734 27.84791
sample estimates:
mean of x
   23.13262
```

R에서 함수 t.test( )를 사용하여 일표본 t-검정을 쉽게 수행할 수 있다. 이때 인수 mu=22.5는 귀무가설 값을 지정한다. 검정통계량 값, 양측검정에 대한 유의확률 값, 95% 신뢰구간, 점추정 값을 동시에 출력한다. 이와 같이 R에는 자료분석을 위한 많은 함수가 정의되어 있으므로 함수 호출을 통해 자료분석을 쉽게 수행할 수 있다.

• 패키지 사용하기

R을 설치할 때 기본적으로 패키지(packages)라는 라이브러리가 포함된다. R은 이렇게 설치된 패키지를 통해서 실행된다. 하지만 모든 패키지를 설치하는 것은 불필요하기 때문에 사용자가 필요할 때마다 CRAN에서 내려받아 사용할 수 있다. 패키지에는 각종 함수 및 C 언어 또는 Fortran으로 작성되어 컴파일이 된 라이브러리, 그리고 각종 자료가 포함된다. 현재 CRAN에는 수백 개의 패키지가 등록되어 있으며 각 패키지에 대한 자세한 설명을 볼 수 있다. 또한 필요에 의해서 새로운 패키지가 계속해서 만들어지고 있다.

예를 들어, metafor라는 패키지를 사용 중인 R 시스템으로 로드시켜 보자. R에서 【Packages】 메뉴의 【Install package(s)】를 선택하여 패키지 metafor를 내려받은 후 라이브러리를 선언하여 R 시스템으로 로드시키면 된다. R Console 창에서 라이브러리를 선언하면 metafor에 내장된 데이터셋을 사용할 수 있다.

```
> library(metafor)
```

하지만 불러들인 라이브러리는 사용자 작업공간의 일부분이 아니기 때문에 만약 R을 종료한 후 저장된 작업공간을 가지고 새로운 작업환경을 시작했다면 패키지를 다시 실행해야 한다.

2.3 R 언어

• 함수와 인수

R은 대부분 함수 호출을 통해서 실행이 된다. 함수의 형태는 함수이름과 바로 뒤 괄호 속에 있는 인수들로 구성된다. 예로서 다음의 함수 호출 명령어를 살펴보자.

```
> plot(height, weight)
```

여기서 height와 weight를 실인수(actual argument)라고 한다. 함수 plot( )의 첫 번째 인수는 x축 변수, 두 번째 인수는 y축 변수를 가정한다. 이것을 위치 매칭(positional matching)이라고 한다. 다음 명령어는 키워드 매칭(keyword matching)을 사용한 것이다.

```
> plot(y=weight, x=height, pch=2, col="red")
```

여기서 인수 pch는 디폴트를 1로 가지는 형식인수(formal argument)이다. 형식인수는 함수 정의의 일부이다. 하지만 “pch=2”는 실명인수(named actual argument)라고 한다. 이는 이름이 함수의 형식인수와 다르게 대응될 수 있으므로 인수의 키워드 매칭을 허용한 것이다. 두 종류의 인수 지정 – 위치 지정과 이름 부여는 동일한 함수 호출에서 동시에 이루어질 수 있다.

• 벡터

R에서 사용하는 벡터(vector)에는 수치형 벡터 외에 문자형 벡터와 논리형 벡터가

있다.

① 문자형(character) 벡터

```
> c("Huey","Dewey","Louie")
[1] "Huey"  "Dewey" "Louie"
```

② 논리형(logical) 벡터

```
> c(T,T,F,T)
[1]  TRUE  TRUE FALSE  TRUE
> bmi
[1] 19.59184 22.22222 20.93664 24.93075 31.37799 19.73630
> bmi>25
[1] FALSE FALSE FALSE FALSE  TRUE FALSE
```

• 결측값

R에서는 자료에 결측값을 허용하며, 이것을 “NA”(Not Available)로 표현한다.

```
> x <- c(0, 1, 2, 3, NA)
> x
[1]  0  1  2  3 NA
> sum(x)
[1] NA
> sum(x, na.rm=T) # 결측값이 있다면 제외하고 계산
[1] 6
> is.na(x) # 벡터에서 결측값 여부 검증
[1] FALSE FALSE FALSE FALSE  TRUE
```

• 벡터 생성 함수

R에서 벡터를 생성하는 함수는 다음과 같다.

```
> c(1, 2, 3, 4, 5)
[1] 1 2 3 4 5
```

```
> 1:5
[1] 1 2 3 4 5
> seq(1, 5)
[1] 1 2 3 4 5
> seq(1, 5, 2)
[1] 1 3 5
> rep(2, 5)
[1] 2 2 2 2 2
> rep(1:2, 3)
[1] 1 2 1 2 1 2
> rep(1:2, each=3)
[1] 1 1 1 2 2 2
> rep(1:2, 1:2)
[1] 1 2 2
```

• 인덱싱

R에서 벡터 자료의 특정 요소 혹은 일부를 선택하는 인덱싱(indexing)은 대괄호를 사용한다.

```
> height[1]          # height의 1번째 요소만 출력
[1] 1.75
> weight[2:3]        # weight에서 2번째부터 3번째 요소까지 출력
[1] 72 57
> weight[-c(1,5)] # weight에서 1, 5번째 요소를 제외하고 출력
[1] 72 57 90 72
```

• 행렬과 배열

R에서 행렬(matrix)과 배열(array)은 차원을 가진 벡터이다. 행렬은 다음과 같이 정의하여 사용하며, 배열의 경우도 동일하다.

```
> x <- 1:12
> dim(x) <- c(3,4) # 3개의 행과 4개의 열을 가진 행렬로 바꿈
> x
```

```
      [,1] [,2] [,3] [,4]
[1,]    1    4    7   10
[2,]    2    5    8   11
[3,]    3    6    9   12
```

함수 dim을 사용하여 차원을 정의함으로써 벡터를 행렬로 바꾼다. 여기서 자료는 열 순서대로 입력된다. 행렬을 만드는 다른 방법으로 함수 matrix를 사용하면 편리하다.

```
> # 1에서 12까지의 값을 행렬로 입력하되 행의 개수를 3개로 잡음
> matrix(1:12, nrow=3)
      [,1] [,2] [,3] [,4]
[1,]    1    4    7   10
[2,]    2    5    8   11
[3,]    3    6    9   12
> # 위와 비슷하지만 자료입력 순서가 열이 아니라 행임
> matrix(1:12, nrow=3, byrow=T)
      [,1] [,2] [,3] [,4]
[1,]    1    2    3    4
[2,]    5    6    7    8
[3,]    9   10   11   12
```

행렬의 각 행이나 열에 이름을 부여할 수 있다. 함수 t()를 사용하여 전치행렬을 구할 수 있다.

```
> x <- matrix(1:12, nrow=3, byrow=T)
> # x의 각 행의 이름으로 "Jan", "Feb", "Mar"을 지정
> rownames(x) <- month.abb[1:3]
> x
    [,1] [,2] [,3] [,4]
Jan    1    2    3    4
Feb    5    6    7    8
Mar    9   10   11   12
> x[1:2, 3] # 1번째부터 2번째 행의 3번째 열 출력
Jan Feb
  3   7
```

```
> t(x) # 행렬 x의 전치행렬을 구함
      Jan  Feb  Mar
[1,]    1    5    9
[2,]    2    6   10
[3,]    3    7   11
[4,]    4    8   12
```

함수 cbind()와 rbind()를 사용하여 벡터들을 행이나 열 방향으로 병합할 수 있다.

```
> cbind(A=1:4, B=5:8, C=9:12) # 열병합 혹은 옆으로 합치기
     A  B   C
[1,] 1  5   9
[2,] 2  6  10
[3,] 3  7  11
[4,] 4  8  12
> rbind(A=1:4, B=5:8, C=9:12) # 행병합 혹은 아래로 합치기
   [,1] [,2] [,3] [,4]
A    1    2    3    4
B    5    6    7    8
C    9   10   11   12
```

• 요인

R에서 함수 factor()는 범주형 자료의 요인(factor) 생성에 사용된다. 흔히 수치형 코드로 주어진 범주형 자료의 각 수준에 이름을 붙일 수 있다.

```
> pain <- c(0, 3, 2, 2, 1) # 5명의 환자에 대한 수치형 자료
> pain
[1] 0 3 2 2 1
> sum(pain)
[1] 8
> fpain <- factor(pain, levels=0:3)
> fpain
[1] 0 3 2 2 1
Levels: 0 1 2 3
```

```
> sum(fpain) # fpain은 이제 더 이상 수치형 벡터가 아님
Error in Summary.factor(..., na.rm = na.rm) :
        "sum" not meaningful for factors
> # 각 수준에 이름을 붙임
> levels(fpain) <- c("none", "mild", "medium", "severe")
> fpain
[1] none   severe medium medium mild
Levels: none mild medium severe
> as.numeric(fpain) # 수치형 코드로 바뀌지만, 시작값은 항상 "1"
[1] 1 4 3 3 2
```

함수 factor( )에서 인수 levels를 생략하면 수준들이 기본적으로 알파벳 순서가 되므로 바람직하지 않다.

• 리스트

R에서 함수 list를 사용하면 서로 다른 자료를 결합시켜 더 큰 목록(list)을 만들 수 있다.

```
> mylist <- list(ht=height, wt=weight)
> mylist
$ht
[1] 1.75 1.80 1.65 1.90 1.74 1.91
$wt
[1] 60 72 57 90 95 72
> mylist$ht
[1] 1.75 1.80 1.65 1.90 1.74 1.91
```

• 데이터프레임

데이터프레임(data frame)은 같은 길이의 벡터 또는 요인으로 이루어진 데이터셋이다. 열에는 변수를 가지며, 각 행은 실험단위와 대응한다. 행렬과 비슷한 형태로 되어 있으나, 행렬은 차원으로 표시되며 같은 형태의 객체를 가지는 반면 데이터프레임은 각 열이 서로 다른 형태의 객체를 가질 수 있다.

```
> d <- data.frame(weight, height)
> d
  weight height
1     60   1.75
2     72   1.80
3     57   1.65
4     90   1.90
5     95   1.74
6     72   1.91
> d$weight
[1] 60 72 57 90 95 72
```

• 조건부 선택

R에서 인덱스 대신 연산자를 사용하여 자료의 조건부 선택을 쉽게 할 수 있다.

```
> bmi
[1] 19.59184 22.22222 20.93664 24.93075 31.37799 19.73630
> height
[1] 1.75 1.80 1.65 1.90 1.74 1.91
> bmi[height>1.75]
[1] 22.22222 24.93075 19.73630
> bmi[height==1.75]
[1] 19.59184
```

비교연산자로는 〈 (작다), 〉 (크다), == (같다), 〈= (작거나 같다), 〉= (크거나 같다), != (같지 않다) 등이 있으며, 논리연산자로는 & (논리적 "and"), | (논리적 "or"), ! (논리적 "not") 등이 있다.

```
> bmi[weight!=72 & height>1.75]
[1] 24.93075
> weight!=72 & height>1.75
[1] FALSE FALSE FALSE  TRUE FALSE FALSE
```

• 데이터프레임의 인덱싱

데이터프레임에서 인덱싱은 행렬에서 하는 것과 비슷하다.

```
> d
  weight  height
1     60    1.75
2     72    1.80
3     57    1.65
4     90    1.90
5     95    1.74
6     72    1.91
> d[5, 2] # 5번째 행 2번째 열 출력
[1] 1.74
> d[5,] # 5번째 행 출력
  weight  height
5     95    1.74
> d[height>1.75,]
  weight  height
2     72    1.80
4     90    1.90
6     72    1.91
> s <- height>1.75
> d[s,]
  weight  height
2     72    1.80
4     90    1.90
6     72    1.91
```

• 함수 subset()과 transform()

데이터프레임에 새로운 변수를 추가하거나 데이터프레임의 일부를 선택하여 발췌할 수 있다.

```
> d2 <- transform(d, bmi=weight/height^2)
> d2
  weight height      bmi
1     60   1.75 19.59184
2     72   1.80 22.22222
3     57   1.65 20.93664
```

```
4      90    1.90 24.93075
5      95    1.74 31.37799
6      72    1.91 19.73630
> subset(d2, bmi>20)
  weight  height       bmi
2      72    1.80 22.22222
3      57    1.65 20.93664
4      90    1.90 24.93075
5      95    1.74 31.37799
```

• 집단화된 자료와 데이터프레임

데이터프레임에 집단화된 자료(grouped data)를 저장하는 자연스러운 방법은 하나의 벡터에는 자료를, 다른 하나의 벡터에는 자료가 어느 그룹에 속하는지를 나타내는 요인을 두는 것이다. 데이터프레임에서 각 그룹에 해당하는 벡터로 쉽게 나눌 수 있다.

```
> library(ISwR) # 데이터셋 라이브러리 로드
> data(energy) # 비만 여부에 따른 여성의 에너지 소비에 대한 data
> energy
   expend stature
1    9.21   obese
2    7.53    lean
3    7.48    lean
 ⋮
20   7.58    lean
21   9.19   obese
22   8.11    lean
> names(energy)
[1] "expend"  "stature"
> exp.lean <- energy$expend[energy$stature=="lean"]
> exp.lean
[1] 7.53 7.48 8.08 8.09 10.15 8.40 10.88 6.13 7.90 7.05 7.48 7.58 8.11
> exp.obese <- energy$expend[energy$stature=="obese"]
> exp.obese
[1] 9.21 11.51 12.79 11.85  9.97  8.79  9.69  9.68  9.19
```

한편, 함수 split()을 사용하여 각 그룹에 해당하는 벡터의 리스트를 만들 수 있다.

```
> e <- split(energy$expend, energy$stature)
> e
$lean
[1] 7.53 7.48 8.08 8.09 10.15 8.40 10.88 6.13 7.90 7.05 7.48 7.58 8.11
$obese
[1]  9.21 11.51 12.79 11.85  9.97  8.79  9.69  9.68  9.19
```

• 정렬

함수 sort()를 사용하면 벡터를 쉽게 정렬(sorting)할 수 있다. 또한 함수 order()를 사용하여 순서값을 알면 여러 변수의 정렬에 편리하다.

```
> height
[1] 1.75 1.80 1.65 1.90 1.74 1.91
> sort(height)
[1] 1.65 1.74 1.75 1.80 1.90 1.91
> order(height)
[1] 3 5 1 2 4 6
> o <- order(height)
> height[o]
[1] 1.65 1.74 1.75 1.80 1.90 1.91
```

2.4 R 자료입력

R 프로그램에서 자료를 입력하는 방법은 크게 직접 자료를 입력하는 방법과 외부파일을 R 프로그램에 불러들이는 방법으로 나눌 수 있다. 예제 3-3의 BCG 자료를 이용하여 R 프로그램에서 사용할 자료를 입력하는 방법을 다루어 보도록 하자.

먼저 예제 3-3의 "dat.bcg" 자료는 matafor 패키지에 포함되어 있기 때문에 matafor 패키지를 내려받은 후 라이브러리를 선언하여 R 시스템으로 로드하여 사용할 수 있다.

```
> install.packages(metafor)
> library(metafor)
> data(dat.bcg)
> dat.bcg
```

함수 data()를 사용하여 "dat.bcg"를 정의하면 다음과 같이 사용 중인 R 시스템에서 data를 사용할 수 있다.

```
R Console
> dat.bcg
   trial               author year tpos  tneg cpos  cneg ablat      alloc
1      1              Aronson 1948    4   119   11   128    44     random
2      2     Ferguson & Simes 1949    6   300   29   274    55     random
3      3      Rosenthal et al 1960    3   228   11   209    42     random
4      4    Hart & Sutherland 1977   62 13536  248 12619    52     random
5      5 Frimodt-Moller et al 1973   33  5036   47  5761    13  alternate
6      6      Stein & Aronson 1953  180  1361  372  1079    44  alternate
7      7     Vandiviere et al 1973    8  2537   10   619    19     random
8      8          TPT Madras 1980  505 87886  499 87892    13     random
9      9     Coetzee & Berjak 1968   29  7470   45  7232    27     random
10    10      Rosenthal et al 1961   17  1699   65  1600    42 systematic
11    11       Comstock et al 1974  186 50448  141 27197    18 systematic
12    12   Comstock & Webster 1969    5  2493    3  2338    33 systematic
13    13       Comstock et al 1976   27 16886   29 17825    33 systematic
>
```

만약 자료가 패키지에 포함되어 있지 않다면, 자료를 직접 입력하거나 외부파일에 입력한 자료를 R로 불러들여야 한다.

(1) 직접 입력 - scan(), c(), data.frame()

R에서 자료를 입력하는 하나의 방법은 함수 scan()을 이용하는 것이다. 이 함수의 특징은 원하는 자료를 직접 입력할 수 있다는 것이다. 예제 자료의 백신 접종군 결핵 발생자수(tpos), 백신 접종군 결핵 미발생자수(tneg), 대조군 결핵 발생자수(cpos), 대조군 결핵 미발생자수(cneg)를 함수 scan()을 이용하여 객체 단위로 저장할 수 있다.

```
> tpos <- scan()
1: 4 6 3 62 33
6: 180 8 505 29 17
11: 186 5 27
14:
Read 13 items
```

```
> tneg <- scan()
1: 119 300 228 13536 5036
6: 1361 2537 87886 7470 1699
11: 50448 2493 16886
14:
Read 13 items

> cpos <- scan()
1: 11 29 11 248 47
6: 372 10 499 45 65
11: 141 3 29
14:
Read 13 items

> cneg <- scan()
1: 128 274 209 12619 5761
6: 1079 619 87892 7232 1600
11: 27197 2338 17825
14:
Read 13 items
```

이 경우 사용자는 자료를 직접 입력해야 한다. 자료는 공백으로 구분하며, 더 이상 입력을 하지 않을 경우 아무것도 입력하지 않고 바로 엔터키를 누르면 자료입력은 끝난다. 이러한 객체입력은 다음과 같이 함수 c()를 사용하여도 무관하다.

```
> tpos <- c(4, 6, 3, 62, 33, 180, 8, 505, 29, 17, 186, 5, 27)
> tneg <- c(119, 300, 228, 13536, 5036, 1361, 2537, 87886, 7470, 1699, 50448,
2493, 16886)
> cpos <-c (11, 29, 11, 248, 47, 372, 10, 499, 45, 65, 141, 3, 29)
> cneg <-c (128, 274, 209, 12619, 5761, 1079, 619, 87892, 7232, 1600, 27197,
2338, 17825)
```

이와 같이 만들어진 각 객체는 함수 data.frame()을 이용하여 데이터프레임으로 구성할 수 있다.

```
> dat.bcg <- data.frame(tpos, tneg, cpos, cneg)
> dat.bcg
```

R Console

```
> dat.bcg<-data.frame(tpos, tneg, cpos, cneg)
> dat.bcg
   tpos  tneg cpos  cneg
1     4   119   11   128
2     6   300   29   274
3     3   228   11   209
4    62 13536  248 12619
5    33  5036   47  5761
6   180  1361  372  1079
7     8  2537   10   619
8   505 87886  499 87892
9    29  7470   45  7232
10   17  1699   65  1600
11  186 50448  141 27197
12    5  2493    3  2338
13   27 16886   29 17825
```

자료는 데이터프레임 형태뿐만 아니라 행렬이나 배열 형태로도 저장이 가능하다. 함수 scan()을 이용하여 행렬에 자료를 입력하는 방법은 다음과 같다.

```
> dat.bcg <- matrix(scan(), nrow=13, ncol=4)
1: 4 6 3 62 33 180 8 505 29 17 186 5 27
14: 119 300 228 13536 5036 1361 2537 87886 7470 1699 50448 2493 16886
27: 11 29 11 248 47 372 10 499 45 65 141 3 29
40: 128 274 209 12619 5761 1079 619 87892 7232 1600 27197 2338 17825
53:
Read 52 items
```

입력시 R 프로그램상에서는 별도의 옵션이 없으면 열 우선 입력방식을 가지는 것에 유의한다. 또한 행렬의 각 열벡터의 이름은 함수 colnames()를 이용하여 지정할 수 있다.

```
> colnames(dat.bcg) <- c("tpos", "tneg", "cpos", "cneg")
> dat.bcg
     tpos  tneg cpos  cneg
[1,]    4   119   11   128
[2,]    6   300   29   274
[3,]    3   228   11   209
[4,]   62 13536  248 12619
```

```
 [5,]  33  5036  47  5761
 [6,] 180  1361 372  1079
 [7,]   8  2537  10   619
 [8,] 505 87886 499 87892
 [9,]  29  7470  45  7232
[10,]  17  1699  65  1600
[11,] 186 50448 141 27197
[12,]   5  2493   3  2338
[13,]  27 16886  29 17825
```

(2) 엑셀 파일 읽기

자료가 엑셀 파일 형태로 저장된 경우 R 프로그램으로 자료를 불러들이기 위하여, 엑셀 파일을 위한 xlsx 패키지에 포함된 함수 read.xlsx()를 이용할 수 있다. read.xlsx 함수는 확장자로 ".xlsx" 또는 ".xls"를 가지는 엑셀 워크시트 또는 엑셀 97-2003 워크시트 파일을 데이터프레임 형태로 불러들이는 데 유용하게 사용된다. 예를 들어 자료가 "D:/data.xlsx"라는 파일의 첫 번째 시트에 저장되어 있을 경우, 다음과 같은 형태로 자료를 불러들일 수 있다.

```
> install.packages("xlsx")
> library(xlsx)
> data.bcg <- read.xlsx("D:/data.xlsx", sheetIndex=1, header=TRUE)
```

read.xlsx 함수의 첫 번째 인수에 파일의 경로인 "D:/data.xlsx"를 지정하고, sheetIndex로 시트의 위치를 지정할 수 있다. 만약 엑셀 파일의 시트 이름으로 자료 위치를 지정하고 싶다면, sheetName으로 지정할 수 있다. 또한 read.xlsx는 디폴트 값으로 첫 번째 행을 데이터프레임의 변수이름으로 읽어 들인다. 그러므로 만약 자료가 변수이름 없이 첫 번째 행부터 시작하는 경우 "header =FALSE"를 지정하여 첫 번째 행 자료부터 읽어 들일 수 있다.

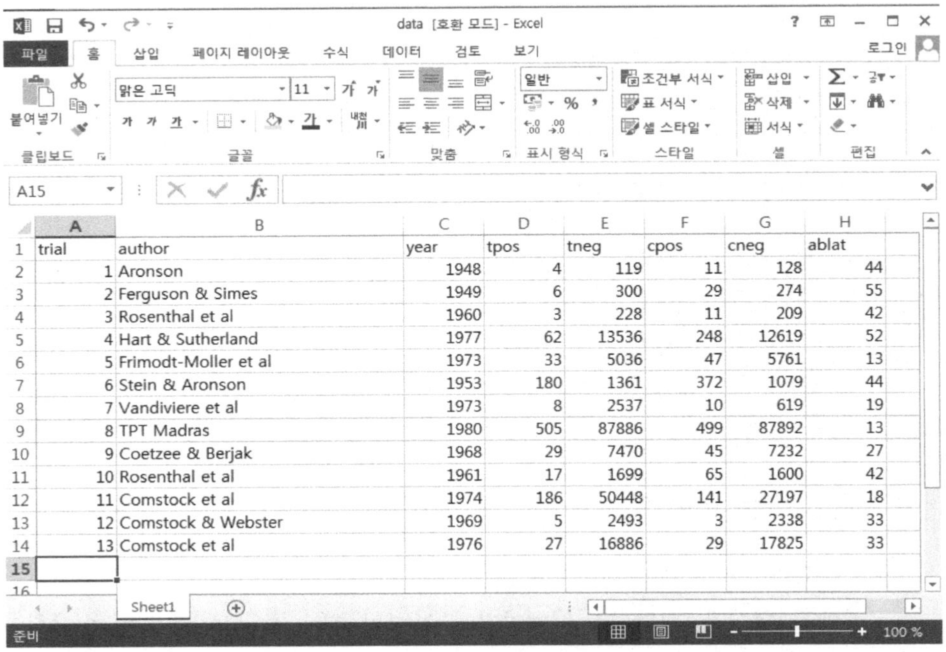

	A	B	C	D	E	F	G	H
1	trial	author	year	tpos	tneg	cpos	cneg	ablat
2	1	Aronson	1948	4	119	11	128	44
3	2	Ferguson & Simes	1949	6	300	29	274	55
4	3	Rosenthal et al	1960	3	228	11	209	42
5	4	Hart & Sutherland	1977	62	13536	248	12619	52
6	5	Frimodt-Moller et al	1973	33	5036	47	5761	13
7	6	Stein & Aronson	1953	180	1361	372	1079	44
8	7	Vandiviere et al	1973	8	2537	10	619	19
9	8	TPT Madras	1980	505	87886	499	87892	13
10	9	Coetzee & Berjak	1968	29	7470	45	7232	27
11	10	Rosenthal et al	1961	17	1699	65	1600	42
12	11	Comstock et al	1974	186	50448	141	27197	18
13	12	Comstock & Webster	1969	5	2493	3	2338	33
14	13	Comstock et al	1976	27	16886	29	17825	33

R 프로그램에서는 다음과 같이 첫 번째 행을 변수이름으로 인식하며 두 번째 행의 자료부터 데이터프레임 형태로 저장되었음을 확인할 수 있다.

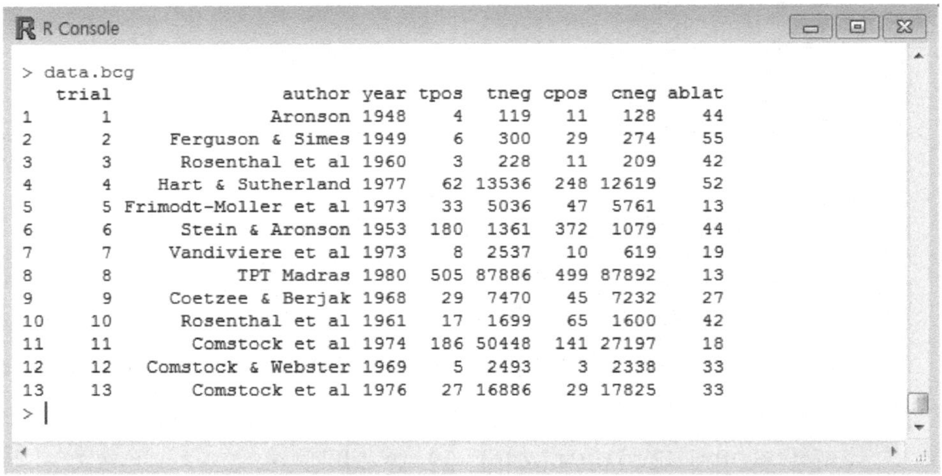

```
> data.bcg
   trial               author year tpos  tneg cpos  cneg ablat
1      1              Aronson 1948    4   119   11   128    44
2      2     Ferguson & Simes 1949    6   300   29   274    55
3      3      Rosenthal et al 1960    3   228   11   209    42
4      4    Hart & Sutherland 1977   62 13536  248 12619    52
5      5 Frimodt-Moller et al 1973   33  5036   47  5761    13
6      6      Stein & Aronson 1953  180  1361  372  1079    44
7      7     Vandiviere et al 1973    8  2537   10   619    19
8      8           TPT Madras 1980  505 87886  499 87892    13
9      9     Coetzee & Berjak 1968   29  7470   45  7232    27
10    10      Rosenthal et al 1961   17  1699   65  1600    42
11    11       Comstock et al 1974  186 50448  141 27197    18
12    12   Comstock & Webster 1969    5  2493    3  2338    33
13    13       Comstock et al 1976   27 16886   29 17825    33
> 
```

(3) 기타 외부파일 읽기

외부파일에서 자료가 하나의 변수로 저장되어 있으면 함수 scan( )을 이용하여 자료를 읽어 들인다. 이때 인수로는 자료가 있는 위치의 경로 이름을 넣어준다.

```
> data <- scan("C:/data.txt")
Read 16 items
> data
 [1]  1  2  2  3  3  4  4  5  5  6  7  8  8  9  9 10
```

외부파일이 행렬인 경우 원래의 구조를 그대로 유지하면서 자료를 읽어 들이기 위해 함수 matrix()와 scan()을 함께 사용한다.

```
> x <- matrix(scan("C:/data.txt"), ncol=2,byrow=T)
Read 16 items
> x
     [,1] [,2]
[1,]    1    5
[2,]    2    6
[3,]    2    6
[4,]    3    7
[5,]    3    7
[6,]    4    8
[7,]    4    8
[8,]    5    9
```

외부파일이 배열인 경우는 다음과 같이 하면 된다.

```
> y <- array(scan("C:/fdata.txt"), dim=c(3,3,2))
```

함수 read.table()은 ASCII 자료를 데이터프레임으로 읽어 들인다. 외부파일의 첫 줄에 변수이름을 가진 경우 그것을 이용할 수 있으며, 파일에 여러 변수가 혼합되어 있는 경우에 유용한 방법을 제공한다.

```
> shuttle.df <- read.table("C:/shuttle-data.txt", header=T)
> shuttle.df
   flight ndo temp
1       1   0   66
2       2   1   70
3       3   0   69
 ⋮
```

```
21   61-A   2   75
22   61-B   0   76
23   61-C   1   58
> class(shuttle.df$flight)
[1] "factor"
```

여기에서 함수 read.table()과 비슷하지만 조금 다른 기능을 하는 몇 가지 함수를 살펴보면, 함수 read.csv()는 데이터셋이 콤마(,)로 필드가 구분되어 있는 데이터셋을 읽어 들이며, 함수 read.csv2()는 세미콜론(;), 함수 read.delim()은 탭(tab)으로 필드가 구분된 자료를 읽어 들인다.

(4) 자료편집기

데이터프레임을 직접적으로 편집하기 위해 함수 edit()를 사용할 수 있다. 이 함수는 데이터프레임의 각 변수를 열로 가지는 스프레드시트와 비슷한 형태의 편집기를 제공한다.

```
> edit(dat.bcg)
```

데이터 편집기

	trial	author	year	tpos	tneg	cpos	cneg	ablat
1	1	Aronson	1948	4	119	11	128	44
2	2	Ferguson & Simes	1949	6	300	29	274	55
3	3	Rosenthal et al	1960	3	228	11	209	42
4	4	Hart & Sutherland	1977	62	13536	248	12619	52
5	5	Frimodt-Moller et al	1973	33	5036	47	5761	13
6	6	Stein & Aronson	1953	180	1361	372	1079	44
7	7	Vandiviere et al	1973	8	2537	10	619	19
8	8	TPT Madras	1980	505	87886	499	87892	13
9	9	Coetzee & Berjak	1968	29	7470	45	7232	27
10	10	Rosenthal et al	1961	17	1699	65	1600	42
11	11	Comstock et al	1974	186	50448	141	27197	18
12	12	Comstock & Webster	1969	5	2493	3	2338	33
13	13	Comstock et al	1976	27	16886	29	17825	33

(5) 다른 프로그램에서 사용하는 자료파일 읽기

foreign 패키지를 이용하면 SAS, SPSS, Stata, Minitab 등의 자료파일을 읽을 수 있다. 여기에서는 SPSS의 자료를 읽어 들이는 방법을 설명한다. 다른 데이터셋을 읽어 들이기 위한 관련 함수로는 SAS의 경우 read.ssd(), Minitab은 read.mtp(),

Stata는 read.dta() 등이 있다. 하지만 함수에 따라서 주어지는 옵션이 다르기 때문에 이에 대한 자세한 설명은 각 함수의 도움말을 참고하기 바란다.

```
> # 다른 통계 패키지의 자료파일을 읽기 위해 foreign 패키지 사용
> library(foreign)
> # 읽어 들인 자료를 데이터프레임으로 저장
> d <- read.spss("c:/example.sav")
```

2.5 R 그래픽

(1) 간단한 그림 그리기

함수 plot()은 두 변수 사이의 관계를 알아보기 위한 산점도(scatter plot)를 작성하는 것이다.

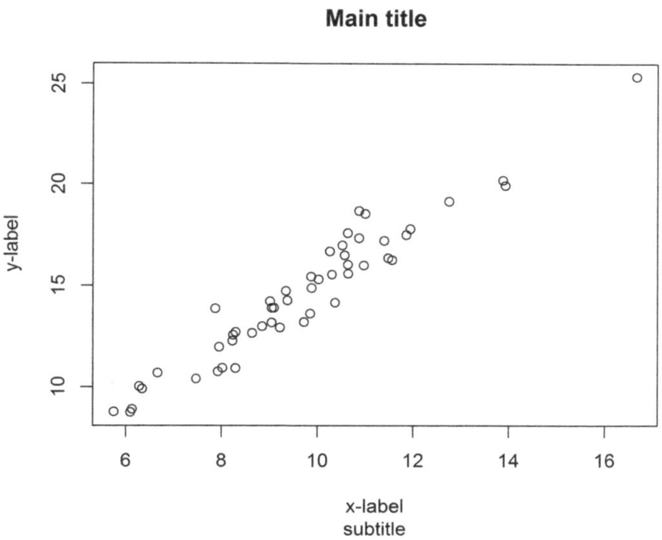


```
> x <- rnorm(50, mean=10, sd=2)
> y <- 1.5*x+rnorm(50)
> plot(x, y, main="Main title", sub="subtitle", xlab="x-label",
ylab="y-label")
```

두 변수 사이에 선형관계가 있는지 단순선형회귀모형을 적합시킨 후, 함수 abline() 를 이용하여 산점도 상에 회귀직선을 나타내 보자. 함수 text()를 사용하면 그림 속에 필요한 텍스트를 입력할 수 있다.

```
> lm.fit <- lm(y~x)
> lm.fit
Call:
lm(formula = y ~ x)
Coefficients:
(Intercept)            x
     -1.175        1.613
> summary(lm.fit)
> abline(lm.fit$coef, col="blue")
> text(5, 25, "centered text at position (5, 25)")
> text(5, 24, "left-justified text at position (5, 24)", adj=0)
```

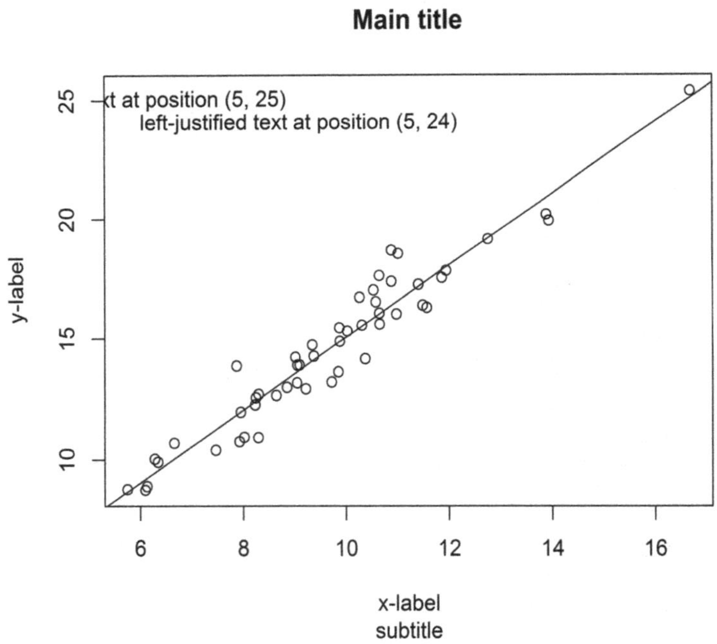

(2) 순차적으로 plot 그리기

함수 plot()은 여러 요소들로 구성되어 있으므로 각 요소를 적절하게 조절함으로써 더 나은 그림을 얻을 수 있다. 다음 명령어는 아무 그림도 그리지 않는다.

```
> plot(x, y, type="n", xlab="", ylab="", axes=F)
```

여기서 type="n"은 plot 그림이 그려지지 않도록 하며, axis=F는 축과 그림의 테두리가 나타나지 않게 한다. 위 명령어는 단지 자료를 그림으로 찍지 않았을 뿐, 나중에 그려질 그림의 영역과 좌표축을 설정한다. 여기에 그림의 요소들을 추가하기 위해 다음을 실행한다.

```
> points(x, y, col="blue", pch=3)
> axis(1)
> axis(2, at=c(7, 10, 15, 22), label=c("A", "B", "C", "D"))
> box()
> title(main="Main title", sub="subtitle", xlab="x-label", ylab="y-label")
```

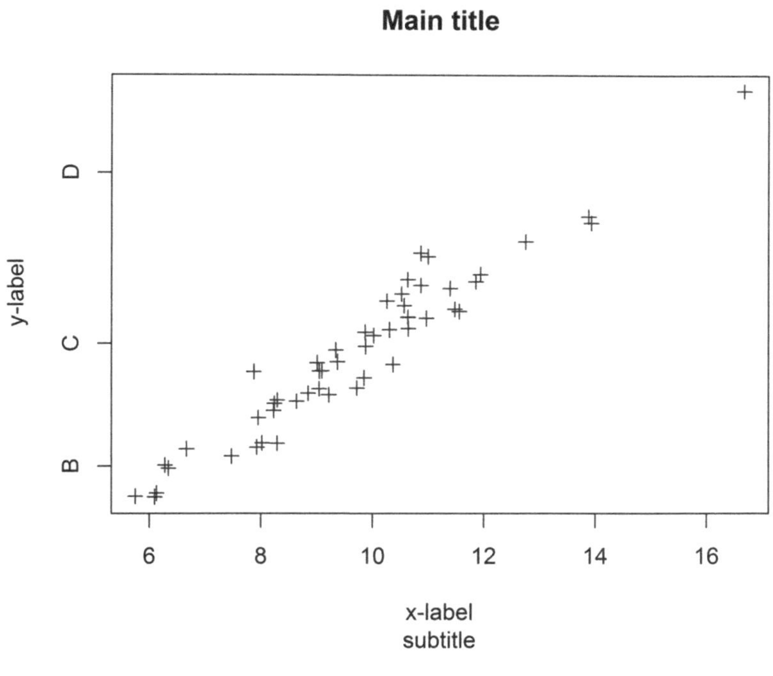

(3) 그래프 parameter 사용하기

R 프로그램에서 그래프를 작성할 때 그래프의 여러 가지 그래픽적인 특성을 지정하기 위하여 함수 par()를 이용할 수 있다. 함수 par()에서 사용되는 그래픽 parameter는 우리가 흔히 사용하는 "new", "mfrow"와 같이 par 구문에서만 사용되는 경우도 있지만, 여러 가지 플롯 함수(예를 들면, "plot", "lines", "contour", "forest" 등)의 인수로도 사용되는 그래픽 parameter가 존재한다.

함수 par( )에서만 사용되는 parameter 중 "new"는 논리 값을 할당하는 인수로써 디폴트는 'FALSE'이며, 'TRUE' 값을 할당하면 다음 그래픽 작업을 하더라도 현재 진행 중인 그래프가 지워지지 않고 그대로 겹쳐져 그려지게 된다. 다만, 겹쳐 그리기가 아니라 단순히 그 전 작업을 삭제하지 않는 것이기 때문에 그래프 축의 스케일이 다르더라도 그대로 겹쳐지기 때문에 다른 기준을 가지는 그래프라면 서로 다른 스케일의 그래프가 겹쳐져 그려질 뿐 아니라 축제목도 겹쳐져서 보이므로 유의해야 한다.

"mfrow"는 그래픽 화면을 사용자의 지정에 따라 분할할 수 있도록 한다. 예를 들면, 함수 par( )에 인수 "mfrow=c(2,2)"를 할당하면 그래픽 화면에 빈 화면이 출력되고 이후로 실행하는 그래프에 대하여 차례대로 4개의 그래프가 행 우선으로 나타난다.

```
> title <- c("alpha=3,beta=3", "alpha=3, beta=2", "alpha=2, beta=3", "alpha=1,
beta=1")
> par(mfrow=c(2,2))
> x <- seq(0,1,length=1000)
> alpha <- c(3,3,2,1)
> beta <- c(3,2,3,1)
> for(i in 1:4)
  {
    y <- dbeta(x,alpha[i],beta[i])
    plot(x, y, type="l",ylim=c(0,3), ylab="dbeta", main=title[i])
  }
```

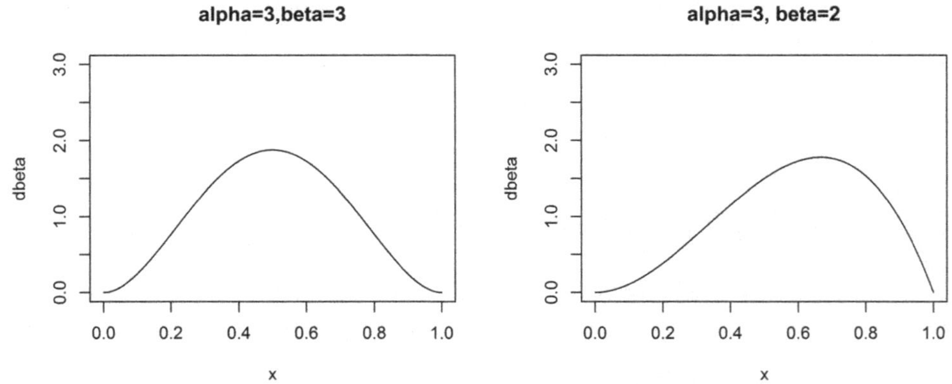

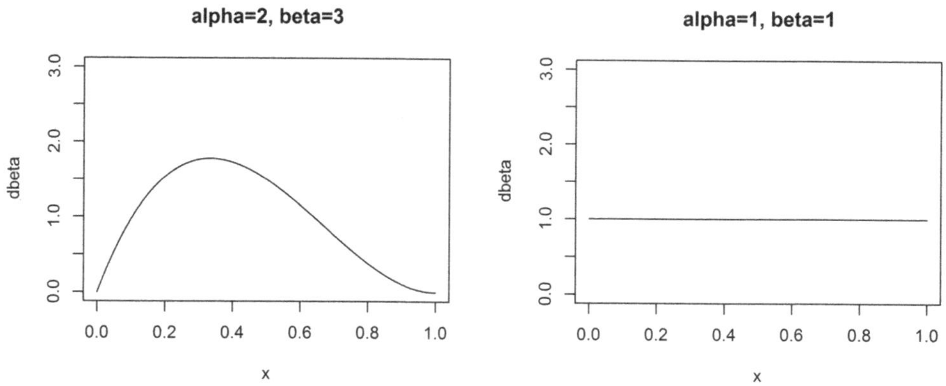

그래픽 parameter 인수는 여러 가지 plot 함수에서 그래프의 특성을 지정하는 옵션으로 사용된다. 이러한 인수들은 매우 다양하며, 좋은 그래픽 결과를 얻기 위해서 반드시 알아야 하기 때문에 함수 par( )의 도움말을 참고하여 실제적인 적용 방법을 알아두는 것이 필요하다. 여기서는 대표적으로 몇 가지 인수들을 소개하고자 한다.

R 프로그램에서 기본으로 제공되는 plot 함수는 x축 좌표와 y축 좌표의 결합으로 이루어진다. 따라서 이러한 plot 함수에 유용하게 쓰이는 인수로는 x축의 범위와 y축의 범위를 지정하는 "xlim"와 "ylim", x축의 제목과 y의 축의 제목을 지정하는 "xlab"과 "ylab", 그래프의 모양을 지정하는 "type", 심볼의 종류, 크기, 색깔을 지정하는 "pch", "cex", "col", 선의 모양과 굵기를 지정하는 "lty", "lwd"가 있다. 〈그림 5-4〉의 위도에 대한 로그 위험비의 고정효과 메타회귀모형을 예로 들어보자.

```
> # plot the (log) relative risks against latitude
> plot(dat$ablat,dat$yi, pch=1, cex=size,
xlab="Latitude", ylab="Log Risk Ratio", xlim=c(0,70), ylim=c(-3,1),
main="Regression of log risk ratio on latitude(Fixed-effect)")
> # add predicted values
> lines(10:60, preds$pred, lty=1, lwd=2)
```

plot 함수 문에서 x축의 좌표로 dat$ablat, y축의 좌표로 dat$yi를 할당하였다. 그래프에서 원의 위치는 위도에 따른 로그 위험비이며, 원의 크기는 연구의 가중치에 비례하도록 해야 한다. plot 함수의 인수에서 "pch=1"은 그래프의 심볼로 원모양을 사용한다는 것으로 pch에 따른 심볼의 종류는 다음과 같다.

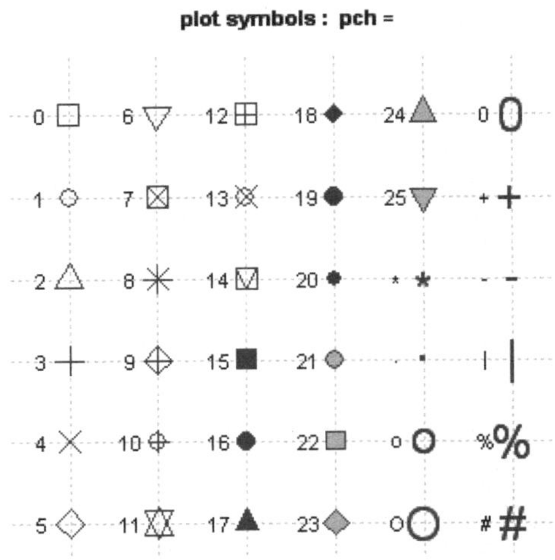

뿐만 아니라, "cex=size"는 원마다 연구의 가중치에 비례하도록 나타내야 하므로, 각 원의 크기를 할당하는 size 벡터를 생성하여 cex 인수에 할당하였다.

```
> size  <- 1.5 + 6 * (wi - min(wi))/(max(wi) - min(wi))
```

만약 상수로 지정한다면 모든 심볼의 크기를 동일하게 지정할 수 있다. 심벌의 크기를 조정하는 cex 인수의 디폴트 값은 1이며, 1.5는 50% 커지며, 0.5는 50% 작아진다. cex는 심볼의 크기뿐 아니라 함수 text()에서 글자 크기를 조절할 수도 있다.

"xlab"과 "ylab"에서 x축과 y축의 제목을 "Latitude", "Log Risk Ratio"로 지정하였으며, "ylim=c(−3,1)"와 "xlim=c(0,70)"를 지정하여 x축의 범위를 0에서 70, y축의 범위를 -3에서 1로 제한하였다.

plot 함수를 실행한 후, lines 함수를 실행하면 plot 함수로 실행된 그래프 위에 lines에 의한 그래프가 겹쳐져 그려지게 된다. 〈그림 5-4〉에서는 고정효과 메타회귀모형의 산점도를 찍고 나서 그 위에 예측값을 할당하여 회귀 적합식을 표현하고자 한다. x 좌표로 위도 범위 10에서 60까지를 할당하고 해당 위도에 따라 계산된 회귀 예측값을 y 좌표에 할당하였다. 다음에 지정된 "lty=1", "lwd=2"는 선의 종류는 실선이고 선의 굵기는 2를 할당한다는 뜻이다. "lty"에 지정할 수 있는 선의 종류는 다음과 같다.

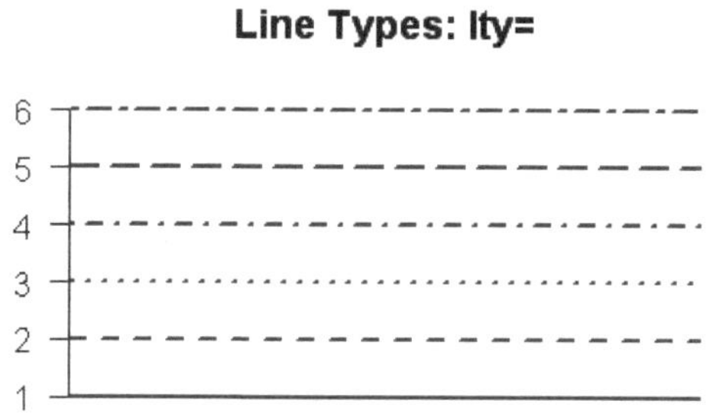

또한 “lwd”는 디폴트 값으로 1을 가지며 “lwd=2”는 선의 굵기가 디폴트의 2배가 되도록 지정함을 의미한다.

범례 처리는 다음과 같이 legend 함수를 사용하여 표현할 수 있다. legend 함수의 첫 번째와 두 번째 인수는 범례가 표시될 위치를 나타내며 범례 상자의 왼쪽 윗부분 위치의 x 좌표와 y 좌표를 할당한다. 만약 그래프에서 (50,1)이 되는 지점에 범례 상자의 왼쪽 윗부분이 위치하고자 한다면 legend의 첫 번째 인수와 두 번째 인수에 50과 1을 각각 할당하면 된다. 또한 범례 처리를 하고자 하는 선의 이름, 종류, 굵기를 벡터로 처리하는데, 여기서 유의해야 할 점은 벡터의 동일 원소 위치에 동일 선의 이름, 종류, 굵기를 지정하여야 한다는 것이다. 예를 들어 로그 위험비가 0이 되는 기준선을 먼저 지정한다면, 범례 이름 벡터의 첫 번째 원소로 “ln(RR)=0”을 지정하고, 이 기준선의 선의 종류는 실선이며 굵기는 1.5이기 때문에 각 lty와 lwd에 지정되는 벡터의 첫 번째 원소로 1과 1.5를 각각 지정하였다.

```
> legend(50,1,c("ln(RR)=0", "predicted"), lty=c(1,3), lwd=c(1.5,3))
```

만약 〈그림 5-4〉의 그래프를 수정하여 단순 위도에 따른 로그 위험비의 산점도와 회귀 적합선을 그리되 가득찬 삼각형 모양의 심볼로 크기는 1.5로 동일하게 하며, 회귀 적합선은 굵기가 3인 점선으로 표시한다고 하자. 여기에 추가적으로 로그 위험비가 0이 되는 기준선을 실선으로 그리고 기준선과 회귀 적합선을 구분하여 범례 처리를 한다면 다음과 같다.

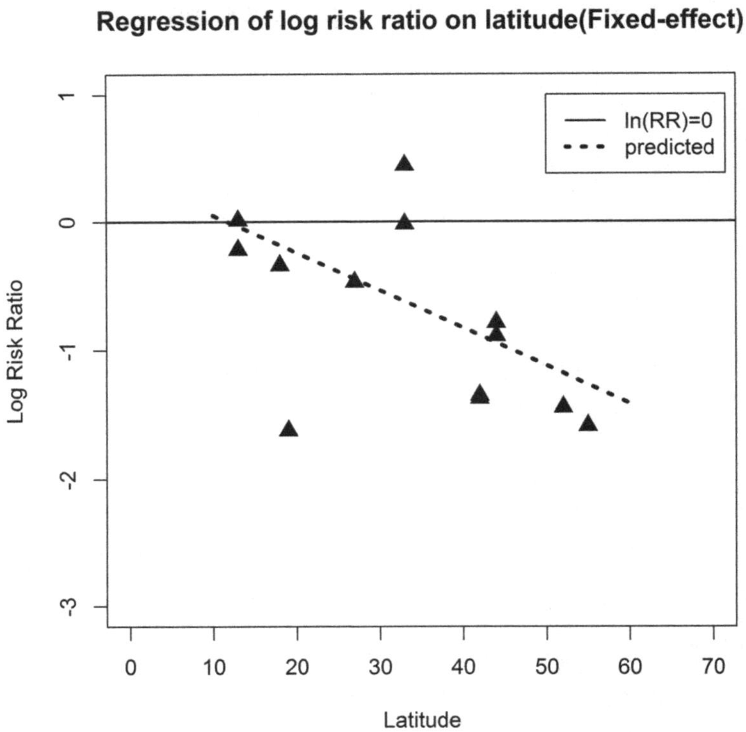


```
> # plot the (log) relative risks against latitude
> plot(dat$ablat,dat$yi, pch=17, cex=1.5,
xlab="Latitude", ylab="Log Risk Ratio", ylim=c(-3,1),xlim=c(0,70),
main="Regression of log risk ratio on latitude(Fixed-effect)")
> # add predicted values
> lines(10:60, preds$pred, lty=3, lwd=3)
> abline(h=0,lty=1,lwd=1.5)
> legend(50,1,c("ln(RR)=0", "predicted"), lty=c(1,3), lwd=c(1.5,3))
```

R 프로그램에서는 그래프 위에 텍스트 입력 또한 가능하다. 그래프에 텍스트를 입력하기 위해서 함수 text( )를 사용할 수 있으며, text 함수 또한 그래픽 parameter 인수를 가진다. text 함수는 범례 처리를 위한 legend 함수와 비슷하게 첫 번째 인수와 두 번째 인수에 text 위치의 x 좌표와 y 좌표가 할당된다. text 함수에 대한 설명을 구체화하기 위하여 BCG 자료를 이용한 〈그림 5-2〉를 예로 들어보도록 하자. 텍스트가 입력되기 전 상태의 숲그림을 그리면 다음과 같다.

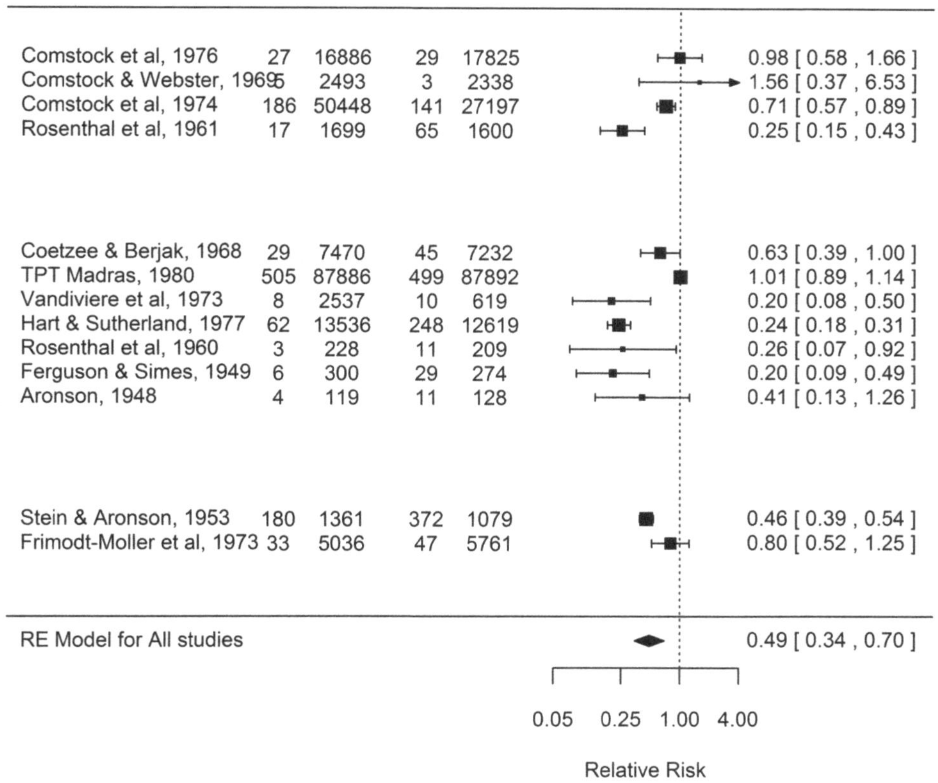


```
> forest(res, xlim=c(-16, 6), at=log(c(.05, .25, 1, 4)), atransf=exp,
ilab=cbind(dat.bcg$tpos, dat.bcg$tneg, dat.bcg$cpos, dat.bcg$cneg),
ilab.xpos=c(-9.5,-8,-6,-4.5), cex=.75, ylim=c(-1,27),
order=order(dat.bcg$alloc), rows=c(3:4, 9:15, 20:23),
xlab="Relative Risk", mlab="RE Model for All studies")
```

text 함수를 설명하기에 앞서 위의 forest 함수에 대한 인수를 간략하게 정리하면 다음과 같다. 첫 번째 인수에는 메타분석 결과가 입력되고, "xlim"과 "ylim"으로 x축의 범위와 y축의 범위를 지정할 수 있는데, 유의해야 할 점은 숲그림에서는 위쪽과 아래쪽에 선이 나타나며 아래쪽 선이 y 좌표가 0이 되는 기준이 되고 지정한 y축 범위의 상한이 위쪽 선의 두 줄 위가 된다는 것이다. 또한 x축 범위를 지정하게 되면, 지정된 범위를 기준으로 그래프의 막대가 나타나는 부분부터 효과크기와 신뢰구간이 나타나는 부분이 좌측으로, 연구명에 해당되는 부분이 우측으로 향하게 된다. 즉, 여기서는 ylim=c(−1,27)을 지정하였고, xlim=c(−16,6)을 지정하였기 때문에 화면상에는 아래쪽 선 밑으로 1줄이 더 출력되고, 연구명이 시작되는 지점의 x 좌표는 '−16'이 되며, 신뢰구간이 끝나는 지점의 x 좌표는 '6'이 된다.

"at" 인수와 "atransf" 인수는 그래프에 나타나는 눈금을 지정하는 인수와 지정된 눈금의 변환을 위한 함수를 지정하는 인수이다. 위의 경우처럼 "at=log (c(.05, .25, 1, 4))", "atransf=exp"로 지정하면 눈금은 위 그림과 같이 0.05, 0.25, 1, 4에 나타나게 되고 결과는 로그 위험비에 "exp" 함수를 취하여 로그 위험비 대신 위험비 결과를 출력하게 된다. 로그 위험비 대신 위험비를 출력하는 방법은 이 외에도 "transf=exp"를 취할 수 있는데, 하나의 forest 함수 안에서 "atransf=exp"와 "transf=exp"가 함께 쓰일 수 없음에 유의한다. 또한 "liab" 인수를 통해서 그래프에 벡터를 삽입할 수도 있으며, 벡터의 위치는 "ilab.xpos"로 지정이 가능하다. "cex" 인수는 plot 함수의 인수로 사용될 때와 같이 크기를 지정할 수 있으며, forest 함수 안에서는 전체적인 심볼과 텍스트의 크기를 조정할 수 있다. "order" 인수는 지정된 기준으로 정렬을 할 수 있으며, "rows=c(3:4, 9:15, 20:23)"를 지정하면 총 13개의 연구가 아래선 0을 기준으로 3-4번째 줄, 9-15번째 줄, 20-23번째 줄에 위치하게 된다.

함수 text()를 사용하여 그래프 위에 텍스트를 지정하기 위해서는 text가 지정되는 지점의 좌표를 알아야 한다. x축과 y축이 동시에 제공되는 일반 plot 함수에서는 이러한 좌표 지정이 비교적 쉽지만, 위의 숲그림과 같은 경우에는 지정하고자 하는 위치를 찾기가 쉽지 않기 때문에 위의 숲그림에서의 좌표위치에 대한 이해가 필요하다. text 함수에서는 텍스트를 하나뿐 아니라 여러 개를 동시에 지정할 수 있는데, 이때는 좌표의 지정을 순차적인 원소를 가지는 벡터로 표현해야 하며, x 좌표나 y 좌표가 항상 동일할 때에는 스칼라(scalar)로 입력도 가능하다. 텍스트의 좌표를 지정하면, "pos" 인수로 정렬을 설정할 수 있다. 정렬의 경우, 정수 1,2,3,4 값을 할당할 수 있고 각각은 텍스트의 위치가 정해진 좌표의 아래쪽, 왼쪽, 위쪽, 오른쪽이 되도록 지정할 수 있다. 입력하고자 하는 텍스트는 " " 또는 여러 개인 경우 c(" "," ",...)로 지정할 수 있으며, 텍스트의 크기는 "cex"로 설정할 수 있다. 또한 "font" 인수로 텍스트 스타일을 설정할 수 있는데 1=보통, 2=진하게, 3=기울임, 4=진한 기울임, 5=심볼이다. 위의 그림에 텍스트를 입력하면 다음과 같다.

```
> text(-16, c(24, 16, 5), pos=4, c("Systematic Allocation",
"Random Allocation", "Alternate Allocation"), cex=.75, font=4)

> text(c(-9.5,-8,-6,-4.5), 26, c("TB+", "TB-", "TB+", "TB-"), cex=0.75)
> text(c(-8.75,-5.25),       27, c("Vaccinated", "Control"), cex=0.75)
> text(-16,                26, "Author(s) and Year", pos=4, cex=0.75)
> text(6,                  26, "Relative Risk [95% CI]", pos=2, cex=0.75)
```

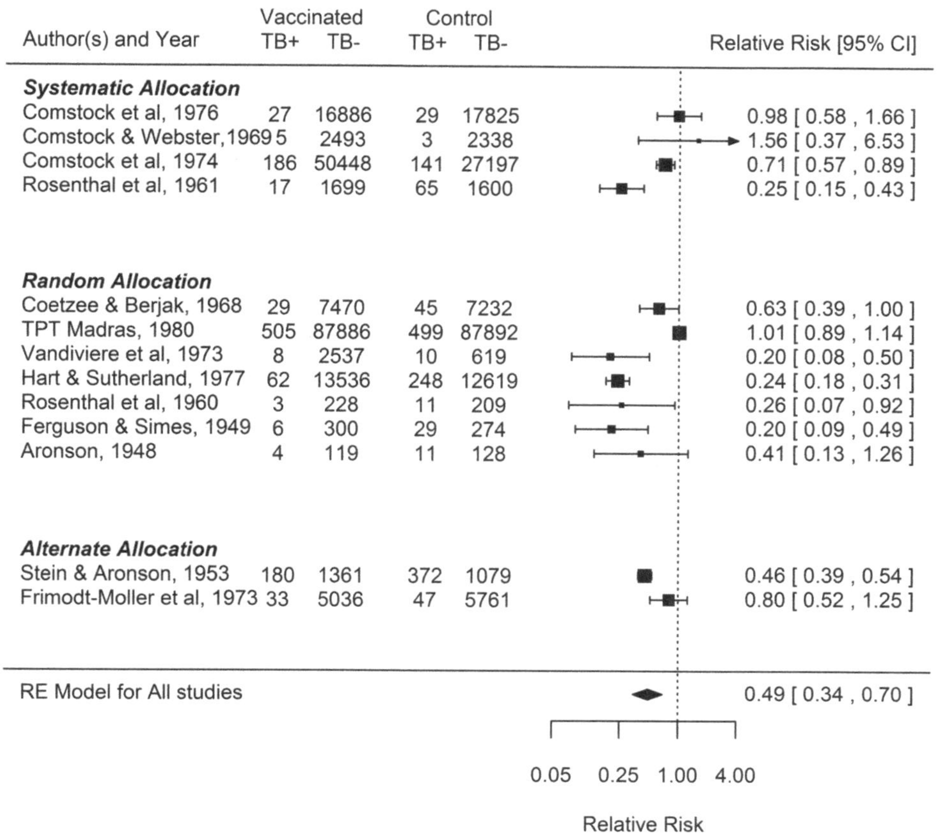

위의 그림처럼 "Author(s) and Year", "Relative Risk [95% CI]"가 위쪽 선 바로 위 양 끝에 위치하기 위해서 그래프에서 지정한 x의 범위와 y의 범위가 c(−16,6), c(−1,27)임을 확인한다. 그런 다음 y축 범위의 상한인 '27'보다 두 줄 아래인 y 좌표 '25' 위치에 상한선이 있으므로, 그보다 한 줄 위인 '26'을 지정해 주었다. 또한 텍스트의 양끝이 x 범위의 끝인 '−16'과 '6'에 위치하기 위해서 x 좌표를 각각 '−16'과 '6'으로 지정하고, "Author(s) and Year"는 좌표의 위치로부터 오른쪽에 텍스트가 위치하기 위해 "pos=4", "Relative Risk [95% CI]"는 좌표의 위치로부터 왼쪽에 텍스트가 위치하기 위해 "pos=2"를 설정하였다.

(4) 그림 겹쳐 그리기

그림이 이미 존재하는 동일한 그림 창에 새 그림을 겹쳐서 그릴 수 있다. 예를 들면, 감마분포로부터 난수를 생성한 후 만든 히스토그램에 감마분포의 밀도함수를 겹쳐서 그림으로 난수의 발생을 시각적으로 쉽게 확인할 수 있다.

```
> # 분포 Gamma(3,0.5)에서 100개의 난수 생성
> x <- rgamma(100, shape=3, scale=.5)
> hist(x, freq=F) # 총면적은 1
> # 새 그림을 기존의 창에 겹쳐 그림
> curve(dgamma(x, shape=3, scale=.5), add=T)
```

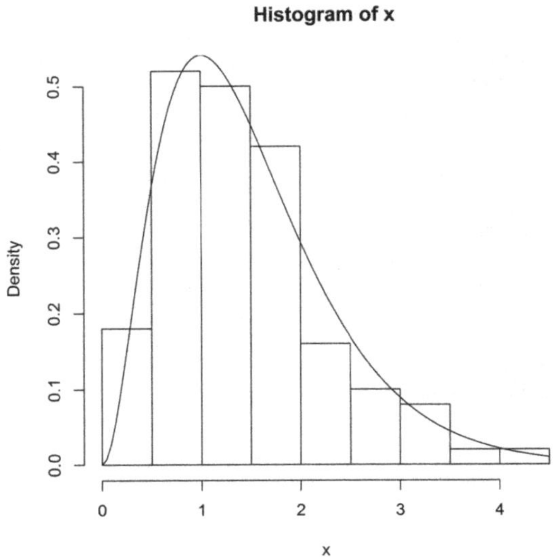

그림을 겹쳐서 그릴 때 가끔 밀도함수의 윗부분이 잘려나가는 경우가 생기는데 그 이유는 밀도함수의 높이가 히스토그램의 y축 결정에 어떠한 역할도 하지 못하기 때문이다. 그림을 그리는 순서를 바꾸어 밀도함수를 먼저 그리고 히스토그램을 나중에 그려도 별로 도움이 되지 않는다. 왜냐하면 이때 히스토그램의 가장 높은 막대가 잘려나갈 수 있기 때문이다. 이 경우 문제의 해결책은 먼저 겹쳐 그리는 두 그림에 대한 y축 값의 크기를 파악하여 이를 수용할 수 있도록 충분히 큰 그림을 그리는 것이다.

```
> h <- hist(x, freq=F)
> ylim <- range(0, 1.1*h$density, 1.1*max(dgamma(x, shape=3, scale=.5)))
> hist(x, freq=F, ylim=ylim)
> curve(dgamma(x, shape=3, scale=.5), add=T)
```

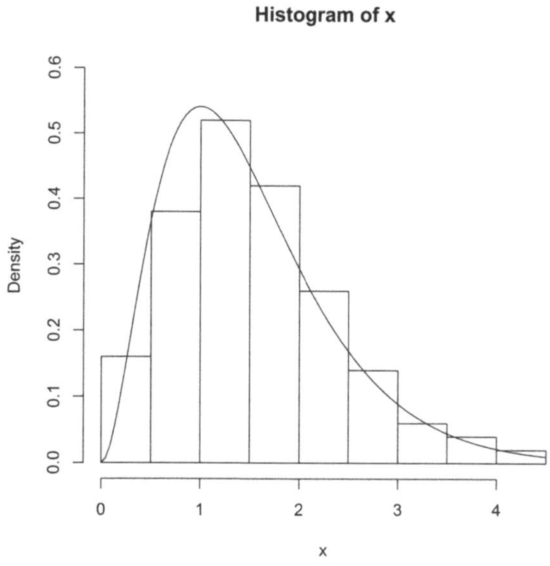

(5) 그림 파일 저장하기

R에서 만들어진 그림을 저장하여 한글(HWP) 등의 문서에 붙이는 방법으로 가장 간단한 방법은 그림 창에서 마우스의 오른쪽 버튼을 클릭 후 "Copy as bitmap"으로 복사한 후 문서 내에서 붙이기를 하면 된다.

일반적으로 논문 제출 시 해상도가 300 이상인 그림 파일 제출을 요구하는 경우가 많다. 이런 경우 R에서 만든 그림을 크기와 해상도를 조정하여 그림 파일로 만들 수 있다. 예를 들어 tiff 형식의 그림 파일을 생성하고자 할 경우, 그림 작성에 관련된 R 프로그램 실행 전에 다음 문장을 먼저 실행시킨다. 여기서 width와 height는 그림의 폭과 높이를 나타내며, unit는 width와 height의 단위를 나타낸다. 단위로는 인치(in), 센티미터(cm) 등을 사용할 수 있다. "res"는 해상도를 나타내는데, 여기서는 해상도 800dpi를 설정하였다.

```
> tiff(file = "d:/image.tiff",width = 6,height = 6,unit = 'in',res = 800)
```

위 문장을 실행한 후 그림을 그리기 위한 R 프로그램을 순차적으로 실행시킨다. 다음은 plot을 그리는 프로그램이다.

```
> plot(x, y, main="Main title", sub="subtitle", xlab="x-label",
ylab="y-label")
```

그림 그리는 프로그램을 모두 실행한 후 다음과 같이 그림 창을 닫아주면, 지정된 위치에 그림 파일이 생성될 것이다.

```
> dev.off()
```

2.6 R 명령어 요약

● 기본적인 사용

• 명령어

```
ls() 또는 objects()    작업공간에서 사용 중인 객체 나열
    rm(object)         객체 삭제
    search()           경로 찾기
```

• 변수명

문자, 숫자, 마침표(.) 등의 조합으로 이루어진다. 그러나 숫자 또는 마침표로 시작할 수는 없다.

• 할당(Assignment)

```
<-        값을 변수에 할당
->        오른쪽에 있는 변수에 값을 할당
<<-       글로벌 할당(함수에서)
```

● 연산자

• 산술 연산자

```
   +        덧셈
   -        뺄셈, 음수 부호
   *        곱셈
   /        나눗셈
   ^        제곱
  %/%       정수 나눗셈
  %%        정수 나눗셈으로부터 나머지
```

• 논리 및 관계 연산자

```
   ==       같다
   !=       같지 않다
   <        작다
   >        크다
   <=       작거나 같다
   >=       크거나 같다
is.na(x)    결측값 확인
   &        논리곱 (logical AND)
   |        논리합 (logical OR)
   !        논리부정 (logical NOT)
```

● 벡터와 자료형태

• 자료생성

```
numeric(25)          25개의 0(zero) 생성
character(25)        25개의 " " (문자열) 생성
logical(25)          25개의 FALSE 생성
seq(-4, 4, 0.1)      숫자열: -4.0, -3.9, -3.8, … 3.9, 4.0 생성
1:10                 seq(1, 10, 1)과 동일
c(5, 7, 9, 13, 1:5)  연결: 5 7 9 13 1 2 3 4 5
rep(1, 10)           1 1 1 1 1 1 1 1 1 1
```

gl(3, 2, 12)	세 수준을 가진 요인을 각 수준별로 2개의 블록으로 반복하는데 총 길이는 12이다. (즉, 1 1 2 2 3 3 1 1 2 2 3 3)

• 자료변환

as.numeric(x)	숫자형으로 변환
as.character(x)	문자열로 변환
as.logical(x)	논리적인 값으로 변환
factor(x)	벡터 x의 요인을 생성

● 데이터프레임

data.frame(height= c(165,185), weight=c(90,65))	2개의 벡터로 이루어진 데이터프레임
data.frame(height, weight)	벡터를 데이터프레임으로 통합
dfr$var	데이터프레임 "dfr"에서 벡터 "var"을 선택
attach(dfr)	검색 경로에 "dfr"을 추가
detach()	경로에서 지정한 패키지 또는 데이터프레임 등을 제외시킴

● 수치적 함수

• 수학 함수

log(x)	자연로그함수
log10(x)	상용로그함수
exp(x)	지수함수
sin(x)	sin 함수
cos(x)	cosine 함수
tan(x)	tangent 함수
asin(x)	arcsin 함수
acos(x)	arccosine 함수

atan(x)	arctangent 함수
min(x)	벡터에서 최솟값
min(x1, x2,…)	전체 벡터 중 최솟값
max(x)	벡터에서 최댓값
range(x)	c(min(x), max(x))와 유사
pmin(x1, x2,…)	벡터들에서 대칭되는 원소들 사이의 최솟값
pmax(x1, x2,…)	벡터들에서 대칭되는 원소들 사이의 최댓값
length(x)	벡터의 길이
sum(complete.cases(x))	벡터에서 결측값이 아닌 원소의 개수

• 통계 함수

mean(x)	평균
sd(x)	표준편차
var(x)	분산
median(x)	중앙값
quantile(x, p)	(100×p)%에 해당하는 값
cor(x,y)	상관계수

• 인덱싱/선택

x[1]	첫 번째 원소
x[1:5]	처음 다섯 개의 원소를 포함하는 부분 벡터
x[c(2,3,5,7,11)]	2, 3, 5, 7, 11번째 원소
x[y<=30]	논리적 표현에 의한 선택
x[sex=="male"]	요인 변수에 의한 선택
i <- c(2,3,5,7,11); x[i]	숫자형 변수에 의한 선택
l <- (y<=30); x[l]	논리적 변수에 의한 선택

• 행렬과 데이터프레임

m[4,]	4번째 행
m[,3]	3번째 열
dfr[dfr$var<=30,]	데이터프레임에서 조건을 만족하는 부분 선택
subset(dfr$var<=30)	위 방법과 동일하나 더 간단함

● 자료입력

data(name)	R에 포함된 데이터셋
read.table("filename")	외부파일을 읽어 들임

• 함수 read.table( )의 주요 인수

header=TRUE	첫 번째 행에 변수명을 가짐
sep=","	자료가 콤마(,)로 구분이 됨
dec=","	숫자의 자리 구분을 콤마(,)로 함
na.strings="."	결측값을 마침표(.)로 구분

• 함수 read.table( )의 변형

read.csv("filename")	콤마(,)로 구분
read.delim("filename")	탭(Tab)으로 구분
read.csv2("filename")	세미콜론(;)으로 구분. 마침표(.)는 숫자의 자리를 구분
read.delim2("filename")	탭(Tab)으로 구분. 콤마(,)는 숫자의 자리를 구분

● 결측값

• 함수

is.na(x)	결측값 여부에 대한 논리적 벡터. 값이 NA이면 "TRUE"이다.
complete.cases(x1,x2,…)	주어진 벡터들의 대응하는 원소들이 모두 결측값이 아닐 때 "TRUE" 값을 가짐

• 다른 함수에서 결측값에 대한 인자

na.rm=	통계 함수에서 사용. "TRUE"이면 결측값을 제외하고 "FALSE"이면 NA값을 보냄
na.last=	함수 sort()에서 결측값이 있을 때 "TRUE"일 경우 가장 뒤에 두고, "FALSE"는 가장 앞에 두며, "NA"일 경우에는 값을 제외

na.print=	함수 summary()와 print.default()에서 결측값을 표시하는 문자 또는 문자열을 지정
na.strings=	함수 read.table()로 자료를 읽어 들일 때, 외부 파일에서 결측값을 표시하는 문자열을 지정

● 표로 구성하기, 그룹화, 재구성

table(f1,…)	자료를 표 형식으로 요약
tapply(x, f, mean)	자료의 평균에 대한 표
factor(x)	벡터를 요인으로 변환
cut(x, breaks)	연속형 변수를 주어진 구간으로 그룹화

• 함수 factor()의 인수

levels	자료에 대한 수준을 지정. 자료에 특정 값이 없거나 그 순서가 옳지 않을 경우에도 사용 가능
labels	계산된 각 level에 대한 이름을 지정
exclude	제외할 값을 지정하며, 기본값은 "NA"임

• 함수 cut()의 인수

breaks	그룹으로 나누기 위한 구분점을 지정
labels	각 그룹에 대한 이름을 지정. 기본값은 (0, 30] 등의 형태임
right	구간의 오른쪽 점을 포함할지에 대한 인수로, 값이 "FALSE"일 경우에 왼쪽 점을 포함

• factor의 재구성

levels(f) <- names	수준의 새로운 이름

● 확률분포

• **정규분포**

dnorm(x)	밀도함수를 계산
pnorm(x)	누적분포확률 $P(X \leq x)$를 계산
qnorm(p)	$P(X \leq x) = p$를 만족하는 x를 구함
rnorm(n)	정규분포를 따르는 n개의 난수를 생성

• **여러 가지 확률분포**

pnorm(x, mean, sd)	정규분포
plnorm(x, mean, sd)	로그-정규분포
pt(x, df)	스튜던트 t-분포
pf(x, n1, n2)	F-분포
pchisq(x, df)	χ^2-분포
pbinorm(x, n, p)	이항분포
ppois(x, lambda)	포아송 분포
punif(x, min, max)	균일분포
pexp(x, rate)	지수분포
pgamma(x, shape, scale)	감마분포
pbeta(x, a, b)	베타분포

● 그래픽

• **표준 그림**

plot()	산점도
hist()	히스토그램
boxplot()	상자-잎 그림
barplot()	바 차트
dotplot()	점그림
piechart()	파이 차트

• 그림 요소: 기존의 그림에 추가되는 사항

lines()	선
abline()	절편과 기울기에 의해 주어지는 선
points()	점
box()	그림 주위에 프레임을 그림
title()	그림 윗부분에 제목을 넣음
text()	그림에 글자를 넣음
mtext()	여백에 글자를 넣음
legend()	범례(심볼의 나열)

• 그래프 요소

pch	심볼(plotting character)
mfrow, mfcol	다중 프레임을 구성
xlim, ylim	그림의 한계값을 지정
lty, lwd	선의 종류/굵기
col	색깔
cex, mex	여백의 문자 크기와 선 사이의 공간

효과크기 추정

3장

일반적인 메타분석은 두 그룹 간의 비교에 관심이 있는 경우가 대부분이지만, 단일군에서 평균이나 발생률 등의 추정이 목적인 경우도 있다. 따라서 메타분석의 목적이 독립인 두 그룹 간의 비교인지 또는 단일군에서의 결과의 통합인지와, 결과변수의 유형에 따라 관심 있는 효과크기가 달라진다.

독립인 두 그룹에서 개별 연구의 결과변수 자체가 연속형 변수일 경우 보통 평균과 표준편차로 연구결과를 보고한다. 이 경우 두 군을 비교하는 효과크기로 두 군의 평균차 또는 표준화 평균차를 사용할 수 있다. 반면, 개별 연구의 결과가 이분형 변수인 경우 보통 두 군의 표본수와 관심결과가 발생한 표본수로 연구결과를 보고하는데, 이를 이용하면 〈표 3-1〉과 같은 이원분류표 형태로 정리할 수 있다. 개별 연구에서 다음과 같은 자료를 추출했을 경우 두 군을 비교하는 효과크기로 위험비, 오즈비, 위험차를 사용할 수 있다. 이때 위험비와 오즈비는 정규성 가정 만족을 위해 로그 변환한 효과크기를 주로 사용한다.

표 3-1 이분형 결과변수

	결과 1	결과 2	전체
그룹 1	a	b	n_1
그룹 2	c	d	n_2

의학연구나 역학연구의 경우 특정 기간 동안 발생한 사건수로 결과를 보고하기도 하는데, 이런 유형의 자료를 계수형 자료 또는 "인-시간(person-time)" 자료라고 한다. 개별 연구에서 전체 대상자의 추적관찰기간의 총합인 총 인-시간과 발생한 사건수를 보고한 경우 효과크기로 발생률비 또는 발생률차를 사용할 수 있다.

단일군에서 개별 연구에서 보고한 연속형 결과변수의 결과를 통합하고자 할 경우 효과크기로 단순 평균을 사용할 수 있으며, 개별 연구에서 관심 있는 두 변수의 상관계수를 보고하고 있을 경우 상관계수 또는 피셔의 z-변환 상관계수를 효과크기로 이용할 수 있다. 만일 두 그룹이 독립이 아닌 대응 그룹이거나 단일군에서의 사전-사후 비교인 경우는 짝지어진 쌍에서의 차이에 대한 평균을 통합하는 문제로 다룰 수 있다.

단일군을 대상으로 한 개별 연구에서 관심사건이 발생한 빈도 및 비율이 보고된 이분형 결과변수인 경우 비율, 로그 비율, 로짓(logit) 비율을 효과크기로 사용할 수 있으며, 단일군에서 특정 기간 동안 발생한 사건수로 결과를 보고한 경우 효과크기로 발생률(incidence rate, IR) 또는 로그 발생률을 사용할 수 있다.

만일 독립인 두 그룹 간 비교에서 결과변수가 이분형인 경우 개별 연구에서 로지스틱 회귀분석을 통해 추정된 오즈비를 보고하고 있는 경우 또는 결과변수가 시간의 존형(time-to-event) 변수로 개별 연구에서 콕스 비례위험모형을 통해 추정한 위험도비(hazard ratio, HR)를 보고하고 있는 경우에는 단일군에서 연속형 자료로 간주하여 로그 오즈비 또는 로그 위험도비의 평균을 추정하는 방법을 적용할 수 있다.

결과변수 유형에 따른 자료추출 항목과 사용가능한 효과크기를 요약하면 〈표 3-2〉와 같다. 이 장에서는 관심 모집단이 독립인 두 그룹인 경우와 단일군인 경우로 구분하여, 결과변수 유형에 따라 개별 연구의 효과크기를 추정하는 방법에 대해서 설명하고, 예제를 통해 R의 metafor 패키지를 이용하여 추정하는 방법을 다루고자 한다.

3.1 독립인 두 그룹

3.1.1 연속형 자료

연속형 자료란 특정 구간 내에 속하는 모든 값을 가질 수 있는 체중, 키, 시험성적 등과 같은 자료로, 개별 연구에서 보통 평균과 표준편차를 보고한다. 독립인 두 그룹에서 각각 연속형 자료에 대해 평균과 표준편차를 보고하고 있는 경우, 두 그룹 간 차이를 수량화하기 위한 효과크기로 평균차와 표준화 평균차를 사용할 수 있다. 독립인 두 그룹의 평균을 비교하는 연구에서 μ_1과 μ_2를 각각 두 그룹의 모평균이라고 가정하면, 모평균차이 θ는 다음과 같이 정의된다.

$$\theta = \mu_1 - \mu_2$$

일반적으로 결과가 의미 있는 척도로 측정이 되었고 모든 연구들이 같은 척도를 가

표 3-2 자료추출과 효과크기

구분	결과변수 유형	자료추출	효과크기
독립인 두 그룹	연속형	표본수(n_1, n_2) 평균(m_1, m_2) 표준편차(sd_1, sd_2)	평균차
			표준화 평균차
	이분형	표본수(n_1, n_2) 결과 발생 표본수 (a,b,c,d)	로그 위험비
			로그 오즈비
			위험차
			피토 로그 오즈비
	계수형	총 인-시간(t_1, t_2) 사건수(x_1, x_2)	로그 발생률비
			발생률차
단일군	연속형	표본수(n) 평균(m) 표준편차(sd)	평균
		표본수(n) 상관계수(r)	상관계수 Fisher의 z-변환 상관계수
	이분형	표본수(n) 결과 발생 표본수(x)	비율
			로그 비율
			로짓 비율(오즈)
	계수형	총 인-시간(t) 사건수(x)	발생률
			로그 발생률

지고 있을 경우, 평균차를 이용하여 메타분석을 수행할 수 있다. 예를 들어 혈압과 같이 잘 알려진 척도로 측정되었거나 수학능력시험의 점수와 같이 관련 분야에서 잘 알려진 척도로 측정된 경우, 평균차를 효과크기로 사용하면 그 결과를 직관적으로 이해하기 쉽다는 장점이 있다.

하지만 측정에 사용된 척도가 잘 알려져 있지 않거나 연구별로 사용한 척도가 다르다면 평균차를 사용하여 이들 결과를 통합하는 것은 의미가 없다. 예를 들어 통증의 감소를 비교한 연구별로 통증을 측정하기 위해 사용한 도구들이 다르다면 평균차를 이용한 결과의 통합은 의미가 없을 것이다.

이런 경우 평균차를 표준편차로 나눈 표준화 평균차를 효과크기로 사용하여 연구들 간의 비교와 통합이 가능하도록 할 수 있다. μ_1과 σ_1은 그룹 1의 모평균과 모표준편차이고, μ_2와 σ_2는 그룹 2의 모평균과 모표준편차라고 하자. 만약 두 모집단의 표준편차가 같다면($\sigma_1 = \sigma_2 = \sigma$), 모표준화 평균차 δ는 다음과 같이 정의된다.

$$\delta = \frac{\mu_1 - \mu_2}{\sigma}$$

만일 평균차를 사용하여 메타분석이 가능한 경우라면 표준화 평균차 사용여부는 선택사항이지만, 평균차를 사용한 메타분석이 불가능한 경우에는 표준화 평균차를 반드시 사용하여야 한다.

(1) 평균차

개별 연구에서 독립인 두 그룹의 표본평균을 $\overline{X_1}$과 $\overline{X_2}$라고 할 때, 평균차(MD)는 다음과 같다.

$$MD = \overline{X_1} - \overline{X_2}$$

S_1과 S_2를 각각 두 그룹의 표본 표준편차라고 하고, n_1과 n_2를 각각 두 그룹의 표본크기라고 하자. 두 모집단의 표준편차가 같다고 가정한다면($\sigma_1 = \sigma_2 = \sigma$), MD의 분산은 합동 표준편차 S를 이용하면 다음과 같으며,

$$Var(MD) = \left(\frac{1}{n_1} + \frac{1}{n_2}\right)S^2, \quad S = \sqrt{\frac{(n_1-1)S_1^2 + (n_2-1)S_2^2}{n_1 + n_2 - 2}}$$

만일 두 모집단의 표준편차가 같다고 가정할 수 없다면, MD의 분산은 다음과 같다.

$$Var(MD) = \frac{S_1^2}{n_1} + \frac{S_2^2}{n_2}$$

따라서 MD의 표준오차(standard error, SE)[8]는 $Var(MD)$의 제곱근으로 다음과 같다.

$$SE(MD) = \sqrt{Var(MD)}$$

대표본인 경우 개별 연구의 모평균차이 θ에 대한 귀무가설 $H_0 : \theta = 0$와 대립가설

8) 표준오차(standard error, SE): 통계량(statistics)의 표준편차(standard deviation) 통계량인 "평균차"에 대한 표준편차이므로 표준오차라고 하며, 원자료의 표준편차와 다름

$H_1 : \theta \neq 0$에 대한 다음 검정통계량은 표준정규분포를 따르며,

$$Z = \frac{\hat{\theta}}{SE(\hat{\theta})}$$

개별 연구의 모평균차이 θ에 대한 $100(1-\alpha)\%$ 신뢰구간도 대표본인 경우 다음과 같다.

$$1-\alpha \approx \Pr\left[\hat{\theta} - z_{\alpha/2} SE(\hat{\theta}) \leq \theta \leq \hat{\theta} + z_{\alpha/2} SE(\hat{\theta})\right]$$

여기서 $z_{\alpha/2}$는 표준정규분포에서 오른쪽 꼬리부분의 면적을 $\alpha/2$로 하는 값이며, 95% 신뢰구간을 구할 경우에는 1.96이 된다. 모평균차이 θ의 점추정량 $\hat{\theta}$은 MD를 대입하여 계산하면 된다.

전통적 메타분석에서는 모든 효과크기가 정규분포를 따른다고 가정하므로, 표준화 평균차, 로그 위험비, 로그 오즈비, 위험차 등의 모든 효과크기에 대해 $\hat{\theta}$만 SMD, $\ln(RR)$, $\ln(OR)$, RD 등으로 바뀌며 위 검정통계량과 신뢰구간을 추정하는 방법은 동일하다.

(2) 표준화 평균차

개별 연구에서 독립인 두 그룹의 표본평균이 $\overline{X_1}$과 $\overline{X_2}$일 경우, 표준화 평균차(SMD)는 다음과 같다.

$$SMD = \frac{\overline{X_1} - \overline{X_2}}{S}$$

여기서 두 모집단의 표준편차가 같다($\sigma_1 = \sigma_2 = \sigma$)는 가정하에 모표준편차 σ의 추정량으로 두 표본표준편차 S_1과 S_2를 통합한 합동 표준편차 S를 사용한다.

$$S = \sqrt{\frac{(n_1 - 1)S_1^2 + (n_2 - 1)S_2^2}{n_1 + n_2 - 2}}$$

두 모집단의 모표준편차가 같다고 가정하더라도 표본표준편차 S_1과 S_2는 다를 수 있으므로, 두 표본표준편차를 통합하여 좀 더 정확한 그룹 내 표준편차를 추정할 수 있다.

SMD의 분산은

$$Var(SMD) = \frac{n_1 + n_2}{n_1 n_2} + \frac{SMD^2}{2(n_1 + n_2)}$$

이며, SMD의 표준오차 $SE(SMD) = \sqrt{Var(SMD)}$이다.

하지만 표본의 크기가 작을 경우 SMD는 모표준화 평균차 δ를 과대추정하는 바이어스가 있는 추정량이므로, 헤지스(Hedges)의 g를 사용하여 모표준화 평균차 δ의 불편추정량을 추정할 수 있다. 이때 J라는 수정인자를 사용하는데, Hedges (1981)는 J에 관한 정확한 식을 제공하지만 일반적으로 다음과 같은 근삿값을 사용한다.

$$J \approx 1 - \frac{3}{4df - 1}$$

여기서 df는 합동 표준편차 S를 추정하는 데 사용된 자유도로 $n_1 + n_2 - 2$이다. 이를 이용하여 헤지스의 g와 g의 분산, 표준오차는 다음과 같이 정의할 수 있다.

$$g = J \times SMD,$$
$$Var(g) = J^2 \times Var(SMD),$$
$$SE(g) = \sqrt{Var(g)}$$

수정인자 J는 항상 1.0보다 작으므로 헤지스의 g의 절댓값은 항상 SMD의 절댓값보다 작으며, g의 분산은 항상 SMD의 분산보다 작다. 그러나 만약 df가 10보다 크다면 J는 1.0에 매우 가깝게 된다.

SMD에 대한 결과 해석 시 0.2는 '작은 효과', 0.5는 '적당한 효과', 0.8은 '큰 효과'로 판단하기도 하며, 0.4와 0.7을 기준으로 효과크기를 판단하기도 한다.

예제 3-1

metafor 패키지에 포함되어 있는 다음 자료(dat.normand1999)는 9개 연구로부터 추출된 특별치료를 받는 뇌졸중 환자군과 일반치료를 받는 뇌졸중 환자군의 입원일수의 평균과 표준편차이다. 이 메타분석의 목적은 특별치료를 받는 환자들의 입원일수가 일반치료를 받는 환자들의 입원일수보다 짧은지 비교하는 것이다 (Normand, 1999).

연구	특별치료			일반치료		
	환자수 (n1)	평균 (m1)	표준편차 (sd1)	환자수 (n2)	평균 (m2)	표준편차 (sd2)
Edinburgh	155	55	47	156	75	64
Orpington-Mild	31	27	7	32	29	4
Orpington-Moderate	75	64	17	71	119	29
Orpington-Severe	18	66	20	18	137	48
Montreal-Home	8	14	8	13	18	11
Montreal-Transfer	57	19	7	52	18	4
Newcastle	34	52	45	33	41	34
Umea	110	21	16	183	31	27
Uppsala	60	30	27	52	23	20

Edinburgh 연구에서 특별치료군의 표본크기는 $n_1 = 155$, 표본평균은 $\overline{X_1} = 55$, 표본표준편차는 $S_1 = 47$이며, 일반치료군의 표본크기는 $n_2 = 156$, 표본평균은 $\overline{X_2} = 75$, 표본표준편차는 $S_2 = 64$이다. 먼저 두 그룹의 입원일수의 평균차를 계산하면 다음과 같다.

$$MD = 55 - 75 = -20$$

두 그룹의 입원일수의 모분산이 같은지 알아보기 위해 등분산검정을 수행한 결과, 분산이 다르다고 할 수 있으므로, 평균차의 분산과 표준오차는 다음과 같다.

$$Var(MD) = \frac{47^2}{155} + \frac{64^2}{156} = 40.5080$$
$$SE(MD) = \sqrt{40.5080} = 6.3646$$

표준화 평균차를 추정하기 위해 우선 합동 표준편차를 계산하면 $S = 56.1743$이며, 표준화 평균차와 표준화 평균차의 분산, 표준오차는 다음과 같이 계산된다.

$$SMD = \frac{55 - 75}{56.1743} = -0.3560,$$

$$Var(SMD) = \frac{155 + 156}{155 \times 156} + \frac{(-0.3560)^2}{2(155 + 156)} = 0.0131,$$
$$SE(SMD) = \sqrt{0.0131} = 0.1145$$

여기서 헤지스의 g, g의 분산과 표준오차를 계산하기 위해 수정인자 J를 계산하면 다음과 같이 주어진다.

$$J = (1 - \frac{3}{4 \times 309 - 1}) = 0.9976$$

따라서 수정인자가 0.9976이므로, 헤지스의 g, g의 분산과 표준오차는 다음과 같다.

$$g = -0.3551, \ Var(g) = 0.0130, \ SE(g) = 0.1142$$

위 자료를 이용하여 평균차와 표준화 평균차를 계산하는 R 프로그램 및 결과는 다음과 같다.

```
> library(metafor)
> # load data
> dat <- get(data(dat.normand1999))

> # MD와 MD의 분산 계산
> dat_MD <- escalc(measure="MD", m1i=m1i, sd1i=sd1i, n1i=n1i, m2i=m2i,
sd2i=sd2i, n2i=n2i, data=dat)
> summary.escalc(dat_MD)
  study              source n1i m1i sd1i n2i m2i sd2       yi       vi
1     1           Edinburgh 155  55   47 156  75  64 -20.0000  40.5080
2     2      Orpington-Mild  31  27    7  32  29   4  -2.0000   2.0806
3     3  Orpington-Moderate   5  64   17  71 119  29 -55.0000  15.6984
4     4    Orpington-Severe  18  66   20  18 137  48 -71.0000 150.2222
5     5       Montreal-Home   8  14    8  13  18  11  -4.0000  17.3077
6     6   Montreal-Transfer  57  19    7  52  18   4   1.0000   1.1673
7     7           Newcastle  34  52   45  33  41  34  11.0000  94.5891
8     8                Umea 110  21   16  83  31  27 -10.0000   6.3109
9     9             Uppsala  60  30   27  52  23  20   7.0000  19.8423

      sei       zi    ci.lb    ci.ub
1  6.3646  -3.1424 -32.4744  -7.5256
2  1.4424  -1.3865  -4.8271   0.8271
3  3.9621 -13.8815 -62.7656 -47.2344
4 12.2565  -5.7928 -95.0223 -46.9777
5  4.1603  -0.9615 -12.1539   4.1539
6  1.0804   0.9256  -1.1176   3.1176
7  9.7257   1.1310  -8.0620  30.0620
```

```
8   2.5121  -3.9807  -14.9237     -5.0763
9   4.4545   1.5715   -1.7306    15.7306

> # SMD와 SMD의 분산 계산
> dat_SMD <- escalc(measure="SMD", m1i=m1i, sd1i=sd1i, n1i=n1i, m2i=m2i,
sd2i=sd2i, n2i=n2i, data=dat)
> summary.escalc(dat_SMD)

  study             source n1i m1i sd1i n2i m2i sd2i      yi     vi    sei
1     1          Edinburgh 155  55   47 156  75   64 -0.3552 0.0131 0.1143
2     2     Orpington-Mild  31  27    7  32  29    4 -0.3479 0.0645 0.2539
3     3 Orpington-Moderate  75  64   17  71 119   29 -2.3176 0.0458 0.2140
4     4   Orpington-Severe  18  66   20  18 137   48 -1.8880 0.1606 0.4008
5     5      Montreal-Home   8  14    8  13  18   11 -0.3840 0.2054 0.4532
6     6  Montreal-Transfer  57  19    7  52  18    4  0.1721 0.0369 0.1921
7     7          Newcastle  34  52   45  33  41   34  0.2721 0.0603 0.2455
8     8               Umea 110  21   16 183  31   27 -0.4246 0.0149 0.1219
9     9            Uppsala  60  30   27  52  23   20  0.2896 0.0363 0.1905

       zi   ci.lb   ci.ub
1  -3.1073 -0.5792 -0.1311
2  -1.3703 -0.8456  0.1497
3 -10.8279 -2.7371 -1.8981
4  -4.7109 -2.6735 -1.1025
5  -0.8471 -1.2723  0.5044
6   0.8960 -0.2044  0.5487
7   1.1082 -0.2091  0.7532
8  -3.4828 -0.6635 -0.1856
9   1.5204 -0.0837  0.6628
```

escalc 함수를 실행한 결과에서 yi는 MD 또는 SMD(헤지스의 g)를 나타내며, vi는 분산, sei는 표준오차, zi는 검정통계량으로 yi/sei로 계산된 값이며, ci.lb와 ci.ub는 95% 신뢰구간의 하한과 상한을 나타낸다.

위 분석 결과에서 Edinburgh 연구의 평균차와 평균차의 분산, 평균차의 95% 신뢰구간은 다음과 같다.

$$MD = -20,\quad Var(MD) = 40.5080,$$

$$95\%\ \text{신뢰구간} = (-32.4744, -7.5256)$$

metafor 패키지에서는 표준화 평균차에 대해서 항상 바이어스를 수정한 헤지스의 g를 자동으로 제시한다. Edinburgh 연구의 헤지스의 g와 g에 대한 분산, 95% 신뢰구간은 다음과 같다.

$$g = -0.3552,\ Var(g) = 0.0131,$$
$$95\%\ \text{신뢰구간} = (-0.5792, -0.1311)$$

(3) 변화량의 비교

개별 연구에서 독립인 두 그룹의 사전 대비 사후의 변화량(change from baseline)이 주어진 경우, 독립인 두 그룹의 변화량의 평균차 또는 표준화 평균차가 효과크기가 된다. 이때 개별 연구의 자료는 〈표 3-3〉과 같이 주어진다.

표 3-3 변화량 결과변수

	사전값(baseline)	사후값(final)	변화량
그룹 1	$\overline{X_{1b}}, S_{1b}^2$	$\overline{X_{1f}}, S_{1f}^2$	$\overline{X_1}, S_1^2$
그룹 2	$\overline{X_{2b}}, S_{2b}^2$	$\overline{X_{2f}}, S_{2f}^2$	$\overline{X_2}, S_2^2$

여기서 독립인 두 그룹의 변화량의 평균차와 표준화 평균차는 $\overline{X_1}, S_1^2$, $\overline{X_2}, S_2^2$을 이용하여 (1) 평균차와 (2) 표준화 평균차에서 설명한 방법을 그대로 적용해서 개별 연구의 효과크기를 계산할 수 있다.

일부 연구에서는 변화량에 대한 평균과 표준편차를 제시하지 않고, 〈표 3-3〉의 사전값, 사후값에 대한 평균과 표준편차만 제시하고 있는 경우가 있다. 이런 경우 변화량에 대한 평균과 표준편차를 다시 계산해야 하는데, 사전값과 사후값은 독립이 아니므로 두 값 사이의 상관계수 $Corr$을 고려해서 다음과 같이 계산해야 한다.

$$\overline{X_1} = \overline{X}_{1f} - \overline{X}_{1b}$$
$$S_1^2 = S_{1b}^2 + S_{1f}^2 - 2 \times Corr \times S_{1b} \times S_{1f}$$

하지만 연구결과에 사전값과 사후값의 상관계수를 제시하지 않은 문헌인 경우 위와 같은 방법으로 변화량의 평균과 표준편차를 계산할 수 없다. 따라서 이런 경우 다른 연구로부터 상관계수를 가져오거나 상관계수를 다음 식을 이용하여 계산함으로써 대체(imputation)하여 사용할 수 있다.

$$Corr = \frac{S_{1b}^2 + S_{1f}^2 - S_1^2}{2 \times S_{1b} \times S_{1f}}$$

예제 3-2

다음은 독립인 두 그룹 치료군과 대조군의 변화량의 평균차가 효과크기인 경우, 연구 1에서 자료추출한 결과이다.

그룹	사전값		사후값		변화량		상관계수
	평균	표준편차	평균	표준편차	평균	표준편차	
치료군(T)	12.3	5.6	14.1	6.3	NA	NA	NA
대조군(C)	12.9	6.1	15.4	7.1	NA	NA	NA

연구 1에서 자료추출 결과 변화량에 대한 평균과 표준편차에 대한 값이 제시되지 않았다. 연구 1에서 변화량의 평균은 다음과 같이 계산할 수 있으나,

$$\overline{X}_{1T} = 14.1 - 12.3 = 1.8,\ \overline{X}_{1C} = 15.4 - 12.9 = 2.5$$

변화량의 표준편차는 상관계수가 제시되지 않았으므로 다른 연구의 값을 이용하여 대체가 필요하다. 다음은 연구 2에서 자료추출한 결과이다. 이 연구에서는 상관계수는 주어져 있지 않으나, 사전값, 사후값, 변화량에 대한 정보가 모두 주어져 있으므로 상관계수를 계산할 수 있다.

그룹	사전값		사후값		변화량		상관계수
	평균	표준편차	평균	표준편차	평균	표준편차	
치료군(T)	11.6	6.2	12.9	5.9	1.6	3.4	NA
대조군(C)	12.2	7.1	14.0	6.5	1.8	3.9	NA

NA : Not available

연구 2에서 치료군과 대조군의 상관계수는 각각 다음과 같이 계산할 수 있다.

$$Corr_{2T} = \frac{6.2^2 + 5.9^2 - 3.4^2}{2 \times 6.2 \times 5.9} = 0.8432\ ,\ Corr_{2C} = \frac{7.1^2 + 6.5^2 - 3.9^2}{2 \times 7.1 \times 6.5} = 0.8391$$

연구 2에서 계산한 상관계수를 연구 1의 상관계수로 대체하여, 연구 1의 변화량의 표준편차를 다음과 같이 계산할 수 있다.

$$S_{1T} = \sqrt{5.6^2 + 6.3^2 - 2 \times 0.8432 \times 5.6 \times 6.3} = 3.3991$$

$$S_{1C} = \sqrt{6.1^2 + 7.1^2 - 2 \times 0.8391 \times 6.1 \times 7.1} = 3.8649$$

3.1.2 이분형 자료

결과변수의 형태가 성공 또는 실패와 같이 이분형 자료인 경우 자료는 〈표 3-1〉과 같은 형태로 주어진다. 이때 관심사건이 일어난 경우를 성공으로 정의하는데, 〈표 3-1〉에서 결과 1을 관심사건이라고 하자. 관심사건은 발생하기를 원하는 긍정적인 사건일 수도 있고 발생하기를 원하지 않는 위험으로 설명할 수 있는 부정적인 사건일 수도 있다. 하지만 편의상 관심사건이 일어날 확률을 일반적으로 위험(risk)이라고 하며, 위험은 0과 1 사이 값을 가지며 백분율로 표현할 수도 있다. 예를 들어 관심사건이 사망인 경우 사망 발생이 성공이 되며, 사망이 발생할 확률을 위험으로 설명할 수 있다. 이런 이분형 자료에서는 두 그룹을 비교하는 효과크기로 위험비, 오즈비, 위험차를 사용할 수 있다.

(1) 위험비

위험비(RR)는 상대위험도(relative risk)라고도 하는데, 두 그룹에서 위험의 비로 다음과 같이 정의하며, 그룹 2에 비해 그룹 1에서 위험이 발생할 확률의 비로 해석한다.

$$RR = \frac{a/n_1}{c/n_2}$$

예를 들면, 의학연구에서 치료법 A와 치료법 B를 비교하는 연구에서 치료법 A를 받은 환자 100명 중 5명이 사망했고 치료법 B를 받은 환자 100명 중 10명이 사망했을 경우, 치료법 A를 받은 환자군의 위험은 0.05(=5/100)이며, 치료법 B를 받은 환자군의 위험은 0.1(=10/100)이 된다. 이때 치료법 B에 대한 치료법 A의 위험비는 0.5(=0.05/0.1)로 치료법 B에 비해 치료법 A를 받을 경우 사망위험이 0.5배, 즉 치료법 A가 치료법 B에 비해 사망확률을 50% 줄일 수 있다는 것을 의미한다. 이와 같이 위험비는 직관적으로 결과를 해석할 수 있다는 장점이 있다.

메타분석에서 효과크기는 정규분포를 따른다고 가정하므로, 위험비에 대한 효과크기를 산출할 때는 위험비를 우선 로그 변환한 후, 로그(위험비)를 이용하여 메타분석을 수행한다. 먼저 ① 개별 연구에서 로그(위험비)와 로그(위험비)의 분산을 계산하고 ② 로그(위험비)의 통합추정치를 추정하고, ③ 이를 다시 위험비로 변환한다. 개별 연구의 로그(위험비)의 근사 분산과 근사 표준오차는 다음과 같다.

$$Var(\ln(RR)) = \frac{1}{a} - \frac{1}{n_1} + \frac{1}{c} - \frac{1}{n_2},$$
$$SE(\ln(RR)) = \sqrt{Var(\ln(RR))}$$

따라서 메타분석 결과로 로그(위험비)에 대한 통합추정치 $\ln(RR)_{pooled}$와 이에 대한 신뢰구간이 추정되면, 다음 식들을 이용하여 위험비로 다시 변환한다.

$$RR = \exp(\ln(RR)_{pooled}),$$
$$LL_{RR} = \exp(LL_{\ln(RR)_{pooled}}),\quad UL_{RR} = \exp(UL_{\ln(RR)_{pooled}})$$

여기서 LL(lower limit)과 UL(upper limit)은 각각 신뢰구간의 하한과 상한을 나타내며, LL_{RR}은 위험비의 신뢰구간 하한을 나타내며, $LL_{\ln(RR)_{pooled}}$는 로그(위험비)에 대한 통합추정치의 신뢰구간 하한을 나타낸다.

예제 3-3 (BCG 백신)

metafor 패키지에 포함되어 있는 다음 자료(dat.bcg)는 결핵을 예방하기 위한 BCG 백신의 효과를 비교하기 위해 선정된 13개 연구로부터 추출된 결과이다. 개별 연구에서 보고하고 있는 BCG 백신 접종군과 대조군에서의 결핵이 발생한 환자수와 결핵이 발생하지 않은 환자수는 다음과 같다(Colditz 등, 1994).

연구	백신 접종군		대조군	
	결핵 발생자수 (tpos)	결핵 미발생자수 (tneg)	결핵 발생자수 (cpos)	결핵 미발생자수 (cneg)
Aronson(1948)	4	119	11	128
Ferguson & Simes(1949)	6	300	29	274
Rosenthal et al(1960)	3	228	11	209
Hart & Sutherland(1977)	62	13536	248	12619
Frimodt-Moller et al(1973)	33	5036	47	5761
Stein & Aronson(1953)	180	1361	372	1079
Vandiviere et al(1973)	8	2537	10	619
TPT Madras(1980)	505	87886	499	87892
Coetzee & Berjak(1968)	29	7470	45	7232
Rosenthal et al(1961)	17	1699	65	1600
Comstock et al(1974)	186	50448	141	27197
Comstock & Webster(1969)	5	2493	3	2338
Comstock et al(1976)	27	16886	29	17825

Aronson(1948) 연구를 예로 들면, 결핵 발생 결과변수에 대한 이분형 자료는 다음과 같이 정리할 수 있다.

	결핵 발생	결핵 미발생	전체
백신 접종군	4	119	123
대조군	11	128	139

위 자료를 이용하여 위험비와 로그(위험비)를 계산하면 다음과 같다.

$$RR = \frac{4/123}{11/139} = 0.4109,$$
$$\ln(RR) = \ln(0.4109) = -0.8894$$

또한 로그(위험비)의 분산과 표준오차는 다음과 같이 계산된다.

$$Var(\ln(RR)) = \frac{1}{4} - \frac{1}{123} + \frac{1}{11} - \frac{1}{139} = 0.3256,$$
$$SE(\ln(RR)) = \sqrt{0.3256} = 0.5706$$

위 자료를 이용하여 로그(위험비)를 계산하는 R 프로그램 및 결과는 다음과 같다.

```
> library(metafor)
> data(dat.bcg)

> # ln(RR)과 ln(RR)의 분산 계산
> dat_lnRR <- escalc(measure="RR", ai=tpos, bi=tneg, ci=cpos, di=cneg,
data=dat.bcg, append=TRUE)

> summary.escalc(dat_lnRR)
   trial               author year tpos  tneg cpos  cneg ablat     alloc
1      1              Aronson 1948    4   119   11   128    44    random
2      2     Ferguson & Simes 1949    6   300   29   274    55    random
3      3      Rosenthal et al 1960    3   228   11   209    42    random
4      4    Hart & Sutherland 1977   62 13536  248 12619    52    random
5      5 Frimodt-Moller et al 1973   33  5036   47  5761    13 alternate
6      6      Stein & Aronson 1953  180  1361  372  1079    44 alternate
7      7     Vandiviere et al 1973    8  2537   10   619    19    random
```

```
8   8            TPT Madras 1980  505 87886  499 87892   13      random
9   9       Coetzee & Berjak 1968   29  7470   45  7232   27      random
10  10        Rosenthal et al 1961   17  1699   65  1600   42 systematic
11  11         Comstock et al 1974  186 50448  141 27197   18 systematic
12  12    Comstock & Webster 1969    5  2493    3  2338   33 systematic
13  13         Comstock et al 1976   27 16886   29 17825   33 systematic

       yi     vi    sei       zi   ci.lb   ci.ub
1  -0.8893 0.3256 0.5706  -1.5586 -2.0077  0.2290
2  -1.5854 0.1946 0.4411  -3.5941 -2.4500 -0.7208
3  -1.3481 0.4154 0.6445  -2.0917 -2.6113 -0.0849
4  -1.4416 0.0200 0.1415 -10.1908 -1.7188 -1.1643
5  -0.2175 0.0512 0.2263  -0.9613 -0.6611  0.2260
6  -0.7861 0.0069 0.0831  -9.4599 -0.9490 -0.6232
7  -1.6209 0.2230 0.4722  -3.4323 -2.5465 -0.6953
8   0.0120 0.0040 0.0629   0.1899 -0.1114  0.1353
9  -0.4694 0.0564 0.2376  -1.9760 -0.9350 -0.0038
10 -1.3713 0.0730 0.2702  -5.0747 -1.9010 -0.8417
11 -0.3394 0.0124 0.1114  -3.0460 -0.5577 -0.1210
12  0.4459 0.5325 0.7297   0.6111 -0.9843  1.8762
13 -0.0173 0.0714 0.2672  -0.0648 -0.5410  0.5064
```

위 분석 결과에서 Aronson(1948) 연구의 로그(위험비)와 로그(위험비)의 분산, 95% 신뢰구간은 다음과 같다.

$$\ln(RR) = -0.8893, \quad Var(\ln(RR)) = 0.3256$$
$$95\%\,\text{신뢰구간} = (-2.0077, 0.2290)$$

■

위험비가 효과크기인 경우, 로그 변환을 통해서 효과크기가 대칭이 되도록 할 수 있다. 예를 들어 그룹 1에서 위험이 두 배 높은 경우가 있는 반면 다른 연구에서는 그룹 2에서 위험이 두 배인 경우가 있다고 하자. 동일한 가중치를 가정한다면 이러한 두 연구의 결과를 통합했을 경우 위험비가 1이 되어 동일한 위험을 보이는 것으로 나타나야 한다. 그러나 위험비는 비율 척도이므로 그룹 1의 위험비는 0.5, 그룹 2의 위험비는 2.0이 되어 이들의 평균은 1.25가 된다. 하지만 위험비에 로그를 취해 줌으로써 이런 비대칭의 문제를 피할 수 있다. 그룹 1의 로그(위험비)는 −0.69이고, 그룹 2의 로그(위험비)는 0.69이므로 평균은 0이 된다. 이를 다시 위험비로 변환하면 1이므로 두 연구의 결과를 통합했을 경우 동일한 위험을 보이는 것으로 나타난다.

효과크기로 위험비를 사용할 경우 관심사건을 정의하는 방법에 따라 결과의 해석이 달라질 수 있다는 사실을 유념해야 한다. 예를 들어 예제 3-3의 Aronson (1948) 연구에서 관심사건이 결핵 발생일 때의 위험비는 0.4109였다. 하지만 관심사건이 결핵 미발생일 때의 위험비는 다음과 같다.

$$RR = \frac{119/123}{128/139} = 1.0506$$

결핵 미발생 위험은 결핵 발생 위험의 역수가 아니다. 다시 말해 1.0506은 0.4109의 역수가 아니다. 이와 같은 위험비의 성질을 위험비가 1을 기준으로 대칭적이지 않다고 한다.

(2) 오즈비

오즈비(OR)는 두 그룹의 오즈(odds)의 비로 교차비라고도 한다. 여기서 오즈는 관심사건이 일어나지 않을 확률에 대한 관심사건이 일어날 확률의 비로, 관심사건이 일어날 성공의 확률을 p라고 할 경우, 다음과 같이 정의한다.

$$odds = \frac{p}{1-p}$$

오즈는 위험과는 다른 개념으로 예를 들면, 관심사건을 사망이라고 할 경우 생존한 사람수 대비 사망한 사람수의 비로 설명할 수 있으며, 만일 오즈가 0.01이라면 이는 사망 대 생존의 비가 1:100이라고 표현할 수 있다.

〈표 3-1〉에서 그룹 1의 오즈가 a/b, 그룹 2의 오즈가 c/d이므로, 오즈비는 다음과 같이 정의하며, 그룹 2의 오즈에 대한 그룹 1의 오즈의 비로 해석한다.

$$OR = \frac{a/b}{c/d} = \frac{ad}{bc}$$

오즈비에 대한 효과크기 산출 시에도 위험비와 마찬가지로 정규분포 가정 만족을 위하여 오즈비를 우선 다음과 같이 로그 변환한 후, 로그(오즈비)를 이용하여 메타분석을 수행한다.

$$\ln(OR) = \ln\left(\frac{ad}{bc}\right)$$

먼저 ① 개별 연구에서 로그(오즈비)와 로그(오즈비)의 분산을 계산하고 ② 로그(오즈비)의 통합추정치를 추정하고, ③ 이를 다시 오즈비로 변환한다. 개별 연구의 로그(오즈비)의 근사 분산과 근사 표준오차는 다음과 같다.

$$Var(\ln(OR)) = \frac{1}{a} + \frac{1}{b} + \frac{1}{c} + \frac{1}{d},$$
$$SE(\ln(OR)) = \sqrt{Var(\ln(OR))}$$

따라서 메타분석 결과로 로그(오즈비)에 대한 통합추정치 $\ln(OR)_{pooled}$와 이에 대한 신뢰구간이 추정되면, 다음 식들을 이용하여 오즈비로 다시 변환한다.

$$OR = \exp(\ln(OR)_{pooled}),$$
$$LL_{OR} = \exp(LL_{\ln(OR)_{pooled}}),\ \ UL_{OR} = \exp(UL_{\ln(OR)_{pooled}})$$

여기서 LL과 UL은 각각 신뢰구간의 하한과 상한을 나타내며, LL_{OR}은 오즈비의 신뢰구간 하한을 나타내며, $LL_{\ln(OR)_{pooled}}$는 로그(오즈비)에 대한 통합추정치의 신뢰구간 하한을 나타낸다.

오즈비는 위험비에 비해 결과해석에 있어서 덜 직관적인 지표이다. 하지만 만일 관심사건이 발생할 확률이 낮다면 오즈비는 위험비와 비슷해지므로, 오즈비를 위험비처럼 해석하기도 한다.

예제 3-4 **(BCG 백신, 계속)**

예제 3-3의 BCG 백신 자료의 Aronson(1948) 연구 자료를 이용하여 오즈비와 로그(오즈비)를 계산하면 다음과 같다.

$$OR = \frac{4 \times 128}{119 \times 11} = 0.3911,$$
$$\ln(OR) = \ln(0.3911) = -0.9388$$

또한 로그(오즈비)의 분산과 표준오차는 다음과 같이 계산된다.

$$Var(\ln(OR)) = \frac{1}{4} + \frac{1}{119} + \frac{1}{11} + \frac{1}{128} = 0.3571,$$
$$SE(\ln(OR)) = \sqrt{0.3571} = 0.5976$$

위 자료를 이용하여 로그(오즈비)를 계산하는 R 프로그램 및 결과는 다음과 같다.

```
> library(metafor)
> data(dat.bcg)

> # ln(OR)과 ln(OR)의 분산 직접 계산
> lnOR <- with(dat.bcg, log(tpos * cneg/(tneg * cpos)))
> Var_lnOR <- with(dat.bcg, 1/tpos + 1/cneg + 1/tneg + 1/cpos)
> cbind(lnOR, Var_lnOR)
            lnOR    Var_lnOR
 [1,] -0.93869414 0.357124952
 [2,] -1.66619073 0.208132394
 [3,] -1.38629436 0.433413078
 [4,] -1.45644355 0.020314413
 [5,] -0.21914109 0.051951777
 [6,] -0.95812204 0.009905266
 [7,] -1.63377584 0.227009675
 [8,]  0.01202060 0.004006962
 [9,] -0.47174604 0.056977124
[10,] -1.40121014 0.075421726
[11,] -0.34084965 0.012525134
[12,]  0.44663468 0.534162172
[13,] -0.01734187 0.071635117

  > # ln(OR)과 ln(OR)의 분산 계산 : escalc 함수 이용
  > dat_lnOR <- escalc(measure="OR", ai=tpos, bi=tneg, ci=cpos, di=cneg,
  data=dat.bcg, append=TRUE)
  > summary.escalc(dat_lnOR)


  trial               author year tpos  tneg cpos  cneg ablat     alloc
1     1              Aronson 1948    4   119   11   128    44    random
2     2     Ferguson & Simes 1949    6   300   29   274    55    random
3     3      Rosenthal et al 1960    3   228   11   209    42    random
4     4    Hart & Sutherland 1977   62 13536  248 12619    52    random
5     5 Frimodt-Moller et al 1973   33  5036   47  5761    13 alternate
6     6      Stein & Aronson 1953  180  1361  372  1079    44 alternate
7     7     Vandiviere et al 1973    8  2537   10   619    19    random
8     8           TPT Madras 1980  505 87886  499 87892    13    random
```

```
9   9    Coetzee & Berjak 1968  29  7470  45  7232  27      random
10  10      Rosenthal et al 1961  17  1699  65  1600  42 systematic
11  11       Comstock et al 1974 186 50448 141 27197  18 systematic
12  12  Comstock & Webster 1969   5  2493   3  2338  33 systematic
13  13       Comstock et al 1976  27 16886  29 17825  33 systematic

        yi     vi    sei       zi   ci.lb   ci.ub
1  -0.9387 0.3571 0.5976  -1.5708 -2.1100  0.2326
2  -1.6662 0.2081 0.4562  -3.6522 -2.5604 -0.7720
3  -1.3863 0.4334 0.6583  -2.1057 -2.6766 -0.0960
4  -1.4564 0.0203 0.1425 -10.2186 -1.7358 -1.1771
5  -0.2191 0.0520 0.2279  -0.9614 -0.6659  0.2276
6  -0.9581 0.0099 0.0995  -9.6269 -1.1532 -0.7631
7  -1.6338 0.2270 0.4765  -3.4290 -2.5676 -0.6999
8   0.0120 0.0040 0.0633   0.1899 -0.1120  0.1361
9  -0.4717 0.0570 0.2387  -1.9763 -0.9396 -0.0039
10 -1.4012 0.0754 0.2746  -5.1022 -1.9395 -0.8629
11 -0.3408 0.0125 0.1119  -3.0456 -0.5602 -0.1215
12  0.4466 0.5342 0.7309   0.6111 -0.9858  1.8791
13 -0.0173 0.0716 0.2676  -0.0648 -0.5419  0.5072
```

위 분석 결과에서 Aronson(1948) 연구의 로그(오즈비)와 로그(오즈비)의 분산, 95% 신뢰구간은 다음과 같다.

$$\ln(OR) = -0.9387,\quad Var(\ln(OR)) = 0.3571$$
$$95\%\,\text{신뢰구간} = (-2.1100, 0.2326)$$

■

위험비는 1에 대칭적인 성질을 가지고 있지 않지만, 오즈비는 1에 대칭적인 성질을 가지고 있다. 다시 말해 오즈비는 관심사건을 정의하는 방법에 따라 결과의 해석이 달라지지 않는다는 좋은 성질을 가지고 있다. 예를 들어 예제 3-3의 Aronson(1948) 연구의 경우 관심사건이 결핵 발생일 때의 오즈비는 0.3911, 로그(오즈비)는 −0.9388이었다. 관심사건이 결핵 미발생일 때의 오즈비와 로그(오즈비)를 계산해 보면 다음과 같이 오즈비는 2.5569(=1/0.3911), 로그(오즈비)는 0.9388임을 알 수 있다.

$$OR = \frac{119\times 11}{4\times 128} = 2.5569,\quad \ln(OR) = 0.9388$$

따라서 로그(오즈비)는 0을 기준으로 대칭적이며, 오즈비는 1을 기준으로 대칭적이라는 성질을 가지고 있어, 관심사건을 정의하는 방법에 상관없이 일관된 결과를 보인다.

(3) 위험차

위험차(RD)는 위험비나 오즈비와는 다르게 로그 변환을 하지 않고 메타분석을 수행하는데, 위험차는 두 위험의 차이로 다음과 같이 정의한다.

$$RD = \frac{a}{n_1} - \frac{c}{n_2}$$

개별 연구의 위험차의 근사 분산과 근사 표준오차는 다음과 같다.

$$Var(RD) = \frac{ab}{n_1^3} + \frac{cd}{n_2^3},$$

$$SE(RD) = \sqrt{Var(RD)}$$

위험비와 오즈비는 상대적 측정지표이지만, 위험차는 절대적 측정지표라고 할 수 있다. 절대적 측정지표는 두 그룹 간의 기저위험(underlying risk)에 따라 값이 달라질 가능성이 높아 기저위험이 다른 두 그룹을 비교하기에는 적절하지 않다. 하지만 위험차는 결과변수값의 특성을 그대로 반영하므로 좀 더 직관적인 이해가 가능하다. 또한 의학연구에서는 치료의 임상적인 영향을 설명하기를 원하므로 위험차가 더 나은 효과크기이다. 예를 들어 두 치료법 간의 이상반응(adverse event) 발생을 비교하고자 할 경우 치료법 A에서 위험이 1/1000이고 치료법 B의 위험이 1/2000이라고 하자. 이때 위험비는 2이며, 위험차는 0.0005가 된다.

예제 3-5 **(BCG 백신, 계속)**

예제 3-3의 BCG 백신 자료에 대한 Aronson(1948) 연구의 자료를 이용하여 위험차를 계산하면 다음과 같다.

$$RD = \frac{4}{123} - \frac{11}{139} = -0.0466$$

그리고 위험차의 분산과 표준오차는 다음과 같이 계산된다.

$$Var(RD) = \frac{4 \times 119}{123^3} + \frac{11 \times 128}{139^3} = 0.0008,$$

$$SE(RD) = 0.0282$$

위 자료를 이용하여 위험차를 계산하는 R 프로그램 및 결과는 다음과 같다.

```
> library(metafor)
> data(dat.bcg)

> # RD와 RD의 분산 계산
> dat_RD <- escalc(measure="RD", ai=tpos, bi=tneg, ci=cpos, di=cneg,
data=dat.bcg, append=TRUE)
> summary.escalc(dat_RD)
   trial               author year tpos  tneg cpos  cneg ablat      alloc
1      1              Aronson 1948    4   119   11   128    44     random
2      2     Ferguson & Simes 1949    6   300   29   274    55     random
3      3      Rosenthal et al 1960    3   228   11   209    42     random
4      4    Hart & Sutherland 1977   62 13536  248 12619    52     random
5      5 Frimodt-Moller et al 1973   33  5036   47  5761    13  alternate
6      6      Stein & Aronson 1953  180  1361  372  1079    44  alternate
7      7     Vandiviere et al 1973    8  2537   10   619    19     random
8      8           TPT Madras 1980  505 87886  499 87892    13     random
9      9     Coetzee & Berjak 1968   29  7470   45  7232    27     random
10    10      Rosenthal et al 1961   17  1699   65  1600    42 systematic
11    11       Comstock et al 1974  186 50448  141 27197    18 systematic
12    12   Comstock & Webster 1969    5  2493    3  2338    33 systematic
13    13       Comstock et al 1976   27 16886   29 17825    33 systematic

        yi     vi    sei       zi   ci.lb   ci.ub
1  -0.0466 0.0008 0.0279  -1.6691 -0.1014  0.0081
2  -0.0761 0.0003 0.0187  -4.0768 -0.1127 -0.0395
3  -0.0370 0.0003 0.0165  -2.2467 -0.0693 -0.0047
4  -0.0147 0.0000 0.0013 -10.9589 -0.0173 -0.0121
5  -0.0016 0.0000 0.0016  -0.9704 -0.0048  0.0016
6  -0.1396 0.0002 0.0141  -9.9102 -0.1672 -0.1120
7  -0.0128 0.0000 0.0051  -2.4964 -0.0228 -0.0027
8   0.0001 0.0000 0.0004   0.1899 -0.0006  0.0008
9  -0.0023 0.0000 0.0012  -1.9878 -0.0046 -0.0000
10 -0.0291 0.0000 0.0053  -5.4813 -0.0395 -0.0187
```

```
11 -0.0015 0.0000 0.0005  -2.9110 -0.0025 -0.0005
12  0.0007 0.0000 0.0012   0.6206 -0.0016  0.0030
13 -0.0000 0.0000 0.0004  -0.0648 -0.0009  0.0008
```

위 분석 결과에서 Aronson(1948) 연구의 위험차와 위험차의 분산, 95% 신뢰구간은 다음과 같다.

$$RD = -0.0466,\quad Var(RD) = 0.0008$$
$$95\%\ \text{신뢰구간} = (-0.1014, 0.0081)$$

(4) 피토의 오즈비

피토 방법은 효과크기가 오즈비인 경우에만 사용할 수 있으며, 〈표 3-1〉의 이분형 자료가 주어졌을 경우 피토의 로그(오즈비)는 다음과 같이 정의한다.

$$\ln(OR_{Peto}) = \frac{O-E}{I}$$

여기서 관찰된 값 $O = a$, 기댓값 $E = \frac{(a+b)\times(a+c)}{n}$, $n = a+b+c+d$, $I = \frac{(a+b)\times(c+d)\times(a+c)\times(b+d)}{n^2\times(n-1)}$이며, 피토의 로그(오즈비)의 분산과 표준오차는 다음과 같다.

$$Var(\ln(OR_{Peto})) = \frac{1}{I}$$
$$SE(\ln(OR_{Peto})) = \sqrt{Var(\ln(OR_{Peto}))}$$

예제 3-6 **(BCG 백신, 계속)**

예제 3-3의 BCG 백신 자료를 이용하여 피토의 로그(오즈비)를 계산하는 R 프로그램 및 결과는 다음과 같다.

```
> library(metafor)
> data(dat.bcg)
```

```
> # ln(OR)과 ln(OR)의 분산 계산
> dat_lnPETO <- escalc(measure="PETO", ai=tpos, bi=tneg, ci=cpos,
di=cneg, data=dat.bcg, append=TRUE)
> summary.escalc(dat_lnPETO)
   trial               author year tpos  tneg cpos  cneg ablat      alloc
1      1              Aronson 1948    4   119   11   128    44     random
2      2     Ferguson & Simes 1949    6   300   29   274    55     random
3      3      Rosenthal et al 1960    3   228   11   209    42     random
4      4    Hart & Sutherland 1977   62 13536  248 12619    52     random
5      5 Frimodt-Moller et al 1973   33  5036   47  5761    13  alternate
6      6      Stein & Aronson 1953  180  1361  372  1079    44  alternate
7      7     Vandiviere et al 1973    8  2537   10   619    19     random
8      8           TPT Madras 1980  505 87886  499 87892    13     random
9      9     Coetzee & Berjak 1968   29  7470   45  7232    27     random
10    10      Rosenthal et al 1961   17  1699   65  1600    42 systematic
11    11       Comstock et al 1974  186 50448  141 27197    18 systematic
12    12   Comstock & Webster 1969    5  2493    3  2338    33 systematic
13    13       Comstock et al 1976   27 16886   29 17825    33 systematic

        yi     vi    sei       zi   ci.lb   ci.ub
1  -0.8604 0.2828 0.5318  -1.6178 -1.9027  0.1820
2  -1.4026 0.1211 0.3479  -4.0312 -2.0845 -0.7207
3  -1.2278 0.2944 0.5426  -2.2629 -2.2912 -0.1644
4  -1.2710 0.0131 0.1143 -11.1197 -1.4951 -1.0470
5  -0.2167 0.0506 0.2249  -0.9633 -0.6576  0.2242
6  -0.9273 0.0089 0.0943  -9.8348 -1.1121 -0.7425
7  -2.2612 0.3515 0.5929  -3.8139 -3.4232 -1.0992
8   0.0120 0.0040 0.0633   0.1899 -0.1120  0.1361
9  -0.4649 0.0543 0.2331  -1.9944 -0.9217 -0.0080
10 -1.2307 0.0500 0.2236  -5.5043 -1.6689 -0.7925
11 -0.3554 0.0135 0.1161  -3.0602 -0.5830 -0.1278
12  0.4362 0.5013 0.7080   0.6161 -0.9514  1.8238
13 -0.0173 0.0716 0.2676  -0.0648 -0.5418  0.5071
```

위 분석 결과에서 Aronson(1948) 연구의 피토의 로그(오즈비)와 로그(오즈비)의 분산, 95% 신뢰구간은 다음과 같다.

$$\ln(OR_{Peto}) = -0.8604,\quad Var(\ln(OR_{Peto})) = 0.2828$$
$$95\%\ 신뢰구간 = (-1.9027, 0.1820)$$

(5) 위험과 오즈/위험비와 오즈비

관심사건이 일어날 확률인 위험과 관심사건이 일어나지 않을 확률에 대한 관심사건이 일어날 확률의 비인 오즈는 다음 식을 이용하여 서로 변환하여 활용할 수 있다.

$$risk = \frac{odds}{1+odds},\quad odds = \frac{risk}{1-risk}$$

예를 들어, 오즈가 0.1인 경우 10명 실패할 때 1명이 성공했다는 의미이므로 위 식에 의하면 위험은 0.091(=0.1/(1+0.1))이 된다. 이는 표본수가 100명이라고 가정할 경우 9명이 성공하고 나머지 91명이 실패했음을 의미한다. 만일 오즈가 1이라면 위험은 0.5로, 표본수가 100이라고 가정할 경우 50명이 성공하고 나머지 50명이 실패했음을 의미한다.

관심사건이 드문 사건인 경우 위험과 오즈의 차이는 비교적 작지만, 드문 사건이 아닌 경우 위험과 오즈의 차이는 커진다. 예를 들어 위험이 0.1인 경우 오즈는 0.1이며, 위험이 0.7인 경우 오즈는 2.3이 된다.

위험비는 두 그룹 간 위험의 비이며, 오즈비는 두 그룹 간 오즈의 비이다. 위험비와 오즈비 모두 1인 경우 두 그룹 간 관심사건 발생이 차이가 없다고 할 수 있다. 일반적으로 위험비가 오즈비에 비해 결과에 대한 해석이 좀 더 직관적이다. 하지만 환자–대조군 연구와 같이 위험비를 계산할 수 없는 경우도 있다. 오즈비는 관심사건 발생이 드문 경우(a와 c가 0에 가까운 경우), 위험비와 근사적으로 같아진다.

$$OR = RR \times \left(\frac{1-c/n_2}{1-a/n_1}\right)$$

따라서 보통 관심사건 발생이 드문 경우 환자–대조군 연구를 수행하게 되므로 환자–대조군 연구에서의 오즈비는 위 식에 따라 위험비로 해석할 수 있다. 관심사건 발생이 증가할수록(보통 위험이 20% 이상일 경우) 오즈비는 위험비보다 커지게 되며, 효과크기를 과대추정하게 된다.

(6) 결과 발생이 드문 경우

관심결과 발생이 드문 경우, 예를 들어 의학연구에서 드물게 일어나는 이상반응의 경우 두 그룹 중 한 그룹에서 이상반응 발생이 없을 수도 있으며, 또는 두 그룹 모두에서 이상반응 발생이 없을 수도 있다. 만일 〈표 3-1〉에서 그룹 2의 관심사건 발생이 없는 경우, 즉 c가 0일 경우 위험비와 오즈비는 모두 계산할 수 없다. 오즈비는 그룹 1에서 관심사건이 모두 발생한 경우, 즉 b가 0인 경우도 계산할 수 없다. 이런 경우 〈표 3-1〉과 같은 이원분류표의 각 셀에 0.5를 더해서 연속성 수정(continuity correction)을 하여 다음과 같이 위험비 또는 오즈비를 계산한다(Agresti, 2002).

$$RR = \frac{(a+0.5)/(n_1+0.5)}{(c+0.5)/(n_2+0.5)}$$

$$OR = \frac{(a+0.5)(d+0.5)}{(b+0.5)(c+0.5)}$$

피토의 오즈비는 모든 연구들의 모든 그룹에서 관심사건이 발생하지 않는 경우를 제외하면 계산의 문제가 생기지 않으며, 멘텔-헨젤 방법은 모든 연구에서 같은 셀이 0인 경우만 0인 셀에 대해 수정이 필요하므로 다른 방법에 비해 0인 셀을 수정할 필요가 있는 경우가 작게 발생한다.

고정된 값을 각 셀에 더할 경우, 위험비와 오즈비의 계산 문제를 해결할 수 있지만 위험비나 오즈비가 1에 가까워져 두 그룹 간 차이가 없는 방향으로 바이어스가 생길 수 있고 분산을 과대추정함으로써 결국 메타분석 시 가중치를 작게 만들 가능성이 있다.

만일 두 그룹 모두에서 관심사건 발생이 0일 때, 효과크기가 위험비 또는 오즈비인 경우 이 연구는 메타분석에 어떤 정보도 제공하지 않으므로 일반적으로 메타분석에서 제외한다. 하지만 효과크기가 위험차인 경우 위험차는 0이 되며 메타분석 시 포함하여 분석을 수행할 수 있으나, 결과 발생이 드문 경우 위험차에 대한 신뢰구간은 너무 넓고 통계적 검정력도 낮아 위험차를 효과크기로 사용하는 것은 적절하지 않다.

모의실험에 의한 여러 연구결과에 따라 결과 발생이 드문 관심사건에 대한 메타분석 결과는 바이어스가 생길 가능성이 높다. 따라서 역분산가중치 방법과 DerSimonian-Laird 방법은 피하는 것이 좋으며, 멘텔-헨젤 방법 또는 피토의 오즈비를 사용하는 것이 더 좋다.

(7) 이분형 자료에 대한 결과 해석

위험비는 그룹 2에 비해 그룹 1의 관심사건 발생비를 의미한다. 따라서 예를 들어 위험비가 3이라면 그룹 2에 비해 그룹 1의 위험 발생이 3배 높다는 의미로, 즉 그룹 2에 비해 그룹 1에서 위험이 $100\times(RR-1)\%=200\%$ 증가한다고 표현할 수 있다. 또 위험비가 0.25라면 그룹 2에 비해 그룹 1의 위험 발생이 25%라는 것으로, 그룹 1에서 위험이 $100 \times (1 - RR)\% = 75\%$ 감소한다고 표현할 수 있다. 일반적으로 위험비를 해석할 때는 기준이 되는 그룹 2에서의 위험에 대한 사전지식이 있어야 상대적인 위험으로 해석할 수 있다. 위험비가 0.75일 경우 위험이 80%에서 60%로 감소해서 의미 있는 감소일 수도 있고, 4%에서 3%로 감소해서 상대적으로 의미가 작은 감소일 수도 있다.

따라서 위험비를 이용해서 위험이 상대적으로 감소하는 정도를 백분율로 나타내는 다음 지표를 상대위험감소(relative risk reduction, RRR)라고 한다. 예를 들어 위험비가 0.75일 경우 상대위험감소는 25%가 된다.

$$RRR = 100\% \times (1 - RR)$$

절대적인 위험감소를 나타내는 위험차는 절대위험감소(absolute risk reduction, ARR)라고 한다. 최근 의학연구에서는 절대위험감소를 이용하여 치료 필요 환자수(number needed to treat, NNT)를 계산한다. NNT는 주어진 시간 내에 사망과 같은 부정적인 관심사건 발생을 추가로 한 명 줄이거나 치료성공과 같은 긍정적인 관심사건을 추가로 한 명 발생시키기 위해 대조군에 비해 치료군에서 치료를 더 해야 하는 환자수를 나타낸다. 예를 들어, 치료군과 대조군에서 사망 발생을 비교하고자 할 경우, NNT가 10이라면 대조군보다 10명을 더 치료했을 경우 추가적으로 사망을 한 명 줄일 수 있음을 뜻한다. NNT는 위험차의 역수로 다음과 같이 정의한다.

$$NNT = \frac{1}{|RD|}$$

만일 관심결과가 사망인 경우 치료군의 위험이 0.12(=12/100)이고 대조군의 위험이 0.24(=24/100)인 경우 위험차는 −0.12가 된다. NNT를 계산하면 9인데, 이는 9명을 더 치료하면 추가로 사망을 1명 줄일 수 있다는 의미이다.

위험차는 두 그룹 간의 기저위험에 따라 값이 달라질 가능성이 높아 기저위험이 유사한 경우 두 그룹을 비교하기 위해 사용할 수 있는 효과크기이다. 따라서 위험차로 NNT를 계산할 때는 기저위험이 다르다는 것을 고려하지 않아도 된다. 하지만 위험비나 오즈비를 이용해 NNT를 계산할 때는 개별 연구마다 기저위험이 다를 수 있으므로 가정된 대조군의 위험(assumed control risk, ACR)을 고려하여 다음과 같이 NNT를 계산해야 한다.

$$NNT = \left| \frac{1}{ACR \times (1 - RR)} \right|$$

$$NNT = \left| \frac{1}{ACR - \frac{OR \times ACR}{1 - ACR + OR \times ACR}} \right|$$

NNT는 단순한 분산추정량이 없기 때문에, NNT를 이용해서 메타분석을 수행하는 것보다 메타분석을 통해 추정된 위험비, 오즈비, 위험차와 같은 통합추정치를 이용하여 추정하는 것이 더 적절하다.

가정된 대조군의 위험을 고려하여 위험비와 오즈비로부터 절대위험감소를 다음과 같이 계산할 수 있다.

$$ARR = ACR \times (1 - RR)$$

$$ARR = ACR - \frac{OR \times ACR}{1 - ACR + OR \times ACR}$$

예를 들어, 위험비가 0.92이고 ACR=0.3인 경우, ARR은 0.024가 된다. 다시 말해 만일 대조군에서 1000명 중 300명이 사망이 발생했다면 치료군에서는 1000명 중 276명이 사망이 발생한 것이므로 절대위험감소는 0.024라고 할 수 있다. 또한 NNT는 42이므로 42명을 더 치료할 경우 추가로 사망을 한 명 줄일 수 있다.

오즈비에 비해 위험비에 대한 결과 해석이 좀 더 직관적이므로, 대조군에서의 위험이 중간 정도 될 경우 다음 식을 이용하여 오즈비를 위험비로 변환할 수 있다. 이 때 가정된 대조군의 위험을 고려해야 한다.

$$RR = \frac{OR}{1 - ACR \times (1 - OR)}$$

3.1.3 계수형 자료

관심사건의 발생이 한 사람에게서 여러 번 발생할 수 있는 경우, 관심사건의 발생 여부를 이분형 자료로 다루는 것보다 관심사건이 발생한 건수로 설명하는 것이 더 적절하다. 예를 들어 입원횟수, 골절횟수, 이상반응 횟수 등과 같은 자료는 발생여부보다는 발생건수로 나타내는 것이 더 많은 정보를 제공한다. 이와 같이 관심사건이 발생한 건수로 나타나는 자료를 계수형 자료라고 한다.

이런 계수형 자료는 관심사건의 발생이 드문 경우와 흔히 일어나는 사건인 경우에 따라 접근방법이 달라진다. 만일 관심사건의 발생이 흔한 경우라면 이런 자료는 연속형 자료와 동일한 방법으로 다룰 수 있다. 두 그룹에서 각각 평균 관심사건 발생건수를 계산하여 평균차 또는 표준화 평균차를 효과크기로 이용할 수 있을 것이다.

관심사건의 발생이 드문 계수형 자료일 경우는 보통 발생률(rate)에 관심이 있다. 전체 대상자의 추적관찰기간의 총합인 총 인–시간을 T라고 하고, 전체 대상자들 중 관심사건이 발생한 건수를 I라고 할 경우, 발생률은 다음과 같이 정의된다.

$$rate = \frac{I}{T}$$

예를 들어, 추적관찰기간 314인–년(person–years) 동안 18건의 심근경색이 발생했다면 발생률은 1인–년에 0.057 또는 100인–년에 5.7이 된다. 즉 100명을 1년을 추적관찰했을 때 5.7건의 심근경색이 일어난다고 할 수 있다.

독립인 두 그룹 간 계수형 자료의 발생률을 비교할 때는 발생률비(IRR) 또는 발생률차(IRD)를 효과크기로 이용할 수 있다. t_1과 t_2는 각각 그룹 1과 2의 총 인–시간이고, x_1과 x_2는 각각 그룹 1과 2의 관심사건 발생건수라고 하자. 이때 발생률비와 발생률차는 다음과 같다.

$$IRR = \frac{x_1/t_1}{x_2/t_2},$$

$$IRD = \frac{x_1}{t_1} - \frac{x_2}{t_2}$$

발생률비에 대한 효과크기 산출시에도 위험비 또는 오즈비와 마찬가지로 정규분포 가정 만족을 위하여 발생률비를 다음과 같이 로그 변환한 후 메타분석을 수행한다.

$$\ln(IRR) = \ln\left(\frac{x_1/t_1}{x_2/t_2}\right)$$

개별 연구의 로그(발생률비)의 분산과 표준오차, 발생률차의 분산과 표준오차는 다음과 같다.

$$Var(\ln(IRR)) = \frac{1}{x_1} + \frac{1}{x_2}, \quad SE(\ln(IRR)) = \sqrt{Var(\ln(IRR))}$$

$$Var(IRD) = \frac{x_1}{t_1^2} + \frac{x_2}{t_2^2}, \qquad SE(IRD) = \sqrt{Var(IRD)}$$

예제 3-7

metafor 패키지에 포함되어 있는 다음 자료(dat.hart1999)는 심방세동 환자에서 뇌졸중을 예방하기 위한 와파린의 효과를 비교하기 위한 6개의 연구로부터 추출된 결과이다. 개별 연구에서 보고하고 있는 와파린 군과 대조군의 총 인–년 시간과 뇌졸중 발생 환자수는 다음과 같다(Hart 등, 1999).

연구	와파린 군		대조군	
	뇌졸중 환자수 (x1)	총 인-년 시간 (t1)	뇌졸중 환자수 (x2)	총 인-년 시간 (t2)
Afasak(1989)	9	413	19	398
Spaf(1991)	8	263	19	245
Baataf(1990)	3	487	13	435
Cafa(1991)	6	237	9	241
Spinaf(1992)	7	489	23	483
Eaft(1993)	20	507	50	405

Afasak(1989) 연구의 자료를 이용하여 발생률비와 로그(발생률비), 로그(발생률비)의 분산과 표준오차를 계산하면 다음과 같다.

$$IRR = \frac{9/413}{19/398} = 0.4565,\ \ln(IRR) = \ln(0.4565) = -0.7842,$$

$$Var(\ln(IRR)) = \frac{1}{9} + \frac{1}{19} = 0.1637,\ SE(\ln(IRR)) = \sqrt{0.1637} = 0.4047$$

위 자료를 이용하여 로그(발생률비)를 계산하는 R 프로그램 및 결과는 다음과 같다.

```
> library(metafor)
> dat <- get(data(dat.hart1999))

> # ln(IRR)과 ln(IRR)의 분산 계산
> dat_lnIRR <- escalc(measure="IRR", x1i=x1i, x2i=x2i, t1i=t1i, t2i=t2i,
  data=dat)
> summary.escalc(dat_lnIRR)
  trial  study year x1i n1i t1i x2i n2i t2i compgrp  prevtype   trinr
1     1 AFASAK 1989   9 335 413  19 336 398 placebo   primary 2.8-4.2
2     2   SPAF 1991   8 210 263  19 211 245 placebo   primary 2.0-4.5
3     3 BAATAF 1990   3 212 487  13 208 435 control   primary 1.5-2.7
4     4   CAFA 1991   6 187 237   9 191 241 placebo   primary 2.0-3.0
5     5 SPINAF 1992   7 281 489  23 290 483 placebo   primary 1.4-2.8
6     6   EAFT 1993  20 225 507  50 214 405 placebo secondary 2.5-4.0
```

```
       yi      vi     sei       zi   ci.lb   ci.ub
1 -0.7842 0.1637 0.4047 -1.9380 -1.5773  0.0089
2 -0.9359 0.1776 0.4215 -2.2206 -1.7619 -0.1098
3 -1.5793 0.4103 0.6405 -2.4656 -2.8346 -0.3239
4 -0.3887 0.2778 0.5270 -0.7376 -1.4217  0.6443
5 -1.2019 0.1863 0.4317 -2.7844 -2.0480 -0.3559
6 -1.1409 0.0700 0.2646 -4.3123 -1.6595 -0.6224
```

위 분석 결과에서 Afasak(1989) 연구의 로그(발생률비)와 로그(발생률비)의 분산, 95% 신뢰구간은 다음과 같다.

$$\ln(IRR) = -0.7842,\quad Var(\ln(IRR)) = 0.1637$$
$$95\%\text{ 신뢰구간} = (-1.5773, 0.0089)$$

3.1.4 순서형 자료

순서형 자료는 결과변수가 순서가 있는 범주형 자료로 주어지는 경우를 말한다. 예를 들어 학생의 학업성취도를 상, 중, 하로 나타내거나 환자의 중증도를 경증, 보통, 중증으로 나타내는 경우 이를 순서형 자료라고 한다. 이런 순서형 자료는 범주수가 많을 경우에는 범주에 숫자를 부여하여 연속형 자료로 다룰 수 있으며, 범주수가 작을 경우에는 두 범주로 구분하여 이분형 자료로 다룰 수 있다. 순서형 자료를 이분형 자료로 정의할 때는 기준점을 결정하는 것이 중요한데, 두 그룹 간의 차이가 가장 크도록 하는 기준점을 정하는 것이 좋다.

3.1.5 시간의존형 자료

시간의존형 자료는 관심결과 발생뿐만 아니라 관심결과 발생까지의 시간도 같이 고려하는 자료이다. 보통 의학연구에서는 관심결과가 사망인 경우가 많으므로 생존형 자료라고도 한다. 시간의존형 자료에서 추적관찰기간 이내 관심사건이 발생하지 않은 경우를 중도절단(censored)되었다고 하는데, 이 경우 관심사건이 발생하지 않은 시간까지 분석 시 고려해야 한다.

시간의존형 자료를 이분형 자료와 같이 분석하는 경우도 있는데, 이런 경우는 모든 대상자들의 추적관찰기간이 동일하여 해당 기간 내에 관심사건이 발생했는지 여부에만 관심이 있는 경우에 해당된다. 하지만 모든 대상자의 추적관찰기간이 동일하지 않을 경우, 추적관찰기간이 짧은 대상자의 경우 관심사건이 발생할 가능성이 추적관찰기간이 긴 대상자보다 낮을 수 있으므로 단순히 관심사건 발생여부만 이용하여 이분형 자료로 분석하는 것은 적절하지 않다. 특히 추적관찰기간이 긴 연구에서는 대상자별로 추적관찰기간의 차이가 클 수 있으므로 이분형 자료로 단순히 분석하는 것보다는 대상자별 추적관찰기간을 고려하여 관심사건 발생을 분석하는 시간의존형 자료로 분석하는 것이 적절하다.

시간의존형 자료에서 관심사건이 발생한 경우 발생까지의 시간만을 연속형 자료로 분석하는 것은 적절하지 않다. 이런 경우 중도절단된 자료를 제외하게 되어 바이어스를 유발할 수 있다.

개별 연구에서 독립인 두 그룹의 시간의존형 자료에 대해 보고할 때 중앙 생존기간(median survival time) 또는 위험도비(HR)를 사용한다. 중앙 생존기간은 생존확률이 50%가 되는 시간을 말하며, 위험도비는 그룹 2에서 관심사건이 일어날 위험(hazard)에 대한 그룹 1에서 관심사건이 일어날 위험의 비로 다음과 같다.

$$HR = \frac{h_1(t)}{h_2(t)}$$

여기서 $h_1(t)$는 그룹 1의 위험함수(hazard function), $h_2(t)$는 그룹 2의 위험함수를 나타낸다. 위험함수는 어떤 대상자가 t시점까지 관심사건이 발생하지 않았는데 t시점 바로 직후에 관심사건이 발생할 순간 위험률(hazard rate)을 나타낸다. 위험도비에서 위험(hazard)은 즉각적인 위험으로 시간에 따라 변할 수 있는 위험인 반면, 위험비의 위험(risk)은 고정된 시간 내의 위험으로 의미가 다르다.

위험도비(HR)는 위험비(RR)와 유사하게 해석하는데, 그룹 2에 비해 그룹 1에서 특정한 시간에 관심사건이 몇 배 더 발생하는지를 나타낸다. 이는 고정된 시간 내에 두 그룹에서의 관심사건이 발생하는 위험에 대해 나타내는 위험비와는 차이가 있다. 그러나 대상자들의 추적관찰기간이 거의 같다면 위험도비와 위험비는 동일하게 사용할 수 있으며, 메타분석 시 위험도비 또는 위험비로 바꾸어서 분석할 수 있다.

시간의존형 자료의 메타분석에서는 먼저 특정 시점에서 대상자수와 관심사건 발생자수를 고려하여 이분형 자료로 취급하여 오즈비 등의 효과크기를 이용할 수 있다. 그러나 이 경우 중도절단된 자료를 고려할 수 없으며 시점에 따라 결과가 달라질 수 있다. 다음으로 두 그룹의 중앙 생존시간의 비를 효과크기로 고려할 수 있는데, 이 경우 특정 시점을 정해야 하는 문제는 없지만 다소 임의적인 방법이며 역시 중도절단된 자료를 고려할 수 없으므로 결과가 왜곡될 수 있다. 따라서 시간의존형 자료의 경우 중도절단까지 고려한 위험도비를 효과크기로 사용하는 것이 더 적절하며, 보통 다음과 같이 로그 변환한 후 단일군에서 연속형 자료로 간주하여 평균을 추정하는 방법을 적용할 수 있다.

$$\ln(HR) = \ln\left(\frac{h_1(t)}{h_2(t)}\right)$$

하지만 개별 연구에서 위험도비와 위험도비의 분산에 대해 보고하고 있지 않은 경우도 많다. 이런 경우 주어진 신뢰구간, 대상자수 등의 정보 또는 카플란마이어 생존곡선(Kaplan–Meier survival curve)을 이용하여 메타분석에 필요한 위험도비와 분산을 계산해야 한다. Tierney 등(2007)은 이에 대한 자세한 방법을 설명하고 있으며, 계산을 위한 엑셀파일[9]도 제공하고 있으므로 참고하기 바란다.

3.2 단일군

3.2.1 연속형 자료

(1) 평균

단일군에서 개별 연구에서 주어진 연속형 결과변수의 평균을 단순히 통합하거나, 독립인 두 그룹 간 비교에서 로지스틱 회귀분석 또는 콕스 비례위험모형 등의 다변수 모형을 통해 추정한 오즈비 또는 위험도비를 통합하고자 할 경우에는 단일군의 연속형 자료로 간주하여 로그 오즈비 또는 로그 위험도비를 통합할 수 있다.

단일군에서 평균, 로그 오즈비 또는 로그 위험도비 등의 모평균 μ를 추정하고자 할 때, 모평균 μ의 추정치는 개별 연구의 평균, 로그 오즈비 또는 로그 위험도비가 된다. 이때 해당 통계량의 분산을 고려하여 메타분석을 실시할 수 있다.

예제 3-8

metafor 패키지에 포함되어 있는 자료(dat.hackshaw1998)는 간접흡연이 폐암 발생에 미치는 영향을 파악하기 위한 37개의 관찰연구로부터 추출된 로그(오즈비)와 로그(오즈비)의 분산이다(Hackshaw, 1998). 37개 연구 중 4개는 코호트 연구이며, 33개는 환자–대조군 연구이다. 따라서 개별 연구에서는 다변수모형을 이용하여 교란요인(confounder)을 보정한 오즈비를 보고하고 있으므로, 이분형 자료 형태로 자료추출이 불가능하기 때문에 로그(오즈비)를 효과크기로 고려하여 로그(오즈비)를 통합하고자 한다. 이미 자료추출 시 효과크기인 로그(오즈비)와 로그(오즈비)의 분산을 추출하였으므로 이를 이용하여 고정효과모형 또는 랜덤효과모형으로 효과크기

9) http://www.trialsjournal.com/content/8/1/16/additional

의 통합추정치를 추정할 수 있다.

연구	로그(오즈비) (yi)	로그(오즈비)의 분산 (vi)
Garfinkel(1981)	0.166	0.0188
Hirayama(1984)	0.372	0.0330
Butler(1988)	0.703	0.5402
Cardenas(1997)	0.182	0.0313
Chan(1982)	−0.288	0.0797
Correa(1983)	0.728	0.2273
⋮	⋮	⋮

(2) 대응 그룹이나 단일군의 사전-사후 비교

개별 연구에서 대응인 두 그룹을 비교하거나 단일군에서 사전-사후 비교를 실시한 경우(예를 들어 변화량에 관심이 있는 경우), 이는 독립이 아닌 두 그룹 간 차이를 비교하는 문제가 된다. 일반적으로 두 그룹이 독립이 아닌 경우 개별 연구에서는 짝지어진 쌍에서의 차이에 대한 평균과 분산이 주어지며, 메타분석에서는 짝지어진 쌍에서의 차이에 대한 평균을 통합하는 문제이므로 단일군에서 평균을 통합하는 문제로 다룰 수 있다.

만약 개별 연구에서 짝지어진 표본의 크기가 n이고, 차이의 평균이 $\overline{X}_{diff}$, 차이의 분산이 S^2_{diff} 인 경우, 이를 이용하여 메타분석을 실시할 수 있다.

예제 3-9

개별 연구에서 차이의 평균이 5, 차이의 표준편차가 10, 그리고 n이 50쌍이라면, 차이의 평균, 차이 평균의 분산과 표준오차는 다음과 같이 계산할 수 있다.

$$\overline{X}_{diff} = 5,\ \ Var(\overline{X}_{diff}) = \frac{S^2_{diff}}{n} = \frac{10^2}{50} = 2,\ \ SE(\overline{X}_{diff}) = \sqrt{2} = 1.4142$$

위 자료를 이용하여 차이 평균의 분산을 계산하는 R 프로그램 및 결과는 다음과 같다.

```
> library(metafor)
> dat <- data.frame(mi=5, sdi=10, ni=50)

> # 차이 평균의 분산 계산
```

```
> dat_MN <- escalc(measure="MN", mi=mi, sdi=sdi, ni=ni, data=dat)
> summary.escalc(dat_MN)
  mi sdi ni      yi      vi    sei      zi  ci.lb  ci.ub
1  5  10 50 5.0000 2.0000 1.4142 3.5355 2.2282 7.7718
```

위 분석 결과에서 차이 평균의 분산과 표준오차, 95% 신뢰구간은 다음과 같다.

$$Var(\overline{X}_{diff}) = 2,\ \ SE(\overline{X}_{diff}) = 1.4142$$
$$95\%\text{신뢰구간} = (2.2282, 7.7718)$$

■

하지만 개별 연구에서 차이의 평균 $\overline{X}_{diff}$와 분산 S^2_{diff} 대신 각 대응 그룹 또는 사전 점수와 사후 점수 각각의 평균 $\overline{X_1}$, $\overline{X_2}$와 표준편차 S_1, S_2를 보고하고 있는 경우는 다음과 같이 차이의 평균과 분산을 계산해야 한다.

$$\overline{X}_{diff} = \overline{X_1} - \overline{X_2},$$
$$Var(\overline{X}_{diff}) = \frac{S^2_{diff}}{n},$$
$$SE(\overline{X}_{diff}) = \sqrt{Var(\overline{X}_{diff})}$$

여기서 차이의 표준편차 S_{diff}는 대응 쌍 또는 사전-사후 점수 사이의 상관계수 r을 고려하여, 다음과 같이 계산한다.

$$S_{diff} = \sqrt{S_1^2 + S_2^2 - 2 \times r \times S_1 \times S_2}$$

만약 표본표준편차가 같다면($S_1 = S_2 = S$), 차이의 표준편차 S_{diff}는 다음과 같이 단순화할 수 있다.

$$S_{diff} = \sqrt{2S^2(1-r)}$$

상관계수 r이 1에 가까울 경우 차이 평균의 표준오차는 감소할 것이며, $r=0$일 때 차이 평균의 표준오차는 크기 n인 두 개의 독립인 그룹에서의 평균차의 표준오차와 같아진다.

만일 상관계수를 모를 경우, 관련된 연구로부터 상관계수를 추정하거나 상관계수의 범위를 사용하여 민감도 분석을 수행해야 한다.

예제 3-10

형제자매 A와 B의 평균이 각각 105와 100이고 표준편차가 10과 10, 점수 간의 상관계수는 0.5, 그리고 쌍의 수는 50이라고 가정하자. 이때 차이의 평균, 차이 평균의 분산, 표준오차는 다음과 같이 계산된다.

$$\overline{X}_{diff} = 105 - 100 = 5,\ Var(\overline{X}_{diff}) = \frac{10^2}{50} = 2,\ SE(\overline{X}_{diff}) = \sqrt{2} = 1.4142$$

$Var(\overline{X}_{diff})$의 계산에서, S_{diff}는 다음과 같이 계산된다.

$$S_{diff} = \sqrt{10^2 + 10^2 - 2 \times 0.5 \times 10 \times 10} = 10$$

또는 표본표준편차가 같으므로 다음과 같이 계산할 수도 있다.

$$S_{diff} = \sqrt{2 \times 10^2 (1 - 0.5)} = 10$$

위 자료를 이용하여 차이 평균과 차이 평균의 분산을 계산하는 R 프로그램 및 결과는 다음과 같다.

```
> library(metafor)
> dat <- data.frame(m1i=105, m2i=100, sd1i=10, sd2i=10, ri= 0.5, ni=50)
> # 차이 평균의 분산 계산
> dat_MC <- escalc(measure="MC", m1i=m1i, m2i=m2i, sd1i=sd1i, sd2i=sd2i,
ri= ri, ni=ni, data=dat)
> summary.escalc(dat_MC)
  m1i m2i sd1i sd2i  ri ni     yi     vi    sei     zi  ci.lb  ci.ub
1 105 100   10   10 0.5 50 5.0000 2.0000 1.4142 3.5355 2.2282 7.7718
```

위 분석 결과에서 차이 평균의 분산과 표준오차, 95% 신뢰구간은 다음과 같다.

$$Var(\overline{X}_{diff}) = 2,\ SE(\overline{X}_{diff}) = 1.4142$$

$$95\%\ 신뢰구간 = (2.2282, 7.7718)$$

(3) 상관계수

상관계수는 두 개의 연속형 변수들 사이의 선형관계의 정도를 나타내는데, −1과 1에 가까울수록 두 변수 간 상관관계가 강하고 0에 가까울수록 상관관계가 약하다고 할 수 있다. 상관계수가 효과크기인 경우 모상관계수 ρ의 추정치는 단순히 표본상관계수 r이다. 표본의 크기가 n일 때 표본상관계수 r의 분산은 근사적으로 다음과 같다.

$$Var(r) \approx \frac{(1-r^2)^2}{n-1}$$

일반적으로 상관계수가 효과크기일 경우, 개별 연구들은 상관계수 자체를 보고한다. 하지만 대부분의 메타분석에서는 상관계수의 분산이 상관계수에 강하게 의존하기 때문에 상관계수 그 자체로 통합을 수행하지 않는다. 오히려 개별 연구의 표본상관계수 r을 피셔(Fisher)의 z로 변환하여 통합한 후, 이를 다시 상관계수 r로 변환한다.

표본상관계수 r은 다음과 같이 피셔의 z로 변환할 수 있으며,

$$z = 0.5 \times \ln\left(\frac{1+r}{1-r}\right)$$

z 분산과 표준오차는 근사적으로 다음과 같다.

$$Var(z) \approx \frac{1}{n-3},$$
$$SE(z) \approx \sqrt{Var(z)}$$

피셔의 z는 다음 식을 사용하여 상관계수 r로 다시 변환할 수 있다.

$$r = \frac{e^{2z}-1}{e^{2z}+1}$$

예제 3-11

metafor 패키지에 포함되어 있는 다음 자료(dat.mcdaniel1994)는 면접점수와 실제 업무성과의 상관관계에 대한 160개 연구의 일부 자료이다(McDaniel 등, 1994).

연구	표본크기(ni)	상관계수(ri)
1	123	0.00
2	95	0.06
3	69	0.36
4	1832	0.15
5	78	0.14
6	329	0.06
7	153	0.09
8	29	0.40
9	29	0.39
10	157	0.14
⋮	⋮	⋮

연구 2에서 표본크기가 95이고 상관계수 0.06일 경우 피셔의 z와 분산, 표준오차는 다음과 같이 계산할 수 있다.

$$z = 0.5 \times \ln\left(\frac{1+0.06}{1-0.06}\right) = 0.0601,$$

$$Var(z) = \frac{1}{95-3} = 0.0109,$$

$$SE(z) = \sqrt{0.0109} = 0.1044$$

피셔의 z값을 상관계수로 다시 변환하면 다음과 같다.

$$r = \frac{e^{(2\times 0.0601)}-1}{e^{(2\times 0.0601)}+1} = 0.0600$$

위 자료를 이용하여 피셔의 z를 계산하는 R 프로그램 및 결과는 다음과 같다.

```
> library(metafor)
> dat <- get(data(dat.mcdaniel1994))

> # 피셔의 z와 z의 분산 계산
> dat_ZCOR <- escalc(measure="ZCOR", ri=ri, ni=ni, data=dat)
> summary.escalc(dat_ZCOR)
    study   ni    ri type struct     yi     vi
1       1  123  0.00    j      s 0.0000 0.0083
2       2   95  0.06    p      u 0.0601 0.0109
3       3   69  0.36    j      s 0.3769 0.0152
4       4 1832  0.15    j      s 0.1511 0.0005
5       5   78  0.14    j      s 0.1409 0.0133
6       6  329  0.06    j      s 0.0601 0.0031
7       7  153  0.09    j      s 0.0902 0.0067
8       8   29  0.40    j      s 0.4236 0.0385
9       9   29  0.39    s      s 0.4118 0.0385
10     10  157  0.14    s      s 0.1409 0.0065
                 ⋮
```

escalc 함수를 실행한 결과, 연구 2의 피셔의 z와 z의 분산은 다음과 같다.

피셔의 $z = 0.0601,\ Var(z) = 0.0109$

3.2.2 이분형 자료

단일군을 대상으로 관심사건이 발생한 비율을 통합하고자 할 경우, 개별 연구에서 보고하고 있는 전체 대상자수 n과 관심사건이 발생한 빈도 x를 이용한다. 단일군에서 관심사건이 발생한 비율 통합을 위해 고려할 수 있는 효과크기로는 다음과 같은 비율, 로짓(logit) 비율, arcsin 변환 비율 등이 있다.

$$p = \frac{x}{n}$$

$$logit(p) = \ln\left(\frac{p}{1-p}\right)$$

$$\arcsin(\sqrt{p})$$

여기서 arcsin 변환은 비율에 대한 분산안정화 변환(variance stabilizing transformation)에 해당하며, 비율, 로짓 비율, arcsin 변환 비율의 분산은 다음과 같다.

$$Var(p) = \frac{p(1-p)}{n}$$

$$Var(logit(p)) = \frac{1}{x} + \frac{1}{n-x}$$

$$Var(\arcsin(\sqrt{p})) = \frac{1}{4n}$$

관심사건 발생이 0인 경우 연속성 수정이 필요한 경우가 있는데, 비율과 로짓 비율은 다음과 같이 연속성 수정이 필요하지만 arcsin 변환 비율은 연속성 수정이 필요 없다는 장점을 가지고 있다. 연속성 수정은 비율 추정 시 바이어스를 일으킬 수 있다.

$$\tilde{p} = \frac{x+0.5}{n+1}$$

단일군에서 비율에 대한 메타분석을 수행할 경우에도 대표본에서 근사적으로 정규분포를 따른다고 가정한다. 하지만 이항분포(binomial distribution)를 정규분포로 근사시킬 때 비율이 0 또는 1에 가까울 경우 또는 표본의 크기가 작을 경우 바이어스가 생길 수 있다. 실제로 이런 상황은 많이 일어날 수 있으므로, 비율이 0 또는 1에 가까울 경우 생길 수 있는 바이어스를 감소시키기 위해 로짓 변환을 실시한다. 그런데 비율과 로짓 비율은 표본분산이 표본평균의 함수로 주어져 상관관계가 있으므로, 이로 인한 바이어스를 줄이기 위해 분산이 평균과 독립이 되도록 분산안정화 변환인 arcsin 변환을 실시한다. 따라서 단일군에서 비율에 관심이 있는 경우, 여러 효과크기 중에서 arcsin 변환 비율이 가장 선호된다.

예제 3-12

metafor 패키지에 포함되어 있는 다음 자료(dat.pritz1997)는 뇌혈관연축 치료를 위한 과역동 치료의 효과를 파악하기 위하여 14개 연구에서 추출한 전체 환자수와 과역동 치료에 성공한 신경 결손에 임상적인 향상이 있는 환자수이다(pritz, 1997).

연구	치료성공 환자수 (xi)	전체 환자수 (ni)
1	16	17
2	10	12
3	4	8
4	43	58
5	10	10
6	25	42
7	13	14
8	12	12
9	22	41
10	4	5
11	5	6
12	18	23
13	58	68
14	6	10

연구 1에서 비율, 로짓 비율, arcsin 변환 비율과 이들의 분산은 다음과 같이 계산할 수 있다.

$$p = \frac{16}{17} = 0.9412,\quad Var(p) = \frac{0.9412 \times 0.0588}{17} = 0.0033$$

$$logit(p) = \ln\left(\frac{16/17}{1/17}\right) = 2.7726,\quad Var(logit(p)) = \frac{1}{16} + 1 = 1.0625$$

$$\text{arcsin}(\sqrt{p}) = \text{arcsin}(\sqrt{16/17}) = 1.3258,$$

$$Var(\text{arcsin}(\sqrt{p})) = \frac{1}{4n} = \frac{1}{4 \times 17} = 0.0147$$

위 자료를 이용하여 비율, 로짓 비율, arcsin 변환 비율을 계산하는 R 프로그램 및 결과는 다음과 같다.

```
> library(metafor)
> dat <- get(data(dat.pritz1997))

> # 비율과 비율의 분산 계산
> dat_PR <- escalc(measure="PR", xi=xi, ni=ni, data=dat)
> summary.escalc(dat_PR)
   study              authors xi ni     yi     vi    sei  ci.lb  ci.ub
1      1      Giannotta et al. 16 17 0.9412 0.0033 0.0571 0.8293 1.0530
2      2  Haraguchi and Ebina 10 12 0.8333 0.0116 0.1076 0.6225 1.0442
3      3     Swift and Solomon  4  8 0.5000 0.0312 0.1768 0.1535 0.8465
4      4        Kassell et al. 43 58 0.7414 0.0033 0.0575 0.6287 0.8541
5      5         Tanabe et al. 10 10 1.0000 0.0000 0.0000 1.0000 1.0000
6      6           Awad et al. 25 42 0.5952 0.0057 0.0757 0.4468 0.7437
7      7           Finn et al. 13 14 0.9286 0.0047 0.0688 0.7937 1.0635
8      8       Hadeishi et al. 12 12 1.0000 0.0000 0.0000 1.0000 1.0000
9      9         Otsubo et al. 22 41 0.5366 0.0061 0.0779 0.3839 0.6892
10    10 Muizelaar and Becker  4  5 0.8000 0.0320 0.1789 0.4494 1.1506
11    11     Rosenstein et al.  5  6 0.8333 0.0231 0.1521 0.5351 1.1315
12    12           Levy et al. 18 23 0.7826 0.0074 0.0860 0.6140 0.9512
13    13        Shimoda et al. 58 68 0.8529 0.0018 0.0429 0.7688 0.9371
14    14        Solomon et al.  6 10 0.6000 0.0240 0.1549 0.2964 0.9036

> # 로짓 비율과 로짓 비율의 분산 계산
> dat_PLO <- escalc(measure="PLO", xi=xi, ni=ni, data=dat)
> summary.escalc(dat_PLO)
   study              authors xi ni     yi     vi    sei   ci.lb  ci.ub
1      1      Giannotta et al. 16 17 2.7726 1.0625 1.0308  0.7523 4.7929
2      2  Haraguchi and Ebina 10 12 1.6094 0.6000 0.7746  0.0913 3.1276
3      3     Swift and Solomon  4  8 0.0000 0.5000 0.7071 -1.3859 1.3859
4      4        Kassell et al. 43 58 1.0531 0.0899 0.2999  0.4654 1.6409
5      5         Tanabe et al. 10 10 3.0445 2.0952 1.4475  0.2075 5.8816
6      6           Awad et al. 25 42 0.3857 0.0988 0.3144 -0.2305 1.0018
7      7           Finn et al. 13 14 2.5649 1.0769 1.0377  0.5310 4.5989
8      8       Hadeishi et al. 12 12 3.2189 2.0800 1.4422  0.3922 6.0456
9      9         Otsubo et al. 22 41 0.1466 0.0981 0.3132 -0.4672 0.7604
10    10 Muizelaar and Becker  4  5 1.3863 1.2500 1.1180 -0.8050 3.5776
11    11     Rosenstein et al.  5  6 1.6094 1.2000 1.0954 -0.5376 3.7565
```

```
12    12         Levy et al.  18 23 1.2809 0.2556 0.5055  0.2901 2.2717
13    13      Shimoda et al.  58 68 1.7579 0.1172 0.3424  1.0868 2.4290
14    14      Solomon et al.   6 10 0.4055 0.4167 0.6455 -0.8597 1.6706

> # arcsin 변환 비율과 arcsin 변환 비율의 분산 계산
> dat_PAS <- escalc(measure="PAS", xi=xi, ni=ni, data=dat)
  > summary.escalc(dat_PAS)
  study              authors xi ni     yi     vi    sei  ci.lb  ci.ub
 1     1     Giannotta et al. 16 17 1.3258 0.0147 0.1213 1.0881 1.5635
 2     2 Haraguchi and Ebina 10 12 1.1503 0.0208 0.1443 0.8674 1.4332
 3     3    Swift and Solomon  4  8 0.7854 0.0312 0.1768 0.4389 1.1319
 4     4       Kassell et al. 43 58 1.0373 0.0043 0.0657 0.9086 1.1660
 5     5        Tanabe et al. 10 10 1.3559 0.0227 0.1508 1.0605 1.6514
 6     6          Awad et al. 25 42 0.8812 0.0060 0.0772 0.7300 1.0324
 7     7          Finn et al. 13 14 1.3002 0.0179 0.1336 1.0383 1.5622
 8     8      Hadeishi et al. 12 12 1.3734 0.0192 0.1387 1.1016 1.6452
 9     9        Otsubo et al. 22 41 0.8220 0.0061 0.0781 0.6690 0.9751
10    10 Muizelaar and Becker  4  5 1.1071 0.0500 0.2236 0.6689 1.5454
11    11   Rosenstein et al.  5  6 1.1503 0.0417 0.2041 0.7502 1.5503
12    12          Levy et al. 18 23 1.0857 0.0109 0.1043 0.8814 1.2901
13    13       Shimoda et al. 58 68 1.1772 0.0037 0.0606 1.0584 1.2961
14    14       Solomon et al.  6 10 0.8861 0.0250 0.1581 0.5762 1.1960
```

위 분석 결과에서 연구 1의 비율, 로짓 비율, arcsin 변환 비율과 이들의 분산, 95% 신뢰구간은 다음과 같다.

$$p = 0.9412,\ \ Var(p) = 0.0033,\ \ 95\%\ 신뢰구간 = (0.8293, 1.0530)$$
$$logit(p) = 2.7726,\ \ Var(logit(p)) = 1.0625,$$
$$95\%\ 신뢰구간 = (0.7523, 4.7929)$$
$$\arcsin(\sqrt{p}) = 1.3258,\ Var(\arcsin(\sqrt{p})) = 0.0147,$$
$$95\%\ 신뢰구간 = (1.0881, 1.5635)$$

3.2.3 계수형 자료

단일군에서 관심사건의 발생률을 통합하고자 할 경우, 개별 연구에서 보고하고 있는 추적관찰기간의 총합 t와 관심사건이 발생한 건수 x를 이용한다. 단일군에서 관

심사건의 발생률 통합을 위해 고려할 수 있는 효과크기로는 다음과 같은 발생률, 로그 발생률, 제곱근 발생률 등이 있다.

$$r = \frac{x}{t}$$

$$\ln(r) = \ln\left(\frac{x}{t}\right)$$

$$\sqrt{r} = \sqrt{x/t}$$

여기서 발생률에 대한 제곱근 변환은 발생률에 대한 분산안정화 변환에 해당하며, 발생률, 로그 발생률, 제곱근 발생률의 분산은 다음과 같다.

$$Var(r) = \frac{x}{t^2}$$

$$Var(\ln(r)) = \frac{1}{x}$$

$$Var(\sqrt{r}) = \frac{1}{4t}$$

관심사건 발생건수가 0인 경우 연속성 수정이 필요한 경우가 있는데, 발생률과 로그 발생률은 다음과 같이 연속성 수정이 필요하지만 제곱근 발생률은 연속성 수정이 필요 없다는 장점을 가지고 있다.

$$\tilde{r} = \frac{x+0.5}{t+1}$$

단일군에서 발생률에 대한 메타분석을 수행할 경우에도 비율과 마찬가지로 대표본에서 근사적으로 정규분포를 따른다고 가정한다. 하지만 표본의 크기가 작을 경우 바이어스가 생길 수 있으므로 바이어스를 감소시키기 위해 로그 변환을 실시한다. 그런데 발생률과 로그 발생률의 표본분산과 표본평균이 상관관계가 있으므로, 이로 인한 바이어스를 줄이기 위해 분산안정화 변환인 제곱근 변환을 실시할 수 있다. 따라서 단일군에서 발생률에 관심이 있는 경우, 여러 효과크기 중에서 제곱근 발생률이 가장 선호된다.

예제 3-13 **(심방세동, 계속)**

예제 3-7의 심방세동 환자에서 뇌졸중을 예방하기 위한 와파린의 효과를 비교하기 위한 자료에서 와파린 사용군의 뇌졸중 발생률에만 관심이 있는 경우, 총 인-년 시간과 뇌졸중 발생 환자수를 이용하여 개별 연구의 발생률을 추정할 수 있다.

Afasak(1989) 연구에서 발생률, 로그 발생률, 제곱근 발생률과 이들의 분산은 다음과 같이 계산할 수 있다.

$$r = \frac{9}{413} = 0.0218, \quad Var(r) = \frac{9}{413^2} = 0.0001$$

$$\ln(r) = \ln\left(\frac{9}{413}\right) = -3.8262, \quad Var(\ln(r)) = \frac{1}{9} = 0.1111$$

$$\sqrt{r} = \sqrt{9/413} = 0.1476, \quad Var(\sqrt{r}) = \frac{1}{4 \times 413} = 0.0006$$

위 자료를 이용하여 발생률, 로그 발생률, 제곱근 발생률을 계산하는 R 프로그램 및 결과는 다음과 같다.

```
> library(metafor)
> dat <- get(data(dat.hart1999))

> # 발생률과 발생률의 분산 계산
> dat_IR <- escalc(measure="IR", xi=x1i, ti=t1i, data=dat)
> summary.escalc(dat_IR)
  trial  study year x1i n1i t1i x2i n2i t2i compgrp prevtype   trinr     yi
1     1 AFASAK 1989   9 335 413  19 336 398 placebo   primary 2.8-4.2 0.0218
2     2   SPAF 1991   8 210 263  19 211 245 placebo   primary 2.0-4.5 0.0304
3     3 BAATAF 1990   3 212 487  13 208 435 control   primary 1.5-2.7 0.0062
4     4   CAFA 1991   6 187 237   9 191 241 placebo   primary 2.0-3.0 0.0253
5     5 SPINAF 1992   7 281 489  23 290 483 placebo   primary 1.4-2.8 0.0143
6     6   EAFT 1993  20 225 507  50 214 405 placebo secondary 2.5-4.0 0.0394

      vi    sei     zi   ci.lb  ci.ub
1 0.0001 0.0073 3.0000  0.0076 0.0360
2 0.0001 0.0108 2.8284  0.0093 0.0515
3 0.0000 0.0036 1.7321 -0.0008 0.0131
4 0.0001 0.0103 2.4495  0.0051 0.0456
5 0.0000 0.0054 2.6458  0.0037 0.0249
6 0.0001 0.0088 4.4721  0.0222 0.0567

> # 로그 발생률과 로그 발생률의 분산 계산
> dat_IRLN <- escalc(measure="IRLN", xi=x1i, ti=t1i, data=dat)
> summary.escalc(dat_IRLN)
```

```
  trial  study year x1i n1i t1i x2i n2i t2i compgrp  prevtype  trinr
1     1 AFASAK 1989   9 335 413  19 336 398 placebo   primary 2.8-4.2
2     2   SPAF 1991   8 210 263  19 211 245 placebo   primary 2.0-4.5
3     3 BAATAF 1990   3 212 487  13 208 435 control   primary 1.5-2.7
4     4   CAFA 1991   6 187 237   9 191 241 placebo   primary 2.0-3.0
5     5 SPINAF 1992   7 281 489  23 290 483 placebo   primary 1.4-2.8
6     6   EAFT 1993  20 225 507  50 214 405 placebo secondary 2.5-4.0

       yi     vi    sei       zi   ci.lb   ci.ub
1 -3.8262 0.1111 0.3333 -11.4787 -4.4795 -3.1729
2 -3.4927 0.1250 0.3536  -9.8789 -4.1857 -2.7998
3 -5.0897 0.3333 0.5774  -8.8155 -6.2212 -3.9581
4 -3.6763 0.1667 0.4082  -9.0051 -4.4765 -2.8761
5 -4.2465 0.1429 0.3780 -11.2351 -4.9872 -3.5057
6 -3.2328 0.0500 0.2236 -14.4574 -3.6710 -2.7945

> # 제곱근 발생률과 제곱근 발생률의 분산 계산
> dat_IRS <- escalc(measure="IRS", xi=x1i, ti=t1i, data=dat)
> summary.escalc(dat_IRS)
  trial  study year x1i n1i t1i x2i n2i t2i compgrp  prevtype  trinr     yi
1     1 AFASAK 1989   9 335 413  19 336 398 placebo   primary 2.8-4.2 0.1476
2     2   SPAF 1991   8 210 263  19 211 245 placebo   primary 2.0-4.5 0.1744
3     3 BAATAF 1990   3 212 487  13 208 435 control   primary 1.5-2.7 0.0785
4     4   CAFA 1991   6 187 237   9 191 241 placebo   primary 2.0-3.0 0.1591
5     5 SPINAF 1992   7 281 489  23 290 483 placebo   primary 1.4-2.8 0.1196
6     6   EAFT 1993  20 225 507  50 214 405 placebo secondary 2.5-4.0 0.1986

      vi    sei     zi  ci.lb  ci.ub
1 0.0006 0.0246 6.0000 0.0994 0.1958
2 0.0010 0.0308 5.6569 0.1140 0.2348
3 0.0005 0.0227 3.4641 0.0341 0.1229
4 0.0011 0.0325 4.8990 0.0955 0.2228
5 0.0005 0.0226 5.2915 0.0753 0.1640
6 0.0005 0.0222 8.9443 0.1551 0.2421
```

위 분석 결과에서 Afasak(1989) 연구에서 발생률, 로그 발생률, 제곱근 발생률과 이들의 분산, 95% 신뢰구간은 다음과 같다.

$$r = 0.0218,\ \ Var(r) = 0.0001,\ \ 95\%\ \text{신뢰구간} = (0.0076, 0.0360)$$

$$\ln(r) = -3.8262,\ \ Var(\ln(r)) = 0.1111,$$

$$95\%\ \text{신뢰구간} = (-4.4795, -3.1729)$$

$$\sqrt{r} = 0.1476,\ \ Var(\sqrt{r}) = 0.0006,\ \ 95\%\ \text{신뢰구간} = (0.0994, 0.1958)$$

3.2.4 유의확률

보통 주어진 자료를 분석할 때 두 가지 접근법이 있다. 하나는 효과크기에 대해 가설검정을 수행하는 것이고, 다른 하나는 효과크기를 추정하는 것이다. 일반적으로 효과크기에 대한 가설검정 결과는 유의확률로 제시되는데 유의확률은 단지 효과크기가 0인지 아닌지에 대해서만 정보를 제공한다. 즉 유의확률이 유의수준보다 작은 경우는 귀무가설을 기각하게 되어 효과크기는 0이 아니라고 판단하며, 유의확률이 유의수준보다 큰 경우는 효과크기가 0이 아니라고 할 수 없다고 판단한다. 하지만 추정된 효과크기는 의사결정에 필요한 구체적인 수치를 제공함으로써 유의확률에 비해 좀 더 많은 정보를 제공한다. 예를 들어 의학연구에서 특정 치료법이 기존 치료법에 비해 사망위험을 감소시킨다는 가설검정의 유의확률에 의한 결론보다, 사망위험을 10% 감소시킨다 또는 20% 감소시킨다는 효과크기가 구체적으로 주어졌을 경우 치료법 결정에 있어 좀 더 많은 정보를 활용할 수 있다.

의학연구에서는 통계적으로 유의하다면 임상적으로도 중요한 효과가 있으며, 통계적으로 유의하지 않다면 임상적으로도 중요한 효과가 없다는 것을 의미하기를 기대한다. 하지만 가설검정에서 검정통계량은 효과크기와 표본수에 따라 정해지므로, 임상적으로 효과크기가 크지만 표본수가 작아서 통계적으로 유의하지 않게 될 수도 있으며, 반대로 임상적으로 효과크기는 작은데 표본수가 커서 통계적으로 유의하다는 결과가 나올 수도 있다. 따라서 효과크기는 동일한데 표본수에 따라 유의확률이 다를 수 있으며, 유의확률은 동일한데 표본수에 따라 효과크기가 다를 수도 있다. 그리고 효과크기가 작은 경우에도 통계적으로 유의하게 나올 수도 있고, 효과크기가 큰 경우에는 통계적으로 유의하지 않게 나올 수도 있다.

따라서 유의확률이 효과크기가 0(비에 대해 1.0)인지 아닌지에 대해서만 말해 주고, 표본수에 따라 잘못 해석될 가능성이 있으므로, 유의확률을 통합하는 것보다 효과크기를 통합하는 것이 더 선호되어 출판된 연구들은 대부분 효과크기를 통합하는 메타분석을 주로 실시한다. 하지만 효과크기의 메타분석이 가능하지 않은 경우가 있을 수 있다. 이런 경우 결과를 통합하는 유일한 방법은 독립인 귀무가설들을 통합, 즉 유의확률을 통합하는 방법이다. 예를 들어, 유의확률은 주어졌으나 표본수 등의 정보가 부족하여 효과크기를 재산출할 수 없거나, 연구들의 모집단이나 특성들이 너무 다양하여 효과크기 자체를 통합하는 것은 의미가 없고 단지 효과크기가 0인지 확인하는 것 자체만 의미가 있는 경우 효과크기의 통합 대신 유의확률의 통합을 고려할 수 있다. 단, 유의확률의 통합을 고려할 때 개별 연구에서의 효과크기가 동일하고 동일한 가설에 대해 계산된 유의확률을 고려해야 한다.

유의확률을 통합하기 위해서는 먼저 각 검정으로부터 유의확률들을 계산한다. 유의확률은 모든 연구에서 평균 효과크기가 0(비에 대해 1.0)이라는 귀무가설을 검정하는 것이므로, 만약 유의확률을 통합해서 유의한 결과를 얻는다면 포함되는 연구들 중에서 적어도 하나는 효과가 있다고 결론을 내릴 수 있을 것이다.

유의확률을 이용한 메타분석에서는 단측 유의확률(one-sided p-value)을 고려한다. 만일 양측 유의확률(two-sided p-value) p_2가 주어졌다면 효과크기의 방향에 따라 다음과 같이 단측 유의확률 p_1을 계산한다.

$$p_1 = \frac{p_2}{2} \text{ 또는 } p_1 = 1 - \left(\frac{p_2}{2}\right)$$

예를 들어, 〈그림 3-1〉과 같이 효과크기와 양측 유의확률이 주어진 경우, 단측 유의확률을 계산해 보면, 연구 A와 연구 B는 양측 유의확률은 동일하지만 효과크기의 방향이 다르다. 연구 A의 경우 효과크기가 0보다 크므로 유의확률은 0.097(=0.194/2)이 되며, 연구 B의 경우 유의확률은 0.903(=1−0.097)이 된다.

연구 C와 연구 D도 주어진 양측 유의확률과 효과크기의 방향에 따라 단측 유의확률이 0.097과 0.903이 된다. 여기서 연구 A와 연구 C, 연구 B와 연구 D는 동일한 단측 유의확률을 가지며, 유의확률 통합 시 동일하게 취급된다는 것을 알 수 있

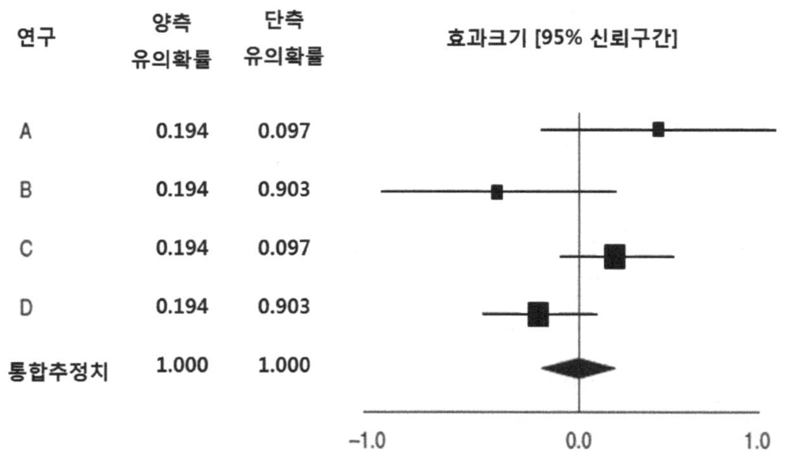

그림 3-1 효과크기와 유의확률

다. 다시 말해, 유의확률의 메타분석에서는 연구 A와 같이 소규모 연구에서 효과크기가 클 때 발생하는 유의확률과 연구 C와 같이 대규모 연구에서 더 작은 효과크기로부터 발생하는 유의확률을 구별하지 않는다.

유의확률을 대상으로 메타분석을 수행할 경우 개별 연구에서 유의확률을 추출해야 하는데, 만일 일부 연구에서 정확한 유의확률을 제시하지 않고, P < 0.05, P < 0.01, P < 0.001로 제시한 경우, 가장 보수적으로 유의확률의 최댓값인 0.05, 0.01, 0.001을 이용한다. 하지만 유의확률이 0.05보다 훨씬 낮을 때 0.05를 사용한다면 제1종 오류는 낮아지고, 제2종 오류를 증가시킬 가능성이 있다.

• 피셔의 방법

유의확률에 대한 메타분석 방법으로 널리 이용되는 방법은 피셔(Fisher)의 방법이다. 피셔의 방법에서는 효과가 없다는 귀무가설하에서 유의확률 p가 균일분포(uniform distribution)를 따르면, $-2\ln(p)$는 자유도가 2인 카이제곱분포를 따르게 된다. 따라서 다음 검정통계량은 모든 연구에서 효과가 없다는 귀무가설하에서 자유도가 $2k$인 카이제곱분포를 따르게 된다.

$$X^2 = -2\sum_{i=1}^{k}\ln(p_i)$$

여기서 p_i는 i번째 연구의 단측 유의확률이며, k는 연구의 수이다. 위 검정통계량이 자유도가 $2k$인 카이제곱분포의 $100(1-\alpha)\%$ 임계값보다 크면 귀무가설을 기각하게 된다. 만일 귀무가설을 기각하지 못하면 전체 연구에서 효과가 없다는 것이며, 유의한 결과를 얻는다면 포함되는 연구들 중에서 적어도 하나는 효과가 있다고 결론을 내릴 수 있다.

• 스토퍼의 방법

스토퍼(Stouffer)의 방법은 사회과학 분야에서 많이 사용하는 방법으로, 각 단측 유의확률 p_i를 이용하여 표준정규분포에 해당하는 값을 다음과 같이 계산한다.

$$z_i = \Phi^{-1}(p_i)$$

여기서 $\Phi(\cdot)$은 표준정규 누적분포함수를 나타낸다. 개별 연구의 단측 유의확률에서 계산된 표준정규분포값의 합을 이용하여 다음 검정통계량을 정의할 수 있다.

$$Z_{Stouffer} = \frac{\sum_{i=1}^{k} z_i}{\sqrt{k}}$$

여기서 k는 연구의 수이며, 위 검정통계량은 모든 연구에서 효과가 없다는 귀무가설 하에서 표준정규분포를 따르며, 검정통계량의 절댓값 $|Z_{Stouffer}|$가 표준정규분포의 $100(1-\alpha)\%$ 임계값보다 크면 귀무가설을 기각하게 된다. 만일 귀무가설을 기각하지 못하면 전체 연구에서 효과가 있다고 말할 수 없다는 것이며, 유의한 결과를 얻는다면 포함되는 연구들 중에서 적어도 하나는 효과가 있다고 결론을 내릴 수 있다.

예제 3-14

다음은 개별 연구에서 추출한 유의확률이다. 이를 이용하여 독립된 가설검정의 통합, 즉 유의확률을 통합하고자 한다.

연구	유의확률
1	0.015
2	0.077
3	0.025
4	0.045
5	0.079

피셔의 방법에 따라 유의확률을 로그 변환하면 다음과 같으며,

$$\ln(0.015) = -4.1997, \ln(0.077) = -2.5639,$$

$$\ln(0.025) = -3.6888, \ln(0.045) = -3.1011, \ln(0.079) = -2.5383$$

이를 이용한 검정통계량은 다음과 같다.

$$X^2 = -2\sum_{i=1}^{5}\ln(p_i) = -2\times(-16.0919) = 32.1839$$

자유도가 10인 카이제곱분포의 $\alpha = 0.05$인 오른쪽 꼬리부분의 임계값은 18.307이므로, 피셔의 방법에 따라 귀무가설을 기각한다. 따라서 연구들 중에서 적어도 하나는 효과가 있다고 결론을 내릴 수 있다.

스토퍼의 방법에 따라 개별 연구의 유의확률에 대한 표준정규분포값을 계산하면 다음과 같다.

$$z(0.015) = -2.1701, z(0.077) = -1.4257,$$
$$z(0.025) = -1.9601, z(0.045) = -1.6961, z(0.079) = -1.4257$$

이를 이용한 검정통계량은 다음과 같으며,

$$Z_{Stouffer} = \frac{\sum_{i=1}^{5} z_i}{\sqrt{5}} = \frac{-8.6637}{\sqrt{5}} = -3.8745$$

위 검정통계량의 절댓값인 3.8745는 표준정규분포의 $\alpha = 0.05$인 오른쪽 꼬리부분의 임계값인 1.645보다 크므로, 스토퍼의 방법에 따라 귀무가설을 기각한다. 따라서 연구들 중에서 적어도 하나는 효과가 있다고 결론을 내릴 수 있다.

피셔의 방법과 스토퍼의 방법을 적용하는 R 프로그램 및 결과는 다음과 같다.

```
> p <- c(0.015, 0.077, 0.025, 0.045, 0.079)
> alpha <- 0.05
> k <- 5

> # 피셔의 방법
> chi2 <- -2*sum(log(p))
  [1] 32.18387
> chi2_value <- qchisq(1-alpha, 2*k)
> chi2_value
  [1] 18.30704

> # 스토퍼의 방법
> z <- abs(sum(qnorm(p))/sqrt(k))
  [1] 3.874134
> z_value <- qnorm(1-alpha, 0, 1)
> z_value
  [1] 1.644854
```

3.3 자료추출 시 통계량의 변환

결과변수가 연속형 자료인 경우 효과크기로 평균차 또는 표준화 평균차를 사용하는데, 이때 개별 연구에서 추출한 각 그룹의 표본수, 평균, 표준편차가 필요하다. 하지만 개별 연구에서 자료의 흩어진 정도를 나타내는 측도로 표준편차 대신 표준오차, 신뢰구간 등을 제시하기도 한다. 따라서 각 그룹에서 표본평균의 표준오차 또는 신뢰구간이 주어졌을 경우 또는 두 그룹의 평균차에 관련된 통계량이 주어졌을 때

이를 이용하여 각 그룹의 표준편차를 계산해야 한다.

3.3.1 평균 관련 통계량

• 평균의 표준오차

개별 연구에서 연속형 결과변수의 표준편차(SD) 대신 평균의 표준오차(SE)가 주어진 경우, 다음 식을 이용하여 표준편차를 계산할 수 있다. 여기서 n은 표본수이다.

$$SD = SE \times \sqrt{n}$$

• 평균의 신뢰구간

표본평균의 $100(1-\alpha)\%$ 신뢰구간은 표본수가 큰 대표본인 경우는 정규분포를 이용하여 다음과 같다.

$$100(1-\alpha)\% \text{신뢰구간} = \left(\overline{x} - z_{\alpha/2}\frac{SD}{\sqrt{n}},\ \overline{x} + z_{\alpha/2}\frac{SD}{\sqrt{n}}\right)$$

여기서 n은 표본수이며, $z_{\alpha/2}$는 표준정규분포에서 오른쪽 꼬리부분의 면적을 $\alpha/2$로 하는 값을 의미하며, 90% 신뢰구간인 경우 1.645, 95% 신뢰구간인 경우 1.96, 99% 신뢰구간인 경우 2.575가 된다.

표본수가 작을 경우 표본평균의 $100(1-\alpha)\%$ 신뢰구간은 t-분포를 이용하여 다음과 같다.

$$100(1-\alpha)\% \text{신뢰구간} = \left(\overline{x} - t_{\alpha/2,n-1}\frac{SD}{\sqrt{n}},\ \overline{x} + t_{\alpha/2,n-1}\frac{SD}{\sqrt{n}}\right)$$

여기서 $t_{\alpha/2,n-1}$은 자유도가 $n-1$인 t-분포에서 오른쪽 꼬리부분의 면적을 $\alpha/2$로 하는 값을 의미하며, 자유도와 신뢰수준(confidence level)에 따라 해당하는 값을 찾아 대입해야 한다.

따라서 개별 연구에서 연속형 결과변수의 표준편차 대신 위와 같은 평균의 $100(1-\alpha)\%$ 신뢰구간이 주어진 경우, 다음 식을 이용하여 표준편차를 계산할 수 있다.

$$SD = \frac{\sqrt{n}(upper\ limit - lower\ limit)}{2z_{\alpha/2}}$$

또는

$$SD = \frac{\sqrt{n}\,(upper\ limit - lower\ limit)}{2t_{\alpha/2,n-1}}$$

예제 3-15

예제 3-1의 Montreal-Home 연구에서 표준편차 대신 다음과 같이 95% 신뢰구간이 주어졌다고 가정하자.

	환자수	평균	95% 신뢰구간
특별치료	8	14	(7.31, 20.69)
일반치료	13	18	(11.35, 24.65)

특별치료군의 환자수가 8, 표본평균이 14, 95% 신뢰구간이 (7.31, 20.69)이므로, 표준편차는 다음과 같이 계산할 수 있다. 여기서 $t_{0.025,7}$는 2.3546이다.

$$SD = \frac{\sqrt{8}\,(20.69 - 7.31)}{2 \times t_{0.025,7}} = 8.0023$$

신뢰구간이 주어졌을 때, 표준편차를 계산하는 R 프로그램 및 결과는 다음과 같다.

```
> n <- 8
> mean <- 14
> Upper_limit <- 20.69
> Lower_limit <- 7.31
> alpha <- 0.05
> t <- qt(1-alpha/2, n-1)
> SD <- sqrt(n)*(Upper_limit-Lower_limit)/(2*t)
> SD
  [1] 8.002192
```

3.3.2 평균차 관련 통계량

개별 연구에서 두 그룹 각각의 표준편차를 제시하지 않고 두 그룹의 평균차와 관련된 평균차의 표준오차, 평균차의 신뢰구간, 검정통계량, 유의확률 등을 제시하는 경우도 있다. 이런 경우 두 그룹의 표준편차가 같다는 가정하에 각 그룹의 표준편차를 계산할 수 있다.

• **유의확률 ⇒ 검정통계량**

두 그룹의 표준편차가 같다고 가정하면, 모평균차이 θ에 대한 귀무가설 $H_0: \theta = 0$와 대립가설 $H_1: \theta \neq 0$에 대한 검정통계량은 표본수가 클 경우는 표준정규분포, 표본수가 작을 경우는 자유도가 $n_1 + n_2 - 2$인 t-분포를 따른다. 최종 선정된 연구에서 모평균차이에 대한 가설검정 결과로 유의확률 p만 보고하고 있는 경우, 이를 이용하여 다음과 같이 검정통계량을 계산할 수 있다.

$$\Pr(|z| \geq z) = p \text{ 또는 } \Pr(|t| \geq t) = p$$

예제 3-16

예제 3-15의 Montreal-Home 연구에서 특별치료군의 환자수는 8, 일반치료군의 환자수는 13, 두 그룹의 평균차가 −4, 유의확률이 0.3466이라는 통계량만 제시되어 있을 경우, 검정통계량은 자유도가 19인 t-분포를 따르므로 유의확률은 다음과 같이 나타낼 수 있다.

$$\Pr(|t| \geq t) = 0.3466$$

따라서 위 식을 만족하는 t 통계량 값은 −0.9651이 된다.

유의확률이 주어졌을 때, 검정통계량을 계산하는 R 프로그램 및 결과는 다음과 같다.

```
> n1 <- 8
> n2 <- 13
> Pvalue <- 0.3466
> t <- qt(Pvalue/2, n1+n2-2)
   [1] -0.9651387
```

■

일부 연구에서는 정확한 유의확률을 제시하지 않고, P=NS(non-significant) 또는 P 〈 0.05, P 〈 0.01, P 〈 0.001 로 제시한 경우, 유의확률에 대한 메타분석과 동일하게 가장 보수적으로 유의확률의 최댓값을 이용한다. 따라서 P 〈 0.05인 경우는 0.05, P 〈 0.01인 경우는 0.01, P 〈 0.001인 경우는 0.001을 유의확률로 이용하며, P=NS인 경우는 보통 P 〉 0.05를 나타내는 경우가 많은데, 이런 경우는 특정 값으로 정하기 어렵다.

■ **검정통계량 ⇒ 표준오차**

모평균차이 θ에 대한 귀무가설 $H_0 : \theta = 0$와 대립가설 $H_1 : \theta \neq 0$에 대한 검정통계량은 다음과 같다.

$$Z = \frac{MD}{SE(MD)}$$

따라서 검정통계량 Z가 주어진 경우, 평균차에 대한 표준오차는 다음과 같이 계산할 수 있다.

$$SE(MD) = \frac{MD}{Z}$$

예제 3-17

예제 3-16의 Montreal-Home 연구에서 특별치료군의 환자수는 8, 일반치료군의 환자수는 13, 두 그룹의 평균차가 -4, 검정통계량은 -0.9651이므로, 평균차에 대한 표준오차는 다음과 같이 계산할 수 있다.

$$SE(MD) = \frac{-4}{-0.9651} = 4.1446$$

■ **신뢰구간 ⇒ 표준오차**

개별 연구에서 평균차에 대한 $100(1-\alpha)\%$ 신뢰구간이 주어졌을 경우, 다음 식을 이용하여 표준오차를 계산할 수 있다.

$$SE(MD) = \frac{(upper\ \ limit - lower\ \ limit)}{2z_{\alpha/2}}$$

또는

$$SE(MD) = \frac{(upper\ \ limit - lower\ \ limit)}{2t_{\alpha/2, n_1 + n_2 - 2}}$$

예제 3-18

예제 3-1의 Montreal-Home 연구에서 특별치료군의 환자수는 8, 일반치료군의 환자수는 13, 평균차에 대한 95% 신뢰구간이 (-12.15, 4.15)로 주어진 경우, 평균차의 표준오차는 다음과 같이 계산할 수 있다. 여기서 $t_{0.025,19}$는 2.0930이다.

$$SE(MD) = \frac{4.15-(-12.15)}{2 \times 2.0930} = 3.8922$$

■ **표준오차 ⇒ 표준편차**

두 그룹의 표준편차가 같다고 가정하면, 평균차에 대한 표준오차는 다음과 같으므로,

$$SE(MD) = \sqrt{\frac{1}{n_1} + \frac{1}{n_2}} \times SD$$

평균차에 대한 표준오차가 주어진 경우, 각 그룹의 동일한 표준편차는 다음과 같다.

$$SD = \frac{SE(MD)}{\sqrt{\frac{1}{n_1} + \frac{1}{n_2}}}$$

예제 3-19

예제 3-18의 Montreal-Home 연구에서 특별치료군의 환자수는 8, 일반치료군의 환자수는 13, 평균차의 표준오차가 3.8922로 주어진 경우, 특별치료군과 일반치료군의 표준편차가 동일하다고 가정할 경우, 각 그룹의 표준편차는 다음과 같이 계산할 수 있다.

$$SD = \frac{3.8922}{\sqrt{\frac{1}{8} + \frac{1}{13}}} = 8.6617$$

3.4 효과크기의 변환

효과크기가 서로 다름에도 불구하고 메타분석에서 이들을 통합해야 하는 경우에는 효과크기들 간 변환하는 공식을 적용해야 한다. 다양한 효과크기를 통합하기 위해 표준화 평균차, 로그 오즈비, 상관계수를 서로 변환하는 방법에 대해서 요약하면 〈표 3-4〉와 같다. 하지만 다른 효과크기를 사용한 연구들은 실질적인 방법에서 서로 차이가 있을 수 있으므로, 동일한 분석에서 다양한 효과크기를 포함하는 것에 대한 타당성을 충분히 고려해야 한다.

표 3-4 효과크기 변환 방법

구분	변환 방법
$\ln(OR) \Rightarrow SMD$	$SMD = \ln(OR) \times \frac{\sqrt{3}}{\pi}$ $Var(SMD) = Var(\ln(OR)) \times \frac{3}{\pi^2}$
$SMD \Rightarrow \ln(OR)$	$\ln(OR) = SMD \times \frac{\pi}{\sqrt{3}}$ $Var(\ln(OR)) = Var(SMD) \times \frac{\pi^2}{3}$
상관계수$(r) \Rightarrow SMD$	$SMD = \frac{2r}{\sqrt{1-r^2}}$ $Var(SMD) = \frac{4\,Var(r)}{(1-r^2)^3}$
$SMD \Rightarrow$ 상관계수(r)	$r = \frac{SMD}{\sqrt{SMD^2 + a}},\ a = \frac{(n_1 + n_2)^2}{n_1 n_2}$ $Var(r) = \frac{a^2\,Var(SMD)}{(SMD^2 + a)^3}$

3.5 metafor/escalc 함수

metafor 패키지의 escalc 함수는 개별 연구의 효과크기와 분산을 추정하는 함수로 두 그룹이 독립인 경우와 단일군인 경우 모두 사용할 수 있으며, 기본 형태는 다음과 같다.

```
escalc(measure, formula, ai, bi, ci, di, n1i, n2i, x1i, x2i, t1i, t2i, m1i,
       m2i, sd1i, sd2i, xi, mi, ri, ti, sdi, ni, data, slab, subset,
       add=1/2, to="only0", drop00=FALSE, vtype="LS",
       var.names=c("yi","vi"), add.measure=FALSE,
       append=TRUE, replace=TRUE, digits=4, ...)
```

독립인 두 그룹에 대해 n1, n2는 그룹 1, 2의 표본수이며, 두 그룹에 대한 결과변수가 이분형 자료인 경우 자료의 형태는 〈표 3-1〉과 같이 a, b, c, d로 나타낸다. 결과변수가 연속형인 경우 m1은 그룹 1의 평균, m2는 그룹 2의 평균, sd1은 그룹

1의 표준편차, sd2는 그룹 2의 표준편차를 나타내며, 결과변수가 계수형이고 발생률에 관심이 있는 경우, x1, x2는 그룹 1, 2의 관심사건의 빈도, t1, t2는 그룹 1, 2의 총 인-시간을 나타낸다.

메타분석의 목표가 두 그룹의 비교가 아니라, 단일군에서 결과변수의 통합일 경우 자료는 x, m, r, t, sd, n으로 주어지는데 각각 관심사건의 빈도, 평균, 상관계수, 총 인-시간, 표준편차, 표본수를 나타낸다.

효과크기에 따른 "measure" 옵션과 정의는 다음 〈표 3-5〉와 같다.

표 3-5 효과크기에 따른 "measure" 옵션

구분	결과변수	효과크기	measure	정의
독립인 두 그룹	연속형	평균차	"MD"	m1−m2
		표준화 평균차	"SMD"	헤지스의 g
	이분형	로그 위험비	"RR"	ln((a/n1)/(c/n2))
		로그 오즈비	"OR"	ln((a*d)/(b*c))
		위험차	"RD"	(a/n1)−(c/n2)
		arcsin 변환 위험차	"AS"	$\arcsin(\sqrt{a/n1}-\sqrt{c/n2})$
		피토 로그 오즈비	"PETO"	피토방법에 의해 추정
	계수형	로그 발생률비	"IRR"	ln((x1/t1)/(x2/t2))
		발생률차	"IRD"	(x1/t1)−(x2/t2)
		제곱근 변환 발생률차	"IRSD"	$\sqrt{x1/t1}-\sqrt{x2/t2}$
단일군	연속형	평균	"MN"	m
		대응 그룹 또는 단일군의 사전-사후비교	"MC"	(m1−m2)/ $\sqrt{Var(diff)}$ Var(diff) = (sd12+sd22−2×r×sd1×sd2)/n
		상관계수	"COR"	r
		Fisher의 z-변환 상관계수	"ZCOR"	0.5ln((1+r)/(1−r))
	이분형	비율	"PR"	x/n
		로짓 비율	"PLO"	logit(x/n)
		arcsin 변환 비율	"PAS"	$\arcsin(\sqrt{x/n})$
	계수형	발생률	"IR"	x/t
		로그 발생률	"IRLN"	ln(x/t)
		제곱근 변환 발생률	"IRS"	$\sqrt{x/t}$

metafor 패키지에서 효과크기를 지정하는 방법은 <표 3-5>의 measure를 이용할 수도 있으며, 추가로 formula를 이용하여 수식으로 나타낼 수도 있는데, 자세한 수식은 metafor 설명서를 참고하기 바란다.

metafor 패키지에서 표준화 평균차는 헤지스의 g를 사용하여 바이어스를 수정하여 자동으로 계산해 주며, vtype="LS"일 경우 표본분산은 대표본 근사방법으로 추정되며, vtype="UB"일 경우 표본분산의 불편추정치를 구할 수 있다. add는 빈도가 0인 셀에 더해줄 값을 지정하는 옵션이며, to="only0"은 add해 줄 셀을 정하는 옵션으로 빈도가 0인 셀에만 add에서 지정한 값을 더해서 연속성 수정을 할 수 있다. 모든 셀에 add에서 지정한 값을 더할 경우는 "if0all", 모든 셀에 일정한 값을 더하지 않을 경우 "none"을 사용할 수 있다.

만일 a=c=0 또는 b=d=0인 연구에서 효과크기는 어떤 정보도 제공하지 않으므로 drop00=TRUE라고 지정하면 이런 연구는 제외할 수 있다. slab은 연구들에 라벨을 붙일 때 사용할 수 있으며 subset은 연구들 중 일부만을 분석대상으로 할 때 사용할 수 있다.

escalc 함수의 결과로 최종 생성되는 데이터프레임은 다음 두 가지를 포함하게 된다.

y	추정된 효과크기
v	추정된 효과크기의 분산

만일 append=TRUE이면 기존의 데이터프레임에 위 효과크기와 분산이 추가된다.

요약

- 결과가 의미 있는 척도로 측정이 되었고 모든 연구들이 같은 척도를 가지고 있을 경우, 평균차를 이용하여 메타분석을 수행할 수 있다. 하지만 측정에 사용된 척도가 잘 알려져 있지 않거나 연구별로 사용한 척도가 다르다면 표준화 평균차를 사용하여 메타분석을 수행해야 한다.
- 표준화 평균차는 표본의 크기가 작을 경우 과대추정하는 경향이 있으므로, 이를 수정한 헤지스의 g를 사용하는 것이 좋다
- 위험비와 오즈비는 로그 변환 후 메타분석을 실시하고, 통합추정치를 다시 변환하여 위험비 또는 오즈비로 나타내지만, 위험차는 원래 자료를 그대로 이용하여 메타분석을 실시한다.
- 두 그룹 간의 기저위험이 다를 경우에는 상대적 측정지표인 위험비 또는 오즈비를 사용하여 메타분석을 하는 것이 적절하며, 기저위험이 유사할 경우는 결과변수값의 특성을 그대로 반영하는 위험차를 사용하면 좀 더 직관적인 이해가 가능하다.
- 단일군에서 관심사건이 발생할 비율에 관심이 있는 경우, 효과크기로 비율, 로짓(비율)보다 arcsin 변환 비율이 가장 선호되며, 단일군에서 발생률에 관심이 있는 경우 효과크기로 발생률, 로그(발생률)보다 제곱근(발생률)이 더 선호된다.
- 유의확률을 통합하는 것보다 효과크기를 통합하는 것이 더 선호되지만, 효과크기의 메타분석이 불가능하거나 효과크기가 0인지 확인하는 것 자체가 의미가 있는 경우 효과크기의 통합 대신 유의확률의 통합을 고려할 수 있다. 이때 개별 연구에서의 효과크기는 동일하고 동일한 가설에 대한 유의확률을 고려해야 한다.

4장 통합추정치 추정

메타분석은 두 단계로 이루어지는데, 먼저 개별 연구에서 자료의 유형에 따라 효과크기를 추정해야 한다. 이에 대해서는 "3장. 효과크기 추정"에서 자세하게 다루었다. 개별 연구의 효과크기가 추정되면, 다음은 개별 연구의 효과크기들을 통합하여 통합추정치를 추정해야 한다. 효과크기를 통합할 때는 개별 연구의 중요도에 따른 가중치를 이용하여 다음과 같이 개별 연구의 효과크기 추정치의 가중평균을 구하여 산출한다.

$$\text{통합추정치} = \frac{\sum(\text{개별 연구의 효과크기 추정치} \times \text{개별 연구의 가중치})}{\sum \text{개별 연구의 가중치}}$$

개별 연구의 가중치가 클수록 해당 연구가 통합추정치에 크게 기여한다고 할 수 있다. 따라서 개별 연구의 가중치는 해당 연구가 가지고 있는 정보의 양을 반영할 수 있도록 부여해야 하며, 더 정밀한 추정치를 제공한 연구, 표본크기가 더 큰 연구에 더 많은 가중치를 부여하는 것이 원칙이다. 가중치로 고려할 수 있는 것은 표본의 크기, 정밀도(분산의 역수), 연구의 질 등이 있다. 예를 들어 표본의 크기에 근거한 가중평균을 사용하는 경우, 소규모 연구는 대규모 연구에 비해 우연한 차이로 인한 영향을 많이 받기 때문에 결합 시 대규모 연구에 비해 상대적으로 더 작은 가중치를 부여받게 되는 것이다. 그리고 분산이 작을수록 또 분산의 역수인 정밀도가 클수록 상대적으로 더 큰 가중치를 부여받게 된다.

통합추정치를 산출하기 위해 메타분석에서 주로 사용되는 통계적 모형은 고정효과모형과 랜덤효과모형이 있으며, 개별 연구에서 얻어진 효과크기가 어떤 분포에서 얻어진 자료인지에 대한 통계적 관점에 따라 모형의 종류가 결정된다. 고정효과모형은 메타분석에 포함된 연구들의 특성이 동질하다고 판단되는 경우, 개별 연구들의 효과크기의 참값이 모두 동일하다고 가정하는 모형이다. 랜덤효과모형은 메타분석에 포함된 연구들의 특성들이 이질적이라고 판단되는 경우, 개별 연구들의 효과크기의 참값은 하나만 존재하는 것이 아니라 전체 평균을 중심으로 하는 정규분포를 따른다고 가정하는 모형이다.

이 장에서는 고정효과모형과 랜덤효과모형을 사용하여 효과크기의 통합추정치 및 신뢰구간을 추정하고 통합추정치에 대한 가설검정을 실시하는 방법에 대해서 설명하고자 한다.

4.1 고정효과모형

고정효과모형에서는 메타분석에 포함된 개별 연구들의 효과크기의 참값은 모두 동일하다고 가정한다. 이때 동일한 효과크기의 참값(true effect size)을 θ라고 하면, 개별 연구들의 관찰된 효과크기의 차이는 표본오차에 의해 발생하는 것이라고 할 수 있다. 통합대상 연구가 k개가 있을 경우, Y_i를 i번째 연구의 관찰된 효과크기라고 할 때, 고정효과모형을 수학적 모형으로 표현하면 다음과 같다.

$$Y_i = \theta + \epsilon_i$$

여기서 개별 연구를 나타내는 $i = 1, \cdots, k$이며, ϵ_i는 i번째 연구의 표본오차로 다음과 같이 평균이 0이고 분산이 σ_i^2인 정규분포를 따른다.

$$\epsilon_i \sim N(0, \sigma_i^2)$$

위 고정효과모형을 그림으로 나타내면 〈그림 4-1〉과 같다. 연구 1에서 관찰된 효

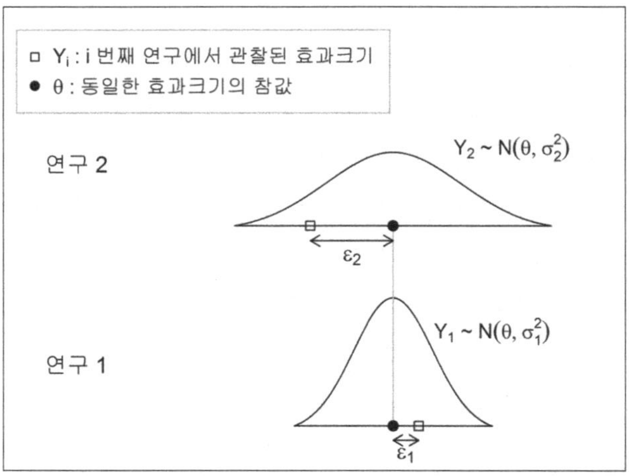

그림 4-1 고정효과모형

과크기는 $Y_1 \sim N(\theta, \sigma_1^2)$을 따르며, 연구 2에서 관찰된 효과크기는 $Y_2 \sim N(\theta, \sigma_2^2)$을 따른다.

개별 연구의 가중치를 W_i라고 할 경우, 고정효과모형에서의 통합추정치는 다음과 같은 가중평균으로 산출할 수 있다.

$$\text{통합추정치} = \frac{\sum_{i=1}^{k} (Y_i \times W_i)}{\sum_{i=1}^{k} W_i}$$

고정효과모형으로는 역분산가중치 방법, 멘텔-헨젤 방법, 피토 방법을 사용할 수 있는데, 사용하는 방법에 따라 가중치의 정의가 달라진다. 역분산가중치 방법은 〈표 3-2〉의 모든 효과크기에 대해서 적용할 수 있으나, 멘텔-헨젤 방법과 피토 방법은 2×2 분할표 형태의 이분형 자료에서만 적용할 수 있다.

이분형 자료인 경우 역분산가중치 방법과 멘텔-헨젤 방법은 효과크기가 위험비, 오즈비, 위험차인 경우 모두 적용 가능하며, 피토 방법은 효과크기가 오즈비인 경우만 적용 가능하다. 결과 발생이 드문 관심사건에 대한 메타분석은 바이어스가 생길 가능성이 높으므로, 역분산가중치 방법과 DerSimonian-Laird 방법은 피하는 것이 좋으며, 멘텔-헨젤 방법 또는 피토의 오즈비를 사용하는 것이 더 좋다.

4.1.1 역분산가중치 방법

역분산가중치 방법은 통합추정치 산출 시 개별 연구의 분산의 역수(inverse variance, IV)를 가중치로 할당하는 방법으로, 표본수가 클수록 표준오차가 작아지므로 가중치는 커지며, 표본수가 작을수록 표준오차가 커지므로 가중치가 작아진다. 역분산가중치 방법은 결과 발생이 드물거나 매우 높을 경우, 또는 개별 연구의 표본수가 작은 경우 바이어스가 생길 수 있으며, 이런 경우가 아니라면 분산의 역수를 가중치로 사용함으로써 분산을 최소화할 수 있다.

i번째 연구의 분산을 σ_i^2이라고 할 경우, 역분산가중치 방법에서 가중치는 다음과 같이 정의한다.

$$W_i = \frac{1}{\sigma_i^2}$$

따라서 통합추정치 $\hat{\theta}$는 다음과 같이 계산되며,

$$\hat{\theta}=\frac{\sum_{i=1}^{k} W_i Y_i}{\sum_{i=1}^{k} W_i}$$

통합추정치 $\hat{\theta}$의 분산과 표준오차는 다음과 같이 계산된다.

$$Var(\hat{\theta})=\frac{1}{\sum_{i=1}^{k} W_i}, \quad SE(\hat{\theta})=\sqrt{Var(\hat{\theta})}$$

따라서 통합추정치 $\hat{\theta}$에 대한 95% 신뢰구간의 하한과 상한은 다음과 같이 계산된다.

$$LL_{\hat{\theta}}=\hat{\theta}-1.96\times SE(\hat{\theta}), \quad UL_{\hat{\theta}}=\hat{\theta}+1.96\times SE(\hat{\theta})$$

마지막으로, 동일한 효과크기의 참값 θ가 0이라는 귀무가설 $H_0:\theta=0$을 검정하기 위한 검정통계량은 다음과 같으며, 귀무가설하에서 표준정규분포를 따른다.

$$Z=\frac{\hat{\theta}}{SE(\hat{\theta})}$$

양측검정인 경우 유의확률은 다음과 같다.

$$p=2[1-(\Phi(|Z|))]$$

여기서 $\Phi(Z)$는 표준정규 누적분포함수이다.

예제 4-1 **(뇌졸중, 계속)**

예제 3-1의 뇌졸중 환자 자료에 대해 고정효과모형(역분산가중치 방법)을 사용하여 평균차와 표준화 평균차의 통합추정치를 계산하는 R 프로그램 및 결과는 다음과 같다. R의 "metafor 패키지"에서는 통합추정치 계산을 위해서 먼저 "escalc 함수"를 이용하여 개별 연구의 효과크기(yi)와 효과크기의 분산(vi)을 계산하고, 통합추정치를 계산하는 "rma 함수"를 이용할 수 있다.

```
> library(metafor)
> dat <- get(data(dat.normand1999))
```

```
> # MD와 MD의 분산 계산
> dat_MD <- escalc(measure="MD", m1i=m1i, sd1i=sd1i, n1i=n1i, m2i=m2i,
sd2i=sd2i, n2i=n2i, data=dat)

> # MD의 역분산가중치 통합추정치 계산
> rma(yi, vi, data= dat_MD, method="FE")
  Fixed-Effects Model (k = 9)
  Test for Heterogeneity:
  Q(df = 8) = 238.9158, p-val < .0001

  Model Results:
  estimate       se      zval      pval     ci.lb     ci.ub
  -3.4636    0.7648  -4.5286   <.0001  -4.9626  -1.9646      ***
```

고정효과모형(역분산가중치 방법)으로 추정된 평균차의 통합추정치는

$$MD = -3.4636,\ SE(MD) = 0.7648,\ 95\%\ \text{신뢰구간} = (-4.9626, -1.9646)$$

이며, 동일한 효과크기의 참값 θ가 0, 즉 MD가 0라는 귀무가설검정 결과 유의확률이 0.0001보다 작으므로 특별치료군의 입원일수가 일반치료군의 입원일수보다 3.4636일 짧다고 할 수 있다.

예제 4-2 **(BCG 백신, 계속)**

예제 3-3의 BCG 백신 자료에 대해 고정효과모형(역분산가중치 방법)을 사용하여 오즈비의 통합추정치를 계산하는 R 프로그램 및 결과는 다음과 같다.

```
> library(metafor)
> data(dat.bcg)

> # ln(OR)과 ln(OR)의 분산 계산
> dat_lnOR <- escalc(measure="OR", ai=tpos, bi=tneg, ci=cpos, di=cneg,
data=dat.bcg, append=TRUE)

> # ln(OR)의 역분산가중치 통합추정치 계산
> rma(yi, vi, data= dat_lnOR, method="FE")
  Fixed-Effects Model (k = 13)
```

```
Test for Heterogeneity:
Q(df = 12) = 163.1649, p-val < .0001

Model Results:
estimate        se      zval      pval    ci.lb    ci.ub
 -0.4361    0.0423 -10.3190    <.0001  -0.5190  -0.3533        ***
```

고정효과모형(역분산가중치 방법)으로 추정된 로그(오즈비)의 통합추정치는

$$\ln(OR_{IV}) = -0.4361,\ SE(\ln(OR_{IV})) = 0.0423,$$
$$95\%\ 신뢰구간 = (-0.5190, -0.3533)$$

이며, 동일한 효과크기의 참값 θ가 0, 즉 $\ln(OR)$이 0라는 귀무가설검정 결과 유의확률이 0.0001보다 작으므로 BCG 백신군과 대조군의 결핵 발생이 다르다고 할 수 있다. 오즈비의 통합추정치와 95% 신뢰구간은 다음과 같다.

$$OR_{IV} = \exp(-0.4361) = 0.6466,\ 95\%\ 신뢰구간 = (0.5951, 0.7024)$$

즉, 대조군에 비해 BCG 백신군에서 결핵 발생이 35% 감소한다고 할 수 있다.

4.1.2 멘텔-헨젤 추정법

멘텔-헨젤 방법은 i번째 연구의 이분형 자료가 〈표 3-1〉과 같이 2×2 분할표로 주어졌을 때 사용할 수 있는 방법으로 위험비와 오즈비, 위험차가 효과크기인 경우 사용할 수 있는 방법이다. 멘텔-헨젤 방법은 통합추정치를 계산할 때 로그값을 취하지 않고 효과크기값 자체를 사용하여 계산하며, 관심사건 발생이 드물거나 개별 연구의 표본수가 작지만 메타분석에 포함되는 연구수가 많은 경우 적절한 방법이다.

- **오즈비**

i번째 연구에서의 관찰된 오즈비 Y_i는 다음과 같으며,

$$Y_i = \frac{a_i d_i}{b_i c_i}$$

멘텔-헨젤 방법에서 개별 연구의 가중치는 다음과 같이 정의한다.

$$W_i = \frac{b_i c_i}{n_i}$$

여기서 $n_i = a_i + b_i + c_i + d_i$이고, 오즈비의 통합추정치는 다음과 같이 가중평균으로 계산한다.

$$OR_{MH} = \frac{\sum_{i=1}^{k} W_i Y_i}{\sum_{i=1}^{k} W_i}$$

통합추정치 OR_{MH}의 분산 계산을 위해서는 먼저 로그(OR_{MH})의 분산을 계산하고, 이를 다시 OR_{MH}의 분산으로 변환해야 한다. 로그(OR_{MH})의 분산은 다음과 같이 계산한다.

$$Var(\ln(OR_{MH})) = 0.5\left(\frac{\sum_{i=1}^{k} E_i}{\left(\sum_{i=1}^{k} R_i\right)^2} + \frac{\sum_{i=1}^{k} F_i + \sum_{i=1}^{k} G_i}{\sum_{i=1}^{k} R_i \times \sum_{i=1}^{k} S_i} + \frac{\sum_{i=1}^{k} H_i}{\left(\sum_{i=1}^{k} S_i\right)^2}\right)$$

여기서

$$R_i = \frac{a_i d_i}{n_i},\ S_i = \frac{b_i c_i}{n_i},\ E_i = \frac{(a_i + d_i) a_i d_i}{n_i^2},\ F_i = \frac{(a_i + d_i) b_i c_i}{n_i^2},$$

$$G_i = \frac{(b_i + c_i) a_i d_i}{n_i^2},\ H_i = \frac{(b_i + c_i) b_i c_i}{n_i^2}$$

이다. 그리고 로그(OR_{MH})의 표준오차는 다음과 같으며,

$$SE(\ln(OR_{MH})) = \sqrt{Var(\ln(OR_{MH}))}$$

로그(OR_{MH})의 95% 신뢰구간은 다음과 같이 계산된다.

$$LL_{\ln(OR_{MH})} = \ln(OR_{MH}) - 1.96 \times SE(\ln(OR_{MH}))$$

$$UL_{\ln(OR_{MH})} = \ln(OR_{MH}) + 1.96 \times SE(\ln(OR_{MH}))$$

마지막으로, 로그(오즈비)가 0이라는 귀무가설을 검정하기 위한 검정통계량은

$$Z = \frac{\ln(OR_{MH})}{SE(\ln(OR_{MH}))}$$

이며, 양측검정인 경우 유의확률은 다음과 같다.

$$p = 2[1-(\Phi(|Z|))]$$

여기서 $\Phi(Z)$는 표준정규 누적분포함수이다.

예제 4-3 (BCG 백신, 계속)

예제 3-3의 BCG 백신 자료에 대해 멘텔-헨젤 방법을 사용하여 오즈비의 통합추정치를 계산하기 위해서는 metafor 패키지의 rma.mh 함수를 이용하는데, R 프로그램 및 결과는 다음과 같다.

```
> library(metafor)
> data(dat.bcg)

> # 멘텔-헨젤 오즈비 통합추정치 계산
> rma.mh(ai=tpos, bi=tneg, ci=cpos, di=cneg, data=dat.bcg, measure="OR")
  Fixed-Effects Model (k = 13)

  Test for Heterogeneity:
  Q(df = 12) = 163.9426, p-val < .0001

  Model Results (log scale):
  estimate       se     zval      pval     ci.lb     ci.ub
   -0.4734   0.0410 -11.5444   <.0001  -0.5538   -0.3930

  Model Results (OR scale):
  estimate    ci.lb    ci.ub
    0.6229   0.5748   0.6750

  Cochran-Mantel-Haenszel Test:   CMH = 135.6889, df = 1,  p-val < .0001
  Tarone's Test for Heterogeneity:  X^2 = 171.7567, df = 12,
  p-val < .0001
```

멘텔-헨젤 방법으로 추정된 로그(오즈비)의 통합추정치는

$$\ln(OR_{MH}) = -0.4734,\ \ SE(\ln(OR_{MH})) = 0.0410,$$
$$95\%\ \text{신뢰구간} = (-0.5538, -0.3930)$$

이며, 동일한 효과크기의 참값 θ가 0, 즉 $\ln(OR)$이 0이라는 귀무가설검정 결과 유의확률이 0.0001보다 작으므로 BCG 백신군과 대조군의 결핵 발생이 다르다고 할

수 있다. 멘텔-헨젤 오즈비의 통합추정치와 95% 신뢰구간은 다음과 같다.

$$OR_{MH} = 0.6229,\ 95\%\ \text{신뢰구간} = (0.5748, 0.6750)$$

즉, 대조군의 결핵 발생에 대한 오즈에 비해 BCG 백신군에서 결핵 발생에 대한 오즈가 0.62배라고 할 수 있다. 하지만 결핵 발생률이 작으므로 오즈비를 위험비와 유사하게 해석하여 대조군에 비해 BCG 백신군에서 결핵 발생이 약 38% 감소한다고 할 수 있다.

추가로 코크란의 맨텔-헨젤(Cochran-Mantel-Haenszel) 검정은 모든 개별 연구의 오즈비가 1로 동일한지를 검정하는 방법으로 귀무가설은 다음과 같다.

$$H_0 : OR_1 = OR_2 = \cdots = OR_k = 1$$

위 예제에서 코크란의 맨텔-헨젤 검정 결과, 유의확률이 0.0001보다 작으므로 귀무가설을 기각하게 되어, 모든 개별 연구의 오즈비가 1로 동일하다고 할 수 없음을 알 수 있다.

- **위험비**

i번째 연구에서 관찰된 위험비 Y_i는 다음과 같으며,

$$Y_i = \frac{a_i / n_{1i}}{c_i / n_{2i}}$$

멘텔-헨젤 방법에서 개별 연구의 가중치는 다음과 같이 정의한다.

$$W_i = \frac{n_{1i} c_i}{n_i}$$

여기서 $n_i = a_i + b_i + c_i + d_i$ 이고, 위험비의 통합추정치는 다음과 같이 가중평균으로 계산한다.

$$RR_{MH} = \frac{\sum_{i=1}^{k} W_i Y_i}{\sum_{i=1}^{k} W_i}$$

통합추정치 RR_{MH}의 분산 계산을 위해서는 먼저 로그(RR_{MH})의 분산을 계산하고, 이를 다시 RR_{MH}의 분산으로 변환해야 한다. 로그(RR_{MH})의 분산은 다음과 같이

계산한다.

$$Var(\ln(RR_{MH})) = \frac{\sum_{i=1}^{k} P_i}{\sum_{i=1}^{k} R_i \times \sum_{i=1}^{k} S_i}$$

여기서

$$P_i = (n_{1i}n_{2i}(a_i + c_i) - a_i c_i n_i)/n_i^2, \quad R_i = a_i n_{2i}/n_i, \quad S_i = c_i n_{1i}/n_i$$

이다. 그리고 로그(RR_{MH})의 표준오차, 95% 신뢰구간, 가설검정은 멘텔-헨젤 오즈비와 동일한 방법으로 구할 수 있다.

예제 4-4 **(BCG 백신, 계속)**

예제 3-3의 BCG 백신 자료에 대해 멘텔-헨젤 방법을 사용하여 위험비의 통합추정치를 계산하기 위한 R 프로그램 및 결과는 다음과 같다.

```
> library(metafor)
> data(dat.bcg)

> # 멘텔-헨젤 위험비 통합추정치 계산
> rma.mh(ai=tpos, bi=tneg, ci=cpos, di=cneg, data=dat.bcg, measure="RR")
  Fixed-Effects Model (k = 13)

  Test for Heterogeneity:
  Q(df = 12) = 152.5676, p-val < .0001

  Model Results (log scale):
  estimate       se      zval     pval    ci.lb    ci.ub
   -0.4537   0.0393 -11.5338   <.0001  -0.5308  -0.3766

  Model Results (RR scale):
  estimate    ci.lb    ci.ub
    0.6353   0.5881   0.6862
```

멘텔-헨젤 방법으로 추정된 로그(위험비)의 통합추정치는

$$\ln(RR_{MH}) = -0.4537,\ SE(\ln(RR_{MH})) = 0.0393,$$
$$95\%\ \text{신뢰구간} = (-0.5308, -0.3766)$$

이며, 동일한 효과크기의 참값 θ가 0, 즉 $\ln(RR)$이 0라는 귀무가설검정 결과 유의확률이 0.0001보다 작으므로 BCG 백신군과 대조군의 결핵 발생이 다르다고 할 수 있다. 멘텔-헨젤 위험비의 통합추정치와 95% 신뢰구간은 다음과 같다.

$$RR_{MH} = 0.6353,\ 95\%\ \text{신뢰구간} = (0.5881, 0.6862)$$

즉, 대조군에 비해 BCG 백신군에서 결핵 발생이 36.5% 감소한다고 할 수 있다.

• **위험차**

i번째 연구에서 관찰된 위험차 Y_i는 다음과 같으며,

$$Y_i = \frac{a_i}{n_{1i}} - \frac{c_i}{n_{2i}}$$

멘텔-헨젤 방법에서 개별 연구의 가중치는 다음과 같이 정의한다.

$$W_i = \frac{n_{1i}n_{2i}}{n_i}$$

여기서 $n_i = a_i + b_i + c_i + d_i$ 이고, 위험차의 통합추정치는 다음과 같이 가중평균으로 계산한다.

$$RD_{MH} = \frac{\sum_{i=1}^{k} W_i Y_i}{\sum_{i=1}^{k} W_i}$$

통합추정치 RD_{MH}의 분산은 다음과 같이 계산한다.

$$Var(RD_{MH}) = \frac{\sum_{i=1}^{k} P_i}{\left(\sum_{i=1}^{k} Q_i\right)^2}$$

여기서

$$P_i = (a_i b_i n_{2i}^3 + c_i d_i n_{1i}^3)/n_{1i} n_{2i} n_i^2, \quad Q_i = n_{1i} n_{2i}/n_i$$

이다. 그리고 RD_{MH}의 표준오차, 95% 신뢰구간, 가설검정은 멘텔-헨젤 오즈비와 유사한 방법으로 구할 수 있다.

예제 4-5 (BCG 백신, 계속)

예제 3-3의 BCG 백신 자료에 대해 멘텔-헨젤 방법을 사용하여 위험차의 통합추정치를 계산하기 위한 R 프로그램 및 결과는 다음과 같다.

```
> library(metafor)
> data(dat.bcg)

> # 멘텔-헨젤 위험차 통합추정치 계산
> rma.mh(ai=tpos, bi=tneg, ci=cpos, di=cneg, data=dat.bcg, measure="RD")
   Fixed-Effects Model (k = 13)

   Test for Heterogeneity:
   Q(df = 12) = 386.7759, p-val < .0001

   Model Results:
   estimate       se      zval     pval    ci.lb    ci.ub
    -0.0033   0.0003  -11.4708   <.0001  -0.0039  -0.0027
```

멘텔-헨젤 방법으로 추정된 위험차의 통합추정치는

$$RD_{MH} = -0.0033, \quad SE(RD) = 0.0003, \quad 95\% \text{ 신뢰구간} = (-0.0039, -0.0027)$$

이며, 동일한 효과크기의 참값 θ가 0, 즉 RD가 0이라는 귀무가설검정 결과 유의확률이 0.0001보다 작으므로 BCG 백신군과 대조군의 결핵 발생이 다르다고 할 수 있다. 즉, 대조군에 비해 BCG 백신군에서 결핵 발생이 0.33% 낮다고 할 수 있다.

4.1.3 피토 방법

피토 방법은 오즈비의 통합에만 사용할 수 있는 방법으로, 오즈비가 1에 가까운 경우, 즉 효과차이가 작은 경우 또는 결과 발생이 특별히 흔하지 않고 두 군의 표본수가 비슷한 경우 적절한 방법이다. 따라서 이런 경우는 일반적이지 않으므로 이분형 자료의 메타분석에서 피토 방법은 기본적인 방법으로 추천되지 않는다. 하지만 피토 방법은 0셀에 대해 연속성 수정이 필요 없기 때문에 사건 발생이 드문 경우 적절한 방법이다.

피토 방법에서 i번째 연구에서 관찰된 피토의 로그(오즈비) Y_i와 분산은 다음과 같다.

$$Y_i = \frac{O_i - E_i}{I_i}, \quad Var(Y_i) = \frac{1}{I_i}$$

여기서 관측된 값 $O_i = a_i$, 기댓값 $E_i = \frac{(a_i + b_i) \times (a_i + c_i)}{n_i}$, $n_i = a_i + b_i + c_i + d_i$ 이며, $I_i = \frac{(a_i + b_i) \times (c_i + d_i) \times (a_i + c_i) \times (b_i + d_i)}{n_i^2 \times (n_i - 1)}$이다. 통합추정치 산출 시 개별 연구에 주어지는 가중치는 분산의 역수로 다음과 같이 정의한다.

$$W_i = \frac{1}{Var(Y_i)}$$

즉, 가중치는 I_i이다. 피토 추정법을 이용한 로그(오즈비)의 통합추정치는 다음과 같이 가중평균으로 계산한다.

$$\ln(OR_{Peto}) = \frac{\sum_{i=1}^{k} W_i Y_i}{\sum_{i=1}^{k} W_i}$$

통합추정치 $\ln(OR_{Peto})$의 분산과 표준오차는 다음과 같다.

$$Var(\ln(OR_{Peto})) = \frac{1}{\sum_{i=1}^{k} W_i}, \quad SE(\ln(OR_{Peto})) = \sqrt{Var(\ln(OR_{Peto}))}$$

위 통합추정치와 분산을 다음과 같이 나타낼 수도 있다.

$$\ln(OR_{Peto}) = \frac{\sum_{i=1}^{k} (O_i - E_i)}{\sum_{i=1}^{k} I_i}, \quad Var(\ln(OR_{Peto})) = \frac{1}{\sum_{i=1}^{k} I_i}$$

통합추정치 $\ln(OR_{Peto})$에 대한 95% 신뢰구간은 다음과 같다.

$$LL_{\ln(OR_{Peto})} = \ln(OR_{Peto}) - 1.96 \times SE(\ln(OR_{Peto}))$$
$$UL_{\ln(OR_{Peto})} = \ln(OR_{Peto}) + 1.96 \times SE(\ln(OR_{Peto}))$$

마지막으로, 로그(오즈비)가 0이라는 귀무가설을 검정하기 위한 검정통계량은 다음과 같으며,

$$Z = \frac{\ln(OR_{Peto})}{SE(\ln(OR_{Peto}))}$$

양측검정인 경우 유의확률은 다음과 같다.

$$p = 2[1 - (\Phi(|Z|))]$$

여기서 $\Phi(Z)$는 표준정규 누적분포함수이다.

예제 4-6 (BCG 백신, 계속)

예제 3-3의 BCG 백신 자료에 대해 피토 방법을 사용하여 오즈비의 통합추정치를 계산하기 위한 R 프로그램 및 결과는 다음과 같다.

```
> library(metafor)
> data(dat.bcg)

> # 피토의 오즈비 통합추정치 계산
> rma.peto(ai=tpos, bi=tneg, ci=cpos, di=cneg, data=dat.bcg)
  Fixed-Effects Model (k = 13)

  Test for Heterogeneity:
  Q(df = 12) = 167.7302, p-val < .0001

  Model Results (log scale):
  estimate       se      zval     pval    ci.lb    ci.ub
   -0.4744   0.0407  -11.6689   <.0001  -0.5541  -0.3948

  Model Results (OR scale):
  estimate    ci.lb    ci.ub
    0.6222   0.5746   0.6738
```

피토방법으로 추정된 로그(오즈비)의 통합추정치는

$$\ln(OR_{Peto}) = -0.4744, \quad SE(\ln(OR_{Peto})) = 0.0407,$$
$$95\% \text{ 신뢰구간} = (-0.5541, -0.3948)$$

이며, 동일한 효과크기의 참값 θ가 0, 즉 $\ln(OR)$이 0이라는 귀무가설검정 결과 유의확률이 0.0001보다 작으므로 BCG 백신군과 대조군의 결핵 발생이 다르다고 할 수 있다. 피토의 오즈비의 통합추정치와 95% 신뢰구간은 다음과 같다.

$$OR_{Peto} = 0.6222, \quad 95\% \text{ 신뢰구간} = (0.5746, 0.6738)$$

즉, 대조군의 결핵 발생에 대한 오즈에 비해 BCG 백신군에서 결핵 발생에 대한 오즈가 0.62배라고 할 수 있다. 하지만 결핵 발생률이 작으므로 오즈비를 위험비와 유사하게 해석하여 대조군에 비해 BCG 백신군에서 결핵 발생이 약 38% 감소한다고 할 수 있다.

4.2 랜덤효과모형

통합대상인 연구들의 특성이 동질하지 않은 경우 개별 연구들의 효과크기의 참값이 모두 동일하다고 가정하는 고정효과모형을 사용하는 것은 부적절하다. 따라서 통합대상 연구들의 특성이 동질하다고 가정할 수 없는 경우 랜덤효과모형을 사용하여 연구들 간의 변동을 반영하는 방법을 사용할 수 있다.

랜덤효과모형에서 i번째 연구의 효과크기의 참값 θ_i는 전체 평균 μ를 평균으로 하는 정규분포를 따른다고 가정한다.

$$\theta_i \sim N(\mu, \tau^2)$$

여기서 τ^2은 개별 연구들의 효과크기의 변동을 나타내는 연구 간 분산(between-study variance)을 나타낸다.

랜덤효과모형에서 i번째 연구의 관찰된 효과크기 Y_i는 i번째 연구의 참 효과크기 θ_i와 표본오차 ϵ_i로 표현할 수 있으며, θ_i는 전체 평균 μ와 효과크기의 변동을 나타내는 ζ_i로 나타낼 수 있다. 다시 말해, i번째 연구의 관찰된 효과크기 Y_i는 전체평균 μ, 전체 평균 μ와 i번째 연구의 참 효과크기의 차이인 ζ_i, i번째 연구 내 표본오차인 ϵ_i에 의해 표현할 수 있으며 다음과 같이 수식으로 나타낼 수 있다.

$$Y_i = \theta_i + \epsilon_i = \mu + \zeta_i + \epsilon_i$$

따라서 i번째 연구에서 관찰된 효과크기 Y_i가 전체 평균 μ로부터 얼마나 떨어졌는지 추정하기 위해서는 ζ_i의 분산과 ϵ_i의 분산을 모두 고려할 필요가 있다. ϵ_i와 ζ_i는 다음과 같이 정규분포를 따르며, ϵ_i와 ζ_i는 서로 독립이라고 가정한다.

$$\zeta_i \sim N(0, \tau^2)$$
$$\epsilon_i \sim N(0, \sigma_i^2)$$

여기서 τ^2은 효과크기의 연구 간 분산을 나타내며, σ_i^2은 i번째 연구의 표본오차인 ϵ_i의 분산, 즉 연구 내 분산(within-study variance)을 나타낸다. 위 랜덤효과모형을 그림으로 나타내면 〈그림 4-2〉와 같다.

랜덤효과모형에서는 통합추정치의 분산을 최소화하기 위해 통합추정치 산출 시 개별 연구의 분산의 역수를 가중치로 사용하는데, 개별 연구의 분산은 연구 간 분산 τ^2과 연구 내 분산 σ_i^2의 합으로 표현되므로 먼저 연구 간 분산 τ^2의 추정이 필요하다. 연구 간 분산 τ^2을 구하는 방법은 DerSimonian-Laird 방법, 최대우도법(maximum likelihood method, ML) 등 여러 가지 방법이 있는데, DerSimonian and Laird(1986)는 적률방법(methods of moments, MM)을 사용하여 다음과 같이 τ^2의 추정량 T^2을 계산하였다.

$$T^2 = \frac{Q - df}{C}$$

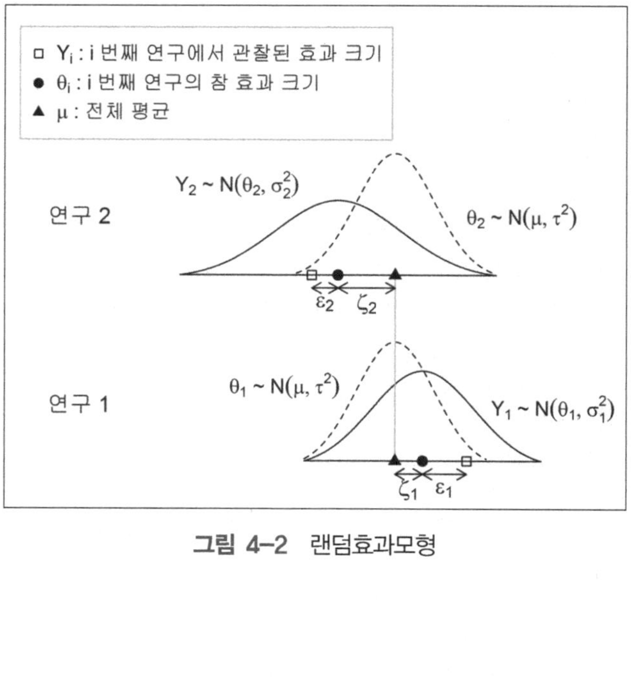

그림 4-2 랜덤효과모형

여기서 Q와 df, C는 다음과 같으며,

$$Q=\sum_{i=1}^{k} W_i Y_i^2-\frac{\left(\sum_{i=1}^{k} W_i Y_i\right)^2}{\sum_{i=1}^{k} W_i},\ df=k-1,\ C=\sum_{i=1}^{k} W_i-\frac{\sum_{i=1}^{k} W_i^2}{\sum_{i=1}^{k} W_i}$$

k는 통합대상 연구의 수이며, $W_i=\frac{1}{\sigma_i^2}$이다. 따라서 개별 연구의 효과크기의 분산은

$$Var(Y_i)=T^2+\sigma_i^2$$

이며, 가중치는 분산의 역수로 다음과 같이 계산할 수 있다.

$$W_i^*=\frac{1}{T^2+\sigma_i^2}$$

따라서 통합추정치 $\hat{\mu}$은 다음과 같이 계산되며,

$$\hat{\mu}=\frac{\sum_{i=1}^{k} W_i^* Y_i}{\sum_{i=1}^{k} W_i^*}$$

통합추정치 $\hat{\mu}$의 분산과 표준오차는 다음과 같이 계산된다.

$$Var(\hat{\mu})=\frac{1}{\sum_{i=1}^{k} W_i^*},\ SE(\hat{\mu})=\sqrt{Var(\hat{\mu})}$$

따라서 통합추정치 $\hat{\mu}$에 대한 95% 신뢰구간의 하한과 상한은 다음과 같이 계산된다.

$$LL_{\hat{\mu}}=\hat{\mu}-1.96\times SE(\hat{\mu}),\ UL_{\hat{\mu}}=\hat{\mu}+1.96\times SE(\hat{\mu})$$

마지막으로, 전체 평균 μ가 0이라는 귀무가설 $H_0:\mu=0$을 검정하기 위한 검정통계량은 다음과 같으며, 귀무가설하에서 표준정규분포를 따른다.

$$Z=\frac{\hat{\mu}}{SE(\hat{\mu})}$$

양측검정인 경우 유의확률은 다음과 같으며, 여기서 $\Phi(Z)$는 표준정규 누적분포함수이다.

$$p = 2[1-(\Phi(|Z|))]$$

개별 연구의 분산의 역수를 가중치로 사용하는 랜덤효과모형(DerSimonian-Laird 방법)은 〈표 3-2〉의 모든 효과크기에 대해서 적용할 수 있다.

예제 4-7 **(뇌졸중, 계속)**

예제 3-1의 뇌졸중 환자 자료에 대해 랜덤효과모형(DerSimonian-Laird 방법)을 사용하여 평균차의 통합추정치를 계산하는 R 프로그램 및 결과는 다음과 같다.

```
> library(metafor)
> dat <- get(data(dat.normand1999))

> # MD와 MD의 분산 계산
> dat_MD <- escalc(measure="MD", m1i=m1i, sd1i=sd1i, n1i=n1i, m2i=m2i,
sd2i=sd2i, n2i=n2i, data=dat)

> # MD의 DerSimonian-Laird 방법 통합추정치 계산
> rma(yi, vi, data= dat_MD, method="DL")
  Random-Effects Model (k = 9; tau^2 estimator: DL)

  tau^2 (estimated amount of total heterogeneity): 205.4094
  (SE = 179.7183)
  tau (square root of estimated tau^2 value):      14.3321
  I^2 (total heterogeneity / total variability):   96.65%
  H^2 (total variability / sampling variability):  29.86

  Test for Heterogeneity:
  Q(df = 8) = 238.9158, p-val < .0001

  Model Results:

  estimate      se     zval     pval    ci.lb    ci.ub
  -13.9817  5.1267  -2.7272  0.0064 -24.0299  -3.9336       **
```

DerSimonian-Laird 방법으로 추정된 연구 간 분산은 $\tau^2 = 205.4094$이며, 추정된

평균차의 통합추정치는

$$MD = -13.9817,\ SE(MD) = 5.1267,\ 95\%\ \text{신뢰구간} = (-24.0299, -3.9336)$$

이며, 전체 평균 μ가 0, 즉 MD가 0라는 귀무가설검정 결과 유의확률이 0.0064이므로 특별치료군의 입원일수가 일반치료군의 입원일수보다 13.9817일 짧다고 할 수 있다.

예제 4-8 (BCG 백신, 계속)

예제 3-3의 BCG 백신 자료에 대해 랜덤효과모형(DerSimonian-Laird 방법)을 사용하여 오즈비의 통합추정치를 계산하는 R 프로그램 및 결과는 다음과 같다.

```
> library(metafor)
> data(dat.bcg)

> # ln(OR)과 ln(OR)의 분산 계산
> dat_lnOR <- escalc(measure="OR", ai=tpos, bi=tneg, ci=cpos, di=cneg,
data=dat.bcg, append=TRUE)

> # ln(OR)의 DerSimonian-Laird 방법 통합추정치 계산
> rma(yi, vi, data= dat_lnOR, method="DL")
   Random-Effects Model (k = 13; tau^2 estimator: DL)

   tau^2 (estimated amount of total heterogeneity): 0.3663 (SE = 0.2659)
   tau (square root of estimated tau^2 value):      0.6053
   I^2 (total heterogeneity / total variability):   92.65%
   H^2 (total variability / sampling variability):  13.60

   Test for Heterogeneity:
   Q(df = 12) = 163.1649, p-val < .0001

   Model Results:

   estimate      se     zval     pval    ci.lb    ci.ub
    -0.7474  0.1923  -3.8873   0.0001  -1.1242  -0.3706      ***
```

DerSimonian-Laird 방법으로 추정된 연구 간 분산은 $\tau^2 = 0.3663$이며, 추정된 로그(오즈비)의 통합추정치는

$$\ln(OR_{DL}) = -0.7474,\ SE(\ln(OR_{DL})) = 0.1923,$$
$$95\%\ \text{신뢰구간} = (-1.1242, -0.3706)$$

이며, 전체 평균 μ가 0, 즉 $\ln(OR)$이 0이라는 귀무가설검정 결과 유의확률이 0.0001이므로 BCG 백신군과 대조군의 결핵 발생이 다르다고 할 수 있다. 오즈비의 통합추정치와 95% 신뢰구간은 다음과 같다.

$$OR_{DL} = \exp(-0.7474) = 0.4736,\ 95\%\ \text{신뢰구간} = (0.3249, 0.6903)$$

즉, 대조군에 비해 BCG 백신군에서 결핵 발생이 약 53% 감소한다고 할 수 있다.

4.3 고정효과모형과 랜덤효과모형의 비교

고정효과모형과 랜덤효과모형에서 통합추정치의 의미를 살펴보면, 고정효과모형은 모든 연구들의 효과크기가 같다고 가정하므로, 추정된 통합추정치는 동일한 효과크기의 추정치이다. 하지만 랜덤효과모형에서는 개별 연구들의 효과크기의 참값은 모두 다르며 전체 평균 μ를 평균으로 하는 정규분포를 따른다고 가정하므로, 추정된 통합추정치는 개별 연구들의 효과크기의 평균이라고 할 수 있다.

예제 4-2의 고정효과모형 결과를 숲그림으로 나타내면 〈그림 4-3〉이며, 〈그림 4-4〉는 예제 4-8의 랜덤효과모형 결과를 숲그림으로 나타낸 것이다. 표본수가 가장 많은 Study 8의 경우 고정효과모형에서의 가중치는 44.58%인 데 반해, 랜덤효과모형의 가중치는 9.98%로 랜덤효과모형에서 가중치가 더 작음을 알 수 있다. 따라서 메타분석에 포함된 연구들 중 특별히 표본수가 많거나 작은 연구가 있을 경우, 랜덤효과모형은 연구 간 분산을 가중치에 반영하여 가중치를 균형있게 조정할 수 있다.

랜덤효과모형에서는 연구 간 이질성을 반영하기 위해 연구 내 분산뿐만 아니라 연구 간 분산도 고려하여 통합추정치를 추정한다. 따라서 통합추정치의 분산, 표준오차는 고정효과모형보다 랜덤효과모형에서 더 커지며, 신뢰구간은 더 넓어진다. 따라서 랜덤효과모형은 고정효과모형보다 유의확률이 더 커지게 되어 좀 더 보수적인 결과를 도출한다.

예제 4-2와 예제 4-8에서 로그(오즈비) 통합추정치의 표준오차를 비교해 보면, 고정효과모형은 0.0423이며 랜덤효과모형은 0.1923으로 랜덤효과모형에서 표준오차가 더 크다. 또한 통합추정치의 95% 신뢰구간을 비교해 보면, 고정효과모형은

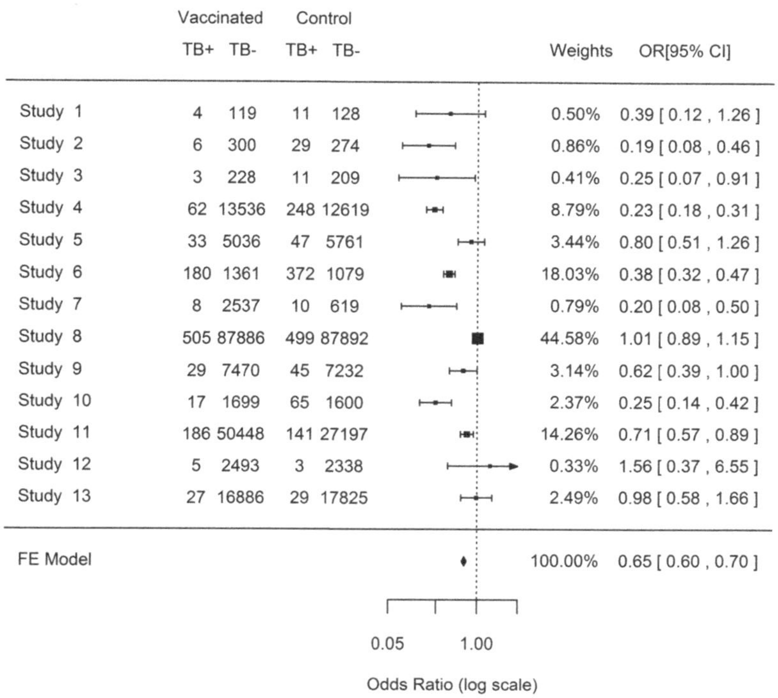

그림 4-3 고정효과모형의 숲그림

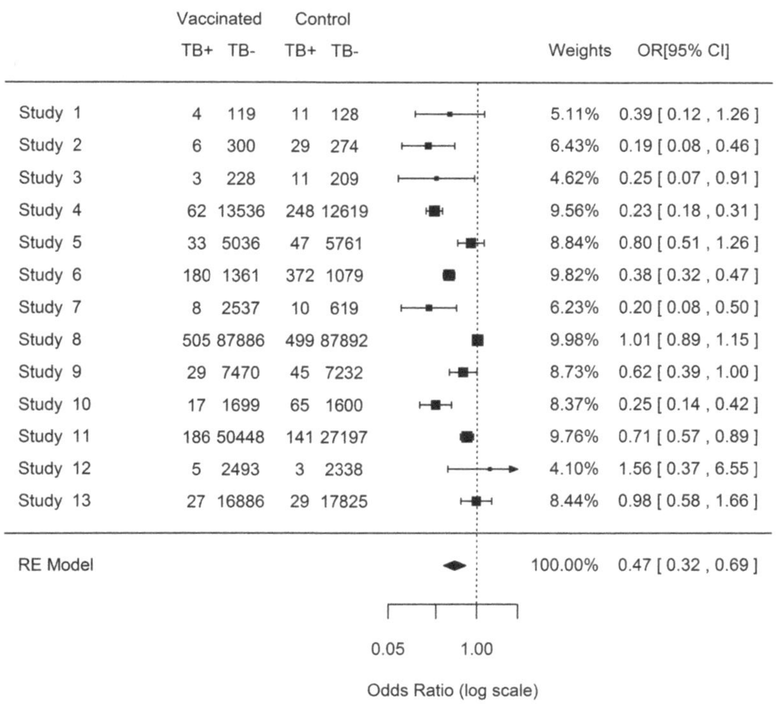

그림 4-4 랜덤효과모형의 숲그림

(0.5951, 0.7024)이며, 랜덤효과모형은 (0.3249, 0.6903)로 랜덤효과모형에서 더 넓다. 효과크기의 통합추정치에 대한 가설검정 결과를 보면 고정효과모형에서는 유의확률이 0.0001보다 작았으나, 랜덤효과모형에서는 0.0001로 랜덤효과모형에서 다소 큼을 알 수 있다.

효과크기의 통합추정치를 추정한 후 가설검정을 통해 효과크기의 통계적 유의성을 파악한다. 이때 고정효과모형에서는 모든 연구에서 동일한 효과크기의 참값이 0이라는 귀무가설을 검정하는 것이며, 랜덤효과모형에서는 연구들의 효과크기의 평균인 전체 평균이 0이라는 귀무가설을 검정하는 것으로, 모형에 따라 귀무가설이 차이가 있음을 고려하여 통합추정치의 통계적 유의성을 해석하여야 한다.

메타분석에서 고정효과모형과 랜덤효과모형 중 어떤 모형을 사용할지에 대한 기준은 개별 연구에서 얻어진 효과크기가 어떤 분포에서 얻어진 자료인지에 따라 결정할 수 있다. 일반적으로 고정효과모형은 메타분석 대상 연구들 간 특성이 동질적이라고 할 수 있을 경우 동질적인 모집단에서 하나의 공통된 효과크기를 추정하기 위해 사용할 수 있다. 이때 동질한 모집단에서 공통된 효과크기를 추정하는 것이 목적이므로 다른 인구집단에 결과를 일반화할 수 없다. 반면에 랜덤효과모형은 연구들 간의 특성이 이질적이므로 하나의 공통된 효과크기를 가정할 수 없을 때 사용할 수 있다. 이 경우 통합결과를 다른 인구집단에 일반화하는 것이 가능하다.

고정효과모형과 랜덤효과모형의 선택은 5장에서 설명하는 통계적 이질성 검정 결과에 따라 결정해서는 안 되며, 분석대상 연구들의 특성을 고려하여 결정해야 한다. 만일 고정효과모형으로 메타분석을 실시하기로 결정하고 분석을 수행했는데, 통계적 이질성이 있는 것으로 나타났다면 통계적 이질성을 근거로 랜덤효과모형으로 변경하는 것은 적절하지 않다. 오히려 이런 경우 고정효과모형을 사용할 수 있는 가정이 맞는지에 대한 재검토가 필요하다. 연구 간 특성이 이질적이라고 판단하여 랜덤효과모형을 적용하였을 경우, 통계적 이질성이 유의하지 않더라도 연구 간 분산을 반영하여 랜덤효과모형을 그대로 적용할 수 있으며, 만일 연구 간 분산이 거의 0으로 추정되면 랜덤효과모형은 고정효과모형과 유사하게 될 것이다. 두 모형에 대한 선택은 반드시 메타분석을 실시하기 전에 분석대상 연구들에 대한 이해를 바탕으로 사전에 결정되어야 한다.

만약 통합대상 연구들의 수가 매우 작은 경우, 연구 내 분산의 추정치는 정확도가 떨어지므로 고정효과모형을 사용하는 것이 더 적절하며, 8장에서 설명할 베이지안 메타분석을 사용하는 것이 가장 적절하다.

4.4 metafor/rma.uni 함수

metafor 패키지에서 고정효과모형, 랜덤효과모형, 메타회귀분석 등을 수행하여 통합 추정치를 산출하는 함수는 rma 함수 또는 rma.uni 함수이다. 4장에서는 고정효과모형과 랜덤효과모형 관련 기능을 중심으로 설명하고, 메타회귀분석 관련 기능은 5장에서 설명하고자 한다. rma 함수 또는 rma.uni 함수의 기본 형태는 다음과 같다.

```
rma(yi, vi, sei, ai, bi, ci, di, n1i, n2i, x1i, x2i, t1i, t2i, m1i, m2i, sd1i,
sd2i, xi, mi, ri, ni, ti, mods, measure="GEN", intercept=TRUE, data, slab,
subset, add=1/2, to="only0", vtype="LS", method="REML", weighted=TRUE,
knha=FALSE, level=95, digits=4, btt, tau2, control)
```

rma 함수는 로그(오즈비), 로그(위험비), 위험차, 평균차, 표준화 평균차, 상관계수 등의 대부분의 효과크기에 대해 사용할 수 있다. escalc 함수에서 계산된 개별 연구들의 효과크기 yi와 분산 vi을 이용하여 통합추정치를 계산하고자 할 경우, rma 함수를 실행하기 전에 escalc 함수를 실행해야 한다. 효과크기의 분산 대신 표준오차를 사용하고자 할 경우는 sei를 이용할 수 있으며, 효과크기와 분산 또는 표준오차를 이용하여 메타분석을 수행할 때 measure="GEN"을 사용하며, 이는 rma 함수에서 default이다.

또한 효과크기 yi와 분산 vi 대신 개별 연구의 효과크기를 산출할 수 있는 자료를 ai 부터 ti 부분에 직접 입력하고 measure에 효과크기를 지정해도 된다. 따라서 아래 방법 1과 방법 2는 동일한 결과를 산출할 것이다.

```
> # 방법 1
> dat_lnOR <- escalc(measure="OR", ai=tpos, bi=tneg, ci=cpos, di=cneg,
data=dat.bcg, append=TRUE)
> rma(yi, vi, data= dat_lnOR, method="FE")

> # 방법 2
> rma(ai=tpos, bi=tneg, ci=cpos, di=cneg, measure="OR", data= dat.bcg,
method="FE")
```

rma 함수에서 intercept는 고정효과모형 또는 랜덤효과모형에서 절편을 포함하는지 여부를 나타내는 부분으로 default는 절편을 포함하는 intercept=TRUE이다.

고정효과모형인 경우에는 method="FE"를 지정하면 역분산가중치 방법이 적용되며, 다른 방법을 고려하고자 할 경우 weights에 사용자가 정의한 가중치를 지정하면 된다. 랜덤효과모형에서 연구 간 분산을 추정하는 방법에 따라 여러 가지 방법이 있는데, DerSimonian-Laird 방법을 사용할 경우에는 method="DL", 제한된 최대우도법을 사용할 경우 method="REML"로 지정한다. DerSimonian-Laird 방법이 가장 많이 사용되는 방법이나, 제한된 최대우도법이 가장 권고되므로 rma 함수에서는 제한된 최대우도법이 default로 지정되어 있다. 만일 어떤 가중치도 적용하지 않고자 할 경우 weighted=FALSE를 지정하면 된다.

knha는 Knapp & Hartung (2003)이 제안한 검정통계량과 신뢰구간을 보정하는 방법으로 FALSE가 default이며, level은 0과 100 사이로 표현되는 신뢰수준을 나타내며, 나머지 add, to, drop00, vtype에 대한 설명은 3장의 escalc 함수에 대한 설명을 참고하기 바란다.

고정효과모형에서 멘텔-헨젤 방법 또는 피토 방법을 이용하여 통합추정치를 산출하고자 할 경우 "rma.mh"와 "rma.peto" 함수를 사용할 수 있으며, 이 함수들의 기본 형태는 다음과 같다.

```
rma.mh(ai, bi, ci, di, n1i, n2i, x1i, x2i, t1i, t2i, measure="OR", data, slab,
subset, add=1/2, to="only0", drop00=TRUE, correct=TRUE, level=95, digits=4,
verbose=FALSE)

rma.peto(ai, bi, ci, di, n1i, n2i, data, slab, subset, add=1/2, to="only0",
drop00=TRUE, level=95, digits=4, verbose=FALSE)
```

rma 함수, rma.mh 함수, rma.peto 함수를 실행하면, 통합추정치, 통합추정치의 표준오차, 신뢰구간, 유의확률 등이 출력되며, 통계적 이질성 검토에 대한 결과도 함께 제시된다.

요약

- 효과크기의 통합추정치는 개별 연구의 중요도에 따른 가중치를 이용하여 가중평균을 구하며, 더 정밀한 추정치를 제공한 연구, 표본크기가 더 큰 연구에 더 많은 가중치를 부여하는 것이 원칙이다.
- 고정효과모형은 메타분석 대상 연구들 간 특성이 동질적이고 하나의 공통된 효과크기를 추정하고자 할 경우 사용할 수 있는 반면에, 랜덤효과모형은 연구들 간의 특성이 이질적이므로 하나의 공통된 효과크기를 가정할 수 없을 때 사용할 수 있다.
- 고정효과모형과 랜덤효과모형에 대한 선택은 통계적 이질성 검정 결과에 따라 결정해서는 안 되며, 분석대상 연구들의 특성을 고려하여 메타분석을 실시하기 전에 결정해야 한다.
- 만약 통합대상 연구들의 수가 매우 작은 경우, 연구 내 분산의 추정치는 정확도가 떨어지므로 고정효과모형을 사용하는 것이 더 적절하다.
- 결과 발생이 드문 관심사건에 대한 메타분석은 역분산가중치 방법과 DerSimonian-Laird 방법은 피하는 것이 좋으며, 멘텔-헨젤 방법 또는 피토 방법을 사용하는 것이 더 적절하다.
- 랜덤효과모형에서는 통합추정치의 분산, 표준오차가 고정효과모형보다 커지며, 신뢰구간은 더 넓어진다. 따라서 랜덤효과모형은 고정효과모형보다 보수적인 결과를 도출한다.

통계적 이질성 5장

메타분석에서 이질성이란 통합하고자 하는 연구들이 동질하지 않음을 뜻하며, 이는 연구설계 등의 차이로 인한 방법론적 다양성과 연구들 간 효과크기가 통계적으로 다름을 뜻하는 통계적 이질성으로 구분할 수 있다. 통계적 이질성은 개별 연구에서 관찰된 효과크기의 차이가 단지 우연에 의한 오차로 기대할 수 있는 것보다 더 크게 나타나는 경우를 말한다. 이런 통계적 이질성은 개별 연구의 연구대상자의 차이, 연구방법의 차이 또는 결과변수 측정방법의 차이 등이 원인이 될 수도 있다.

통계적 이질성 검토 결과, 연구결과들 간에 통계적 이질성이 있다고 판단된다면 메타분석은 조심스럽게 진행되어야 하며, 이질성이 나타나게 된 원인도 조사해야 한다. 서로 이질적인 연구결과들의 통합이 의미가 있는 것인지에 대한 비판은 계속되고 있으며, 연구결과를 통합해도 좋은 이질성의 크기 또한 명확한 기준이 없다. 랜덤효과모형은 연구결과들 간의 이질성을 해결하기 위한 방법이 아니라 설명할 수 없는 개별 연구결과들 간의 변동을 추가적으로 고려한 통계적인 모형일 뿐이므로, 통계적 이질성이 있을 경우에는 이질성이 나타나게 된 원인의 조사가 더 중요하다.

만일 통계적 이질성이 존재하여, 연구대상자 특성에 따라 또는 연구특성에 따라 효과크기가 다르게 추정된다면, 이런 경우 해당 특성이 효과변경인자(effect modifier)의 역할을 한다고 할 수 있다. 따라서 해당 특성에 따라 하위그룹분석을 하거나 해당 특성을 공변량으로 고려한 메타회귀분석을 통해 해당 특성에 따라 통계적 이질성이 나타났는지 검토가 필요하다. 하위그룹분석에서는 범주형 자료로 표현되는 특성만 고려할 수 있기 때문에 연속형 자료의 경우 범주형 자료로 변환이 필요하나, 메타회귀분석에서는 범주형 자료 또는 연속형 자료를 모두 공변량으로 고려할 수 있다.

이 장에서는 시각적으로 통계적 이질성을 평가하는 방법인 숲그림과 통계적 가설 검정 방법인 Q-검정, 통계량으로 평가하는 방법인 I^2-통계량을 설명하고, 통계적 이질성이 있을 경우 이질성의 원인을 파악하기 위한 하위그룹분석과 메타회귀분석에 대해서 설명하고자 한다.

5.1 통계적 이질성 평가

5.1.1 숲그림

이질성을 평가하기 위해 가장 일반적으로 사용하는 시각적 방법으로, 각 연구들에서의 효과크기와 효과크기의 신뢰구간을 나열하여, 각 연구들에서의 효과크기의 방향성과 신뢰구간이 겹치는 정도를 통해 이질성을 파악할 수 있다. 만일 개별 연구들의 효과크기의 신뢰구간이 거의 겹치지 않는다면 이는 통계적 이질성이 있을 가능성이 높다고 할 수 있다.

〈그림 5-1〉의 A와 같이 효과크기의 방향성이 일치하면서 각 연구들의 신뢰구간이 서로 많이 겹치고 있다면 이는 이질성이 존재하지 않는 것으로 볼 수 있으며, B와 같이 효과크기의 방향성이 일치하지 않거나 C와 같이 방향성은 일치하지만 각 연구들의 신뢰구간이 겹치지 않는다면 이는 이질성이 존재하는 것으로 볼 수 있다. 방향성이 일치하지만 신뢰구간이 겹치지 않거나 겹치는 정도가 미비하다면 통계적 이질성을 파악할 수 있는 가설검정 또는 이질성을 수량화한 통계량을 통해 추가적인 검토가 필요하다.

예제 5-1 (BCG 백신, 계속)

예제 3-3의 BCG 백신 자료에 대해 랜덤효과모형(DerSimonian-Laird 방법)을 사용하여 〈그림 4-4〉의 숲그림을 그리는 R 프로그램은 다음과 같다.

```
> dat_lnOR <- escalc(measure="OR", ai=tpos, bi=tneg, ci=cpos, di=cneg,
data=dat.bcg, append=TRUE)

> res_RE <- rma(yi, vi, data= dat_lnOR, method="DL")

> forest(res_RE, xlim=c(-16, 10), at=log(c(.05, .25, 1, 4)), atransf=exp,
ilab=cbind(dat.bcg$tpos, dat.bcg$tneg, dat.bcg$cpos, dat.bcg$cneg),
ilab.xpos=c(-9.5,-8,-6,-4.5), cex=.75, showweight=TRUE)

> text(c(-9.5,-8,-6,-4.5), 15, c("TB+", "TB-", "TB+", "TB-"), cex=0.75)
> text(c(-8.75,-5.25), 16, c("Vaccinated", "Control"), cex=0.75)
> text(5, 15, "Weights", pos=2, cex=0.75)
> text(9, 15, "OR[95% CI]", pos=2, cex=0.75)
```

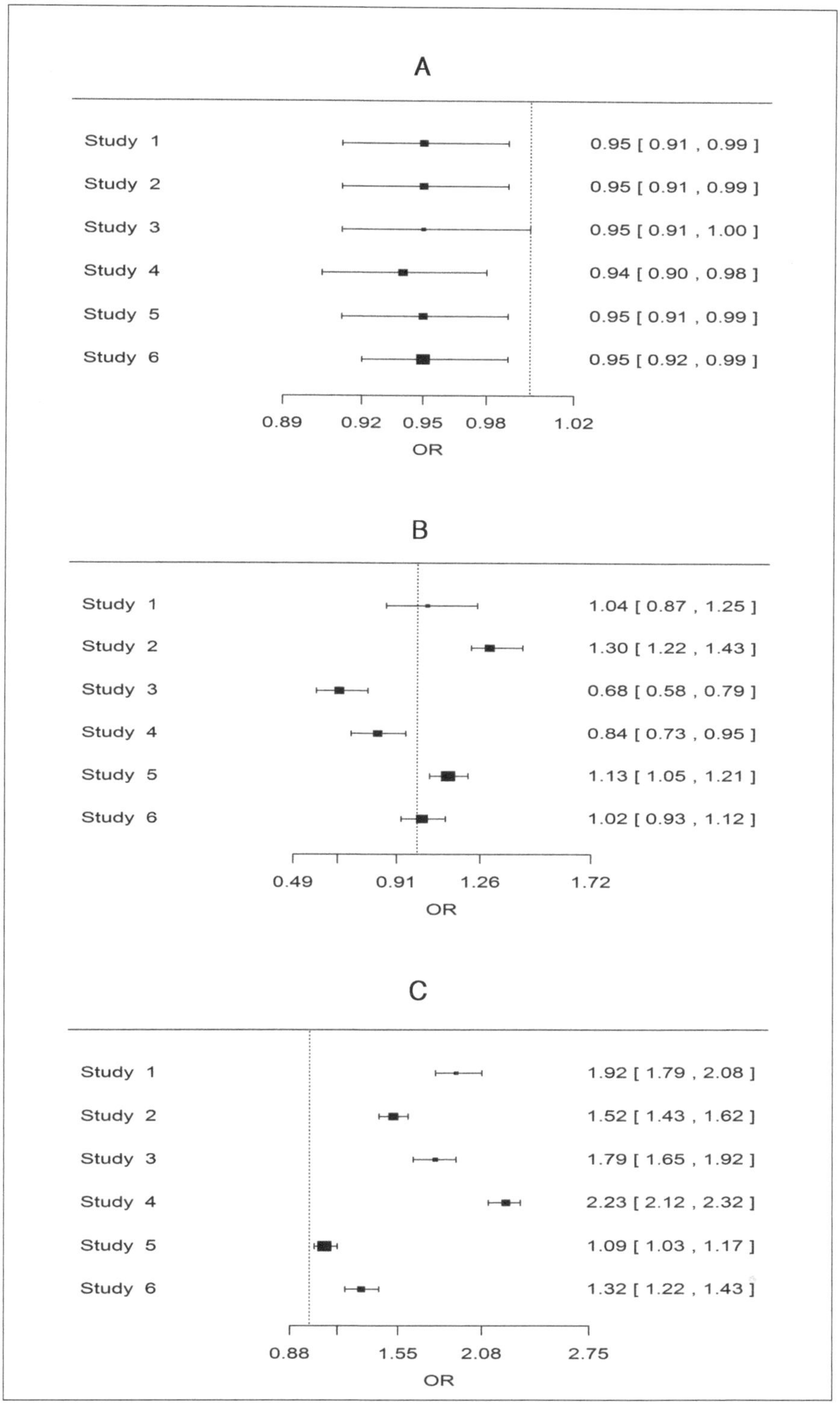
A
Study 1
Study 2
Study 3
Study 4
Study 5
Study 6
0.95 [0.91 , 0.99]
0.95 [0.91 , 0.99]
0.95 [0.91 , 1.00]
0.94 [0.90 , 0.98]
0.95 [0.91 , 0.99]
0.95 [0.92 , 0.99]
0.89
0.92
0.95
0.98
1.02
OR
B
Study 1
Study 2
Study 3
Study 4
Study 5
Study 6
1.04 [0.87 , 1.25]
1.30 [1.22 , 1.43]
0.68 [0.58 , 0.79]
0.84 [0.73 , 0.95]
1.13 [1.05 , 1.21]
1.02 [0.93 , 1.12]
0.49
0.91
1.26
1.72
OR
C
Study 1
Study 2
Study 3
Study 4
Study 5
Study 6
1.92 [1.79 , 2.08]
1.52 [1.43 , 1.62]
1.79 [1.65 , 1.92]
2.23 [2.12 , 2.32]
1.09 [1.03 , 1.17]
1.32 [1.22 , 1.43]
0.88
1.55
2.08
2.75
OR

그림 5-1 숲그림

〈그림 4-4〉의 숲그림을 보면, 개별 연구들의 효과크기가 이질적이라는 것을 알 수 있다. R에서 숲그림을 그리는 자세한 방법은 2.5절을 참고하기 바란다.

5.1.2 통계적 이질성 검토를 위한 통계량

일반적으로 관심 있는 추정치의 변동을 설명하기 위해 표준편차와 분산을 이용하듯이 메타분석에서도 표준편차나 분산과 같은 지표들을 이용하여 효과크기의 변동을 설명할 수 있다. 메타분석에서의 이질성은 실제 효과크기의 변동을 의미하지만, 관찰되는 실제 효과크기의 총변동은 연구 간 효과크기의 변동과 개별 연구 내에서의 표본오차가 혼합되어 있다고 할 수 있다. 따라서 이질성을 수량화하기 위해서는 실제 관찰된 변동을 이들 두 개의 요소로 분할하고 연구 간 효과크기의 변동에 초점을 맞추어야 한다.

코크란의 Q-통계량은 모든 개별 연구의 효과크기는 동일하다는 귀무가설에 대한 가설검정을 이용하는 방법이다. 하지만 가설검정 결과 통계적 이질성을 발견하지 못했다고 하더라도 메타분석에 포함되어 있는 연구들은 통계적 이질성이 어느 정도 있을 수 있다. 따라서 통계적 이질성의 정도를 나타내는 통계량으로 I^2-통계량을 사용한다.

(1) Q-통계량

코크란의 Q-통계량은 모든 개별 연구의 효과크기는 동일하다는 귀무가설에 대한 가설검정 방법으로, 개별 연구들의 효과크기가 통합추정치와 떨어져 있는 정도를 나타내는 Q-통계량은 다음과 같다.

$$Q = \sum_{i=1}^{k} W_i (Y_i - \hat{\theta})^2$$

여기서 W_i는 i번째 연구의 가중치로, 개별 연구의 분산의 역수를 의미하며, Y_i는 i번째 연구에서의 관찰된 효과크기, $\hat{\theta}$은 통합추정치, k는 연구의 수를 나타낸다. Q-통계량은 다음 식으로 나타낼 수도 있다.

$$Q = \sum_{i=1}^{k} W_i Y_i^2 - \frac{\left(\sum_{i=1}^{k} W_i Y_i\right)^2}{\sum_{i=1}^{k} W_i}$$

이러한 Q-통계량은 귀무가설하에서 근사적으로 자유도가 $k-1$인 카이제곱분포를 따르므로, Q-통계량이 $\chi^2_{k-1,\alpha}$보다 크면 유의수준이 α일 때 귀무가설을 기각하게 된다. 여기서 $\chi^2_{k-1,\alpha}$는 자유도가 $k-1$인 카이제곱분포에서 오른쪽 꼬리부분의 면적을 α로 하는 값을 의미한다. Q-통계량이 자유도에 비해 클수록 유의확률이 낮아지며, 효과크기가 통계적 이질성이 있을 가능성이 높아진다. 따라서 유의성 검정은 연구 간 효과크기의 변동 정도와 연구수에 민감하다고 할 수 있다.

Q-통계량은 연구수가 작거나 연구 내 표본수가 작은 경우, 관심결과 발생이 드문 경우 또는 하나의 연구가 다른 연구들에 비해 가중치가 많이 클 경우 검정력이 낮기 때문에 가설검정 결과 개별 연구들의 효과크기가 모두 동일하다는 귀무가설을 기각하게 될 경우는 통계적 이질성에 문제가 있다고 판단할 수 있지만, 귀무가설을 기각하지 못할 경우는 통계적 이질성이 없다고 결론을 내리기는 힘들다. 따라서 Q-통계량을 이용한 가설검정에서는 통상적으로 많이 사용되는 유의수준인 0.05보다 0.1을 많이 사용한다.

Q-통계량을 이용하여 정의하는 다음 H^2-통계량은 Q-통계량과 자유도의 비로 정의한다. H^2-통계량은 $H > 1$일 경우 설명할 수 없는 이질성이 있다고 판단한다.

$$H^2 = \frac{Q}{k-1}$$

예제 5-2 (BCG 백신, 계속)

예제 3-3의 BCG 백신 자료에 대해 통계적 이질성을 평가하기 위해 Q-통계량과 유의확률을 산출하는 R 프로그램과 결과는 다음과 같다.

```
> library(metafor)
> data(dat.bcg)
> res <- rma(ai=tpos, bi=tneg, ci=cpos, di=cneg, data=dat.bcg,
   measure="OR", method="DL")
> # Q-value
> res$QE
  [1] 163.1649
> res$QEp
  [1] 1.188773e-28
```

여기서 Q-통계량은 163.16으로 유의확률이 0.001보다 작아 통계적으로 매우 유의함을 알 수 있다. 즉 개별 연구들의 효과크기들이 상당히 이질적이라는 것을 알 수 있다.

(2) T^2-통계량과 T-통계량

통계적 이질성 평가를 위해 관찰된 효과크기의 변동을 설명할 수 있으면서 연구수에 의존하지 않는 T^2-통계량과 T-통계량을 살펴보자. 실제 연구 간 효과크기의 변동을 파악하기 위해 모든 연구가 동일한 효과크기를 가지고 모든 변동이 연구 내의 변동으로 인해 발생한다는 가정하에서 Q-통계량의 기댓값은 다음과 같다.

$$E(Q) = df = k - 1$$

여기서 k는 연구수를 나타낸다. 모든 연구의 효과크기가 공통이라는 가정하에 차이값 $Q - df$는 연구 간 효과크기에 의한 변동을 의미하지만, 이러한 차이값은 Q-통계량과 마찬가지로 연구수에 크게 의존하게 된다.

연구수에 의해 받는 영향을 제거하기 위해 효과크기의 연구 간 변동을 나타내는 분산 τ^2과 표준편차 τ의 추정값인 T^2과 T를 다음과 같이 계산할 수 있다.

$$T^2 = \frac{Q - df}{C}, \quad T = \sqrt{T^2}$$

여기서 C는 다음과 같다.

$$C = \sum_{i=1}^{k} W_i - \frac{\sum_{i=1}^{k} W_i^2}{\sum_{i=1}^{k} W_i}$$

연구 간 분산(τ^2)은 0보다 작아질 수 없는 반면, 표본오차 때문에 관찰된 분산이 연구 내 오차에 근거한 기댓값보다 작아진다면(즉, $Q < df$), T^2은 0보다 작아질 수 있다. 이 경우에 T^2은 단순히 0으로 설정하여 사용한다. 이러한 T^2은 랜덤효과모형에서 가중치 할당에도 사용되며, 각 연구에서의 가중치는 다음과 같이 계산된다.

$$W_i^* = \frac{1}{Var(Y_i^*)} = \frac{1}{Var(Y_i) + T^2}$$

i번째 연구의 총분산($Var(Y_i^*)$)은 연구 내 분산($Var(Y_i)$)과 연구 간 분산(T^2)의 합으로 정의할 수 있으며, 이 방법은 적률추정법 또는 DerSimonian-Laird 방법으로 알려져 있는데, 총분산을 추정하는 방법으로 가장 널리 사용되고 있다. 이러한 방법들은 랜덤효과의 분포에 대한 어떠한 가정도 하지 않는다는 특징을 가지고 있

으며, 다른 대안으로 제한된 최대우도법(restricted maximum-likelihood, REML)을 사용하기도 한다.

다음으로 연구들의 효과크기의 표준편차(τ)에 대한 추정값 T를 간단하게 살펴보면, T는 효과크기와 동일한 척도이다. 효과크기가 정규분포라는 것을 가정할 수 있다면 실제 효과크기의 범위에 대해 이해할 수 있다. 예를 들면 효과크기의 통합추정치가 0.41이고 T는 0.193이라면, 효과크기의 참값의 95%정도가 $0.41 \pm 1.96\,T$의 범위 안에 있을 것이라 기대할 수 있다.

τ^2과 τ에 대한 신뢰구간은 효과크기가 정규분포라는 가정하에서 다음 단계를 통하여 산출할 수 있다. 우선 T^2의 분산과 표준오차는 다음과 같다.

$$Var(T^2) = 2 \times \left(\frac{A}{C^2}\right), \quad SE(T^2) = \sqrt{Var(T^2)}$$

여기서 A와 A에 포함된 값들의 공식은 다음과 같다.

$$A = \left[df + 2\left(sw_1 - \frac{sw_2}{sw_1}\right)\tau^2 + \left(sw_2 - 2\left(\frac{sw_3}{sw_1}\right) + \frac{(sw_2)^2}{(sw_1)^2}\right)\tau^4\right]$$

$$sw_1 = \sum_{i=1}^{k} W_i, \quad sw_2 = \sum_{i=1}^{k} W_i^2, \quad sw_3 = \sum_{i=1}^{k} W_i^3$$

T^2의 분포는 연구의 수가 충분히 크지 않다면 근사적으로 정규분포를 따르지 않을 수도 있기 때문에, 정확한 신뢰구간을 얻는 방법으로 다음 방법을 고려할 수 있다. 먼저 다음의 식을 이용하여 B를 계산한다.

$$B = \begin{cases} 0.5 \times \dfrac{\ln(Q) - \ln(df)}{\sqrt{2Q} - \sqrt{2 \times df - 1}} & \text{if} \quad Q > (df+1) \\[2ex] \sqrt{\dfrac{1}{2 \times (df - 1) \times \left(1 - \left(\dfrac{1}{3 \times (df - 1)^2}\right)\right)}} & \text{if} \quad Q < (df+1) \end{cases}$$

계산된 B값을 이용하여 다음과 같이 L과 U를 계산한다.

$$L = \exp\left(0.5 \times \ln\left(\frac{Q}{df}\right) - 1.96 \times B\right),$$

$$U = \exp\left(0.5 \times \ln\left(\frac{Q}{df}\right) + 1.96 \times B\right)$$

계산된 L와 U값을 이용하여, 다음과 같이 τ^2의 95% 신뢰구간을 구할 수 있다.

$$LL_{T^2} = \frac{df \times (L^2 - 1)}{C},$$

$$UL_{T^2} = \frac{df \times (U^2 - 1)}{C}$$

τ에 대한 95% 신뢰구간은 τ^2에 대한 신뢰구간의 상한과 하한에 제곱근을 취해 다음과 같이 구할 수 있다.

$$LL_T = \sqrt{LL_{T^2}},\ UL_T = \sqrt{UL_{T^2}}$$

예제 5-3 (BCG 백신, 계속)

예제 3-3의 BCG 백신 자료에 대해 통계적 이질성을 평가하기 위해 T^2-통계량, T-통계량과 신뢰구간을 산출하는 R 프로그램과 결과는 다음과 같다.

```
> library(metafor)
> data(dat.bcg)
> res <- rma(ai=tpos, bi=tneg, ci=cpos, di=cneg, data=dat.bcg,
   measure="OR", method="DL")
> # T^2
> res$tau2
   [1] 0.3663434
> # confidence interval for T^2
> confint(res)
           estimate  ci.lb  ci.ub
   tau^2     0.3663 0.1302 1.1812
   tau       0.6053 0.3608 1.0868
```

여기서 연구들의 효과크기들의 변동을 나타내는 T^2-통계량은 0.3663이며, 95% 신뢰구간은 (0.1302, 1.1812), T-통계량은 0.6053이며, 95% 신뢰구간은 (0.3608, 1.0868)임을 알 수 있다.

(3) I^2-통계량

코크란의 Q-통계량을 이용한 가설검정 결과 통계적 이질성을 발견하지 못했다고 하더라도 메타분석에 포함되어 있는 연구들은 통계적 이질성이 어느 정도 있을 수 있다. 따라서 통계적 이질성의 정도를 나타내는 통계량으로 I^2-통계량을 사용한다.

표 5-1 I^2-통계량과 통계적 이질성

I^2-통계량	판단기준
0 ~ 40%	통계적 이질성이 중요하지 않을 수 있음
30 ~ 60%	중간정도의 통계적 이질성이 있을 수 있음
50 ~ 90%	상당한 통계적 이질성이 있을 수 있음
75 ~ 100%	무시할 수 없는 통계적 이질성이 있음

$$I^2 = \left(\frac{Q - df}{Q}\right) \times 100\%$$

I^2-통계량은 우연에 의한 표본오차보다 통계적 이질성으로 인한 효과크기의 변동을 백분율로 나타낸 것으로, 효과크기의 총변동 중 연구 간 변동의 비라고 할 수 있다. I^2-통계량은 기술통계량이지 어떤 모수의 추정값은 아니다. I^2-통계량은 실제 효과의 모수나 퍼짐에 의존하지 않는 신뢰구간의 중복 정도를 반영하는 것으로, 효과크기의 불일치 측도로 보면 편리하다. 또한 연구의 수에는 직접적으로 영향을 받지 않는다는 사실도 중요하다.

I^2-통계량을 이용하여 통계적 이질성을 판단하는 기준은 〈표 5-1〉과 같으며, 효과크기의 방향과 크기, Q-통계량을 이용한 가설검정 결과 또는 I^2-통계량의 신뢰구간 등을 함께 고려해야 한다.

I^2-통계량은 어떤 모수에 대한 추정치기 아니기 때문에, I^2-통계량의 신뢰구간은 신뢰구간이 아닌 불확실 구간이라고 설명할 수 있지만, 그 구별이 실제로 중요하지 않기 때문에 신뢰구간이라 부르기로 한다. 신뢰구간을 구하기 위한 계산과정은 다음과 같다. 먼저 B값을 계산하면,

$$B = \begin{cases} 0.5 \times \dfrac{\ln(Q) - \ln(df)}{\sqrt{2Q} - \sqrt{2 \times df - 1}} & \text{if} \quad Q > (df + 1) \\ \sqrt{\dfrac{1}{2 \times (df - 1) \times \left(1 - \left(\dfrac{1}{3 \times (df - 1)^2}\right)\right)}} & \text{if} \quad Q < (df + 1) \end{cases}$$

이며, 다음으로 L과 U를 계산한다.

$$L = \exp\left(0.5 \times \ln\left(\frac{Q}{df}\right) - 1.96 \times B\right),$$

$$U = \exp\left(0.5 \times \ln\left(\frac{Q}{df}\right) + 1.96 \times B\right)$$

계산된 L과 U값을 이용하여 다음과 같은 I^2-통계량의 95% 신뢰구간을 구할 수 있다.

$$LL_{I^2} = \left(\frac{L^2 - 1}{L^2}\right) \times 100\%,$$

$$UL_{I^2} = \left(\frac{U^2 - 1}{U^2}\right) \times 100\%$$

예제 5-4 **(BCG 백신, 계속)**

예제 3-3의 BCG 백신 자료에 대해 통계적 이질성을 평가하기 위해 I^2-통계량과 신뢰구간을 산출하는 R 프로그램과 결과는 다음과 같다.

```
> library(metafor)
> data(dat.bcg)
> res <- rma(ai=tpos, bi=tneg, ci=cpos, di=cneg, data=dat.bcg,
    measure="OR", method="DL")
> # I^2
> res$I2
   [1] 92.64548
> # confidence interval for I^2
> confint(res)
          estimate   ci.lb   ci.ub
   I^2(%)  92.6455 81.7376 97.5971
```

여기서 연구들의 효과크기들의 변동을 나타내는 I^2-통계량은 92.65%이며, 95% 신뢰구간은 (81.74%, 97.60%)임을 알 수 있다. 따라서 무시할 수 없는 통계적 이질성이 있다고 할 수 있다.

5.2 하위그룹분석

통계적 이질성 평가를 통해 개별 연구들 간 효과크기의 이질성이 발견되었다면, 이러한 이질성의 원인을 파악하기 위하여 하위그룹분석을 실시할 수 있다. 하위그룹분석에서는 전체 메타분석 대상 연구들을 동질적이라고 예상되는 하위그룹으로 구분하여 메타분석을 하위그룹별로 각각 실시한다. 여기서 하위그룹을 구분하는 연구특성은 범주형 변수이며, 연속형 변수를 고려해야 할 경우 범주형 변수로 변환이 필요하다.

예제 5-5 (BCG 백신, 계속)

예제 3-3의 BCG 백신 자료에 대해 예제 5-2, 5-4에서 통계적 이질성을 평가한 결과, 통계적 이질성을 무시할 수 없는 것으로 나타났다. 따라서 이질성의 원인을 파악하기 위하여 개별 연구들의 치료군 배정방법에 따라 하위그룹분석을 실시하는 R 프로그램과 결과는 다음과 같다.

```
> library(metafor)
> data(dat.bcg)
> res <- rma(ai=tpos, bi=tneg, ci=cpos, di=cneg, data=dat.bcg,
   measure="RR", slab=paste(author, year, sep=", "), method="DL")

> res.s <- rma(ai=tpos, bi=tneg, ci=cpos, di=cneg, data=dat.bcg,
measure="RR", subset=(alloc=="systematic"), method="DL")
> res.s
   Random-Effects Model (k = 4; tau^2 estimator: DL)

   tau^2 (estimated amount of total heterogeneity): 0.2850 (SE = 0.3334)
   tau (square root of estimated tau^2 value):      0.5338
   I^2 (total heterogeneity / total variability):   81.92%
   H^2 (total variability / sampling variability):  5.53

   Test for Heterogeneity:
   Q(df = 3) = 16.5919, p-val = 0.0009

   Model Results:
```

```
  estimate      se     zval     pval    ci.lb    ci.ub
   -0.4393  0.3133  -1.4021   0.1609  -1.0535   0.1748

> res.r <- rma(ai=tpos, bi=tneg, ci=cpos, di=cneg, data=dat.bcg,
measure="RR", subset=(alloc=="random"), method="DL")
> res.r
   Random-Effects Model (k = 7; tau^2 estimator: DL)

   tau^2 (estimated amount of total heterogeneity): 0.7631 (SE = 0.7774)
   tau (square root of estimated tau^2 value):      0.8735
   I^2 (total heterogeneity / total variability):   94.56%
   H^2 (total variability / sampling variability):  18.37

   Test for Heterogeneity:
   Q(df = 6) = 110.2133, p-val < .0001
   Model Results:
   estimate      se     zval     pval    ci.lb    ci.ub
    -1.0042  0.3621  -2.7731   0.0056  -1.7139  -0.2944      **

> res.a <- rma(ai=tpos, bi=tneg, ci=cpos, di=cneg, data=dat.bcg,
measure="RR", subset=(alloc=="alternate"), method="DL")
> res.a
   Random-Effects Model (k = 2; tau^2 estimator: DL)

   tau^2 (estimated amount of total heterogeneity): 0.1326 (SE = 0.2286)
   tau (square root of estimated tau^2 value):      0.3641
   I^2 (total heterogeneity / total variability):   82.02%
   H^2 (total variability / sampling variability):  5.56

   Test for Heterogeneity:
   Q(df = 1) = 5.5625, p-val = 0.0183

   Model Results:
   estimate      se     zval     pval    ci.lb    ci.ub
    -0.5408  0.2816  -1.9204   0.0548  -1.0927   0.0111
```

하위그룹분석 결과를 숲그림으로 나타내면 〈그림 5-2〉와 같으며, 숲그림을 그리는

R 프로그램은 다음과 같다.

```
> forest(res, xlim=c(-16, 6), at=log(c(.05, .25, 1, 4)), atransf=exp,
ilab=cbind(dat.bcg$tpos, dat.bcg$tneg, dat.bcg$cpos, dat.bcg$cneg),
ilab.xpos=c(-9.5,-8,-6,-4.5), cex=.75, ylim=c(-1,27),
order=order(dat.bcg$alloc), rows=c(3:4, 9:15, 20:23),
xlab="Relative Risk", mlab="RE Model for All studies")

> text(-16, c(24, 16, 5), pos=4, c("Systematic Allocation",
"Random Allocation", "Alternate Allocation"), cex=.75, font=4)

> text(c(-9.5,-8,-6,-4.5), 26, c("TB+", "TB-", "TB+", "TB-"), cex=0.75)
> text(c(-8.75,-5.25), 27, c("Vaccinated", "Control"), cex=0.75)
> text(-16,             26, "Author(s) and Year", pos=4, cex=0.75)
> text(6,               26, "Relative Risk [95% CI]", pos=2, cex=0.75)

> addpoly(res.s, row=18.5, cex=.75, atransf=exp, mlab="RE Model for Subgroup")
> addpoly(res.r, row=7.5, cex=.75, atransf=exp, mlab="RE Model for Subgroup")
> addpoly(res.a, row=1.5, cex=.75, atransf=exp, mlab="RE Model for Subgroup")
```

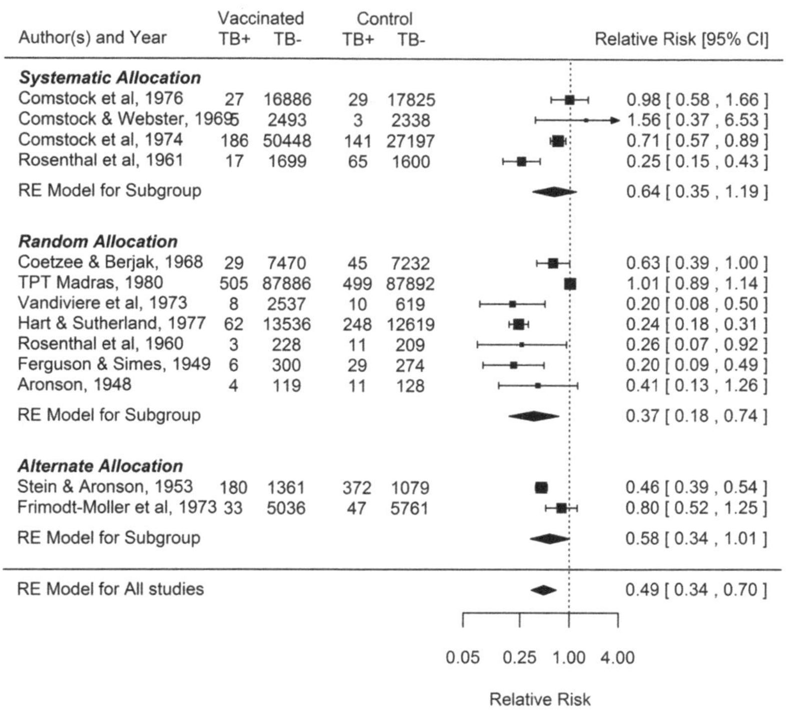

그림 5-2 BCG 백신 연구의 하위그룹분석 숲그림

5.3 메타회귀분석

일반적으로 회귀분석방법은 연속형 종속변수와 하나 또는 그 이상의 독립변수들의 관계를 규명하기 위해 사용되는 방법이다. 메타분석에서는 이러한 회귀분석방법을 이용하여 통계적 이질성의 원인을 파악할 수 있다. 메타분석은 분석대상 자료가 개별 연구에서 추출한 결과이므로, 메타회귀분석에서는 종속변수가 개별 연구의 평균차, 로그 위험비, 로그 오즈비 등의 효과크기가 되며, 독립변수는 개별 연구의 연구대상자의 특성(평균연령, 남성의 비율 등), 연구설계, 연구의 질 등의 연구 수준의 변수가 된다.

메타회귀분석은 분석자료의 단위가 연구라는 점을 제외하고는 본질적으로 일차연구에서 가중치를 고려한 회귀분석방법과 동일하다. 따라서 일반적인 회귀분석방법은 종속변수가 정규분포를 따른다는 가정하에 수행되므로 메타회귀분석은 연구개수가 10개보다 작을 경우 사용하기 부적절하다. 또한 여러 개의 공변량을 고려할 경우 연구수가 충분히 많아야 하므로, 연구수가 많지 않을 경우 여러 개의 공변량을 동시에 고려하는 다중회귀모형보다는 단변량회귀모형을 먼저 수행하여 효과크기에 영향을 미치는 공변량을 파악하는 것이 좋다.

메타회귀분석도 고정효과모형과 랜덤효과모형을 적용할 수 있다. 고정효과 메타회귀모형에서는 공변량이 주어졌을 때 모든 연구의 효과크기는 동일하다고 가정한다. 반면에, 랜덤효과모형에서는 실제 효과크기는 연구마다 서로 다를 수 있다고 가정하므로, 랜덤효과 메타회귀모형에서 추정한 효과크기는 공변량이 주어졌을 때 모든 연구의 효과크기의 참값의 평균이 된다. 따라서 모형에 포함된 공변량에 의해 설명되지 않는 효과크기들 사이에 이질성이 추가로 존재한다면, 랜덤효과 메타회귀모형이 고정효과 메타회귀모형보다 더 적절하므로 실제로 랜덤효과 메타회귀모형을 적용하는 것이 더 일반적이다.

고정효과모형의 분산은 연구 내 분산인 반면, 랜덤효과모형에서의 분산은 연구 내 분산과 연구 간 분산의 합으로 나타난다. 따라서 메타회귀분석 수행 시 모형에 따라 분산의 역수인 가중치가 다르게 적용된다. 메타분석과 마찬가지로 메타회귀분석에서도 랜덤효과모형은 고정효과모형에 비해 소규모의 연구에는 더 많은 가중치를, 큰 규모의 연구에는 더 적은 가중치를 부여하며, 랜덤효과모형에서의 각 회귀계수와 기울기에 대한 신뢰구간은 고정효과모형에서 얻어진 신뢰구간보다 더 넓게 나타날 것이다. 또한 전체적으로 각 회귀계수와 모형에 대한 가설검정 결과인 유의확률은 고정효과모형보다 덜 유의하게 나오는 경향이 있다.

메타회귀분석에서 추정된 회귀계수는 일반적인 회귀분석과 동일하게 공변량이 한

단위 증가할 때 효과크기의 변화량으로 설명할 수 있으며, 회귀계수의 유의성검정 결과에 따라 해당 연구특성이 이질성의 원인인지 파악할 수 있다. 만일 해당 공변량의 범주의 개수가 c개일 경우, 메타회귀모형에서는 $c-1$개의 더미변수를 고려하면 된다.

메타회귀분석은 통계적 이질성에 영향을 주는 요인을 파악하기 위한 목적뿐만 아니라, 추정된 메타회귀모형을 이용하여 특정한 공변량이 주어졌을 경우 효과크기를 예측하기 위해서도 사용될 수 있다.

5.3.1 고정효과 메타회귀모형

메타분석에 포함된 개별 연구들의 효과크기의 참값은 모두 동일하다고 가정할 수 있는 경우, m개의 공변량 $x_1, \cdots, x_m$을 포함한 고정효과 메타회귀모형을 수학적 모형으로 표현하면 다음과 같다.

$$Y_i = \theta + \beta_1 x_{1i} + \cdots + \beta_m x_{mi} + \epsilon_i$$

여기서 Y_i는 i번째 연구의 관찰된 효과크기, θ는 동일한 효과크기의 참값, 개별 연구를 나타내는 $i = 1 \cdots, k$이며, ϵ_i는 i번째 연구의 표본오차로 다음과 같이 평균이 0이고 분산이 σ_i^2인 정규분포를 따른다.

$$\epsilon_i \sim N(0, \sigma_i^2)$$

따라서 만일 공변량이 x_i 하나인 경우, 관찰된 효과크기 Y_i는 다음과 같은 정규분포를 따른다.

$$Y_i \sim N(\theta + \beta x_i, \sigma_i^2)$$

메타회귀모형에서 회귀계수 β가 0이라는 귀무가설 $H_0 : \beta = 0$에 대한 검정통계량은 다음과 같으며, 표준정규분포를 따른다.

$$Z = \frac{\beta}{SE(\beta)}$$

또한 회귀계수 β에 대한 95% 신뢰구간의 하한(LL_β)과 상한(UL_β)은 다음과 같다.

$$LL_\beta = \beta - 1.96 \times SE(\beta),$$
$$UL_\beta = \beta + 1.96 \times SE(\beta)$$

Z-검정은 하나의 회귀계수에 대해 통계적인 유의성을 검정할 때 사용될 수 있지만 몇 개의 공변량들의 영향을 동시에 평가할 때는 Q-검정을 사용해야 한다. 따라서 만약 공변량이 두 개 이상이라면 Q-통계량은 모든 공변량들이 0이라는 가설에 대

한 가설검정을 위해 사용한다. 이는 하나의 회귀계수에 대한 영향을 평가하기 위해 t-검정을 사용하지만 2개 이상의 회귀계수에 대한 검정은 F-검정을 사용한다는 점에서 일차연구와 유사하다.

Q-통계량은 전체 평균에 대한 연구들의 총변동이며, 이는 모형에 포함된 공변량들에 의해 설명되는 변동인 Q_{model}와 회귀 직선으로부터 각 연구들이 떨어진 거리를 반영하는 Q_{resid}로 분할할 수 있다. 만일 Q-통계량을 이용한 가설검정 결과가 유의하다면 연구들의 총변동이 연구 내 표본오차를 바탕으로 기대되는 것보다 더 크다는 의미이며, Q_{model}-통계량을 이용한 가설검정 결과가 유의하다면 공변량들과 효과크기가 관련성이 있다는 의미이다. Q_{resid}-통계량을 이용한 가설검정 결과가 유의하다면 공변량을 메타회귀모형에 포함시켰음에도 불구하고 설명할 수 없는 변동이 있음을 의미한다.

예제 5-6 (BCG 백신, 계속)

〈그림 5-3〉은 예제 3-3의 BCG 백신 연구에서 고정효과모형으로 추정된 위험비에 대한 숲그림을 효과가 큰 연구부터 효과가 작은 연구 순으로 정렬하여 나타낸 것이다. 여기서 위험비가 0.1인 경우는 BCG 백신이 결핵의 위험을 90%까지 감소시켜

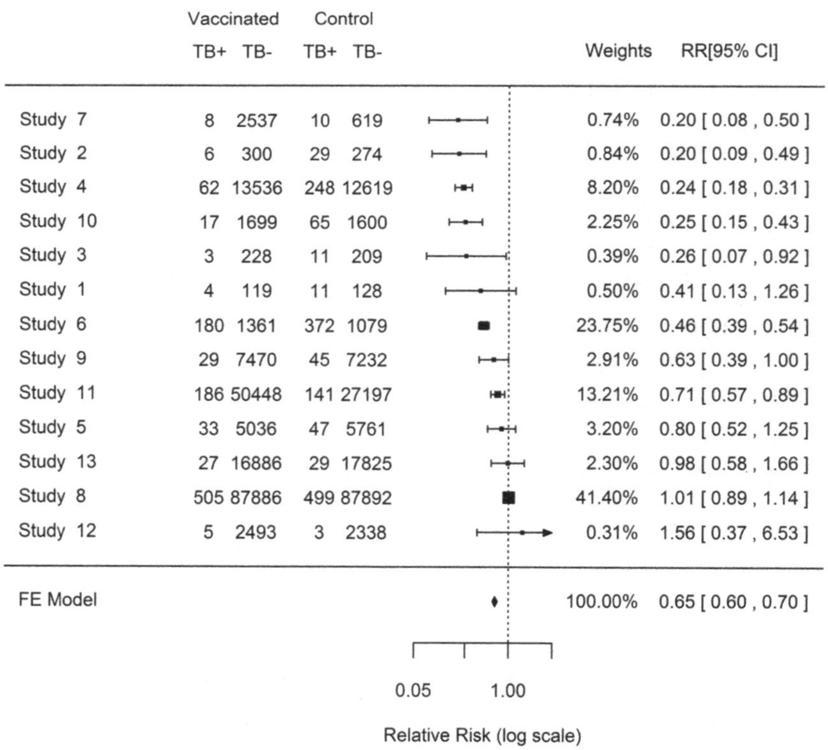

그림 5-3 BCG 백신 연구의 고정효과모형의 숲그림

준다는 것이며, 위험비가 1.0인 경우는 BCG 백신이 결핵의 위험을 전혀 감소시키지 않는다(즉, 백신이 전혀 효과가 없다)는 것을 의미한다. 그리고 위험비가 1.0보다 높다는 것은 BCG 백신이 결핵의 위험을 증가시킨다는 것을 의미한다.

고정효과모형으로 분석한 결과, 위험비의 통합추정치는 0.65이며 위험비에 대한 신뢰구간은 (0.60, 0.70)으로 1을 포함하지 않으므로 백신이 효과가 없다는 귀무가설을 기각하게 된다. 개별 연구들의 위험비는 범위가 최소 0.20(폐결핵 위험 80% 감소)에서 최대 1.56(폐결핵 위험 56% 증가)으로 상당히 이질적으로 보인다. 통계적 이질성을 검토한 결과, 코크란의 Q-통계량은 152.23(p〈0.0001)으로 이질성이 존재한다고 볼 수 있다.

여기서는 BCG 백신 자료에서 통계적 이질성을 검토하기 위하여, 개별 연구가 수행된 지역이 효과크기에 영향을 미쳤는지를 파악하고자 한다. 왜냐하면 따뜻한 기후에서 열은 약물의 효과를 떨어뜨리는 원인으로 작용할 수 있고, 햇빛에 직접적인 노출은 백신의 원활한 활동을 돕는 박테리아의 일부를 죽일 수도 있기 때문이다. 따라서 약물의 효과는 더운 기후보다는 추운 기후에서 더 효과적일 수 있다.

연구가 수행된 위도를 공변량으로 고려하여 로그 위험비에 대한 고정효과 메타회귀분석을 실시하는 R 프로그램과 결과는 다음과 같다.

```
> library(metafor)
> data(dat.bcg)

> res <- rma(ai=tpos, bi=tneg, ci=cpos, di=cneg, data=dat.bcg,
measure="RR",mods=ablat, intercept=TRUE, method="FE")
> res
   Fixed-Effects with Moderators Model (k = 13)

   Test for Residual Heterogeneity:
   QE(df = 11) = 30.7331, p-val = 0.0012

   Test of Moderators (coefficient(s) 2):
   QM(df = 1) = 121.4999, p-val < .0001

   Model Results:
                       se       zval    pval    ci.lb    ci.ub
   intrcpt   0.3436  0.0810    4.2390  <.0001   0.1847   0.5024  ***
   mods     -0.0292  0.0027  -11.0227  <.0001  -0.0344  -0.0240  ***
```

앞의 고정효과 메타회귀분석 결과를 정리하면 다음 표와 같다.

	회귀계수 추정치	표준오차	95% 신뢰구간	Z-통계량	유의확률
회귀절편	0.3436	0.0810	(0.1847, 0.5024)	4.2390	〈 0.0001
위도	−0.0292	0.0027	(−0.0344, −0.0240)	−11.0227	〈 0.0001

위도에 대한 회귀계수는 -0.0292이고 회귀계수의 표준오차는 0.0027이므로 검정 통계량 Z-값은 다음과 같이 계산된다.

$$Z = \frac{-0.0292}{0.0027} = -11.0227$$

따라서 유의확률은 0.0001보다 작으므로, 회귀계수가 0이라는 귀무가설을 기각하게 되어, 위도는 결핵 발생의 위험비에 영향을 주는 공변량이므로 고정효과 메타회귀모형은 다음과 같이 추정된다.

$$\ln(RR) = 0.3436 - 0.0292 \times \text{위도}$$

위도에 대한 회귀계수가 -0.0292이므로, 위도가 증가할수록 결핵 발생의 위험비가 낮아짐을 알 수 있다. 즉 적도로부터 멀어질수록, 더운 지역에서 추운 지역으로 갈수록 결핵 발생의 위험이 낮아져 BCG 백신이 더 효과적임을 알 수 있다.

위도에 대한 회귀계수의 95% 신뢰구간의 하한(LL_β)과 상한(UL_β)은 다음과 같이 계산된다.

$$LL_B = (-0.0292) - 1.96 \times 0.0027 = -0.0344,$$
$$UL_B = (-0.0292) + 1.96 \times 0.0027 = -0.0240$$

R 수행결과에서 QE는 Q_{resid}-통계량이며, QM은 Q_{model}-통계량이다. 참고로 공변량이 없는 고정효과모형인 경우 QE는 Q-통계량과 동일하다. 위 결과를 다시 분산분석표 형식으로 정리하면 다음 표와 같다.

	Q-통계량	자유도	유의확률
모형(Q_{model})	121.4999	1	〈 0.0001
잔차(Q_{resid})	30.7331	11	0.0012
총합(Q)	152.2330	12	〈 0.0001

Q-통계량은 152.2330, 자유도는 12, p〈0.0001이며, 이 값은 공변량이 없는 고정효과모형에서 제시된 값과 같다. Q_{model}값은 121.4999, 자유도는 1, p〈0.0001이며, 이것은 위도와 효과크기들 사이의 관계가 우연에 의한 것보다 더 강함을 의미한다. Q_{resid}값은 30.7331, 자유도는 11, 유의확률은 0.0012이며, 이것은 위도를 포함한 모형이라도 회귀직선과 연구들 사이의 거리에 의해 나타나는 연구들 간의 변동의 일부가 여전히 설명되어지지 않는다는 것을 의미한다.

만일 공변량의 개수가 하나일 경우, 효과크기와 공변량 사이의 관계를 검정하기 위해서는 Z-검정과 Q-검정 모두 사용이 가능한데, 이 경우 위의 두 검정 방법은 동일한 결과를 가져온다. Z-통계량은 -11.0227이며 p〈0.0001이고, Q_{model}-통계량은 121.4999, 자유도 1을 가지며 p〈0.0001이다. 결론적으로 Q값은 Z^2의 값과 이론적으로 동일하며, 위의 값들에 대한 계산결과 $(-11.02272)^2$은 121.4999가 됨을 확인할 수 있다.

〈그림 5-4〉는 위도에 대한 로그 위험비의 그림으로, 그래프에서 각 연구는 원으로 표시되어 있으며, 이 원은 그 연구에 행해진 실제 위도를 보여 준다. 각 원의 면적은 연구의 가중치에 비례한다. 이 연구는 고정효과모형을 토대로 분석을 수행하였으므로 가중치는 단순히 개별 연구의 연구 내 분산의 역수이다.

중앙선은 예측값들을 보여 주며, 적도에 상대적으로 가까운 곳에서 진행된 연구

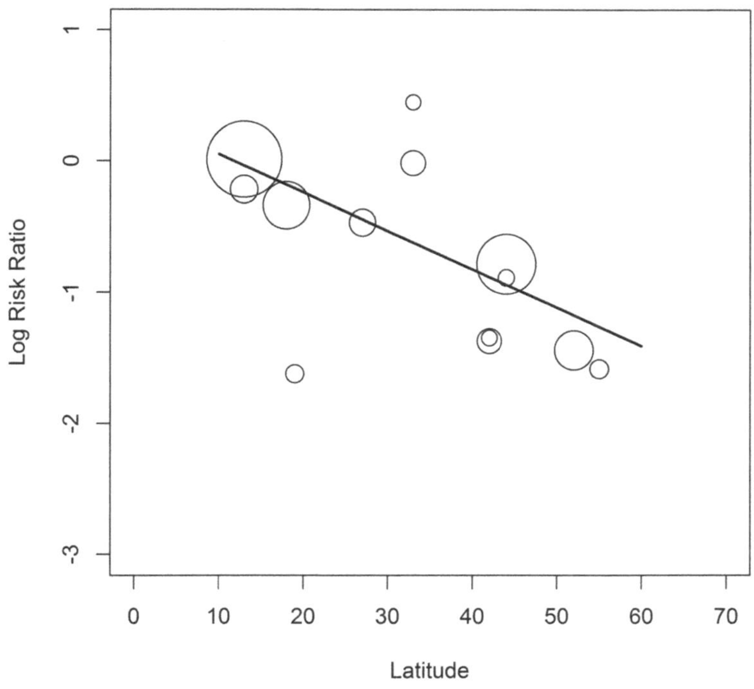

그림 5-4 위도에 대한 로그 위험비의 고정효과 메타회귀모형

는 위험비가 1.0이며 기대효과가 거의 0일 것이다. 이것은 적도에서 상대적으로 가까운 지역의 경우 백신 예방접종이 결핵에 전혀 효과가 없다는 것을 의미한다. 이와는 반대로, 적도에 먼 Saskatchewan과 같이 위도 55도에서 진행된 연구는 위험비가 거의 0.30의 값을 가지며 기대효과가 거의 -1.20이었다. 이것은 백신 예방접종이 폐결핵을 약 70%까지 감소시키는 것으로 예상된다는 것을 의미한다.

앞의 〈그림 5-4〉를 그리기 위한 R 프로그램은 다음과 같다.

```
> library(metafor)
> data(dat.bcg)
> # calculate (log) relative risks and corresponding sampling variances
> dat <- escalc(measure="RR", ai=tpos, bi=tneg, ci=cpos, di=cneg,
data=dat.bcg)
> # fit fixed-effects model with latitude as predictor
> res <- rma(ai=tpos, bi=tneg, ci=cpos, di=cneg, data=dat.bcg,
measure="RR",mods=ablat, intercept=TRUE, method="FE")
> # calculate predicted relative risks for 10 to 60 degrees latitude
> preds <- predict(res, newmods=c(10:60))
> # calculate point sizes by rescaling the standard errors
> wi    <- 1/sqrt(dat$vi)
> size  <- 1.5 + 6 * (wi - min(wi))/(max(wi) - min(wi))
> # plot the (log) relative risks against latitude
> plot(dat$ablat,dat$yi, pch=1, cex=size,
xlab="Latitude", ylab="Log Risk Ratio", ylim=c(-3,1),xlim=c(0,70),
main="Regression of log risk ratio on latitude(Fixed-effect)")
> # add predicted values
> lines(10:60, preds$pred, lty=1, lwd=2)
```

5.3.2 랜덤효과 메타회귀모형

메타분석에 포함된 개별 연구들의 효과크기의 참값은 모두 동일하다고 가정할 수 없는 경우 랜덤효과 메타회귀모형을 사용하여 연구들 간의 변동을 반영해야 한다. m개의 공변량 $x_1,\cdots,x_m$을 포함한 랜덤효과 메타회귀모형을 수학적 모형으로 표현하면 다음과 같다.

$$Y_i = \theta_i + \beta_1 x_{1i} + \cdots + \beta_m x_{mi} + \epsilon_i$$

여기서 Y_i는 i번째 연구의 관찰된 효과크기이며, i번째 연구의 효과크기의 참값인 θ_i는 전체 평균 μ를 평균으로 하는 정규분포를 따른다고 가정한다.

$$\theta_i \sim N(\mu, \tau^2)$$

여기서 τ^2은 개별 연구들의 효과크기의 변동을 나타내는 연구 간 분산을 나타내며, θ_i는 전체 평균 μ와 효과크기의 변동을 나타내는 ζ_i로 나타낼 수 있으므로, 랜덤효과 메타회귀모형은 다음과 같이 나타낼 수 있다.

$$Y_i = \mu + \zeta_i + \beta_1 x_{1i} + \cdots + \beta_m x_{mi} + \epsilon_i$$

여기서 ϵ_i와 ζ_i는 다음과 같이 정규분포를 따르며, ϵ_i와 ζ_i는 서로 독립이라고 가정한다.

$$\zeta_i \sim N(0, \tau^2)$$
$$\epsilon_i \sim N(0, \sigma_i^2)$$

여기서 τ^2은 효과크기의 연구 간 분산을 나타내며, σ_i^2은 i번째 연구의 표본오차의 분산을 나타낸다. 따라서 만일 공변량이 x 하나인 경우, 관찰된 효과크기 Y_i는 다음과 같은 정규분포를 따른다.

$$Y_i \sim N(\mu + \beta x_i, \tau^2 + \sigma_i^2)$$

랜덤효과 메타회귀모형에서 회귀계수에 대한 가설검정은 고정효과 메타회귀모형과 유사하게 Z-검정 또는 Q-검정을 이용하여 수행할 수 있다.

랜덤효과 메타회귀모형에서는 Q_{model}-통계량을 이용하여 모형에 포함된 모든 회귀계수가 0(회귀절편 제외)이라는 귀무가설을 검정할 수 있다. 모형의 적합도(goodness of fit)는 추정된 회귀모형이 얼마나 적절한지를 나타내는 것이므로 Q_{resid}-통계량을 이용해 모형에 의해 설명되지 않은 분산이 0인지를 가설검정해서 파악할 수 있다.

일반적으로 일차연구에서는 결정계수 R^2을 이용하여 회귀모형의 설명력을 나타낸다. 다음 결정계수는 전체의 변동 σ_{total}^2 중에 회귀모형으로 설명되는 변동 $\sigma_{explained}^2$의 비율로 $0 \sim 100\%$의 값을 가진다.

$$R^2 = \frac{\sigma_{explained}^2}{\sigma_{total}^2}$$

위와 같은 결정계수를 메타회귀모형에 직접적으로 이용할 수는 없으므로, 메타회귀분석에서는 다음과 같이 결정계수를 정의한다.

$$R^2 = \frac{T^2_{explained}}{T^2_{total}}$$

여기서 T^2_{total}은 공변량을 포함하지 않은 랜덤효과모형에서 추정한 연구 간 분산이며, $T^2_{explained}$은 공변량을 포함한 랜덤효과 메타회귀모형에서 추정한 연구 간 분산이다. 따라서 R^2은 총 연구 간 분산 중 메타회귀모형에 의해 설명할 수 있는 연구 간 분산의 비라고 할 수 있다.

예제 5-7 **(BCG 백신, 계속)**

〈그림 5-5〉는 예제 3-3의 BCG 백신 연구에서 랜덤효과모형으로 추정된 위험비에 대한 숲그림인데 가장 효과가 큰 연구부터 가장 효과가 작은 연구 순으로 정렬되어 있다. 랜덤효과모형으로 분석한 결과, 위험비의 통합추정치는 0.49이며 위험비에 대한 신뢰구간은 (0.34, 0.70)으로 1을 포함하지 않으므로 백신이 효과가 없다는

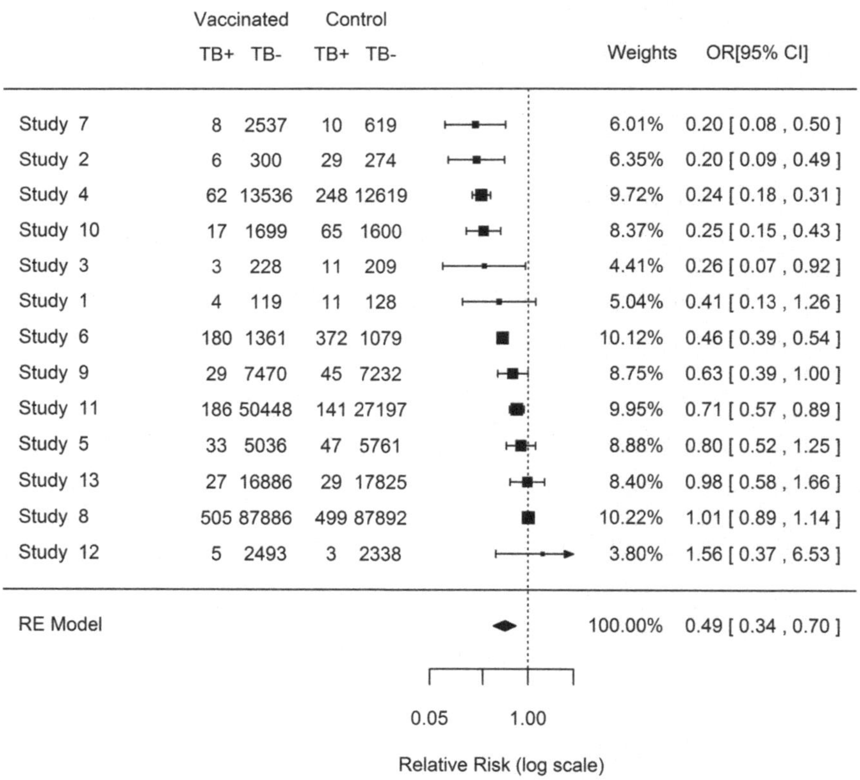

그림 5-5 BCG 백신 연구의 랜덤효과모형의 숲그림

귀무가설을 기각하게 된다.

고정효과모형 분석 결과와 마찬가지로 개별 연구들의 위험비의 범위가 넓어서 상당히 이질적으로 보인다. 통계적 이질성을 검토한 결과, 코크란의 Q-통계량은 152.23(p<0.0001), I^2-통계량은 92.12로 관측된 분산의 92%는 실제 연구 간의 차이로부터 나온 것이며 이는 이질성이 존재한다는 결론을 가지게 된다.

연구가 수행된 위도를 공변량으로 고려하여 로그 위험비에 대한 랜덤효과 메타회귀분석을 실시하는 R 프로그램과 결과는 다음과 같다.

```
> library(metafor)
> data(dat.bcg)
> res <- rma(ai=tpos, bi=tneg, ci=cpos, di=cneg, data=dat.bcg,
measure="RR",mods=ablat, intercept=TRUE, method="DL")
> res
   Mixed-Effects Model (k = 13; tau^2 estimator: DL)

   tau^2 (estimated amount of residual heterogeneity): 0.0633
   (SE = 0.0548)
   tau (square root of estimated tau^2 value):             0.2516
   I^2 (residual heterogeneity / unaccounted variability): 64.21%
   H^2 (unaccounted variability / sampling variability):   2.79
   R^2 (amount of heterogeneity accounted for):            79.50%

   Test for Residual Heterogeneity:
   QE(df = 11) = 30.7331, p-val = 0.0012
   Test of Moderators (coefficient(s) 2):
   QM(df = 1) = 18.8452, p-val < .0001

   Model Results:
                      se     zval    pval    ci.lb    ci.ub
   intrcpt   0.2595  0.2323   1.1172  0.2639  -0.1958   0.7149
   mods     -0.0292  0.0067  -4.3411  <.0001  -0.0424  -0.0160  ***
```

위 랜덤효과 메타회귀분석 결과를 정리하면 다음 표와 같다.

	회귀계수 추정치	표준오차	95% 신뢰구간	Z-통계량	유의확률
회귀절편	0.2595	0.2323	(−0.1958, 0.7149)	1.1172	0.2639
위도	−0.0292	0.0067	(−0.0424, −0.0160)	−4.3411	〈 0.0001

위도에 대한 회귀계수는 −0.0292이고 표준오차는 0.0067이므로, 회귀계수에 대한 검정통계량 Z−값은 −4.3411로 유의확률이 0.0001보다 작으므로, 회귀계수가 0이라는 귀무가설을 기각하게 되어, 위도는 결핵 발생의 위험비에 영향을 주는 공변량이므로 랜덤효과 메타회귀모형은 다음과 같이 추정된다.

$$\ln(RR) = 0.2595 - 0.0292 \times \text{위도}$$

위도에 대한 회귀계수가 −0.0292이므로, 위도가 증가할수록 결핵 발생의 위험비가 낮아짐을 알 수 있다. BCG 백신 예제에서는 고정효과 메타회귀모형과 랜덤효과 메타회귀모형에서 위도의 회귀계수가 동일하게 추정되었지만, 일반적으로 회귀계수가 동일하지는 않다.

위 랜덤효과 메타회귀모형의 가설검정 결과를 요약하면 다음과 같다.

> 귀무가설: 모든 회귀계수가 0(회귀절편 제외)
> $Q_{model} = 18.8452, df = 1, p-value < 0.0001$
> 귀무가설: 모형으로 설명 안 되는 분산이 0
> $Q_{resid} = 30.7331, df = 11, p-value = 0.0012$

Q_{model}값은 18.8452, 자유도는 1, 유의확률은 0.0001보다 작으므로 회귀모형에 포함된 공변량들의 회귀계수가 모두 0이라는 귀무가설을 기각하게 된다. 회귀모형의 적합도는 모형으로 설명 안 되는 분산이 0인지에 대한 가설검정 결과로 설명할 수 있는데, Q_{resid}값이 30.7331, 자유도가 11, 유의확률이 0.0012이므로 귀무가설을 기각하게 되어 위도를 포함한 메타회귀모형으로 설명이 안 되는 분산이 있음을 알 수 있다. 고정효과 메타회귀모형에서는 가중치가 개별 연구 내 분산으로만 결정되므로 Q−통계량, Q_{model}값, Q_{resid}값을 계산하는 데 동일하게 적용되어 Q_{model}값과 Q_{resid}값의 합이 Q−통계량이 되므로 분산분석표 형태로 모형의 결과를 제시하였다. 하지만 랜덤효과 메타회귀모형에서는 가중치는 연구 간 분산을 고려하므로 각 값을 계산할 때 다르게 적용되어 Q−통계량은 Q_{model}값과 Q_{resid}값의 합으로 나타나지 않는다. 따라서 모형의 결과를 분산분석표 형태로 제시하지 않았다.

랜덤효과 메타회귀분석 결과, I^2−통계량은 64.21%이므로 총변동 중 연구 간 변동으로 인한 변동이 64.21%라고 할 수 있으며, R^2은 79.50%로 총 연구 간 분산 중 위도를 포함한 메타회귀모형에 의해 설명할 수 있는 연구 간 분산이 79.50%라고 할 수 있다.

〈그림 5-6〉은 위도에 대한 로그 위험비의 그림으로, 그래프에서 각 연구는 원으

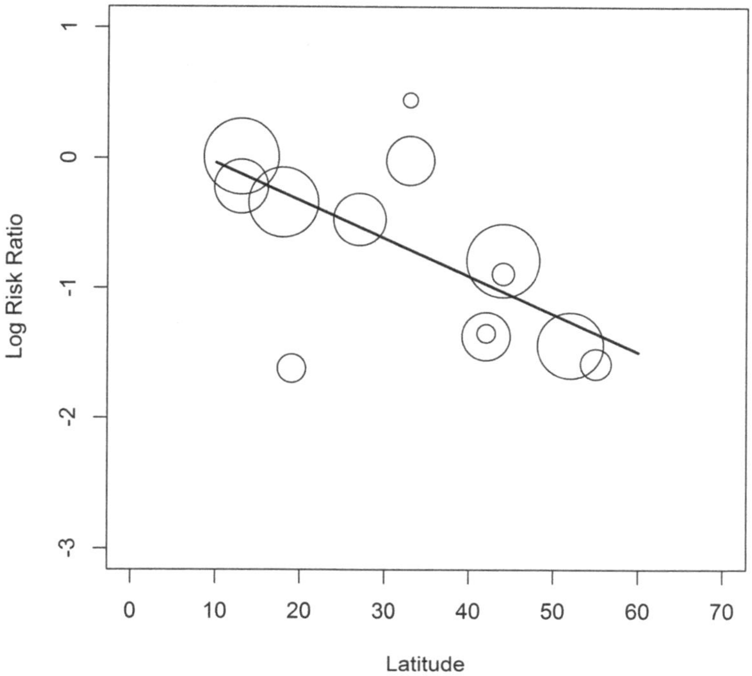

그림 5-6 위도에 대한 로그 위험비의 랜덤효과 메타회귀모형

로 표시되어 있으며, 이 원은 그 연구에 행해진 실제 위도를 보여 준다. 각 원의 크기, 구체적으로는 원의 면적은 연구의 가중치에 비례한다. 이 연구는 랜덤효과모형을 토대로 분석을 수행하였으므로 가중치는 개별 연구 내 분산과 연구 간 분산의 합의 역수이다.

5.3.3 자료진단

메타회귀모형에서도 일반적인 회귀모형에서와 같이 이상치 또는 영향치에 대한 자료진단을 수행할 수 있다. 이상치 또는 영향치를 확인하는 통계량과 기준은 〈표 5-2〉와 같으며, 이상치 또는 영향치가 발견되었을 경우 이를 제외하고 민감도 분석을 수행하여 결과를 비교해 봐야 한다. 여기서 p는 독립변수의 개수, k는 연구의 수(자료의 수)이다.

표 5-2 이상치 또는 영향치 관련 통계량

통계량	의미	판단기준
표준화잔차	잔차(관측값-예측값)를 표준화시킨 값으로 표준정규분포를 따름	〉2 or 3
DFFITS	해당 연구가 제외될 때 발생하는 예측값의 변화량	〉 $3\sqrt{p/(k-p)}$
Cook's D	해당 연구를 제외하고 적합된 모형의 예측값과 전체 연구에 대해 적합된 모형의 예측값 사이의 마할노비스 거리	〉1
COVRATIO	해당 연구가 제외될 때 공분산행렬과 제외되지 않았을 때의 공분산행렬의 비	〉 1+$3p/n$ or 〈 1−$3p/n$
Leave-one-out T^2	해당 연구를 제외하고 추정한 T^2	
Leave-one-out Q_{resid}	해당 연구를 제외하고 추정한 Q_{resid}	
hat value	해트행렬의 대각원소, 지레값	〉 $3(p/k)$
DFBETAS	해당 연구가 제외될 때 발생하는 회귀계수의 변화량	〉1

예제 5-8 (BCG 백신, 계속)

예제 3-3의 BCG 백신 연구에서 공변량으로 위도와 출판연도를 고려하여 로그(위험비)에 대해 랜덤효과 메타회귀분석을 실시하고, 이상치 또는 영향치에 대한 분석을 수행하는 R 프로그램과 결과는 다음과 같다.

```
> library(metafor)
> data(dat.bcg)
> res <- rma(ai=tpos, bi=tneg, ci=cpos, di=cneg, data=dat.bcg,
measure="RR",mods= ~ ablat + year, intercept=TRUE, method="DL")
   Mixed-Effects Model (k = 13; tau^2 estimator: DL)

   tau^2 (estimated amount of residual heterogeneity): 0.0790
   (SE = 0.0739)
   tau (square root of estimated tau^2 value):            0.2811
   I^2 (residual heterogeneity / unaccounted variability): 64.70%
   H^2 (unaccounted variability / sampling variability):   2.83
```

```
R^2 (amount of heterogeneity accounted for):            74.40%

Test for Residual Heterogeneity:
QE(df = 10) = 28.3251, p-val = 0.0016

Test of Moderators (coefficient(s) 2,3):
QM(df = 2) = 15.9314, p-val = 0.0003

Model Results:
                         se     zval    pval     ci.lb    ci.ub
intrcpt  -1.2798  25.7550  -0.0497  0.9604  -51.7586  49.1990
ablat    -0.0288   0.0090  -3.2035  0.0014   -0.0464  -0.0112  **
year      0.0008   0.0130   0.0594  0.9526   -0.0247   0.0262

> influence(res)
$inf
   rstudent  dffits cook.d  cov.r tau2.del  QE.del    hat  weight inf
 1   0.2671  0.1379 0.0197 1.4063   0.0857 28.3142 0.1504  2.8707
 2  -0.4843 -0.2489 0.0635 1.4557   0.0840 27.5744 0.2139  4.2451
 3  -0.5397 -0.1078 0.0118 1.1315   0.0821 27.7572 0.0421  2.3494
 4  -1.5056 -3.3006 9.6362 4.2261   0.0676 23.1836 0.8226 11.7271   *
 5  -0.2470 -0.1072 0.0135 1.7576   0.0904 27.2543 0.2380  8.9180
 6   1.2392  1.1679 1.1656 1.3320   0.0664 21.2875 0.4521 13.5152
 7  -2.6470 -0.6573 0.4117 0.3347   0.0449 19.1240 0.0654  3.8455
 8   0.5168  0.4149 0.2797 3.9620   0.1217 24.1266 0.3866 13.9946
 9   0.1985  0.1076 0.0136 1.5362   0.0920 28.2874 0.1002  8.5741
10  -1.1158 -0.4383 0.1859 0.9914   0.0737 24.7567 0.1285  7.6386
11  -0.1516  0.0083 0.0155 3.6906   0.1287 25.5103 0.2300 12.7014
12   1.4950  0.1955 0.0383 0.9022   0.0746 26.1197 0.0195  1.8994
13   2.0617  0.8215 0.5930 0.6223   0.0583 21.4920 0.1507  7.7209
$dfb
   intrcpt   ablat    year
 1  0.1149 -0.0395 -0.1149
 2 -0.1207 -0.0818  0.1220
 3 -0.0340 -0.0330  0.0343
 4  2.4761 -2.8575 -2.4662
```

```
 5  0.0020  0.0730 -0.0031
 6  0.7702  0.0169 -0.7727
 7 -0.2435  0.4868  0.2372
 8 -0.0112 -0.2592  0.0155
 9  0.0562 -0.0604 -0.0556
10 -0.1524 -0.0981  0.1530
11  0.1033 -0.0569 -0.1033
12 -0.0405  0.0483  0.0411
13 -0.6638  0.4753  0.6651

> plot(influence(res))
```

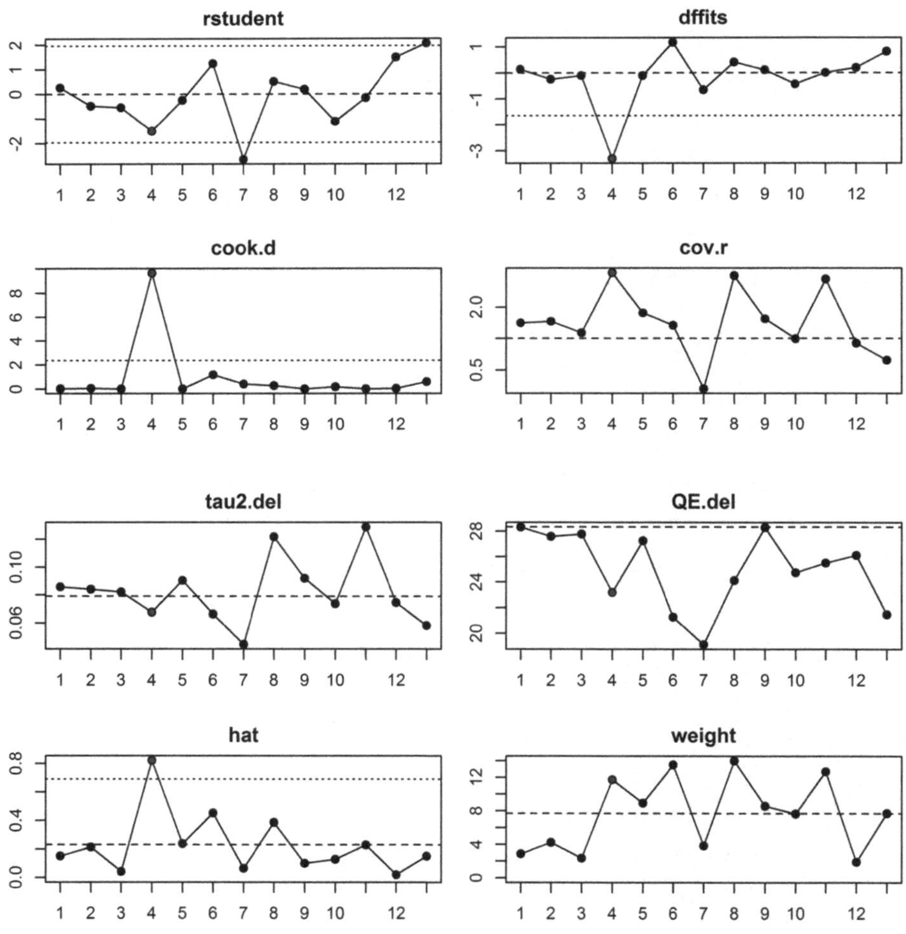

R 분석 결과에서 표준화잔차(rstudent), DFFITS(dffits), Cook's D(cook.d), COVRATIO(cov.r), Leave-one-out T^2(tau2.del), Leave-one-out Q_{resid} (QE.del), hat value(hat), DFBETAS($dfb)를 확인한 결과, 연구 4의 DIFFTS가 -3.3006, Cook's D가 9.6362, COVRATIO가 4.2261, DFBETAS의 절댓값이 모두 2를 넘어 영향치로 판단된다. 따라서 연구 4를 제외한 민감도 분석 수행이 필요하다.

5.4 metafor/rma.uni 함수

4.4절에서 설명한 rma 함수는 메타회귀분석을 위해서도 사용할 수 있는데, 여기서는 메타회귀분석 관련 기능을 중심으로 설명하고자 한다.

```
rma(yi, vi, sei, ai, bi, ci, di, n1i, n2i, x1i, x2i, t1i, t2i, m1i, m2i, sd1i,
sd2i, xi, mi, ri, ni, ti, mods, measure="GEN", intercept=TRUE, data, slab,
subset, add=1/2, to="only0", vtype="LS", method="REML", weighted=TRUE,
knha=FALSE, level=95, digits=4, btt, tau2, control)
```

metafor 패키지에서 메타회귀모형에 포함되는 공변량을 moderator라고 표현하는데, mods 옵션은 메타회귀분석을 수행할 경우 공변량을 정의하는 부분이다. 이때 공변량은 연속형 변수 또는 범주형 변수(더미변수 형태로 포함) 모두 가능하다. 공변량이 하나인 경우 벡터로 지정하면 되고, 공변량이 여러 개인 경우 행렬로 지정할 수 있다. 또는 회귀모형 수식 형태로 공변량을 지정할 수도 있다. 예를 들어 공변량 mod1, mod2, mod3가 벡터 형태로 있는 경우 공변량은 다음 세 가지 방법으로 지정할 수 있다. 방법 3은 escalc 함수를 이용해서 효과크기 yi와 분산 vi를 이미 계산했을 때 사용할 수 있으며, 방법 1과 2는 rma 함수에 직접 자료를 정의할 수도 있다.

```
> # 방법 1
> rma(yi, vi, data= dat_lnOR, mods=cbind(mod1, mod2, mod3), method="FE")

> # 방법 2
> rma(yi, vi, data= dat_lnOR, mods= ~ mod1 + mod2 + mod3, method="FE")

> # 방법 3
> rma(yi ~ mod1 + mod2 + mod3, vi, data= dat_lnOR, method="FE")
```

만일 메타회귀모형에서 회귀절편을 제외하고자 할 경우, 방법 1에서는 intercept=FALSE, 방법 2와 3에서는 mods= ~ mod1 + mod2 + mod3 -1을 사용한다.

다음과 같이 메타회귀분석을 수행한 결과를 res라는 객체에 저장했을 경우, 메타회귀분석 결과를 출력하기 위하여 사용할 수 있는 함수는 다음 표와 같다.

```
res <- rma(ai=tpos, bi=tneg, ci=cpos, di=cneg, data=dat.bcg,
measure="RR", mods=ablat, intercept=TRUE, method="DL")
```

함수	사용방법	출력 결과
coef.rma	coef.rma(res)	회귀절편과 회귀계수
fitstats	fitstats(res)	로그우도값, deviance, AIC, BIC
fitted.rma	fitted.rma(res)	회귀모형에 의한 적합값
predict.rma	predict.rma(res)	회귀모형에 의한 예측값, 표준오차, 신뢰구간
plot.rma.uni	plot(res)	숲그림, 표준화잔차그림, 깔때기 그림
qqnorm.rma.uni	qqnorm(res)	정규 Q-Q 그림
residuals.rma	residuals(res) rstandard(res) rstudent(res)	잔차, 표준화잔차

요약

- 통계적 이질성 검토 결과, 통계적 이질성이 있다고 판단될 경우 하위그룹분석과 메타회귀분석을 통해 이질성의 원인을 파악하는 것이 중요하다.
- 메타회귀분석은 고정효과모형 또는 랜덤효과모형을 사용할 수 있지만, 모형에 포함된 공변량에 의해 설명되지 않는 효과크기들 사이에 이질성이 추가로 존재한다면, 랜덤효과 메타회귀모형이 고정효과 메타회귀모형보다 더 적절하다.

출판 비뚤림 6장

메타분석에서는 분석에 포함된 연구들의 효과크기에 대해 적절한 통계분석 방법을 적용하여 통합추정치를 산출한다. 하지만 만약 이러한 연구들이 치우쳐 있는 표본에서 추출되었다면 메타분석에 의해 계산된 통합추정치는 바이어스가 있을 수 있다. 일반적으로 효과크기가 크고 유의한 결과를 가지는 연구가 출판되는 경향이 높고, 연구결과의 방향에 따라 출판여부가 달라지는 경향이 있다. 따라서 출판된 연구들만 메타분석에 포함됨으로 인해 실제 효과크기에 비해 과대 추정된 효과크기를 산출할 수 있다. 이러한 현상을 출판 비뚤림이라고 한다.

따라서 메타분석을 이용한 연구에서는 ① 출판 비뚤림에 대한 근거가 존재하는지, ② 전체 효과크기가 출판 비뚤림에 의해 영향을 받는지, ③ 영향을 받는다면 영향의 정도가 어느 정도인지를 검토할 필요가 있다.

이 장에서는 먼저 출판 비뚤림을 검토하는 시각적인 방법인 깔때기 그림과 깔때기 그림이 비대칭인지에 대한 가설을 검정하는 방법인 베그 검정과 에거 검정을 통해 출판 비뚤림의 근거가 존재하는지 확인하는 방법을 설명하고자 한다. 만일 깔때기 그림이나 베그 검정, 에거 검정을 통해 출판 비뚤림이 있다고 판단될 경우 출판 비뚤림이 연구결과에 미치는 영향을 파악하기 위한 방법인 trim-and-fill 방법, fail-safe N 방법, 누적 메타분석에 대해서도 설명하고자 한다.

6.1 출판 비뚤림의 평가

6.1.1 깔때기 그림

깔때기 그림은 출판 비뚤림을 시각적으로 평가하는 그림으로 X축은 효과크기, Y축은 표본크기를 나타내는 측도로 표시한다. 표본크기를 나타내는 측도로는 표본수, 표준오차, 표준오차의 역수, 분산, 분산의 역수가 고려될 수 있다. 이때 Y축은 아래

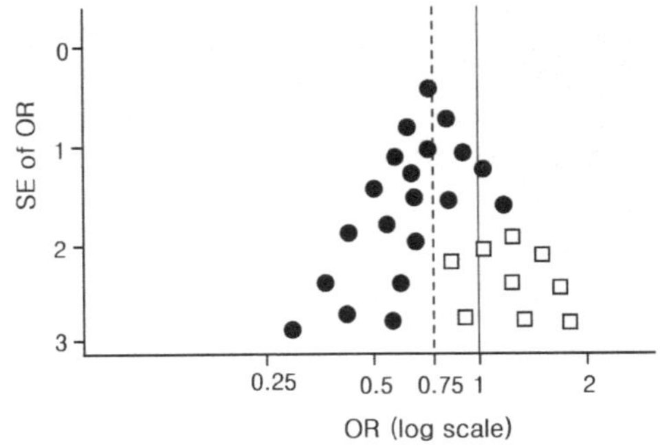

그림 6-1 깔때기 그림과 출판 비뚤림

에서 위 방향으로 표본크기가 증가하거나 표준오차가 감소하는 방향으로 설정하여 개별 연구의 표본수가 커질수록 표준오차가 감소하고 정밀도가 증가한다는 것을 나타낸다.

만일 출판 비뚤림이 없다면 표본크기가 작은 연구들은 그래프의 아래 부분에 넓게 흩어져 있을 것이며, 표본크기가 큰 연구들은 그래프의 윗부분에 좁게 모여 있을 것이다. 이러한 경향이 깔때기와 유사하기 때문에 깔때기 그림이라고 한다. 따라서 출판 비뚤림이 없을 경우, 표본오차는 랜덤이므로 개별 연구들의 효과크기는 효과크기의 통합추정치에 대해 대칭적으로 분포할 것이다.

예를 들어 〈그림 6-1〉은 치료약 A와 위약의 사망 발생을 비교하기 위한 메타분석에서 그린 깔때기 그림이다. 깔때기 그림에서 원 또는 사각형이 개별 연구들의 효과크기라고 할 때, 전체적으로 깔때기 그림이 대칭임을 알 수 있다. 여기서 사각형으로 표시된 연구들은 표본수가 작고 치료약 A가 사망을 줄이지 않는 것으로 나타난 연구들로 만일 출판 비뚤림이 있다면 사각형으로 표시된 연구들은 출판되지 않았을 가능성이 높으므로 깔때기 그림은 비대칭이 되고, 사각형으로 표시된 연구들을 제외한 나머지 연구들로 추정된 효과크기는 효과를 과대추정할 가능성이 높다.

깔때기 그림에서 연구들이 존재하지 않는 부분을 결측 연구가 있다고 표현한다면, 만약 출판 비뚤림이 있다면, 깔때기 그림의 윗부분에서는 대칭이며 중간 부분에는 몇 개의 결측 연구가 존재하며, 아래쪽 부분에서는 더 많은 결측 연구가 존재하게 되어 전체적으로 깔때기 그림이 비대칭이 될 것이다.

깔때기 그림은 원래 출판 비뚤림을 파악하기 위해 사용할 수 있으나, 소규모 연구 영향(small study effect)도 파악할 수 있다. 여기서 소규모 연구 영향이란 메타분석에서 표본수가 더 작은 연구들이 더 큰 효과크기를 보이는 경향이 있는 것을 말한다. 예를 들어 〈그림 6-2〉에서 삼각형으로 표시된 연구들은 표본수가 작은 연구임에도 불구하고 치료약 A의 효과크기가 더 크게(오즈비가 1보다 크게 작아 치료약 A

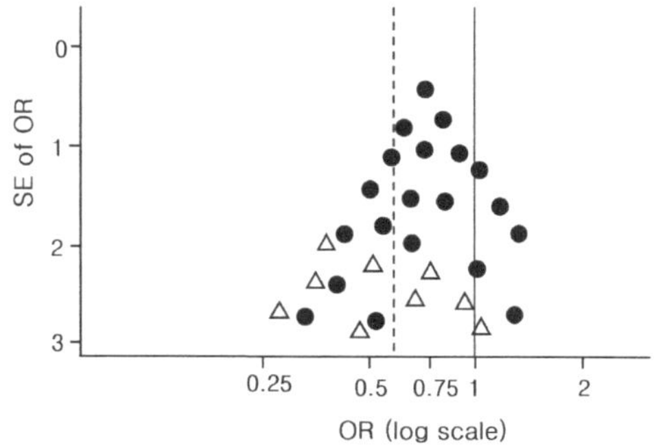

그림 6-2 깔때기 그림과 소규모 연구 영향

가 위약에 비해 사망을 많이 감소시킴) 추정된 연구들이다. 보통 표본수가 작은 연구들은 대규모 연구들에 비해 연구의 질이 낮고 방법론을 엄격히 적용하지 않은 경우가 많아서 효과크기가 크게 나타나는 경우가 있다.

출판 비뚤림은 깔때기 그림이 비대칭으로 나타나게 하는 원인 중의 하나이다. 보통 깔때기 그림이 비대칭으로 나타나는 원인으로 고려할 수 있는 것은 출판 비뚤림과 같은 선택 비뚤림, 이질성, 부적절한 연구설계 또는 분석으로 인한 낮은 수준의 연구, 잘못된 효과크기 선정 등이 있을 수 있으며, 단지 우연에 의해 일어났을 수도 있다.

예제 6-1의 깔때기 그림에서 가운데 세로 실선은 보통 통합추정치를 나타내며, 양쪽 점선부분까지 가운데 흰 영역은 (통합추정치±1.95×표준오차)로 95% 가상(pseudo) 신뢰구간 영역을 나타낸다. 여기서 표준오차는 Y축의 표준오차를 적용한 것이다. 깔때기 그림에서는 효과크기의 통계적 이질성 검토도 가능한데, 95% 가상 신뢰구간 영역 밖에 위치한 개별 연구가 많을수록 통계적 이질성이 있을 가능성이 높다고 할 수 있다.

일반적으로 통계적 유의성은 유의수준 0.01 또는 0.05를 기준으로 판단하는 경우가 많다. 따라서 유의확률이 0.01 또는 0.05보다 큰 연구인 경우 출판되지 않는 경향이 있다. contour-enhanced 깔때기 그림은 깔때기 그림에 개별 연구의 통계적 유의성을 같이 나타낸 그림으로 통계적으로 유의하지 않은 결과 때문에 발생한 출판 비뚤림을 파악하는 데 유용한 그림이다. 만일 통계적으로 유의한 영역에 결측 연구들이 있는 경우는 깔때기 그림이 비대칭이라 하더라도 출판 비뚤림의 가능성이 낮으나, 통계적으로 유의하지 않은 영역에 결측 연구들이 있는 경우는 통계적으로 유의하지 않은 결과 때문에 출판이 안 되었을 가능성이 있으므로 출판 비뚤림이 의심된다고 할 수 있다. 따라서 메타분석 수행 시 contour-enhanced 깔때기 그림을 이용하여 출판 비뚤림을 파악하는 것이 권고된다.

contour-enhanced 깔때기 그림에서는 기존의 깔때기 그림에 유의확률이 0.1보다 큰 부분, 0.05와 0.1 사이인 부분, 0.01과 0.05 사이인 부분, 0.01보다 작은 부분을 색깔을 이용하여 구분하여 나타낸다. 예제 6-1의 contour-enhanced 깔때기 그림을 보면, 가운데 흰 부분은 유의확률이 0.1보다 큰 부분으로 통계적으로 유의하지 않은 부분을 나타내며, 회색 부분은 유의확률이 0.05와 0.1 사이인 경우, 어두운 회색 부분은 유의확률이 0.05와 0.01 사이인 경우, 그 외 바깥 부분은 유의확률이 0.01보다 작은 경우를 나타낸다.

Y축으로는 효과크기의 표준오차가 가장 선호되는데, 표준오차를 Y축으로 사용할 경우 깔때기 그림은 비뚤림이 생기기 쉬운 표본수가 작은 연구들이 그래프의 아래 부분에 나타나므로 이들을 좀 더 강조해서 나타낼 수 있다. 하지만 표준오차의 역수를 Y축으로 사용할 경우는 표본수가 작은 연구들은 그래프의 윗부분에 좁게 모여 있고 표본수가 큰 연구들은 그래프의 아랫부분에 넓게 나타나므로, 표본수가 큰 연구를 좀 더 강조해서 나타낼 수 있다. 예제 6-1의 contour-enhanced 깔때기 그림 두 개를 살펴보면, 표준오차를 Y축으로 사용할 경우에 표준오차의 역수를 Y축으로 사용하는 경우에 비해 표본수가 작은 연구들을 파악하기 좀 더 쉽다는 것을 알 수 있다.

예제 6-1

metafor 패키지에 포함되어 있는 다음 자료(dat.hackshaw1998)는 37개 연구로부터 추출된 간접흡연과 폐암의 관계에 대한 로그 오즈비와 로그 오즈비의 분산의 일부이다. Hackshow 등(1997)은 간접흡연과 폐암의 관계에 대한 37개 연구들의 자료를 대상으로 메타분석을 수행한 결과, 간접흡연을 한 경우가 간접흡연을 하지 않은 경우에 비해 약 20% 정도 폐암의 위험이 증가함을 밝혔다.

연구	로그 오즈비	로그 오즈비의 분산
1	0.166	0.0188
2	0.372	0.0330
3	0.703	0.5402
4	0.182	0.0313
5	−0.288	0.0797
6	0.728	0.2273
7	0.756	0.0889
8	−0.223	0.1927
9	−0.236	0.3390
10	0.698	0.0981
⋮	⋮	⋮

일반적으로 폐암의 위험이 증가하는 연구가 더 많이 출판되었을 가능성이 있으므로, 이 연구에서는 출판 비뚤림이 없는지에 대한 평가가 필요하다. 간접흡연과 폐암 연구에 대한 깔때기 그림을 그리는 R 프로그램과 결과는 다음과 같다.

```
> library(metafor)
> dat <- get(data(dat.hackshaw1998))
> res <- rma(yi, vi, data=dat, measure="OR", method="FE")
> funnel(res, atransf=exp, xlab="Odds Ratio",
at=log(c(.25, .5, 1, 2, 4)))
```

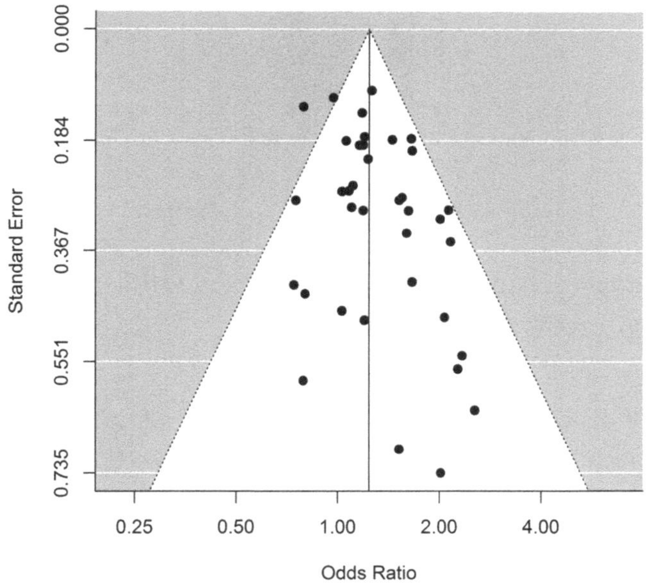

위 깔때기 그림을 살펴보면, 아래쪽의 왼쪽 부분에 결측 연구가 존재하는데, 이는 표본수가 작고 효과크기가 1보다 작은 연구들이 메타분석에 포함되지 않았다는 것을 나타내므로 출판 비뚤림이 존재할 가능성이 있다.

추가로 간접흡연과 폐암 연구에 대한 contour-enhanced 깔때기 그림을 그리는 R 프로그램과 결과는 다음과 같다.

```
> # contour-enhanced funnel plot centered at 0
> funnel(res, level=c(90, 95, 99), shade=c("white","gray","darkgray"),
refline=0, atransf=exp, xlab="Odds Ratio", at=log(c(.25, .5, 1, 2, 4)))
```

Contour-enhanced 깔때기 그림을 보면 왼쪽 아래 흰 부분, 즉 유의확률이 0.1보다 커서 통계적으로 유의하지 않은 부분에 결측 연구가 존재하므로 효과크기가 작고 통계적으로 유의하지 않은 연구들이 메타분석에 포함되지 않았음을 알 수 있다. 따라서 출판 비뚤림이 있을 가능성이 있다.

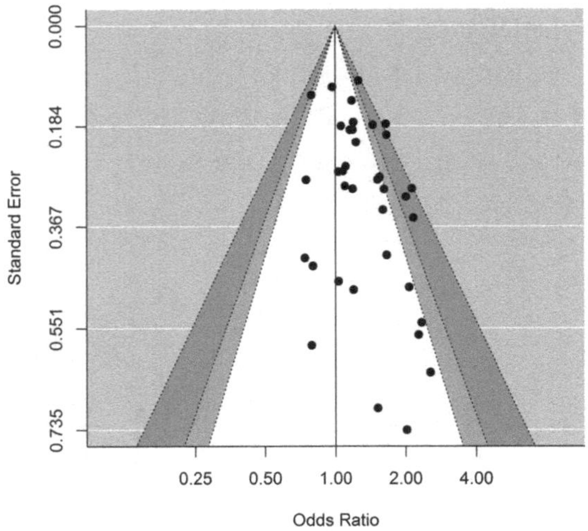

Contour-enhanced 깔때기 그림에서 표준오차의 역수를 Y축으로 사용하는 경우 R 프로그램과 결과는 다음과 같다.

```
> # contour-enhanced funnel plot : Y-axis=inverse of the standard error
> funnel(res, level=c(90, 95, 99), shade=c("white","gray","darkgray"),
refline=0, atransf=exp, xlab="Odds Ratio", at=log(c(.25, .5, 1, 2, 4)),
yaxis="seinv")
```

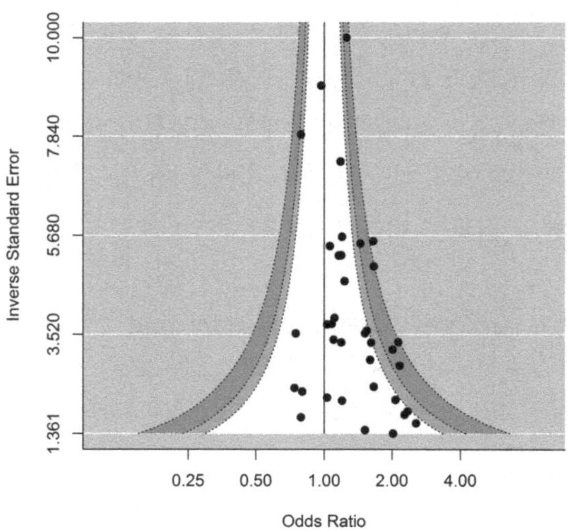

표준오차를 Y축으로 한 첫 번째 contour-enhanced 깔때기 그림에 비해, 위 contour-enhanced 깔때기 그림에서는 표본수가 큰 연구들이 그래프의 아래 부분에 나타남을 알 수 있다.

6.1.2 베그 검정

베그 검정은 효과크기와 분산 간의 순위상관계수를 이용하는 비모수적인 방법으로, 효과크기와 효과크기의 분산 사이의 상관관계가 유의할 경우 출판 비뚤림이 있다고 판단하는 방법이다.

i번째 개별 연구의 효과크기를 Y_i, 효과크기의 분산을 v_i이라고 할 경우, 베그 검정을 수행하기 위해서는 우선 효과크기를 다음과 같이 표준화한다.

$$Y_i^* = (Y_i - \hat{\theta})/\sqrt{v_i^*}$$

여기서 $\hat{\theta}$는 고정효과모형에서의 통합추정치이며, v_i^*는 $(Y_i - \hat{\theta})$의 분산으로 다음과 같다.

$$v_i^* = v_i - (\sum_{j=1}^{k} v_j^{-1})^{-1}$$

베그 검정은 Y_i^*와 v_i^* 사이의 캔달(Kendall)의 순위상관계수를 바탕으로 출판 비뚤림이 존재하지 않는다는 귀무가설을 검정하게 된다. 이 검정법은 연구 수가 작은 경우 매우 낮은 검정력을 가지므로 해석에 주의해야 한다.

예제 6-2 (간접흡연, 계속)

예제 6-1의 간접흡연 자료를 이용하여 베그 검정을 수행하는 R 프로그램 및 결과는 다음과 같다.

```
> library(metafor)
> dat <- get(data(dat.hackshaw1998))
> res <- rma(yi, vi, data=dat, method="FE")
> ranktest(res)
  Rank Correlation Test for Funnel Plot Asymmetry


  Kendall's tau = 0.1441, p = 0.2157
```

베그 검정 결과 유의확률이 0.2157로 출판 비뚤림이 존재하지 않는다는 귀무가설을 기각할 수 없으므로 출판 비뚤림이 있다고 할 수 없다.

6.1.3 에거 검정

에거 검정은 깔때기 그림이 대칭인지 가설검정하는 방법으로 가장 널리 사용되는 방법이다. 만일 출판 비뚤림이 없다면 깔때기 그림에서 개별 연구들의 효과크기는 효과크기의 통합추정치에 대해 대칭적으로 분포할 것이므로, X축의 효과크기와 Y축의 표준오차 간 어떤 상관관계도 없을 것이다. 따라서 만일 관찰된 효과크기와 효과크기의 표준오차가 어떤 관계가 있다면 깔때기 그림이 비대칭이라는 것을 의미하므로, 에거 검정에서는 회귀분석 방법을 이용하여 깔때기 그림이 대칭인지를 가설검정한다.

개별 연구의 효과크기를 Y_i, 효과크기의 표준오차를 s_i라고 한다면, 에거 검정에서는 종속변수를 $z_i(=Y_i/s_i)$, 독립변수를 표준오차의 역수인 정밀도 $prec_i(=1/s_i)$로 정의하며, 회귀모형은 다음과 같다.

$$E[z_i] = \beta_0 + \beta_1 prec_i$$

만일 깔때기 그림이 대칭이라면 개별 연구의 종속변수 z_i와 독립변수 $prec_i$는 원점을 지나는 직선 위에 있게 된다. 따라서 위 회귀직선이 원점을 지나게 되고 $(\beta_0 = 0)$, 기울기 β_1은 효과크기의 방향과 크기를 나타낸다. 만일 깔때기 그림이 비대칭이라면 회귀절편 β_0는 원점에서 멀어지게 되므로, 회귀절편에 대한 가설검정 $H_0 : \beta_0 = 0$를 통해 깔때기 그림의 비대칭을 파악할 수 있다.

하지만 에거 검정은 소규모 연구 영향이 없다 하더라도 로그 오즈비와 로그 오즈비의 표준오차가 상관관계가 있기 때문에 깔때기 그림이 비대칭으로 나타날 수 있고 회귀절편이 0이라는 귀무가설에 대해 유의확률이 작아져서 깔때기 그림이 비대칭이라고 잘못 판단내릴 수 있다. 이런 경우는 효과크기가 클 때, 연구 간 이질성이 있을 때, 개별 연구에서 결과 발생이 드물 때, 모든 연구들이 표본수가 비슷할 때 일어날 수 있다. 그러므로 깔때기 그림의 비대칭성을 검정할 때는 다른 검정법을 사용할 것을 권고하기도 한다. 따라서 에거 검정을 수정한 여러 형태의 검정법이 소개되었고, 독립변수로 분산, 표본수, 표본수의 역수를 고려할 수 있으나 실제로 많이 사용되지는 않는다.

에거 검정법과 베그 검정법은 메타분석에 포함된 연구수가 10개보다 작거나 심각한 출판 비뚤림이 없는 경우 검정력이 낮은 방법으로 알려져 있으며, 회귀분석 방법을 이용한 에거 방법이 베그 방법에 비해 검정력이 다소 높다.

예제 6-3 (간접흡연, 계속)

예제 6-1의 간접흡연 자료를 이용하여 에거 검정을 수행하는 R 프로그램 및 결과는 다음과 같다.

```
> library(metafor)
> dat <- get(data(dat.hackshaw1998))
> res <- rma(yi, vi, data=dat, method="FE")
> regtest(res)
  Regression Test for Funnel Plot Asymmetry

  model:     fixed-effects meta-regression model
  predictor: standard error

  test for funnel plot asymmetry: z = 2.5759, p = 0.0100
```

에거 검정 결과, 회귀절편이 0이라는 귀무가설을 기각하므로 출판 비뚤림이 있다고 할 수 있다. 하지만 예제 6-2에서 베그 검정법을 이용하였을 경우는 유의확률이 0.2157로 귀무가설을 기각할 수 없었다. 따라서 에거 검정법이 베그 검정법에 비해 출판 비뚤림을 파악하는 데 검정력이 더 높음을 알 수 있다.

6.2 전체 효과크기에 미치는 영향 평가

만일 깔때기 그림이나 베그 검정, 에거 검정을 통해 출판 비뚤림이 있다고 판단될 경우 출판 비뚤림이 전체 효과크기에 미치는 영향을 검토해야 한다.

6.2.1 Trim-and-fill 방법

Trim-and-fill 방법은 결측 연구들의 영향을 보정하는 방법으로 만일 결측 연구들이 관찰되었을 경우 결측 연구들의 영향을 추정하는 방법이다. Trim-and-fill 방법에서는 결과가 부정적이거나 원하는 결과가 아닌 연구들이 결측되었다고 가정한다.

Trim-and-fill 방법은 ① 먼저 결측된 연구의 수를 추정하고, ② 결측된 연구에 대응하는 비대칭 연구들을 절삭(trim)한 후, ③ 남아 있는 대칭 형태의 연구들에 대해 메타분석을 실시하여 효과크기의 통합추정치를 산출한다. 이렇게 산출된 효과크기가 여전히 출판 비뚤림이 보인다면 위의 절삭과정과 추정과정을 반복한다. ④ 이렇게 반복과정을 통해 출판 비뚤림이 보이지 않는다면 삭제했던 연구들을 추가하고 이에 대응하는 가상의 연구들을 입력(fill)하여, ⑤ 수정된 효과크기의 통합추정치를 산출한다.

이러한 방법을 이용하여 산출한 수정된 효과크기의 통합추정치는 출판 비뚤림이 없는 최적의 효과크기에 대한 추정값이라고 볼 수 있다. 만일 입력된 연구가 포함될 때 효과크기의 이동이 미비하다면 관측된 연구들에 의해 산출된 통합추정치를 더 신뢰할 수 있게 된다.

예제 6-4 **(간접흡연, 계속)**

예제 6-1의 간접흡연 자료를 이용하여 Trim-and-fill 방법을 수행하는 R 프로그램 및 결과는 다음과 같다.

```
> library(metafor)
> dat <- get(data(dat.hackshaw1998))
> res <- rma(yi, vi, data=dat, method="FE")
> res.tf <- trimfill(res)
> res.tf
    EEstimated number of missing studies on the left side: 7
    (SE = 4.0407)

    Fixed-Effects Model (k = 44)

    Test for Heterogeneity:
    Q(df = 43) = 61.8712, p-val = 0.0310

    Model Results:
    estimate      se      zval      pval     ci.lb     ci.ub
      0.1555  0.0364    4.2706    <.0001    0.0842    0.2269    ***

> funnel(res.tf, atransf=exp, xlab="Odds Ratio",
at=log(c(.25, .5, 1, 2, 4)))
```

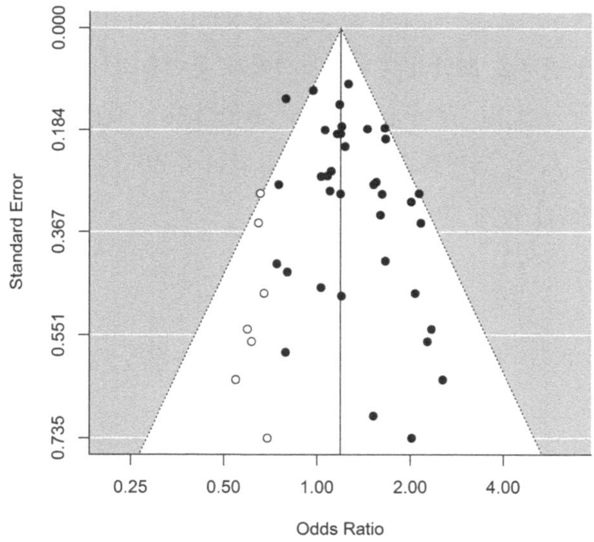

먼저 결측된 연구의 수는 7개로 추정되었으며, 위 깔때기 그림에서 ●는 관찰된 연구의 효과크기를 나타내며, 절삭된 연구들을 깔때기 그림에 추가한 후 반대편에 같은 위치에 입력된 7개의 연구는 ○로 나타나 있다. 가운데 실선으로 나타난 수정된 통합추정치 1.1682는 원래 통합추정치 1.2041보다 낮게 추정되었으나, 여전히 통계적으로 유의하여 간접흡연이 폐암 발생 위험을 증가시킨다는 것을 알 수 있다.

6.2.2 Fail-safe N 방법

통계적으로 유의하지 않은 연구결과는 출판되지 않는 경향이 있으므로, 만일 출판되지 않은 유의하지 않은 연구들이 메타분석에 추가된다면 통계적으로 유의했던 통합추정치가 유의하지 않게 될 수도 있다. Rosenthal(1979)은 유의확률이 유의하지 않게 되기 위해 분석에서 얼마나 많은 결측 연구가 검색되고 포함되어야 할 필요가 있는지에 대한 통계량을 제안하였다.

Rosenthal(1979)은 3.2.4절에서 설명한 유의확률을 통합하는 방법인 스토퍼 방법을 이용하였는데, k개의 개별 연구에서 단측 유의확률이 주어졌을 경우, 유의확률에 대응되는 표준정규분포값 z_i를 이용하여 다음과 같이 검정통계량을 정의하였다.

$$Z_{Stouffer} = \frac{\sum_{i=1}^{k} z_i}{\sqrt{k}}$$

만일 $Z_{Stouffer}$가 z_α보다 크다면 모든 개별 연구들의 효과크기가 0이라는 귀무가설을 기각하게 된다. 여기서 z_α는 표준정규분포의 $100(1-\alpha)\%$ 임계값이다.

k개의 연구를 포함하는 메타분석에서 통합추정치가 이미 유의하다고 가정한다면 $Z_{Stouffer} > z_\alpha$일 것이다. 여기에 효과크기가 0인 N개의 연구를 추가할 경우 $z_i = 0$가 되어, 검정통계량은 다음과 같이 수정되며, Z_S가 z_α보다 작으면 통계적으로 유의하지 않게 된다.

$$Z_S = \frac{\sum_{i=1}^{k} z_i}{\sqrt{k+N}} < z_\alpha$$

따라서 위 식을 이용하여 검정통계량을 유의하지 않게 하기 위해 필요한 결측 연구의 수 N을 다음과 같이 계산할 수 있으며, 효과크기의 유의성을 없애기 위한 결측 연구의 수 N을 fail-safe N이라고 한다.

$$N > k\left[\frac{Z_S}{z_\alpha}\right]^2 - k$$

만일 효과크기의 유의성을 없애기 위해 포함되어야 하는 결측 연구수가 기존 메타분석에 포함된 연구수에 비해 많이 크다면 결측 연구들이 전체 효과크기에 미치는 영향은 크지 않은 것으로 판단할 수 있으며, 반대로 몇 개의 결측 연구가 추가됨으로써 통계적 유의성이 사라진다면 이는 전체 효과크기에 영향을 많이 미친다고 볼 수 있다.

Fail-safe N이 얼마나 클 경우 전체 효과크기에 미치는 영향이 크지 않다고 할 수 있는지에 대한 정확한 기준은 없지만, Rosenthal(1979)은 다음 기준을 제안하였다.

$$N > 5k + 10$$

Fail-safe N 방법은 결측 연구에 대한 평균 효과크기를 0으로 가정한다는 점과 효과크기에 대한 유의성이 아닌 유의확률을 결합한 유의성검정에 기초한다는 제한점을 가지고 있다.

예제 6-5 (간접흡연, 계속)

예제 6-1의 간접흡연 자료를 이용하여 fail-safe N 방법을 수행하는 R 프로그램 및 결과는 다음과 같다.

```
> library(metafor)
> dat <- get(data(dat.hackshaw1998))
> fsn(yi, vi, data=dat, type="Rosenthal")
   Fail-safe N Calculation Using the Rosenthal Approach

   Observed Significance Level: <.0001
   Target Significance Level:   0.05

   Fail-safe N: 393
```

분석 결과, Fail-safe N은 393으로 $5k+10=5\times37+10=195$보다 크므로 전체 효과크기가 출판 비뚤림에 의해 영향을 받는다고 할 수 없다.

6.2.3 누적 메타분석

누적 메타분석은 먼저 하나의 연구로 메타분석을 수행하고, 다른 연구를 하나씩 추가하면서 메타분석을 반복적으로 수행하여 그 효과크기의 변화를 관찰하는 방법이다. 만일 어떤 연구특성에 따라 정렬하여 누적 메타분석을 수행했을 경우, 연구특성의 변화에 따른 효과크기의 이동뿐만 아니라 효과크기의 이동 정도도 같이 파악할 수 있다. 예를 들어 출판연도순으로 정렬하여 누적 메타분석을 수행할 경우 시간이 흐름에 따른 효과크기의 변화를 파악할 수 있을 것이다. 이는 메타회귀분석을 통해서도 가능하지만 누적 메타분석에서는 분석적 방법이 아니라 시각적으로 나타낼 수 있다.

누적 메타분석을 이용하여 출판 비뚤림에 의한 효과크기의 영향 정도를 평가할 수 있는데, 누적 숲그림을 그릴 때 연구의 규모가 가장 큰 연구에서 가장 작은 연구 순서로 정렬을 하거나 정밀도가 가장 큰 연구에서 가장 작은 연구 순서로 정렬을 하면, 각 행에서의 통합추정치는 연구가 추가될 때마다의 통합추정치를 의미한다. 만약 각 행의 추정값이 큰 규모의 연구를 포함시킴으로써 안정화되고 규모가 작은 연구를 포함해도 바뀌지 않는다면 규모가 작은 연구의 포함이 출판 비뚤림을 발생시킨다고 볼 수 없다. 반면에 작은 규모의 연구가 추가될 때 추정값이 바뀐다면 적어도 출판 비뚤림에 대한 근거가 있다고 볼 수 있으며, 추정값의 변화 정도에 따라 출판 비뚤림의 영향 정도를 평가할 수 있을 것이다.

예제 6-6 **(간접흡연, 계속)**

예제 6-1의 간접흡연 자료를 이용하여 연구의 규모가 가장 큰 연구에서 가장 작은 연구순서로 정렬하여, 누적 숲그림을 그리는 R 프로그램 및 결과는 다음과 같다.

```
> library(metafor)
> dat <- get(data(dat.hackshaw1998))
> res <- rma(yi, vi, data=dat, method="FE", slab=paste(author, year, sep=","))
> x <- cumul(res, order=order(dat$cases, decreasing = TRUE))
> forest(x, at=log(c(.75, 1, 2)), atransf=exp, cex=0.75,
xlab="Odds Ratio")
> text(c(-0.6,0.85), 40, c("Study", "OR [95% CI]"), cex=0.75)
```

아래 누적 숲그림의 각 행에서의 효과크기는 개별 연구의 효과크기가 아니라, 연구가 추가될 때마다의 해당 연구까지 포함한 통합추정치를 나타낸다.

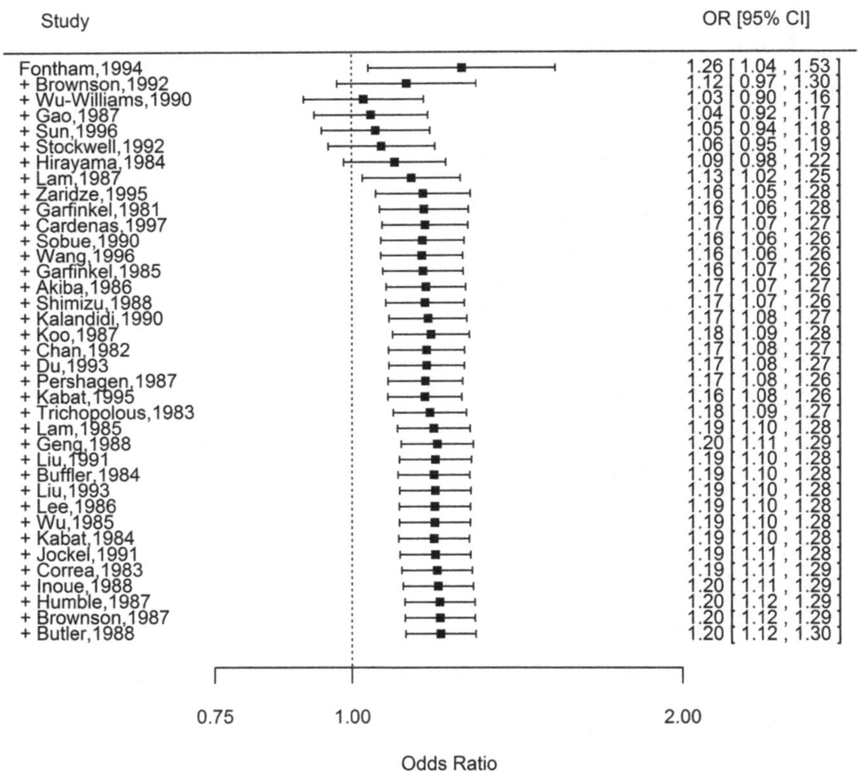

요약

- 일반적으로 효과크기가 크고 유의한 결과를 가지는 연구가 출판되는 경향이 높으므로, 출판된 연구들만을 대상으로 메타분석을 실시할 경우 실제 효과크기를 과대 추정할 수 있는데, 이러한 현상을 출판 비뚤림이라고 한다.
- 베그 검정법과 에거 검정법은 메타분석에 포함된 연구수가 10개보다 작거나 심각한 출판 비뚤림이 없는 경우 검정력이 낮은 방법으로 알려져 있으며, 회귀분석 방법을 이용한 에거 방법이 베그 방법에 비해 검정력이 다소 높다.
- 만일 깔때기 그림이나 베그 검정, 에거 검정을 통해 출판 비뚤림이 있다고 판단될 경우 출판 비뚤림이 전체 효과크기에 미치는 영향을 검토하기 위해 trim-and-fill 방법과 fail-safe N 방법을 사용해야 한다.
- 누적 메타분석은 먼저 하나의 연구로 메타분석을 수행하고, 다른 연구를 하나씩 추가하면서 메타분석을 반복적으로 수행하여 그 효과크기의 변화를 관찰하는 방법으로, 출판 비뚤림을 파악하기 위해 사용할 수 있다.

7장 WinBUGS

베이지안 메타분석 및 네트워크 메타분석을 위해 마르코프 연쇄 몬테칼로 방법(Markov Chain Monte Carlo, MCMC)을 사용하여 베이지안 모형을 적합시키는 통계패키지 WinBUGS를 소개한다. WinBUGS에서는 베이지안 모형만 계층적으로 적절히 설정해 주면 MCMC 계산에 필요한 조건부확률분포를 내부적으로 알아서 결정하여 계산을 수행하므로 매우 편리하다.

7.1 WinBUGS 소개

BUGS(Bayesian inference Using Gibbs Sampling)는 마르코프 연쇄 몬테칼로 방법을 사용한 복잡한 통계모형의 베이지안 분석을 위한 컴퓨터 소프트웨어이다. BUGS는 캠브리지 대학교의 MRC Biostatistics Unit에서 통계 연구 프로젝트로 시작되어 지금은 런던의 임페리얼 칼리지 의과대학과 공동으로 개발하고 있다.

BUGS는 인터넷을 통해 홈페이지 http://www.mrc-bsu.cam.ac.uk/bugs/에서 자유롭게 내려받아 사용할 수 있다. 또한 이 홈페이지는 BUGS에 관한 매뉴얼, 예제 등 BUGS 사용에 관한 정보, BUGS를 사용한 논문이나 참고문헌에 대한 정보, 웹상에서 공개된 BUGS를 사용한 각종 자료, 사용자 그룹에 관한 정보, BUGS에 관한 최신 정보를 제공한다.

BUGS는 처음 개발되었던 Classic BUGS와 윈도 버전인 WinBUGS가 있다. Classic BUGS는 모형을 텍스트로 서술하고 명령어를 사용하여 시뮬레이션을 수행하나, WinBUGS는 DoodleBUGS라고 불리는 그래픽 인터페이스를 사용하여 모형을 설정하고 '포인트와 클릭'의 윈도 인터페이스를 사용하여 분석을 수행한다. 또한 시뮬레이션의 수렴여부를 그래프로 모니터링할 수 있다. Classic BUGS는 개발이 중단되어 더 이상의 상위 버전이 나오지 않고 있으나, WinBUGS는 지금도 계속 개발이 진행되고 있다.

WinBUGS 내부에서 모형 설정과 시뮬레이션은 별개의 성분이다. 텍스트로 바뀐 모형은 DoodleBUGS의 출력이며 텍스트로 된 모형 서술은 시뮬레이션 프로그램의 입력으로 사용된다. WinBUGS는 Classic BUGS에 없는 여러 가지 특징을 가지고 있다. 예를 들면, 메트로폴리스 샘플러, 온라인 그래픽스 모니터링 도구, 수행 중인 시뮬레이션의 평균과 표준편차의 모니터링, 반복 측정된 자료에 대한 자동적인 잔차그림, 다중표본연쇄와 겔만-루빈의 수렴진단 통계량 제공 등이다.

BUGS는 계층적 모형을 구체적으로 표현하기 위해 S-같은 구문(S-like syntax)을 사용한다. 일단 모형이 계층적으로 정해지면 BUGS는 이 구문을 그래프 모형으로 바꾸어 MCMC 알고리즘을 사용하기 위해 필요한 개별 조건부확률분포를 결정한다. 이때 그래프의 노드(node)는 자료와 모형에 있는 모수에 해당한다. BUGS는 모수 노드로부터 계속 표본을 생성하여 결과를 출력 파일로 작성하고 기본적인 수렴진단과 사후요약통계량을 계산한다.

• WinBUGS 설치 방법

먼저 BUGS 홈페이지에 접속하여 왼쪽 탭들 중 "WinBUGS" 탭을 클릭한 후, 다음 화면에서 노란색 박스 밑의 "Quick start" 라고 적힌 부분 아래의 파란색으로 표시된 "WinBUGS14.exe" 링크를 클릭한다(그림 7-1).

파일 다운로드의 실행 여부를 묻는 창이 뜨면, "실행"을 클릭하여 WinBUGS 파일을 내려받을 수 있고, 이를 실행하면 〈그림 7-2〉와 같은 WinBUGS 설치 화면이

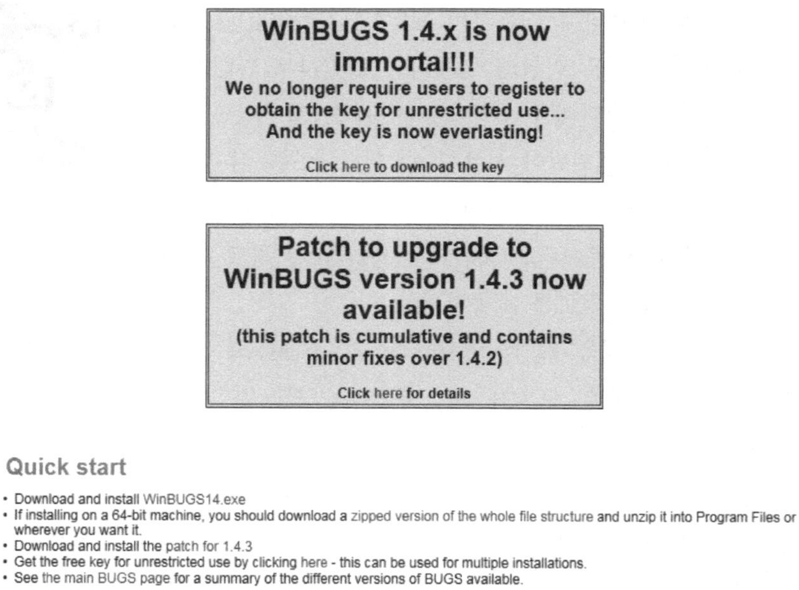

그림 7-1 홈페이지 WinBUGS 탭 화면

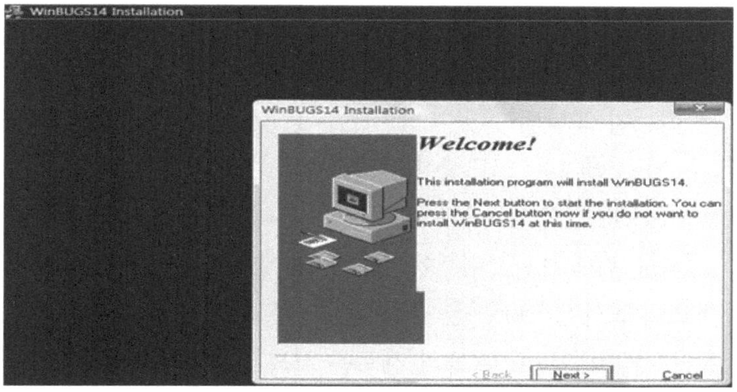

그림 7-2 WinBUGS 설치 화면

나타난다.

WinBUGS를 설치할 디렉토리를 사용자가 직접 지정할 수 있으나, 지정하지 않으면 미리 지정되어 있는 디렉토리 'C:₩Program Files₩WinBUGS14'에 자동으로 설치가 된다. 이때 설치를 마치면 일반적으로 자신의 프로그램을 실행할 수 있는 아이콘이 만들어지는데, 자동생성이 되지 않는 경우 손수 아이콘을 작성할 필요가 있다.

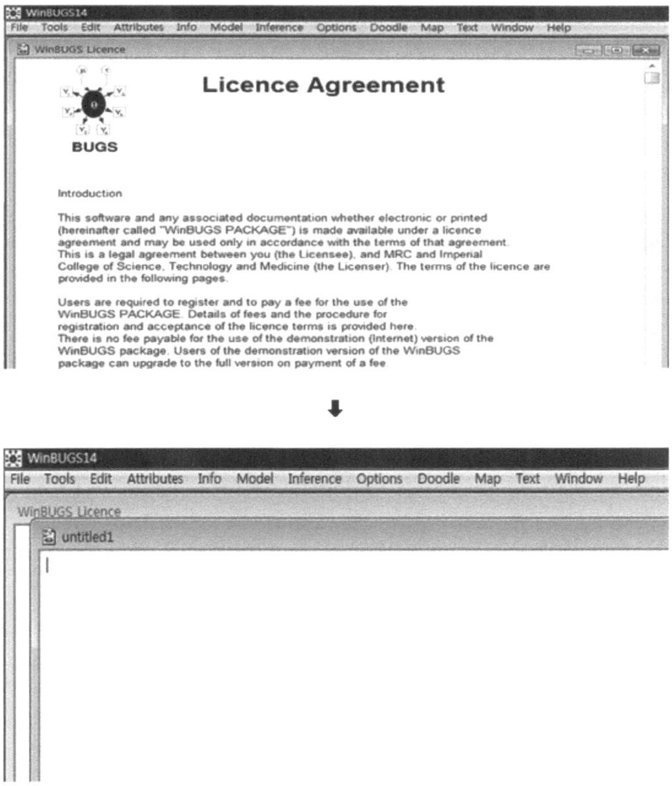

그림 7-3 WinBUGS 시작과 코드창 실행

설치한 WinBUGS 프로그램을 실행하면 〈그림 7-3〉과 같은 실행 화면이 나타난다. 윗부분에 있는 메뉴에는 파일을 열거나 베이지안 분석을 수행하거나 편집 작업을 하는 기능이 포함되어 있다. 【File】⇒【New】를 선택하면 다음과 같이 코드를 입력할 수 있는 새로운 코드창이 뜬다.

WinBUGS를 정상적으로 사용하기 위해서는 라이센스 등록이 필요하다. 라이센스 등록을 위해, 다시 이전에 접속한 홈페이지로 돌아가서 첫 번째 노란 박스의 파란색으로 표시된 "here"을 클릭하면 다운로드 키가 적힌 페이지로 이동하는데 이를 전체 복사하여 WinBUGS의 새로운 코드 창에 붙여 넣는다(그림 7-4).

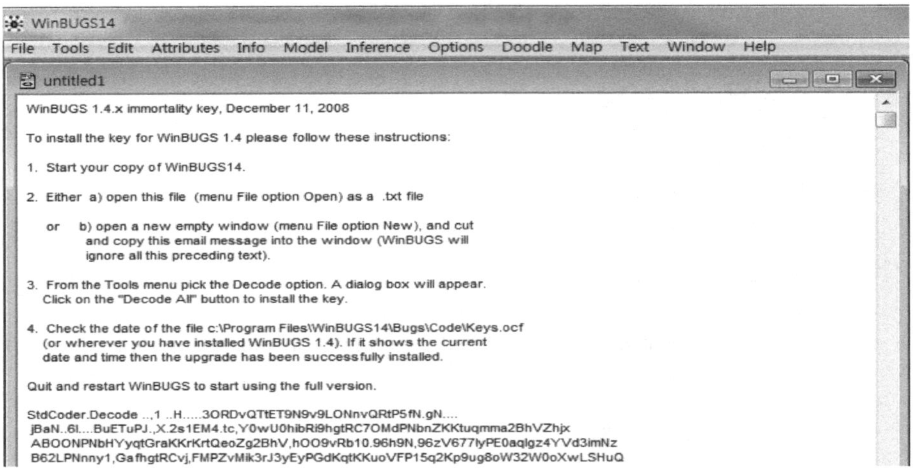

그림 7-4 다운로드 키 실행을 위한 코드창

【Tools】⇒【Decode】를 선택하여 〈그림 7-5〉와 같은 창이 뜨면 "Decode All" 버튼을 클릭한다.

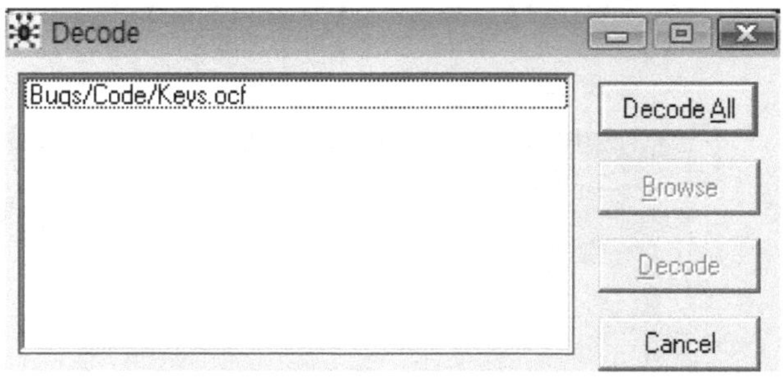

그림 7-5 Decode 창

다시 【File】⇒【New】를 한 번 더 클릭하여 또 다른 새로운 코드창을 띄워 놓고, 이전에 접속한 홈페이지로 돌아가 이번에는 "Quick start"라는 제목 아래에 있는 파란색으로 적힌 "patch for 1.4.3" 링크를 클릭한다. 그러면 앞에서와 마찬가지로 키가 적힌 페이지로 이동하게 되며, 이를 전체 복사한 후 이전에 띄워놓은 다른 새로운 코드창에 붙여 넣은 다음 【Tools】⇒【Decode】를 선택하여 Decode 창이 뜨면 "Decode All" 버튼을 클릭한다.

사용자의 시스템이 64-bit라면, "Quick start" 바로 아래의 "WinBUGS14.exe"을 실행하는 대신, 두 번째 줄의 "zipped version of the whole the structure" 링크를 클릭하여 원하는 위치에 내려받은 후, 압축을 풀어서 "WinBUGS14. exe"를 실행한 다음, 그 다음 설치 단계를 진행하도록 한다.

7.2 WinBUGS 기초

• WinBUGS의 개요

다른 소프트웨어와 마찬가지로 WinBUGS에서도 【Help】 메뉴를 잘 사용하면 매우 편리하다. 【Help】 메뉴 아래 User manual을 선택하면 WinBUGS 사용자 매뉴얼을 볼 수 있다. 이뿐만 아니라 BUGS 홈페이지에서 "Overview & Demo"를 선택하면 'Contents'가 나타난다. 'Contents'에서 'WinBUGS demonstrations'을 선택하여 나타나는 첫 번째 항목 중 'WinBUGS-The Movie!'를 선택하면 WinBUGS의 사용 방법에 관한 튜토리얼 화면이 나타난다. 이 튜토리얼을 단계별로 따라 하면 초보자도 WinBUGS를 아주 쉽게 익힐 수 있다.

WinBUGS 프로그램의 확장자는 .odc로, 이 파일은 3가지 요소로 구성되어 있다. 분석에 사용될 모형을 정의하는 부분, 자료를 정의하는 부분, MCMC 계산을 위한 초깃값을 정의하는 부분으로 구성되어 있으며 【File】⇒【New】로 나타나는 코드창에 다음과 같은 스크립트로 정의할 수 있다.

```
# 모형정의
model{
 Likelihood 정의
 Prior distribution 정의
}
# 자료 정의
list(.....)
# 초깃값 정의
list(......)
```

스크립트 정의를 통해 WinBUGS 언어로 표현된 베이지안 모형의 분석 절차를 개괄적으로 요약하면 다음과 같다.

- 모형점검: 정의한 스크립트에서 모형 부분의 문법을 점검한다.
- 자료 불러오기: 입력한 자료를 로드한다.
- 모형 컴파일: 정의한 모형 및 로드된 자료를 컴파일한다.
- 초깃값 설정: 초깃값을 지정한다.
- 샘플러 실행: 정의한 모형에 대한 MCMC 알고리즘을 수행하여 난수(표본)를 생성한다.
- 결과분석: WinBUGS에 내장된 Tool 박스의 여러 옵션을 이용하여 결과분석을 한다.
- 수렴진단: MCMC 알고리즘의 수렴여부를 진단한다. MCMC 알고리즘의 수렴 여부 진단은 필수적이다.
- 추가분석: 수행한 수치적 분석 결과를 시각적으로 제시한다.

예제

WinBUGS를 체계적으로 익히기 위해 예제 3-3의 BCG 백신 자료를 이용한 베이지안 랜덤효과모형을 예로 들어 보자. 13개 연구에서 추출한 BCG 백신 접종군과 대조군에서의 전체 대상자수와 결핵이 발생한 환자수, 공변량인 위도 자료는 다음과 같다.

연구	백신 접종군		대조군		위도 (x_i)
	전체 대상자수 (n_i^A)	결핵 발생자수 (r_i^A)	전체 대상자수 (n_i^B)	결핵 발생자수 (r_i^B)	
Aronson(1948)	123	4	139	11	44
Ferguson & Simes(1949)	306	6	303	29	55
Rosenthal et al(1960)	231	3	220	11	42
Hart & Sutherland(1977)	13598	62	12867	248	52
Frimodt-Moller et al(1973)	5069	33	5808	47	13
Stein & Aronson(1953)	1541	180	1451	372	44
Vandiviere et al(1973)	2545	8	629	10	19
TPT Madras(1980)	88391	505	88391	499	13
Coetzee & Berjak(1968)	7499	29	7277	45	27
Rosenthal et al(1961)	1716	17	1665	65	42
Comstock et al(1974)	50634	186	27338	141	18
Comstock & Webster(1969)	2498	5	2341	3	33
Comstock et al(1976)	16913	27	17854	29	33

이 자료에 대한 베이지안 랜덤효과모형은 다음과 같다.

$$r_i^A \overset{ind}{\sim} B(n_i^A, p_i^A),\ r_i^B \overset{ind}{\sim} B(n_i^B, p_i^B), \quad i = 1,\cdots,13$$

$$logit(p_i^A) = \mu_i,\ logit(p_i^B) = \mu_i + \theta_i$$

여기서 r_i^A는 i번째 연구의 그룹 A에서 관심사건이 발생한 대상자수이고, n_i^A는 그룹 A의 전체 연구대상자수, p_i^A는 그룹 A의 관심사건 발생확률이다. r_i^B는 i번째 연구의 그룹 B에서 관심사건이 발생한 대상자수이고 n_i^B는 그룹 B의 전체 연구대상자수, p_i^B는 그룹 B의 관심사건 발생확률이다. i번째 연구에서의 그룹 A에 대한 그룹 B의 오즈비는 $OR_i = \exp(\theta_i)$이며, $\exp(d)$는 모집단 전체의 평균 오즈비, τ^2은 연구 간 $\log(OR_i)$의 분산을 나타낸다.

모수에 대한 사전정보가 거의 없으므로 μ_i와 d, τ^2에 대해 퍼진 형태의 무정보적 사전분포를 고려하였다.

$$\theta_i \overset{ind}{\sim} N(d, \tau^2),\ \mu_i \sim N(0, 10^6)$$

$$d \sim N(0, 10^6),\ \tau^2 \sim IG(0.001, 0.001)$$

여기서 우리의 관심은 각 13개 연구의 그룹 A에 대한 그룹 B의 오즈비 $OR_i = \exp(\theta_i)$와 모집단 전체의 평균 오즈비 $\exp(d)$, 연구 간 분산 τ^2 이다.

위 베이지안 모형을 BUGS 언어로 표현하면 다음과 같다.

```
model
{
for( i in 1 : k )
    {
        rA[i] ~ dbin(pA[i], nA[i])
        rB[i] ~ dbin(pB[i], nB[i])
                logit(pA[i]) <- mu[i]
                logit(pB[i]) <- mu[i] + theta[i]
                mu[i] ~ dnorm(0.0,1.0E-6)
                theta[i] ~ dnorm(d, prec)
                OR[i] <- exp(theta[i])
    }
```

```
    pooledOR <- exp(d)
    d ~ dnorm(0.0,1.0E-6)
    prec~dgamma(0.001,0.001)
    tau.sq <- 1/prec
}
```

위와 같은 모형을 정의하는 스크립트는 항상 'model' 문으로 시작하며, 분포를 가정할 때는 '~' 기호를, 자료를 변환하여 다른 대상으로 할당할 때에는 '<-' 기호를 사용한다.

WinBUGS에서 사용하는 분포의 이름에는 dbin, dnorm, dgamma, dbeta 등 여러 가지가 있는데, 이는 통계패키지 R에서 사용하는 이름과 유사하다. 그러나 모수를 입력하는 형식이 다른 분포가 있으므로 이 점을 유의해야 한다. 예를 들어, 예제의 무정보적 사전분포처럼 평균이 0이고 분산이 10^6인 정규분포로부터 랜덤표본을 추출하는 경우에는 "mu[i] ~ dnorm(0, 10^{-6})"으로 입력해야 하는데, 이는 WinBUGS에서는 정규분포의 모수로 평균과 정밀도를 고려하기 때문이다. 즉, 분산 대신 분산의 역수를 입력해야 하며, 이는 mu[i] ~ dnorm(0, 1.0E−6)로 표현한다.

모형을 정의한 후에는 자료 혹은 알고 있는 어떤 모수의 값을 'list' 문을 이용하여 지정해 주어야 한다. 위 예제의 경우에는 다음과 같이 BUGS 언어로 자료를 지정해 줄 수 있다.

```
# Data
list(rA=c(4,6,3,62,33,180,8,505,29,17,186,5,27),
rB=c(11,29,11,248,47,372,10,499,45,65,141,3,29),
nA=c(123,306,231,13598,5069,1541,2545,88391,7499,1716,50634,2498,16913),
nB=c(139,303,220,12867,5808,1451,629,88391,7277,1665,27338,2341,17854),
k=13)
```

마지막으로 MCMC 기법에 필요한 모수들의 초깃값을 지정해 주어야 한다. 위의 예제에서 관심모수는 d, $1/\tau^2$, θ_i, μ_i이므로, $d=0$, $1/\tau^2=1$, $\theta_i=0$, $\mu_i=0$ ($i=1,\ldots,13$)에서 시뮬레이션을 시작한다고 하면, 다음과 같이 BUGS 언어로 표현할 수 있다.

```
# Initial values
list(d=0,prec=1,theta=c(0,0,0,0,0,0,0,0,0,0,0,0,0),mu=c(0,0,0,0,0,0,0,0,0,0,
0,0,0))
```

한편, MCMC 기법의 수렴여부를 진단하기 위해서는 두 개 이상의 연쇄를 고려해야 하는데, 이 경우 각 연쇄에 필요한 모수들의 초깃값을 모두 지정해 주어야 한다. 본 예제에서는 2개의 연쇄를 고려하여 초깃값을 지정하여 다음과 같이 BUGS 언어로 표현하고자 한다(관심모수가 여러 개일 경우, 다중연쇄를 위한 초깃값을 자동으로 지정해 주는 "gen inits"을 사용할 수도 있다).

```
# Initial values
list(d=0,prec=1,theta=c(0,0,0,0,0,0,0,0,0,0,0,0,0),mu=c(0,0,0,0,0,0,0,0,0,0,
0,0,0))
list(d=1,prec=1,theta=c(0,0,0,0,0,0,0,0,0,0,0,0,0),mu=c(0,0,0,0,0,0,0,0,0,0,
0,0,0))
```

WinBUGS를 실행한 후 메뉴의 【File】에서 【New】를 선택하면 WinBUGS 코드창이 나타난다. 이 WinBUGS 코드창에 앞에서 정의한 스크립트를 입력하면 〈그림 7-6〉과 같다.

이처럼 WinBUGS는 필요한 모든 코드를 입력한 후에 실제로 모형에 따른 분석을 하게 된다.

```
untitled4
# Bayesian random-effects model (Odds ratio)

model
{
   for( i in 1 : k ) {
     rA[i] ~ dbin(pA[i], nA[i])
     rB[i] ~ dbin(pB[i], nB[i])
     logit(pA[i]) <- mu[i]
     logit(pB[i]) <- mu[i] + theta[i]
     mu[i] ~ dnorm(0.0,1.0E-6)
     theta[i] ~ dnorm(d, prec)
     OR[i] <- exp(theta[i])
   }
   pooledOR <- exp(d)
   d ~ dnorm(0.0,1.0E-6)
   prec~dgamma(0.001,0.001)
   tau.sq<-1/prec
}

# Data
list(rA=c(4,6,3,62,33,180,8,505,29,17,186,5,27), rB=c(11,29,11,248,47,372,10,499,45,65,141,3,29),
nA=c(123,306,231,13598,5069,1541,2545,88391,7499,1716,50634,2498,16913),
nB=c(139,303,220,12867,5808,1451,629,88391,7277,1665,27338,2341,17854), k=13)

# Initial Values
list(d=0, prec =1, theta=c(0,0,0,0,0,0,0,0,0,0,0,0,0),
mu=c(0,0,0,0,0,0,0,0,0,0,0,0,0))
list(d=1, prec =1, theta=c(0,0,0,0,0,0,0,0,0,0,0,0,0),
mu=c(0,0,0,0,0,0,0,0,0,0,0,0,0))
```

그림 7-6 모형 정의를 위한 스크립트 입력 화면

• 예제를 이용한 WinBUGS 단계별 실행

앞에서 소개한 BCG 자료에 대한 베이지안 랜덤효과모형을 이용하여, WinBUGS 프로그램을 어떻게 사용하는지 단계별로 살펴보도록 하자.

(1) 모형 점검

WinBUGS 코드창에 입력한 스크립트에서 모형 부분의 문법을 점검하는 단계이다. WinBUGS 코드창에서 "model"을 마우스의 왼쪽 버튼을 누른 상태에서 검게 선택한 후 메뉴 【Model】에서 【Specification】을 선택하면 아래의 툴 박스가 나타나게 되고, 여기서 "check model" 버튼을 선택한다(그림 7-7).

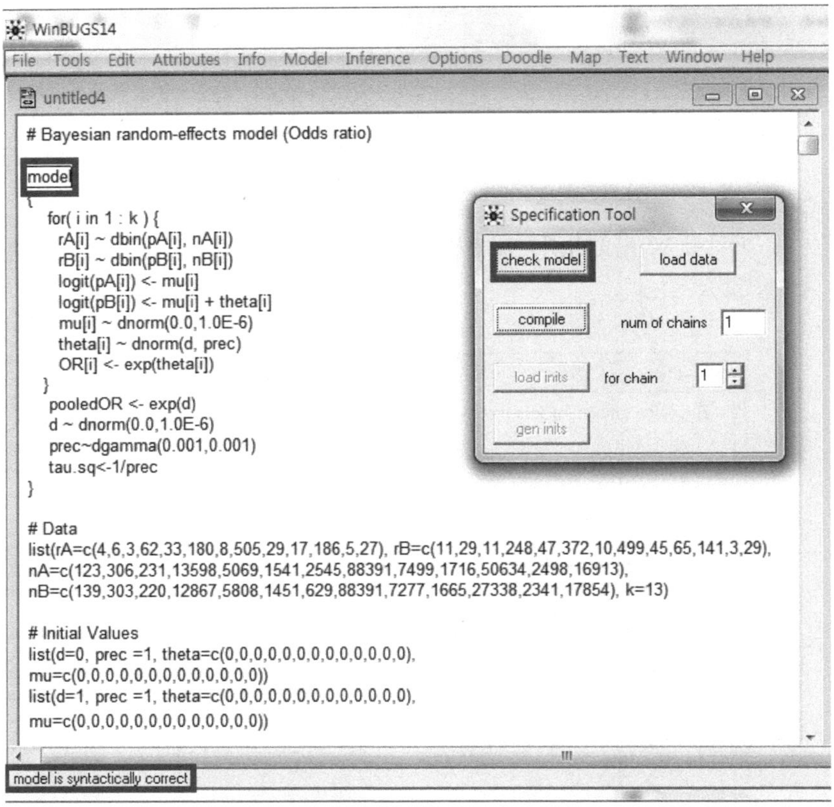

그림 7-7 모형 점검

이 부분에서 입력한 모형이 문법적으로 맞을 경우에는 WinBUGS 프로그램 창 맨 아래 왼쪽 바에 "model is syntactically correct"라는 문구가 나타나며, 다음 단계로 넘어갈 수 있도록 "load data"와 "compile" 버튼이 활성화된다. 또한 이 부분에서 여러 모형을 사용하게 되면 "the new model will replace the old one"이라는 메시지를 받게 되는데 "확인" 버튼을 누르면 이전에 사용한 모형은 삭제된다. 만약 스크립트의 모형 부분의 문법에 오류가 있을 경우, 오류가 감지되었다는 문구와 함께 문법적 오류가 발생한 위치로 커서가 이동한다.

(2) 자료 불러오기와 컴파일, 초깃값 설정

자료 로드, 모형 컴파일, 그리고 초깃값을 로드하는 세 단계를 살펴보자. WinBUGS의 코드창에서 자료에 해당하는 "list"를 마우스의 왼쪽 버튼을 누른 상태에서 검게 선택하고 "Specification Tool" 창에서 차례로 "load data" 버튼과 "compile" 버튼을 선택한다. 만약 두 개 이상의 다중연쇄를 고려한다면, "load data" 버튼을 클릭한 후 "num of chians"의 텍스트 상자에 고려하는 연쇄의 개수를 입력한 후 "compile" 버튼을 클릭하면 된다(그림 7-8).

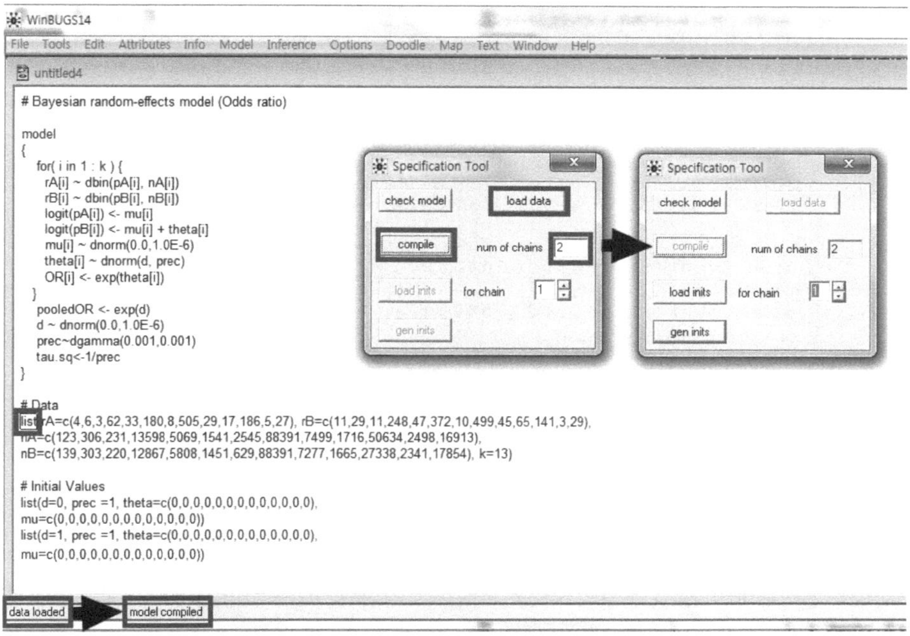

그림 7-8 자료 불러오기와 컴파일

본 예제의 경우 2개의 다중연쇄를 고려하므로, "load data" 버튼을 클릭한 후 "num of chains"의 텍스트 상자에 '2'를 입력하고 "compile" 버튼을 클릭한다. 모형점검 단계와 마찬가지로 버튼을 클릭할 때마다 WinBUGS 프로그램 창의 맨 아래 왼쪽 부분에서 각 실행 문구가 나타나므로 현재 실행 상태를 알 수 있다.

여기서 다시 WinBUGS 코드창에 입력한 스크립트의 초깃값에 해당하는 "list" 부분을 마우스의 왼쪽 버튼을 누른 상태에서 드래그한 후 블록을 지정한 다음 "load inits" 버튼을 클릭한다. 만약 다중연쇄를 고려함에 따라 초깃값의 "list"문의 개수가 두 개 이상이라면, 그 개수만큼 위의 과정을 반복하면 된다(그림 7-9).

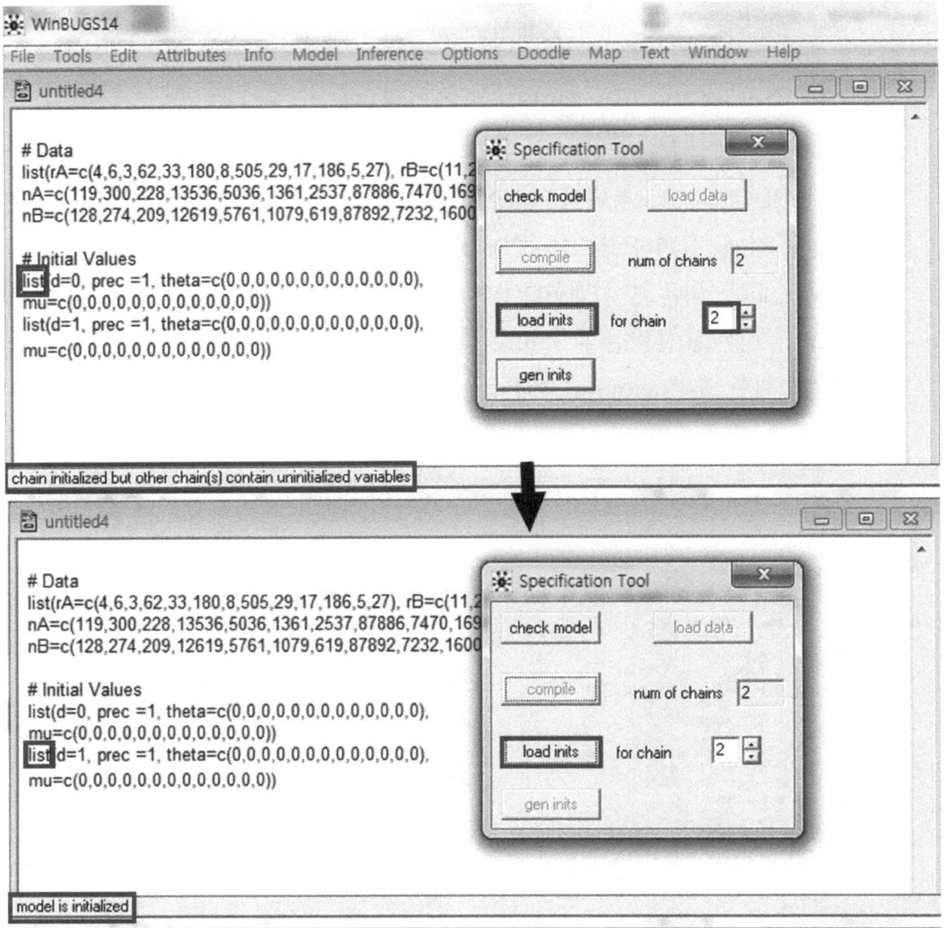

그림 7-9 초깃값 설정

본 예제의 경우 2개의 다중연쇄를 고려함에 따라 “list” 문의 개수가 2개이므로, 위의 과정을 2번 반복한다. 이때 chain의 개수만큼 반복함에 따라 “for chain”의 숫자가 자동으로 지정한 반복수까지 차례로 증가한다.

사용자는 “gen inits” 버튼을 이용하여 관심모수(노드)에 대한 초깃값을 난수로 발생시킬 수도 있다. 이 옵션은 관심모수의 수가 많을 경우 유용하게 쓰일 수 있으나 어떠한 경우에는 부적절한 난수를 발생시킴으로써 MCMC 알고리즘의 수렴 속도를 늦출 수 있다.

(3) 샘플러의 실행

- **Update Tool** – MCMC 알고리즘을 실행하는 단계로 사용자가 정의한 알고리즘에서 난수(표본)를 생성한다. 메뉴 【Model】에서 【Update...】를 선택하면 〈그림 7-10〉과 같은 "Update Tool" 창이 나타난다. 먼저, "Update Tool"의 옵션들을 살펴보자.

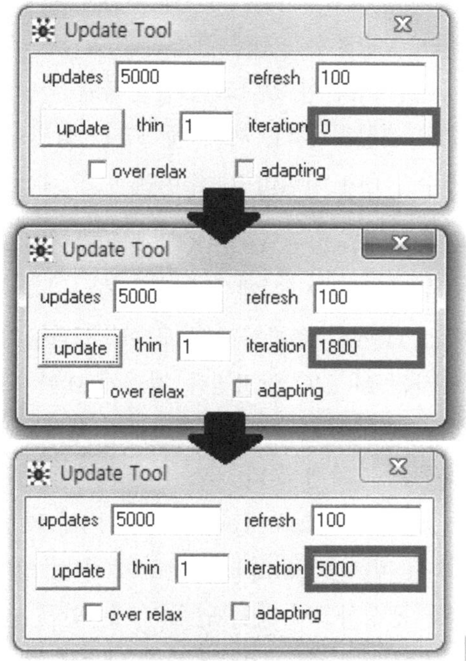

그림 7-10 Update Tool 옵션

- "iteration": 현재 추출되고 있는 난수의 개수를 실시간으로 보여 주는 옵션이다. 예를 들어, 5,000개의 난수를 발생하고자 했을 때, "updates"의 텍스트 상자에 5,000을 입력하고 "update" 버튼을 클릭하면 "iteration"의 텍스트 상자에서 현재 추출되고 있는 난수의 개수를 실시간으로 확인할 수 있다.
- "refresh": 사용자는 "refresh" 옵션을 통해 "iteration"에서 추출되고 있는 난수의 개수를 몇 개의 단위로 볼 것인지를 정할 수 있으며, Sample Monitor Tool에서 몇 개의 단위로 동적 시도표를 그릴 것인지를 정할 수 있다. 만약 사용자가 "refresh"의 텍스트 상자에 '200'을 입력하면, "iteration"의 값이 '200' 단위로 실시간 증가하는 것을 볼 수 있으며 Sample Monitor Tool의 "trace"를 클릭하면 200개의 난수마다 동적 시도표가 실시간으로 그려진다. 만약 난수를 모두 발생한 후, Sample Monitor Tool 창의 "trace" 버튼을 클릭한다면, 맨 마지막 200개의 난수에 대한 시도표가 그려진 창이 뜬다.

- “thin”: 생성된 난수를 어떤 간격으로 추출할지를 정의한다. 예를 들어 “thin”의 텍스트 상자에 10을 입력하면 “updates”의 텍스트 상자에 입력된 표본수가 될 때까지 10의 간격으로 난수를 생성하게 된다. 즉, WinBUGS 프로그램에서는 실제 10,000×10의 개수만큼의 난수를 생성하지만, 실제 난수는 생성된 난수들 중 ‘10’의 간격으로 10,000개의 난수들만 추출된다.

보통 마르코프 체인 가정이 만족(직전에 발생된 난수와 상관관계가 있으며, 그 전에 발생한 난수와는 상관계수가 0에 가까워야 함)되는지 확인하기 위하여 자기상관계수를 확인한 후 자기상관이 있다고 판단될 경우 thin을 이용하여 마르코프 체인 가정을 만족하도록 조정해 준다. 예를 들어 자기상관그림을 확인한 결과 lag가 10일 때까지 상관계수가 0이 아니라면, thin을 10으로 조정해 준다.

- **Sample Monitor Tool** – WinBUGS에서 주어진 모형에 대해 결과분석을 하기 위해서는 메뉴 【Inference】에서 【Samples...】을 선택하면 활성화되는 Sample Monitor Tool 창에서 추론하려는 모수(노드)를 지정해 주어야 한다.

  보통 사용자는 MCMC 알고리즘 결과에 대한 초깃값의 영향을 제거하기 위해서 주로 번인(burn-in: 알고리즘으로부터 생성된 난수의 초기 일정 부분을 제거하는 것) 과정을 거치게 된다. WinBUGS에서 난수에 대해 번인 과정을 거치는 방법 중 하나로 ① Update Tool 창에서 번인 과정을 거치려는 난수의 개수만큼 난수 생성을 한 후, ② Sample Monitor Tool 창에서 추론하려는 모수(노드) 지정을 하고, ③ 생성하고자 하는 난수의 개수만큼 난수를 발생시키는 방법이 있다.

  예를 들어, (각 연쇄별) 10,000개의 난수를 생성하되 처음 5,000개는 버리고 나머지 5,000개로 관심모수를 추정하고자 할 경우, 〈그림 7-11〉과 같이 Update Tool을 이용하여 5,000개의 난수를 미리 생성시킨다. 그런 다음, 메뉴 【Inference】에서 【Samples...】을 선택하면 Sample Monitor Tool 창이 나타난다. 여기에서 ‘node’라는 텍스트 상자에 결과적으로 추론하려는 모수인 각 연구에서 A그룹에 대한 B그룹의 오즈비 ‘OR’, 모집단 전체의 평균 오즈비 ‘pooledOR’, 연구 간 log(OR_i)의 분산 ‘tau.sq’를 차례로 입력하고 “set”을 선택한다. 추론하고자 하는 모수를 모두 입력한 후에는 ‘*’를 입력해 준다. 여기서 주의할 점은 WinBUGS 코드창에 입력한 모수명은 알파벳 대소문자를 구별하여 그대로 입력하여야 한다. 다음으로 다시 Update Tool에서 나머지 5,000개의 난수를 발생시킨다. “iteration” 텍스트 창에 나타나는 난수의 수는 각 연쇄에 관한 것으로, 본 예제에서 2개의 연쇄를 고려하므로 총 10,000개의 난수로 관심모수를 추정하게 된다.

  번인 과정을 거치는 또 다른 방법으로 Sample Monitor Tool에 있는 “beg” 텍

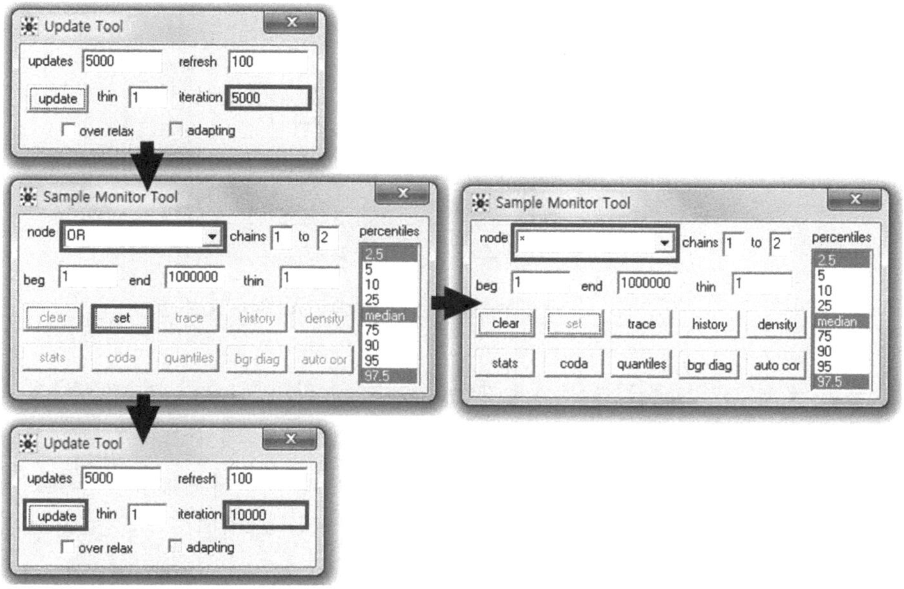

그림 7-11 번인 과정을 거친 난수 생성

스트 상자에 처음 자료로 사용하고자 하는 표본의 시작 번호를 입력하면 된다. 즉, Update Tool의 난수 생성 과정 없이, Sample Monitor Tool에서 추정하고자 하는 관심모수를 "set"하고 바로 "beg" 텍스트 상자를 이용하는 것이다. 예를 들어, Sample Monitor Tool에서 관심모수를 지정한 후, MCMC를 사용하여 10,000개의 표본을 생성하여 처음 5,000개의 표본은 번인 과정으로 생각하여 제외하고자 한다면 결과분석 전에 "beg" 텍스트 상자에 "5001"을 입력하면 된다.

(4) 결과분석

결과분석 과정은 주로 Sample Monitor Tool 창에서 수행한다. Sample Monitor Tool 창의 "node"의 텍스트 상자에서 입력한 관심모수(노드) 모두를 선택하기 위해, 텍스트 상자에 "*"를 입력하면 "set"을 제외한 나머지 버튼들이 활성화된다. 만약 생성된 난수 중 특성 모수(노드)에 대한 추정을 출력하고자 한다면, 해당 모수(노드)명을 node 텍스트 창에서 지정할 수 있다. 이들 중 사후요약추정값을 보고자 한다면 "stats" 버튼을, 사후분포의 그래프를 보고자 한다면 "density" 버튼을 클릭하면 된다(그림 7-12).

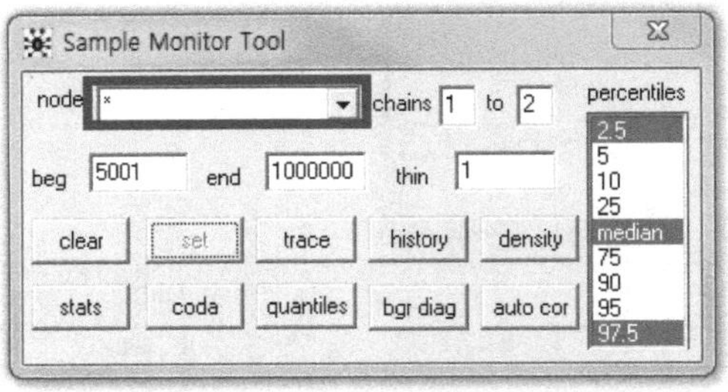

그림 7-12 Sample Monitor Tool 창

- **사후요약추정값** – Sample Monitor Tool 창의 "stats" 는 MCMC 알고리즘으로부터 추출된 난수(표본)로부터 사후요약추정값을 제시한다. "stats" 버튼을 클릭하게 되면, "Node statistics"라는 창이 뜨게 되는데, 여기는 사후요약추정값에 해당되는 값이 각 모수에 대해 출력된다. 출력되는 사후요약추정값은 "평균(mean)", "표준편차(sd)", "몬테칼로 오차(MC error)", "95% 신용구간(2.5%, 97.5%)", "중앙값(median)", "각 연쇄별 추출된 난수의 시작번호(start)"와 "추출된 표본의 크기(sample)"에 해당하는 8개의 결과이다.

Node statistics

node	mean	sd	MC error	2.5%	median	97.5%	start	sample
OR[1]	2.683	1.405	0.02754	1.048	2.39	6.121	5001	10000
OR[2]	4.209	1.689	0.04221	1.979	3.872	8.432	5001	10000
OR[3]	3.326	1.838	0.04495	1.248	2.886	8.06	5001	10000
OR[4]	4.205	0.6152	0.01918	3.15	4.149	5.616	5001	10000
OR[5]	1.373	0.3015	0.006273	0.8808	1.342	2.053	5001	10000
OR[6]	2.607	0.259	0.005383	2.147	2.591	3.159	5001	10000
OR[7]	3.984	1.68	0.0264	1.709	3.651	8.145	5001	10000
OR[8]	1.001	0.06298	0.001107	0.8832	0.999	1.13	5001	10000
OR[9]	1.711	0.3833	0.007616	1.095	1.672	2.571	5001	10000
OR[10]	3.803	1.001	0.0259	2.266	3.658	6.128	5001	10000
OR[11]	1.434	0.1569	0.002438	1.151	1.427	1.763	5001	10000
OR[12]	1.454	0.7721	0.01094	0.4477	1.297	3.413	5001	10000
OR[13]	1.191	0.3101	0.005819	0.6941	1.151	1.899	5001	10000
pooledOR	2.186	0.4644	0.006714	1.437	2.132	3.248	5001	10000
tau.sq	0.4398	0.2778	0.004884	0.1381	0.3691	1.156	5001	10000

그림 7-13 관심모수의 사후요약추정값

본 예제의 결과창에 해당하는 〈그림 7-13〉을 보면 각 연구의 오즈비(OR_i)와 모집단 전체의 평균 오즈비(pooledOR), 연구 간 log(OR_i)의 분산(τ^2)에 대한 추정 결과가 나타나는 것을 알 수 있다. 이 중 pooledOR과 τ^2에 대하여 해석하면 다음과 같다. 추출된 난수로부터 얻어지는 pooledOR과 τ^2의 사후평균 추정값은 "mean" 부분을 보면 확인할 수 있는데 각각 2.186과 0.4398로 나타나며, 사후 표준편차 추정값은 "sd" 부분에서 확인할 수 있고 각각 0.4644, 0.2778이다. "MC error"는 몬테칼로 오차 값으로 MCMC 알고리즘의 수렴여부를 진단하기 위해 확인하는 값이다. pooledOR과 τ^2에 대한 95% 신용구간을 확인하기 위해서는

"2.5%", "97.5%" 값을 확인할 수 있으며, 그 값은 각각 (1.437, 3.248), (0.1381, 1.156)이다. "start" 값에 나타나는 5001은 난수 생성 시 앞의 5,000개를 버렸다는 의미이고, 본 예제에서 생성한 난수는 앞의 5,000개를 버리고 각 연쇄에서 5,000개의 난수를 얻으므로, 2개의 연쇄에 대해서 "sample"의 값은 10,000개이다.

- **사후밀도함수 –** Sample Monitor Tool 창에서 "density" 버튼을 클릭하면 관심모수의 사후밀도함수를 그림으로 확인할 수 있으며, 〈그림 7-14〉는 본 예제의 관심모수 pooledOR과 τ^2의 사후밀도함수이다.

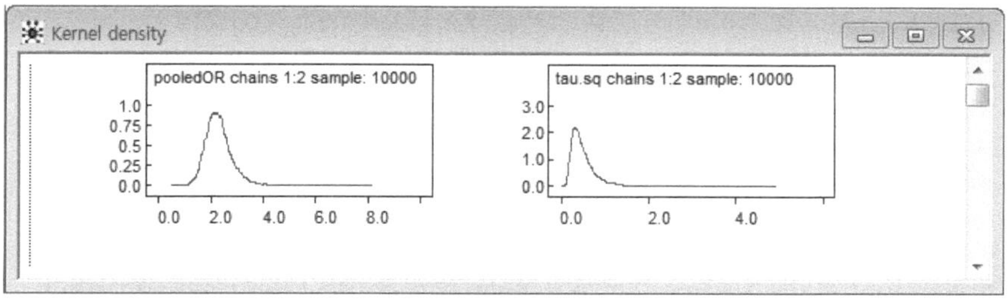

그림 7-14 관심모수의 사후밀도함수

(5) 수렴진단

MCMC 알고리즘의 수렴여부를 진단하는 단계로 몬테칼로 오차를 확인하는 방법, 사후밀도함수그림을 확인하는 방법, 자기상관그림을 확인하는 방법, 시도표를 확인하는 방법, 분위수그림을 확인하는 방법, 겔만-루빈 통계량을 이용하는 방법 등이 있다.

- **몬테칼로 오차 –** 수렴여부를 진단하는 방법 중 가장 간단한 방법이 몬테칼로 오차를 확인하는 것이다. 몬테칼로 오차는 MCMC 알고리즘 결과 분석에서 반드시 확인되어야 되는 중요한 값으로 그 값이 작을수록 높은 정밀도를 가지는 모수추정값이라고 해석할 수 있다. 특히 이 값이 관심모수에 대한 추정된 사후표준편차보다 작을 경우, 추정된 관심모수는 높은 정밀도를 가지고 있으며, 이에 따라 이 알고리즘은 수렴한다고 해석할 수 있다. 만약 값이 작지 않다고 하더라도 이 값은 생성된 표본크기에 반비례하므로 표본크기를 크게 하여 몬테칼로 오차의 값이 작게 나오도록 할 수 있다.

  앞에서 확인한 Sample Monitor Tool에서 "stats" 옵션으로 나타나는 "Node statistics"에서 'MC error'를 확인할 수 있으며, 본 예제에서 몬테칼로 오차는 모든 관심모수에 대해서 추정된 사후표준편차 값보다 작게 나타나므로 알고리즘이 잘 수렴한다고 볼 수 있다(그림 7-15).

node	mean	sd	MC error	2.5%	median	97.5%	start	sample
OR[1]	2.683	1.405	0.02754	1.048	2.39	6.121	5001	10000
OR[2]	4.209	1.689	0.04221	1.979	3.872	8.432	5001	10000
OR[3]	3.326	1.838	0.04495	1.248	2.886	8.06	5001	10000
OR[4]	4.205	0.6152	0.01918	3.15	4.149	5.616	5001	10000
OR[5]	1.373	0.3015	0.006273	0.8808	1.342	2.053	5001	10000
OR[6]	2.607	0.259	0.005383	2.147	2.591	3.159	5001	10000
OR[7]	3.984	1.68	0.0264	1.709	3.651	8.145	5001	10000
OR[8]	1.001	0.06298	0.001107	0.8832	0.999	1.13	5001	10000
OR[9]	1.711	0.3833	0.007616	1.095	1.672	2.571	5001	10000
OR[10]	3.803	1.001	0.0259	2.266	3.658	6.128	5001	10000
OR[11]	1.434	0.1569	0.002438	1.151	1.427	1.763	5001	10000
OR[12]	1.454	0.7721	0.01094	0.4477	1.297	3.413	5001	10000
OR[13]	1.191	0.3101	0.005819	0.6941	1.151	1.899	5001	10000
pooledOR	2.186	0.4644	0.006714	1.437	2.132	3.248	5001	10000
tau.sq	0.4398	0.2778	0.004884	0.1381	0.3691	1.156	5001	10000

그림 7-15 몬테칼로 오차

- **사후밀도함수 –** 수렴여부를 진단하는 다른 간단한 방법은 Sample Monitor Tool에서 "density" 옵션으로부터 얻어지는 관심모수의 사후밀도함수그림을 확인하는 것이다. 반복수를 달리하여 사후밀도함수를 구하였을 때, 반복수에 따라 그림이 매우 다른 모양을 갖는다면 이는 수렴이 잘되지 않음을 의미한다. 〈그림 7-16〉에서 본 예제의 관심모수 중 pooledOR의 분포를 확인해 보면 다양한 반복수에 따라 모양이 거의 변함이 없으므로 잘 수렴하다고 할 수 있다.

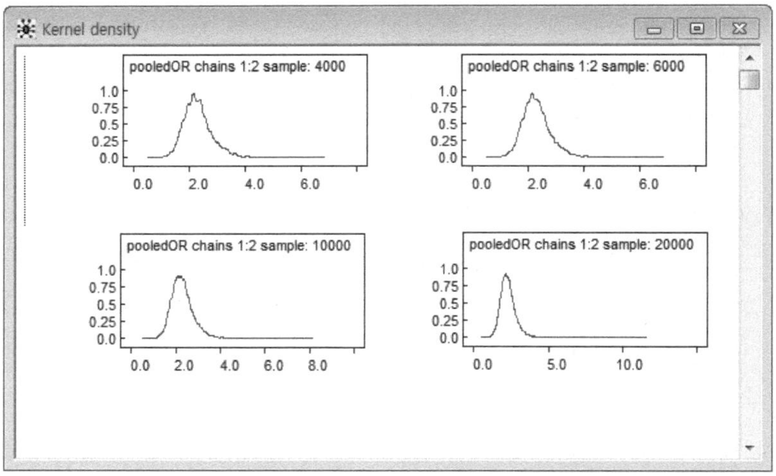

그림 7-16 반복수를 달리했을 때 exp(d)의 사후밀도함수그림

- **자기상관그림 –** 자기상관(autocorrelation)그림을 확인함으로써 수렴여부를 진단할 수도 있다. 자기상관계수가 낮은 경우 수렴이 굉장히 빠르다는 것을 의미하는 반면, 자기상관계수가 높은 경우 수렴이 느리다는 것을 의미한다. Sample Monitor Tool 박스에서 "Auto cor" 버튼을 클릭하면 다음과 같은 그림창이 나타

나며, lag에 따른 대략적인 자기상관 정도가 나타난다. 그래프가 아닌 수치적인 값을 확인하고자 한다면 그래프를 더블클릭한 후, [Ctrl] 키를 누른 상태에서 마우스 왼쪽 버튼을 클릭하면 된다. 그러면 각 연쇄에 대한 자기상관계수가 나타난다.

본 예제의 관심모수 중 τ^2에 관한 자기상관그림과 수치값을 함께 확인해 보면 〈그림 7-17〉과 같은데, lag 값이 약 10이 되면 τ^2에 관한 자기상관계수가 낮아지는 것을 볼 수 있다. 이는 '10'의 간격으로 난수를 뽑는다면 독립적으로 난수가 생성될 가능성이 높음을 의미한다. 이를 위해 Sample Monitor Tool의 "thin"의 텍스트 상자에 '10'을 입력하면, 10의 간격으로 난수를 뽑을 수 있다(그림 7-18).

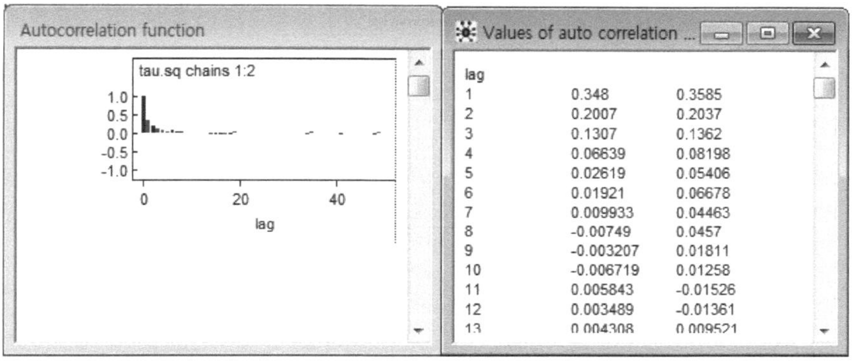

그림 7-17 thin=1일 때 관심모수 τ^2의 자기상관그림과 수치값

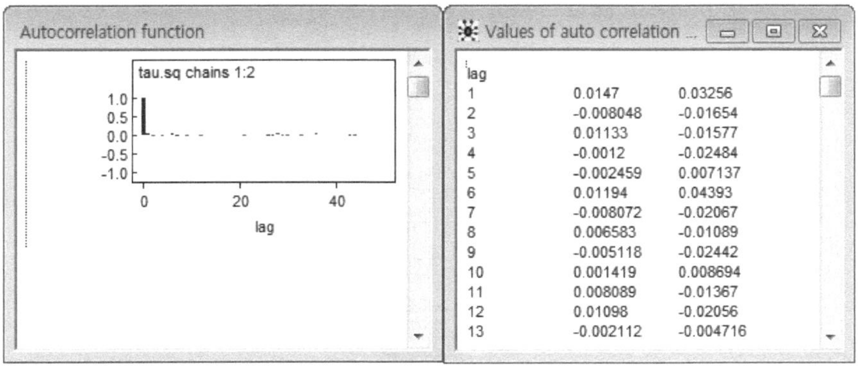

그림 7-18 thin=10일 때 관심모수 τ^2의 자기상관그림과 수치값

"thin"의 값이 1인 경우와 "thin"의 값을 10인 경우의 τ^2에 대한 사후분포 및 사후요약추정치는 다음과 같다.

(thin=1인 경우)

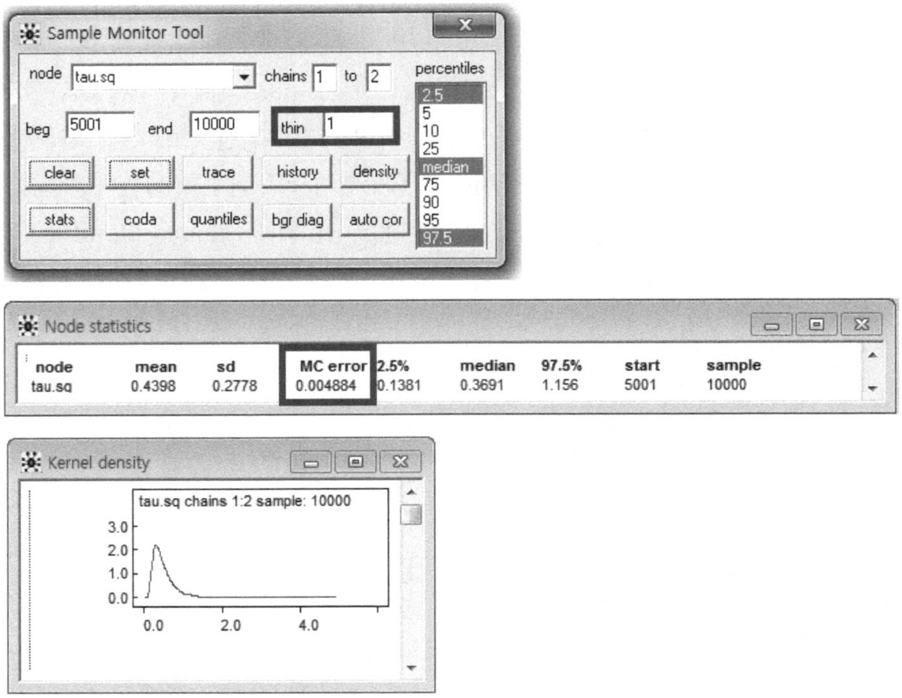

(thin=10인 경우)

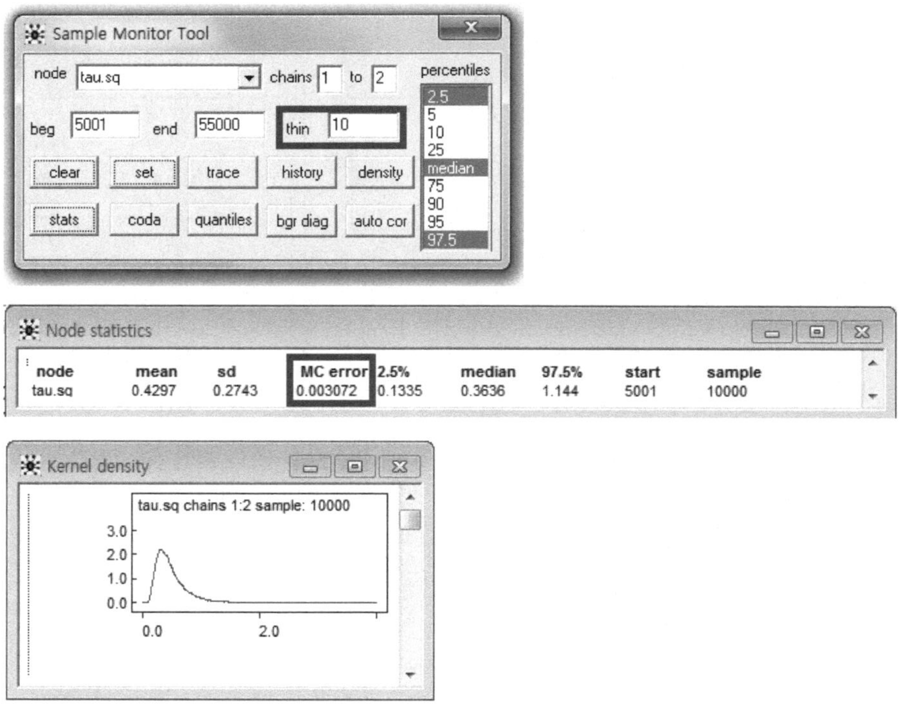

두 가지 경우를 비교한 결과, 사후요약추정치는 크게 변하지 않으나, 몬테칼로 오차값이 0.004884에서 0.003072로 약간 줄어든 것을 알 수 있다.

■ **시도표** – 수렴여부를 진단하는 또 다른 방법으로는 시도표(trace plot)를 확인하는 것이다. Sample Monitor Tool 창에서 "history" 버튼을 클릭하면 다음과 같은 시도표를 확인할 수 있으며, 만약 이 그림이 특정한 패턴을 보이지 않는다면 MCMC 알고리즘이 수렴한다고 해석한다.

메뉴 【Help】에서 【User manual】를 클릭하면 "WinBUGS User Manual" 창이 뜨는데, "Contents" 아래의 파란색의 tutorial 링크를 클릭하게 되면, 수렴진단에 대한 설명에서 시도표에 대한 예시를 볼 수 있다. 다음의 두 예시를 보면 수렴에 대한 시도표의 양상을 확인할 수 있다.

(수렴하는 경우)

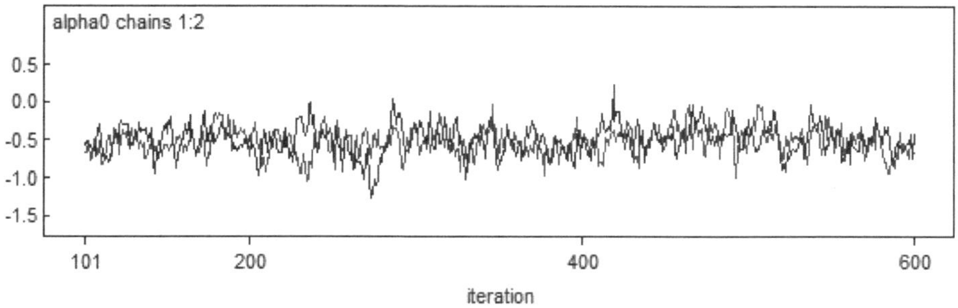

(수렴하지 않는 경우)

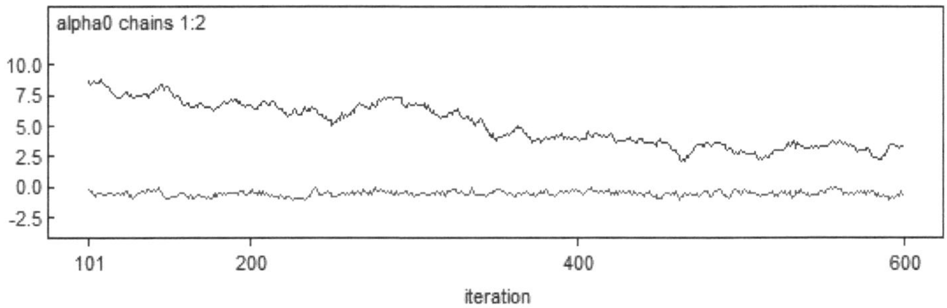

수렴하는 경우의 그림은 두 연쇄가 패턴 없이 얽혀져 그려진 반면에, 수렴하지 않는 그림은 두 연쇄가 따로 그려져 있으며, 위쪽 선은 감소하는 경향을, 아래쪽 선은 거의 변화가 없는 직선을 나타내고 있다.

〈그림 7-19〉는 본 예제의 "history" 옵션으로 얻어진 시도표이다. 처음 5,000개의 난수를 버리고, 5,000개의 표본에 대한 시도표는 모든 관심모수에 대해서 두 연쇄가 특정 패턴을 그리지 않고 얽혀져 있는 양상을 나타내고 있다. 따라서 MCMC 알고리즘이 수렴한다고 판단할 수 있다.

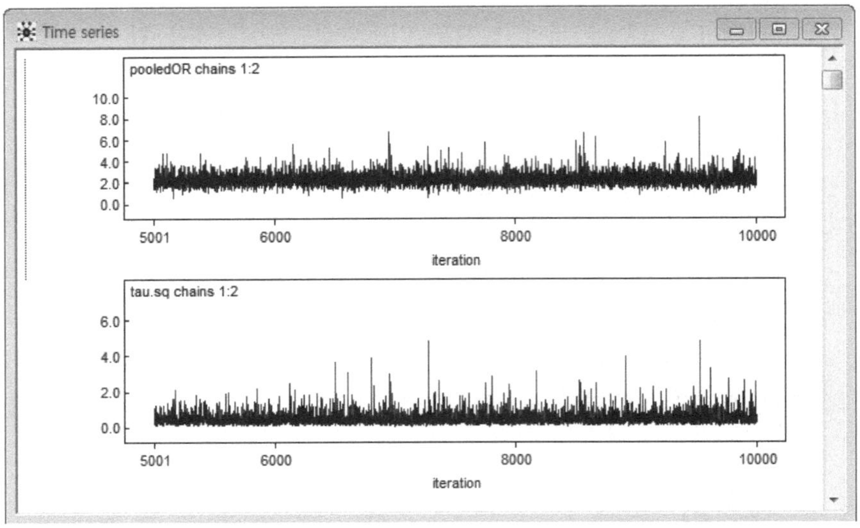

그림 7-19 관심모수의 시도표

한편, 모든 저장된 값에 대한 전체 시도표를 제시하는 "history" 옵션과는 달리, "trace" 옵션을 이용하면 현재 생성되고 있는 표본에 대한 시도표를 실시간으로 확인할 수 있다. WinBUGS 매뉴얼에서는 이를 동적 시도표(dynamic trace plot)라고 하는데, 앞에서 설명한 바와 같이 Update Tool에서 "refresh" 텍스트 상자에 지정해 준 단위만큼 나타나게 된다. 본 예제의 경우 "refresh"의 값으로써 기본값인 100을 지정하였고, 그 결과는 〈그림 7-20〉과 같다.

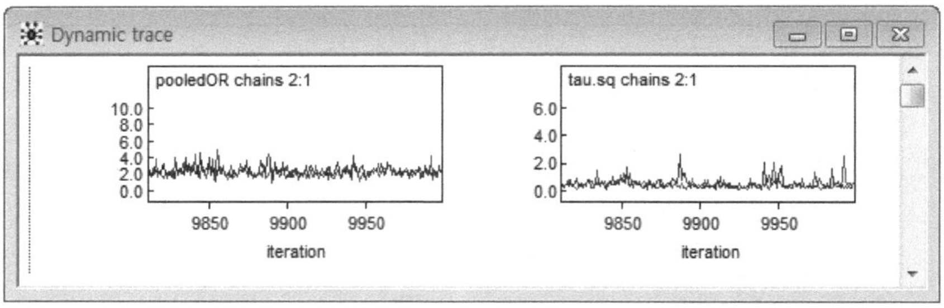

그림 7-20 관심모수의 동적 시도표

- **분위수그림 –** 분위수그림(quantile plot)은 MCMC 알고리즘의 중앙값, 2.5% 그리고 97.5%의 분위수를 나타내는 그림으로, 이는 Sample Monitor Tool에서 "quantiles" 버튼을 클릭하면 확인할 수 있다. MCMC 알고리즘이 관심모수에 대해 잘 수렴하는지 확인하기 위해서 분위수그림이 눈에 띄는 변동 없이 안정적인지 확인할 수 있는데, 만약 안정적인 형태라면 MCMC 알고리즘이 잘 수렴한다고 할 수 있다.

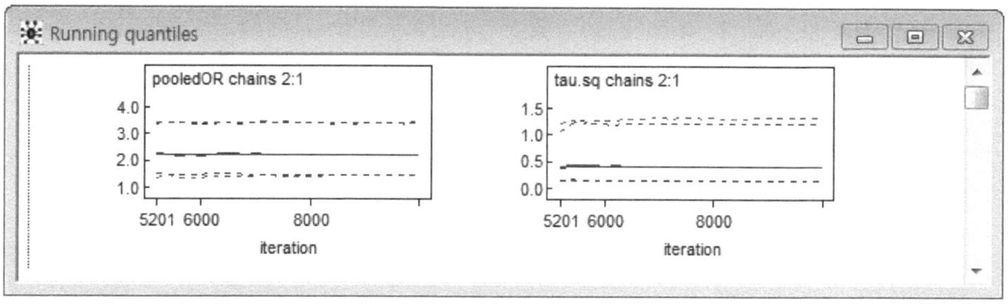

그림 7-21 관심모수의 분위수그림

본 예제의 경우 〈그림 7-21〉에서 확인하듯이, 모든 관심모수가 모든 연쇄에 대해서 특이한 변동 없이 안정적임을 확인할 수 있다.

- **겔만-루빈 통계량** – 겔만-루빈 통계량을 이용한 수렴여부 진단은 여러 개의 과산포된(over -dispersed) 초깃값으로부터 다중병렬연쇄(multiple parallel chain)를 수행하여 만들어진 표본을 기초로 하여 이루어진다. 이는 Sample Monitor Tool에서 "bgr diag" 옵션을 통해 확인할 수 있으며, 다중연쇄이며 각각 다른 초깃값을 지정하는 경우에만 사용할 수 있다. "bgr diag" 옵션은 브룩스-겔만(Brooks-Gelman)의 방법을 사용하여 표본 트레스에 급내변동(within variability)과 급간변동(between variability) 그리고 그들의 비에 관한 그림을 제공한다. 그림에서 초록색 선은 급간변동, 파란색 선은 급내변동을 의미하며, 빨간색 선은 이들의 비율을 나타내고, 점선은 기준선인 1의 수평선이다. 일반적으로 빨간색 선은 1보다 클 것으로 예상되며, 반복수가 증가함에 따라 빨간색 선이 1에 가까우며, 파란색 선과 초록색 선이 안정적이라면 MCMC 알고리즘이 수렴한다고 판단한다.

  본 예제의 경우, 모든 관심모수에서 빨간색 선이 1에 가깝게 나타나며, 반복수가 작을 때는 변동이 약간 있는 것으로 보이다가, 반복수가 커짐에 따라 파란색 선과 초록색 선이 안정적이 되는 것을 확인할 수 있다(그림 7-22).

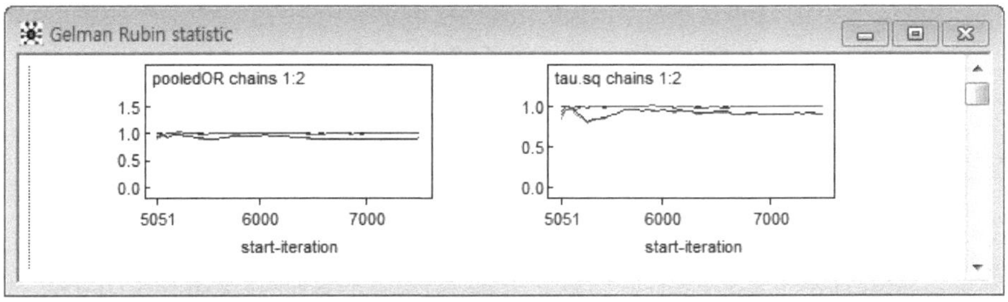

그림 7-22 관심모수의 겔만-루빈 통계량

자기상관그림과 마찬가지로 겔만-루빈 통계량 그림도 더블클릭한 뒤 [Control]을 누른 상태에서 마우스 왼쪽 버튼을 클릭하게 되면, 수치적 값을 확인할 수 있다.

(6) 추가분석

앞에서 살펴본 MCMC 알고리즘 수행 결과를 상자그림이나 애벌레그림과 같은 그래픽 방법으로 추가적인 결과분석을 할 수 있다. 메뉴 【Inference】에서 【Compare...】를 클릭하면 Comparison Tool 창이 뜨는데, 여기서 추가적인 분석 결과를 확인할 수 있다.

Comparison Tool 창의 "box plot" 과 "caterpillar" 옵션 모두 관심모수의 95% 신용구간 및 사후평균을 그래픽으로 제시한다. 즉, Sample Monitor Tool 창의 "stats" 옵션에서 확인할 수 있었던 사후요약추정량 일부를 그림을 통해 시각적으로 확인 가능하다. 각 그림을 확인하는 방법은 Comparison Tool 창에서 "node" 텍스트 상자에 모니터하고자 하는 관심모수(노드)를 입력하고, "box plot"과 "caterpillar"를 각각 클릭하면 상자그림과 애벌레그림 결과창이 나타난다. 본 예제의 관심모수 중 각 연구의 $OR_i(i=1,...,13)$의 상자그림과 애벌레그림은 〈그림 7-23〉과 같다.

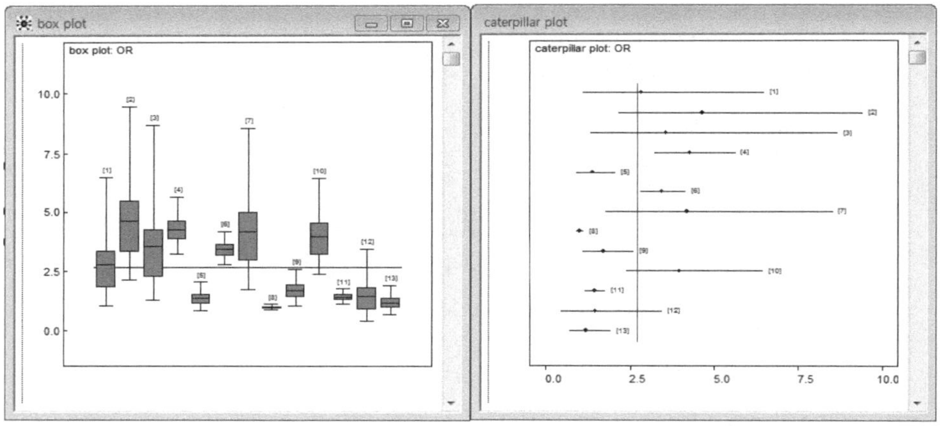

그림 7-23 관심모수 OR_i의 상자그림(왼쪽)과 애벌레그림(오른쪽)

애벌레그림은 상자그림과 달리 상자가 생략되어 있고, 상자그림은 세로로 나타난 반면 애벌레그림은 가로로 나타나 있다. 두 그림 모두 기준선(상자그림은 수평선, 애벌레그림은 수직선)을 가지는데, 이는 그림에 나타나는 모든 모수들로부터 추정된 사후평균을 나타낸다. Comparison Tool 창의 사용은 다차원 모수일 때 더 유용하게 나타난다. 본 예제는 13개의 연구에 대한 모수를 가지는데 한 그림에서 각 연구의 상자그림과 애벌레그림이 그려지므로 한눈에 비교할 수 있다. 본 예제의 결과를 보면 2번째 연구와 7번째 연구가 모든 모수들로부터 추정된 사후평균보다 비교적 높은 추정값을 가진다는 것을 알 수 있다.

WinBUGS에서 만들어진 결과를 저장하는 것은 간단하다. 그림으로 출력되는 것을 제외한 결과는 필요한 부분만을 검게 선택하여 부분적으로 복사하는 것이 가능하다. 또한 그림으로 나타나는 결과는 각 그림마다 복사를 할 수 있는데 원하는 그림을 선택하고 마우스의 오른쪽 버튼을 누르면 "Cut", "Copy", "Paste", "Delete"의 4가지 기능을 사용할 수 있다. 이와 같이 저장한 결과를 한글 등에 붙이면 편리하다.

7.3 WinBUGS 확률분포

WinBUGS는 R에서와 마찬가지로 각종 확률분포를 사용하여 베이지안 모형을 설정하기 때문에 WinBUGS에서의 확률분포 정의에 대한 정확한 이해가 필요하다. 베이지안 통계학에서 많이 사용되는 중요한 확률분포의 함수명과 형태는 다음과 같다.

1) 베르누이 분포: $r \sim dbern(p)$

$$f(r|p) = p^r (1-p)^{1-r}; r = 0, 1$$

2) 이항분포: $r \sim dbin(p,n)$

$$f(r|p,n) = \frac{n!}{r!(n-r)!} p^r (1-p)^{n-r}; r = 0, \cdots, n$$

3) 포아송 분포: $r \sim dpois(lambda)$

$$f(r|\lambda) = e^{-\lambda} \frac{\lambda^r}{r!}; r = 0, 1, \cdots$$

4) 균일분포: $x \sim dunif(a,b)$

$$f(x|a,b) = \frac{1}{b-a}; a < x < b$$

5) 정규분포: $x \sim dnorm(mu,tau)$

$$f(x|\mu,\tau) = \sqrt{\frac{\tau}{2\pi}} e^{-\frac{1}{2}\tau(x-\mu)^2}; -\infty < x < \infty$$

6) 다변량정규분포: $x \sim dmnorm(mu[], T[,])$

$$f(\boldsymbol{x}|\mu, \boldsymbol{T}) = (2\pi)^{-\frac{N}{2}} |\boldsymbol{T}|^{\frac{1}{2}} e^{-\frac{1}{2}(\boldsymbol{x}-\mu)'\boldsymbol{T}(\boldsymbol{x}-\mu)}; -\infty < \boldsymbol{x} < \infty$$

7) t 분포: $x \sim dt(mu,tau,k)$

$$f(x|\mu,\tau,k) = \frac{\Gamma\left(\frac{k+1}{2}\right)}{\Gamma\left(\frac{k}{2}\right)} \sqrt{\frac{\tau}{k\pi}} \left[1 + \frac{\tau}{k}(x-\mu)^2\right]^{-\frac{k+1}{2}}; -\infty < x < \infty$$

8) 감마분포: $x \sim dgamma(r,mu)$

$$f(x|r,\mu) = \frac{\mu^r}{\Gamma(r)} x^{r-1} e^{-\mu x}\ ; x > 0$$

9) 카이제곱분포: $x \sim dchisqr(k)$

$$f(x|k) = \frac{2^{-\frac{k}{2}}}{\Gamma(k/2)} x^{\frac{k}{2}-1} e^{-\frac{x}{2}}; x > 0$$

10) 지수분포: $x \sim dexp(lambda)$

$$f(x|\lambda) = \lambda e^{-\lambda x}; x > 0$$

11) 베타분포: $p \sim dbeta(a,b)$

$$f(p|a,b) = \frac{\Gamma(a+b)}{\Gamma(a)\Gamma(b)} p^{a-1}(1-p)^{b-1}; 0 < p < 1$$

WinBUGS에서 함수명이 R과 다르게 사용되었음을 주의해야 한다. 특히 정규분포의 정의가 R과 다른 점에 유의하여야 한다.

7.4 WinBUGS 자료입력

WinBUGS에서 자료를 입력하는 방법은 직사각형 방식과 리스트 방식의 두 가지로 나눌 수 있다. 직사각형 방식은 자료를 사각형의 행렬 형태로 입력하는 방법이고, 리스트 방식은 자료를 콤마로 분리하여 입력하는 방법이다. BCG 자료의 입력을 예로 들어보자.

(1) 직사각형 방식

직사각형 방식(rectangular data format)은 대부분의 통계 패키지에서 사용되는 텍스트 파일과 유사하게 나타나며, 같은 길이의 벡터나 행렬(또는 배열)로 변수들을 입력할 수 있다. 첫 줄에 변수명과 괄호 '[]' 가 입력되어야 하며, 그 변수의 값은 두 번째 줄부터 띄어쓰기로 구분된다. 자료의 입력이 끝나면, 반드시 END로 끝내야 하며 마지막 줄에 빈 줄이 추가되어야 한다. 자료가 직사각형 방식으로 입력되었을 경우에는 변수이름이 지정된 첫 번째 줄을 모두 블록으로 지정하여 자료를 로드한다. 다음은 변수(nA, rA, nB, rB)에 대해 벡터로 입력한 경우 나타나는 형태이다.

```
nA[] rA[] nB[] rB[]
 123    4  139   11
 306    6  303   29
  ⋮     ⋮    ⋮    ⋮
16913  27 17854  29
END
...Blank line...
```

만약 본 예제의 자료를 행렬로 입력할 경우, 자료의 개수가 13개이고, 변수가 4개(nA, rA, nB, rB)이므로 13×4의 행렬 Y로 입력할 수 있다.

```
y[,1] y[,2] y[,3] y[,4]
  123     4   139    11
  306     6   303    29
   ⋮      ⋮     ⋮     ⋮
16913    27 17854    29
END
...Blank line...
```

만약, 엑셀 파일로 저장된 자료를 이용하고자 한다면 다음과 같은 절차로 입력할 수 있다.

- 엑셀에서 입력된 자료 부분에 다음과 같이 블록을 지정한 후 복사한다.

	A	B	C	D
1	nA[]	rA[]	nB[]	rB[]
2	123	4	139	11
3	306	6	303	29
4	231	3	220	11
5	13598	62	12867	248
6	5069	33	5808	47
7	1541	180	1451	372
8	2545	8	629	10
9	88391	505	88391	499
10	7499	29	7277	45
11	1716	17	1665	65
12	50634	186	27338	141
13	2498	5	2341	3
14	16913	27	17854	29

- WinBUGS에서 메뉴 【File】에서 【New】를 선택하여 코드창을 연 다음, 메뉴 【Edit】에서 【Paste Special...】을 선택한 다음, 자료형식 텍스트 상자에서 “Plain Text”를 선택하여 자료를 붙인다.
- 입력된 자료의 마지막 줄에 END 문장을 입력하고 한 줄의 공백을 만든다.

```
untitled1

nA[]	rA[]	nB[]	rB[]
123	4	139	11
306	6	303	29
231	3	220	11
13598	62	12867	248
5069	33	5808	47
1541	180	1451	372
2545	8	629	10
88391	505	88391	499
7499	29	7277	45
1716	17	1665	65
50634	186	27338	141
2498	5	2341	3
16913	27	17854	29
END
```

(2) 리스트 방식

리스트 방식(list data format)은 R에서 사용되는 리스트 형태와 유사하다. 이 형태는 상수(일차원 노드에서), 벡터, 행렬, 그리고 배열의 형태로 입력된다. 이 형식의 문법은 ‘list’ 명령어로 시작하며, 공백 없이 괄호를 사용하며, 괄호 안의 각 변수들은 콤마로 분리되어 정의된다. 변수의 형태에 따른 문법은 다음과 같다.

• 상수(일차원 노드)

```
scalar.name = scalar.value
```

예) k=13

• 벡터

```
vector.name = c ( value1, value2, ... , value-n )
```

예) rA=c(4, 6, 3, 62, 33, 180, 8, 505, 29, 17, 186, 5, 27)

• 행렬: 행렬의 원소들은 R과는 다르게 .Data 부분의 값을 행 순서대로 정의하므로 주의해서 작성해야 한다.

```
matrix.name = structure(.Data = c ( value1, value2, ... , value-k ) ,
                    .Dim = c ( row.number , column.number ))
```

```
예) y = structure(.Data = c(4, 11, 123, 139, ...., 27, 29, 16913, 17854) ,
                .Dim = c(4, 13))
```

• 배열: 행렬과 비슷하지만 .Dim 부분에 차원에 해당하는 값이 3개 이상이어야 한다.

• 리스트: list 명령어로 시작하며, 위와 같이 정의된 상수, 벡터, 행렬, 배열 형태를 하나의 자료형태로 합치는 것을 가능하게 한다. 리스트 방식의 사용은 다음과 같다.

```
list( vector.name1=c ( value1, value2, ... , value-n ),
    vector.name2=c ( value1, value2, ... , value-n ),
    scalar.name = scalar.value, ...)
```

```
예) list(rA=c(4,6,3,62,33,180,8,505,29,17,186,5,27),
rB=c(11,29,11,248,47,372,10,499,45,65,141,3,29),
nA=c(123,306,231,13598,5069,1541,2545,88391,7499,1716,50634,2498,16913),
nB=c(139,303,220,12867,5808,1451,629,88391,7277,1665,27338,2341,17854),k=13)
```

7.5 WinBUGS 툴 박스 요약

• "Specification Tool" 툴 박스 옵션 요약

옵션	기능
check model	모형의 문법 점검
load data	자료 로드
compile	모형 컴파일
load inits	초깃값 로드
gen inits	초기난수 발생
num of chains	생성하고자 하는 연쇄의 개수 입력
for chains	초깃값 지정 시 해당 연쇄 번호 선택(또는 입력)

• "Update Tool" 툴 박스 옵션 요약

옵션	기능
update	MCMC 알고리즘 실행. "updates" 텍스트 상자에 입력된 수만큼 난수 생성
updates	추가적으로 생성하고자 하는 난수의 개수, 디폴트 값은 1000
refresh	생성되는 난수의 업데이트 단위 개수 지정, 디폴트 값은 100
thin	생성하는 난수의 간격 정의, 디폴트 값은 1
iteration	현재 추출된 난수 색인 제시, "refresh"에 정의된 단위만큼 업데이트

• "Sample Monitor Tool" 툴 박스 옵션 요약

옵션	기능
clear	추출된 난수 모두 삭제
set	입력한 노드 지정
trace	동적 시도표 제시
history	전체 시도표 제시
density	관심모수의 사후분포그림 제시
stats	추정된 사후요약추정값 제시
coda	추출된 난수값 제시
quantiles	중앙값, 2.5%, 97.5% 분위수그림 제시
bgr diag	겔만–루빈 통계량 제시
auto cor	관심모수에 대한 각 연쇄의 자기상관그림 제시
node	관심모수(노드명) 입력
chains...to...	모수추정에 사용할 연쇄번호 입력
beg와 end	모수추정에 사용할 난수번호 입력
thin	모수추정에 사용할 난수의 추출기준 간격 정의 (Update Tool의 thin 기능과 유사)

• "Comparison Tool" 툴 박스 옵션 요약

옵션	기능
other	관심모수(노드명) 입력
axis	x축에 사용될 값(노드) 입력
box plot	상자그림 제시
caterpillar	애벌레그림 제시
node	관심모수(노드명) 입력
beg와 end	그래프에 포함할 난수 번호 입력

7.6 R2WinBUGS 패키지

WinBUGS는 복잡한 통계모형에 대한 베이지안 분석에 유용한 프로그램이지만, 자료분석 등의 기능이 제한적이다. R2WinBUGS는 R 프로그램의 패키지 중 하나로 WinBUGS 프로그램과 R 프로그램을 직접적으로 연결해 주는 역할을 한다. 즉, R2WinBUGS 패키지의 R 함수 "bugs( )"를 통해, WinBUGS 프로그램을 사용하여 MCMC 알고리즘으로부터 얻어지는 시뮬레이션 결과를 R 시스템에서 분석할 수 있다. 특히, R 시스템에서 가능한 수렴진단 방법인 CODA(Convergence Diagnostic and Output Analysis)와 BOA(Bayesian Output Analysis)를 사용할 수 있다.

• R2WinBUGS 패키지의 설치

R/WinBUGS 인터페이스를 사용하기 위해서는 사용자의 윈도우 시스템에 WinBUGS가 설치되어 있어야 한다. WinBUGS의 설치 방법은 7.1절을 참고하기 바란다. WinBUGS가 설치되면 R에서 R2WinBUGS 패키지를 설치하고 불러와야 한다. 이를 위해 R 프로그램 시작 후 CRAN 미러 사이트를 선정하고, 【Packages】 메뉴의 【Install package(s)】를 선택하여 패키지 R2WinBUGS를 내려받은 후 라이브러리를 선언하여 R 시스템으로 로드시키면 된다.

```
> library(R2WinBUGS)
```

• R2WinBUGS의 기초

WinBUGS에서 코드창에 베이지안 추론을 위한 모형, 자료, 초깃값을 설정하였듯이, R2WinBUGS의 함수 bugs( )를 사용하기 위해서도 다음과 같은 항목을 정의해야 한다.

- Model – WinBUGS에서 모형 정의 부분에 설정하였던 통계적 모형을 텍스트 파일로 작업 디렉토리에 저장한다. 이때 작업 디렉토리 설정은 메뉴 【파일】의 디렉토리 변경...】에서 가능하며, 모형이 설정된 파일의 위치를 직접 지정해 줄 수도 있다.
- Data – 상수, 벡터, 행렬 등의 형태로 R에 직접 입력한다.
- Parameters – 시뮬레이션 결과 추정하고자 하는 모수들을 직접 입력한다.
- Initial values – 모수의 초깃값을 R에 직접 입력한다.

만약 모형이 "model.bug"이라는 이름으로 저장되어 있고, 데이터, 모수, 초깃값이 각각 'data', 'parameters', 'inits'라는 이름으로 R에 정의되어 있다면 R 함수 'bugs( )'를 이용한 베이지안 모형의 시뮬레이션은 다음과 같이 할 수 있다.

```
> model.sim <- bugs(data, inits, parameters, "model.bug")
```

이렇게 bugs 함수가 수행되었을 때, 모형에 대한 정보는 WinBUGS 프로그램에 보내지게 된다. 그리고 WinBUGS 프로그램은 백그라운드에서 수행될 것이며, 모형으로부터 모수에 대한 시뮬레이션을 수행한다. 시뮬레이션이 완료되면, WinBUGS 프로그램은 닫히고, R로 돌아온다. 이렇게 실행되는 bugs 함수에서 옵션을 사용함으로써 MCMC 알고리즘에 대한 조정을 할 수 있다. bugs 함수의 기본 형식과 옵션은 다음과 같다.

```
bugs(data, inits, parameters, model.file="model.bug", n.chains, n.iter,
n.burnin, n.thin, bugs.directory="c:/WinBUGS14/")
```

- n.chains: 수행하는 연쇄의 수를 지정한다. 디폴트 값은 3이므로, 만약 하나의 연쇄를 사용하고자 한다면, n.chains=1로 지정해야 한다.
- n.iter: 각 연쇄에 대한 전체 반복수를 지정한다.
- n.burnin: 초깃값의 영향을 제거하기 위해서 버리는 반복수로 사용자가 지정할 수 있다. 디폴트 값으로 전체 반복수의 반이 버려진다. 즉, n.burnin = n.iter/2로 표현된다.
- n.thin: 생성된 난수를 어떤 간격으로 추출할지를 정의하며, 사용자가 지정할 수 있다. 예를 들어 n.thin = 2라면, 2의 간격으로 난수가 추출될 것이다.

• R2WinBUGS 익히기

R2WinBUGS 패키지의 구체적인 사용 방법을 보여주기 위해서 7.2절의 예제 3-3의 BCG 백신 자료를 이용한 베이지안 랜덤효과모형을 R2WinBUGS로 다시 구현해 보고자 한다.

(1) 모형정의 파일 생성

WinBUGS에서 정의했던 model 문을 텍스트 파일 형태로, R의 작업 디렉토리에 저장한다. 본 예제에서는 아래 model 정의문을 "예제7-6.txt"로 "D:₩"에 저장을 하고, R의 작업 디렉토리를 "D:₩"로 지정하였다.

```
# Model specification
model
{
for( i in 1 : k )
    {
        rA[i] ~ dbin(pA[i], nA[i])
        rB[i] ~ dbin(pB[i], nB[i])
        logit(pA[i]) <- mu[i]
        logit(pB[i]) <- mu[i] + theta[i]
        mu[i] ~ dnorm(0.0,1.0E-6)
        theta[i] ~ dnorm(d, prec)
        OR[i] <- exp(theta[i])
    }
    pooledOR <- exp(d)
    d ~ dnorm(0.0,1.0E-6)
    prec~dgamma(0.001,0.001)
    tau.sq<-1/prec
}
```

(2) R 코드 작성 및 실행

다음으로 데이터, 모수, 그리고 초깃값을 지정하기 위해서 다음과 같은 R 프로그램을 작성한다. 이때 R의 작업 디렉토리도 지정해 줄 수 있다.

```
> library(R2WinBUGS)

> # R의 작업디렉토리 지정
> setwd("D:/")

> # Data
> data=list(rA=c(4,6,3,62,33,180,8,505,29,17,186,5,27),
rB=c(11,29,11,248,47,372,10,499,45,65,141,3,29),
nA=c(123,306,231,13598,5069,1541,2545,88391,7499,1716,50634,2498,16913),
nB=c(139,303,220,12867,5808,1451,629,88391,7277,1665,27338,2341,17854),k=13)

> # Parameters
```

```
> parameters <- c("OR","pooledOR","tau.sq")

> # Initial values
> inits1 <- list(d=0,prec=1,theta=c(0,0,0,0,0,0,0,0,0,0,0,0,0,0),
mu=c(0,0,0,0,0,0,0,0,0,0,0,0,0,0))
> inits2 <- list(d=1,prec=1,theta=c(0,0,0,0,0,0,0,0,0,0,0,0,0,0),
mu=c(0,0,0,0,0,0,0,0,0,0,0,0,0,0))
> inits <- list(inits1,inits2)
```

7.2절의 예제와 마찬가지로 두 개의 연쇄를 이용하여, 각 연쇄당 총 10,000개의 난수를 생성하여 처음 5,000개의 난수를 버리고 나머지 5,000개로 관심모수를 추정하고자 한다. 이때 thin의 값은 1이 되며, MCMC 알고리즘을 생성하기 위한 R 프로그램은 다음과 같이 bugs 함수를 이용할 수 있다.

```
> model.sim <- bugs(data, inits, parameters, "예제7-6.txt", n.chain=2,
.iter=10000, n.burnin=5000, n.thin=1, codaPkg=TRUE)
```

만약 옵션 codaPkg=TRUE를 포함하지 않는다면, bugs 결과는 print와 plot 함수를 사용하여 값을 정리하고 그림을 그릴 수 있는 시뮬레이션 객체가 되지만, 옵션 codaPkg=TRUE를 포함하면, bugs 함수는 coda 패키지에 의해 사용된 WinBUGS 결과를 저장한 파일의 경로를 반환한다. 여기서는 cadaPkg=TRUE를 지정하였다. 다음은 위의 bugs 함수를 실행하였을 때, 백그라운드에 실행되는 WinBUGS 화면의 일부이다.

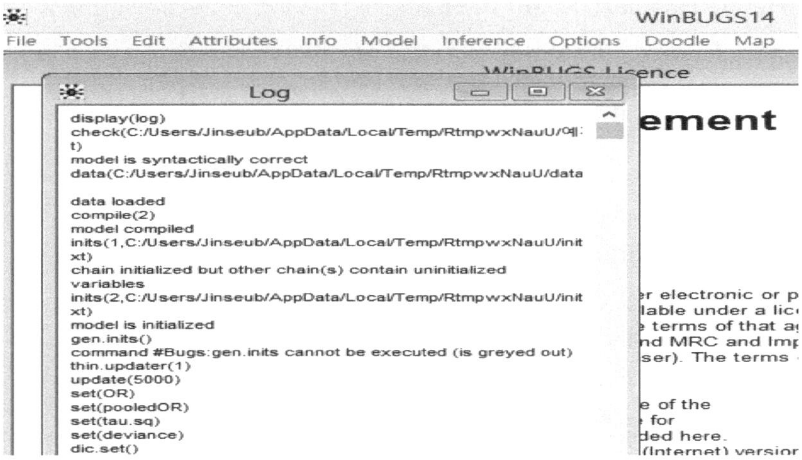

여기서 MCMC 알고리즘에 수행되며, MCMC 과정이 끝나면서 활성화되었던 WinBUGS 화면이 닫히고 R로 다시 돌아오게 되며 그 결과는 'model.sim'에 저장된다.

(3) MCMC 결과 저장

WinBUGS 결과 파일로부터 MCMC 결과를 저장하기 위해서는 read.bugs를 사용하여 model.coda란 객체를 생성한다.

```
> model.coda <- read.bugs(model.sim)
Abstracting d ... 5000 valid values
Abstracting deviance ... 5000 valid values
Abstracting mu[1] ... 5000 valid values
...
Abstracting theta[13] ... 5000 valid values
```

Console 창의 결과를 보면, 두 개의 연쇄에 대해 각각의 모수에 대해 모두 5,000개의 값이 할당된 것을 확인할 수 있다.

이제 MCMC 객체를 이용하여, 시뮬레이션 결과 값을 요약하고 그래프를 그리기 위해 coda 함수를 사용한다. MCMC 수행 결과에 대한 요약통계량은 summary 함수를 사용하여 얻을 수 있다. 결과는 두 개의 연쇄에서 각 10,000번의 반복 후 처음 5,000번의 반복을 버렸으므로, 각 모수에 대한 요약통계량은 10,000개의 난수들을 이용하여 계산된 값이다.

```
> summary(model.coda)

Iterations = 5001:10000
Thinning interval = 1
Number of chains = 2
Sample size per chain = 5000

1. Empirical mean and standard deviation for each variable,
   plus standard error of the mean:

          Mean      SD  Naive SE Time-series SE
OR[1]   2.6830 1.40473 0.0140473       0.028815
OR[2]   4.2086 1.68915 0.0168915       0.043699
```

```
OR[3]      3.3262 1.83769 0.0183769        0.040265
OR[4]      4.2046 0.61524 0.0061524        0.018673
OR[5]      1.3732 0.30150 0.0030150        0.005907
OR[6]      2.6069 0.25904 0.0025904        0.005484
OR[7]      3.9840 1.68041 0.0168041        0.028668
OR[8]      1.0007 0.06298 0.0006298        0.001084
OR[9]      1.7108 0.38330 0.0038330        0.007369
OR[10]     3.8027 1.00062 0.0100062        0.027045
OR[11]     1.4340 0.15691 0.0015691        0.002472
OR[12]     1.4535 0.77211 0.0077211        0.011822
OR[13]     1.1908 0.31009 0.0031009        0.005603
deviance 164.6362 7.19626 0.0719626        0.105703
pooledOR   2.1859 0.46444 0.0046444        0.006664
tau.sq     0.4398 0.27784 0.0027784        0.005111

2. Quantiles for each variable:

             2.5%      25%     50%      75%   97.5%
OR[1]      1.0480   1.7840   2.390   3.2130   6.111
OR[2]      1.9790   3.0570   3.872   4.9740   8.431
OR[3]      1.2480   2.1590   2.885   3.9545   8.056
OR[4]      3.1500   3.7757   4.149   4.5700   5.615
OR[5]      0.8808   1.1590   1.342   1.5490   2.051
OR[6]      2.1470   2.4270   2.591   2.7720   3.158
OR[7]      1.7090   2.8140   3.651   4.7680   8.142
OR[8]      0.8832   0.9573   0.999   1.0420   1.130
OR[9]      1.0950   1.4358   1.672   1.9370   2.571
OR[10]     2.2660   3.0950   3.658   4.3630   6.122
OR[11]     1.1510   1.3260   1.427   1.5340   1.763
OR[12]     0.4477   0.9223   1.297   1.8020   3.407
OR[13]     0.6941   0.9730   1.151   1.3680   1.899
deviance 152.6000 159.5000 164.000 169.0000 180.300
pooledOR   1.4370   1.8740   2.132   2.4250   3.247
tau.sq     0.1381   0.2588   0.369   0.5382   1.154
```

R2WinBUGS를 이용하여 얻은 사후요약통계량은 7.2절의 WinBUGS의 사후요약 추정값과 동일함을 알 수 있다. 즉, WinBUGS에서 수행하는 MCMC 알고리즘을 R

에서도 WinBUGS와 연계하여 수행할 수 있다.

위 결과에서 "deviance 행"은 로그 우도함수의 −2배에 해당하는 값으로, deviance의 사후평균은 모형 비교 및 적합도를 나타내는 측도인 DIC(deviance information criterion)를 계산하는 데 사용할 수 있다.

(4) MCMC 결과에 대한 그래프

CODA는 MCMC 결과를 저장한 'model.coda' 객체를 이용하여 MCMC의 수렴 진단 그래프를 그릴 수 있는 함수를 제공한다.

- **시도표 –** lattice 패키지에 포함된 xyplot 함수를 사용하여 각 모수의 수렴성에 대한 시도표를 그릴 수 있다. 다음은 모수인 pooledOR과 tau.sq에 대한 시도표를 그리기 위한 R 프로그램과 결과이다.

```
> library(lattice)
> xyplot(model.coda[,c(15,16)])
```

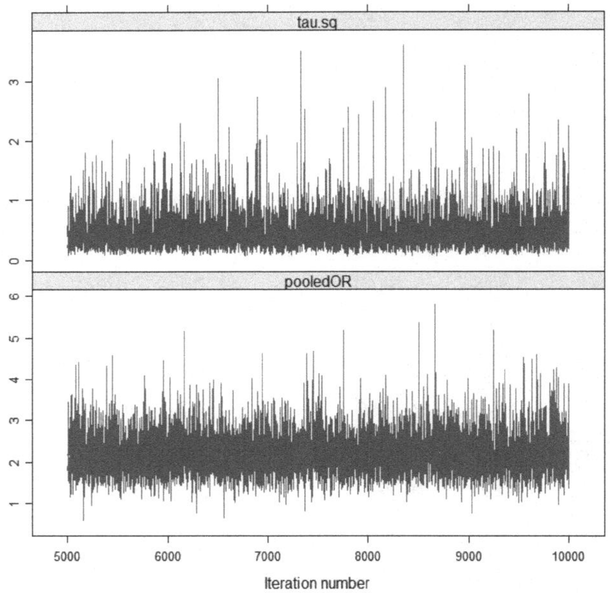

- **자기상관그림 –** acfplot 함수를 사용하여 모수와 DIC의 자기상관그림을 확인할 수 있다. 다음은 모수인 pooledOR과 tau.sq에 대한 자기상관그림을 그리기 위한 R 프로그램과 결과이다.

```
> acfplot(model.coda[,c(15,16)])
```

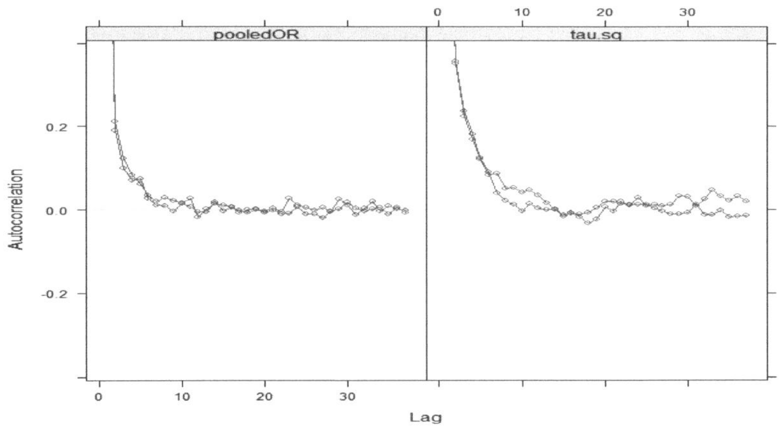

■ **사후밀도함수 –** densityplot 함수를 이용하여, 다양한 반복수에 따라 사후밀도함수가 어떻게 달라지는지 확인할 수 있다. 다음은 모수인 pooledOR과 tau.sq에 대한 사후분포를 그리기 위한 R 프로그램과 결과이다.

```
> densityplot(model.coda[,c(15, 16)])
```

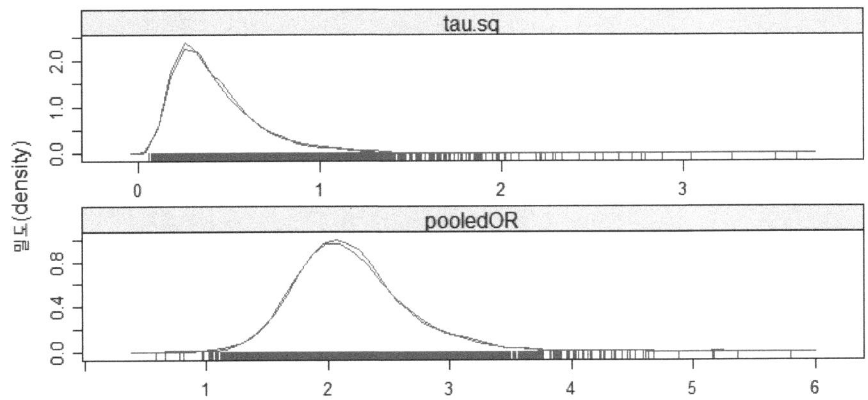

이처럼 R2WinBUGS를 이용하면, WinBUGS 프로그램에서 수행하는 MCMC 계산을 R에서 자동으로 WinBUGS 프로그램을 실행시켜서 수행할 수 있다. 그리고 모수에 대한 사후요약통계량 계산과 수렴진단까지도 수행할 수 있다. 뿐만 아니라, WinBUGS에서는 한계가 있는 분석도구들을 R에서 이용할 수 있다는 장점이 있다.

베이지안 메타분석

8장

통계학은 통계적 추론에 대한 철학적 입장에 따라 프리컨티스트 통계학과 베이지안 통계학으로 구분할 수 있다. 3 ~ 6장의 메타분석법은 통계학의 분류 측면에서 전통적 통계학, 즉 프리컨티스트 방법에 해당된다. 전통적 메타분석 방법에서는 효과크기가 정규분포를 따른다고 가정하여 통합추정치를 추정하고 효과크기에 대한 가설검정을 수행한다. 하지만 메타분석 대상 연구의 수가 작을 경우 정규성 가정의 만족이 어려우므로 전통적 메타분석법을 적용했을 때 통합추정치는 바이어스가 생길 수 있다. 따라서 최근 베이지안 방법을 이용한 메타분석법의 활용이 증가하고 있다. 이 장에서는 베이지안 통계학의 기본 개념 및 베이지안 메타분석법의 특징을 설명하고, 연속형 자료와 이분형 자료에 대한 베이지안 메타분석모형과 이를 적용하기 위한 WinBUGS 프로그램을 소개하고자 한다.

8.1 베이지안 통계학

통계학에서 관심 모집단의 특성을 설명해 주는 값인 모수에 대해 추정하거나 가설검정하는 과정을 통계적 추론이라고 한다. 전통적 통계학에서는 모수를 고정된 상수로 보고 주어진 자료를 이용하여 모수에 대해 추론한다. 이에 반해 베이지안 통계학에서는 모수를 확률변수로 본다. 즉 모수는 불확실성을 가지고 있으므로, 모수에 확률 개념을 도입하여 불확실성의 정도를 확률모형으로 표현한다. 만일 관심모수에 대해 과거의 경험이나 사전 지식과 같은 사전정보가 있다면 이를 주어진 자료와 결합하여 보다 정확한 추론을 할 수 있을 것이다. 따라서 베이지안 통계학에서는 자료로부터 얻은 정보에 사전정보를 나타내는 사전분포를 결합하여 모수에 대한 정보를 업데이트하여 사후분포를 구하고, 이를 바탕으로 베이지안 추론을 실시한다.

베이지안 방법은 전통적 통계학과 같이 대표본 가정이 필요 없으므로 표본수가 작은 경우에도 정확한 추론을 할 수 있고, 계층적 모형을 사용함으로써 주위로부터 정보를 빌려올 수 있다는 장점이 있다. 하지만 사전분포의 선택에 따라 결과가 달라질 수 있으므로 사전분포의 선택에 따른 민감도 분석이 필요하다.

8.1.1 베이지안 패러다임

베이지안 추론 방법을 이용하여 주어진 자료를 분석하고 결론을 도출하는 과정을 베이지안 자료분석이라고 한다. 베이지안 자료분석을 위해서는 먼저 ① 모수의 사전분포를 결정하고, ② 자료의 확률모형과 사전분포를 이용하여 사후분포를 계산한다. 그리고 ③ 사후분포를 이용하여 모수를 추론한다.

θ를 관심모수라 하고, x를 관측된 자료라고 한다면, 자료로부터 얻은 모수에 대한 정보는 x에 대한 θ의 함수인 우도함수(likelihood function) $L(\theta)$로 요약되며, 이는 $P(x|\theta)$에 비례한다.

$$L(\theta) \propto P(x|\theta)$$

여기서 '$\propto$'는 비례관계를 나타내며, $P(x|\theta)$에서 θ와 상관없는 상수는 무시해도 된다는 의미이다.

θ에 대한 사전정보는 사전분포(prior distribution) $\pi(\theta)$로 나타내며, 우도함수에 사전분포를 곱하여 사후분포(posterior distribution) $P(\theta|x)$를 얻을 수 있다. 따라서 베이지안 추론의 근거가 되는 사후분포함수는 다음과 같이 $P(x|\theta)$와 $\pi(\theta)$의 곱에 비례하는 형태로 나타난다.

$$P(\theta|x) \propto P(x|\theta)\,\pi(\theta)$$

자료의 수가 많다면 사전정보의 영향이 약해지게 되므로 베이지안 추론의 결과는 전통적 통계학 방법의 추론 결과와 비슷해진다.

8.1.2 사전분포

베이지안 추론에서 사전분포는 크게 주관적 사전분포와 객관적 사전분포로 구분된다. 과거 경험 또는 전문가 의견 등의 모수에 대한 사전정보가 주어진 경우에는 주관적 사전분포를 적용할 수 있다. 하지만 모수에 대한 사전정보가 거의 없는 경우라면, 무정보적 사전분포를 포함한 객관적 사전분포를 적용할 수 있다. 무정보적 사전분포는 우도함수에 비해 상대적으로 평평하게 주어지므로 사후분포는 현재 자료가 가지고 있는 정보 이외 다른 것에는 거의 영향을 받지 않게 된다.

모수에 대한 사전분포를 선택할 때 사후분포가 사전분포와 동일한 분포족에 속하게 된다면, 이 사전분포를 공액(conjugate)사전분포라고 한다. 공액사전분포를 사용함으로써 사후분포의 추정에 필요한 적분 계산의 어려움을 해소할 수 있다. 흔히 사용되는 공액사전분포로는 모수가 평균일 경우 정규분포, 비율일 경우 베타분포, 분산일 경우 역감마분포를 사용한다. 비공액사전분포를 사용할 경우 공액사전분포를 사용할 때와 달리 적분에 대한 계산이 복잡하여 추론 결과를 도출하는 데 어려움이 생긴다. 이러한 계산 문제는 마르코프 연쇄 몬테칼로 방법을 이용하여 상당부분 해결할 수 있다.

무정보적 사전분포를 사용할 때 만약 $\int_{-\infty}^{\infty} \pi(\theta)\, d\theta = \infty$ 라면 이를 부적합 사전분포(improper prior)라고 한다. 부적합 사전분포는 부적합 사후분포를 도출할 가능성이 높으므로, 사전분포가 공액사전분포가 아닌 경우에는 반드시 사후분포가 적합한지 (즉, $\int_{-\infty}^{\infty} P(\theta|x)\, d\theta < \infty$ 인지) 확인할 필요가 있다. 이는 사후분포를 이용해 추론하기 위해서는 사후분포가 확률분포의 조건을 반드시 만족해야 하기 때문이다.

8.1.3 베이지안 추론

베이지안 추론은 사전분포와 우도함수의 결합으로 얻어진 사후분포를 바탕으로 이루어진다. 이러한 사후분포를 통해 전통적 통계학과 마찬가지로 베이지안 관점에서 점추정, 구간추정, 가설검정을 할 수 있다.

• 점추정

베이지안 추론에서 모수를 하나의 값으로 추정하기 위하여 사후분포를 요약하는 평균, 중앙값, 최빈값을 사용한다. 이를 사후평균(posterior mean), 사후중앙값(posterior median), 사후최빈값(posterior mode)이라고 하는데, 대체로 점추정의 결과로 사후평균을 많이 사용하지만, 사후분포가 비대칭이면 사후중앙값을 사용한다. 사후최빈값은 사후분포를 최대화하는 값으로 관심모수일 가능성이 가장 높은 값으로 이해할 수 있다. 만약 사후분포가 대칭이라면 사후평균과 사후중앙값이 동일하고, 대칭이면서 단봉이라면 사후평균, 사후중앙값, 사후최빈값이 모두 일치한다. 일반적으로 점추정값을 제시할 때는 추정의 정확도를 나타내는 사후분산 또는 사후표준편차를 함께 제시한다.

• 구간추정

전통적 통계학에서 구간추정은 신뢰구간을 사용하는데, 신뢰구간은 모수를 포함할 확률구간으로 설명할 수 없다. 예를 들어 95% 신뢰구간의 경우 표본을 반복하여 여러 번 추출하여 얻어진 신뢰구간들 중 약 95%는 구간 내 반드시 모수를 포함한다고 해석한다. 반면에 베이지안 추론에서는 모수를 포함할 확률구간으로 설명할 수 있는 신용구간(credible interval)을 사용한다. HPD(highest posterior density) 신용구간은 모수가 일어날 가능성이 가장 높은 구간으로 신용구간 중 구간의 길이가 가장 짧은 신용구간이다. 하지만 계산 절차가 쉽지 않으므로 흔히 등꼬리(equal tail) 신용구간을 많이 사용한다.

$100(1-\alpha)\%$ 등꼬리 신용구간은 사후분포의 $\alpha/2$와 $(1-\alpha/2)$분위수를 구하여 각각 신용구간의 하한과 상한으로 사용한다. WinBUGS 프로그램은 사후분포의 2.5 분위수와 97.5 분위수를 제공하므로, 이를 이용하여 95% 등꼬리 신용구간을 쉽게 구할 수 있다.

• 가설검정

전통적 통계학에서는 귀무가설(H_0)과 대립가설(H_1)을 설정한 후, 제1종 오류와 제2종 오류에 근거하여 가설검정을 수행한다. 하지만 베이지안 추론에서 가설검정은 사후분포를 이용하여 귀무가설과 대립가설 중 해당 가설에 대한 사후확률값이 큰 가설을 선택한다. 귀무가설을 $H_0 : \theta \in \Theta_0$, 대립가설을 $H_1 : \theta \in \Theta_1$라고 할 때, 가설검정을 하기 위해 사용하는 베이즈 인자(Bayes factor, BF)는 가설 H_1에 대한 가설 H_0의 사후 오즈(posterior odds)를 가설 H_1에 대한 가설 H_0의 사전 오즈(prior odds)로 나눈 값으로 다음과 같이 정의된다. 이때 가설 H_0와 H_1의 사전확률은 $\pi_0 = P(\theta \in \Theta_0)$와 $\pi_1 = P(\theta \in \Theta_1)$이고, 사후확률은 $\alpha_0 = P(\theta \in \Theta_0 | x)$와 $\alpha_1 = P(\theta \in \Theta_1 | x)$라고 가정한다.

$$BF = \frac{\alpha_0/\alpha_1}{\pi_0/\pi_1}$$

여기서 π_0/π_1은 상수이므로 α_0가 크면 베이즈 인자가 커지므로, 베이즈 인자가 클수록 귀무가설을 지지한다고 할 수 있다. 다음은 제프리가 제안한 귀무가설 H_0를 지지하는 관점에서 베이즈 인자의 해석이다.

$1 \le BF \le 3$	약한 증거
$3 < BF \le 12$	긍정적 증거
$12 < BF \le 150$	강한 증거
$BF > 150$	아주 강한 증거

만약 반대로 $BF < 1$이라면, 이는 대립가설 H_1을 지지한다는 것을 의미한다.

더불어 베이지안 방법에서는 모수가 특정영역에 속할 사후확률을 이용하여 가설검정을 실시할 수 있다. 예를 들어 평균차가 0보다 큰지(즉, $MD > 0$)에 관심이 있는 경우, 관심가설에 대한 사후확률로 $P(MD > 0|x)$을 고려할 수 있으며, 이 사후확률은 MCMC 방법에 의해 생성된 모수 MD에 대한 사후분포에서 MD가 0보다 큰 비율로 추정할 수 있다.

베이지안 가설검정에서는 가설이 반드시 두 개일 필요는 없으며, 동시에 고려되는 여러 개의 가설에 대해서도 동일한 원리를 적용할 수 있다.

8.1.4 베이지안 계층적 모형

베이지안 계층적 모형(Bayesian hierarchical model)은 서로 연관되어 있다고 생각되는 여러 개의 모수들을 동시에 추론할 때 사용할 수 있는 모형이다. 동일한 연구 주제에 대해 여러 문헌들의 연구 결과를 통합하는 메타분석에서도 계층적 모형을 적합시킬 수 있다.

메타분석 중 랜덤효과모형에서 통합대상인 연구의 개수가 k개인 경우, 각 연구들의 실제 효과크기 θ_i는 평균 μ를 중심으로 하는 정규분포로부터 무작위 추출된 연구라고 가정한다. 따라서 개별 연구의 효과크기 θ_i는 서로 연관되어 있을 것으로 예상된다. 베이지안 랜덤효과모형을 베이지안 계층적 모형으로 다음과 같이 표현할 수 있다.

$$\text{(I)}\ \ Y_i \overset{ind}{\sim} N(\theta_i, \nu_i),\ i = 1, \ldots, k$$

$$\text{(II)}\ \ \theta_i \overset{ind}{\sim} N(\mu, \tau^2)$$

$$\text{(III)}\ \ \mu \sim [-,-],\ \tau^2 \sim [-,-]$$

여기서 Y_i는 i번째 연구에서 관찰된 효과크기이며, θ_i는 i번째 연구의 실제 효과크기, ν_i는 i번째 연구의 효과크기의 분산을 나타내며, μ는 모집단의 전체 평균 효과크기, τ^2은 연구 간 효과크기의 분산을 나타낸다. 또한 $[-,-]$은 μ와 τ^2에 대한 사전분포를 나타낸다.

주어진 베이지안 계층적 모형에서 (I) 단계에서 우도를 결정하며, (II) 단계는 각 연구의 실제효과 크기의 사전분포, (III) 단계는 (II) 단계에서 모수 θ_i가 가지는 초모수 μ와 τ^2의 사전분포에 해당된다. 초모수에 대한 사전분포를 초사전분포

(hyperprior distribution)라고 하는데, 위 모형에서 사전분포는 다음과 같다.

$$\pi(\theta_1, \ldots, \theta_k) = \iint \prod_{i=1}^{k} \pi(\theta_i | \mu, \tau^2) \pi(\mu, \tau^2)\, d\mu\, d\tau^2$$

따라서 초사전분포가 반영되면서 $\theta_1, \ldots, \theta_k$가 더 이상 독립이 아니게 되며, 각 연구의 효과크기를 연관지을 수 있게 된다.

8.1.5 베이지안 계산

베이지안 추론에서는 관측된 자료에 포함된 정보와 사전정보를 결합하여 모수의 사후분포를 계산한 후, 이 사후분포를 근거로 일련의 통계적 추론을 실시한다. 이러한 추론 과정에서 평균을 구하거나 신용구간을 계산하고 가설검정을 하기 위해서 적분은 피할 수 없는 문제이다. 특히, 모수가 많은 경우 이러한 적분 계산 문제는 심각해질 수밖에 없다. 따라서 이러한 계산 문제를 해결하기 위하여 마르코프 연쇄 몬테칼로(MCMC)방법을 고려할 수 있다. MCMC 방법은 마르코프 연쇄에 의해 사후분포로부터 랜덤 난수를 생성하여 대수의 법칙에 기반한 적분 추정 방법인 몬테칼로 방법을 이용하여 추정하는 방법이다. 대표적으로 깁스 샘플러(Gibbs sampler)와 메트로폴리스-해스팅스(Metropolis-Hastings) 알고리즘이 있다.

최근 베이지안 방법 적용을 위하여 많이 사용되는 소프트웨어 WinBUGS는 베이지안 모형만 설정해 주면 MCMC 계산에 필요한 조건부확률분포를 프로그램 내부에서 결정하여 알아서 계산을 수행하므로 사후분포에 관한 추론을 간편하게 할 수 있다.

8.2 베이지안 메타분석의 특징

베이지안 메타분석은 먼저 사전정보 또는 전문가 의견과 같은 다른 외부정보를 사전분포로 사용하여 통합추정치를 추정할 수 있다. 예를 들어 연구설계가 무작위배정 임상시험인 경우만 대상으로 통합추정치를 추정하고자 할 경우, 연구설계가 다른 관찰연구 결과를 사전분포로 활용할 수도 있으며, 전문가 의견 조사 결과를 사전분포로 활용할 수도 있다.

또한 베이지안 계층적 모형인 베이지안 랜덤효과모형을 사용했을 경우 다른 연구들의 결과를 빌려와서 개별 연구들의 효과크기를 추정할 수 있으므로 개별 연구 입장에서는 표본수가 증가되는 효과를 가져 온다.

추가적으로 베이지안 메타분석은 사후확률분포를 이용하여 관심 있는 사건에 대한 사후확률을 추정하여, 효과크기가 어떤 값보다 크거나 작을 확률을 직접적으로 추정할 수 있다. 만약 오즈비가 1보다 작은지에 관심이 있다면 사후분포에서 오즈비가 1보다 작은 비율을 추정하여 관심 가설에 대한 사후확률을 계산하고, 이를 바탕으로 결론을 도출할 수 있다. 보통 전통적 통계학에서는 귀무가설에 대한 기각여부를 결정할 때 유의수준 5%를 기준으로 많이 하는데, 이와 유사하게 베이지안 메타분석에서는 관심가설에 대한 사후확률이 90% 또는 95% 이상일 경우 관심가설을 지지한다고 판단한다.

전통적 메타분석에서 랜덤효과모형의 경우 각 연구의 효과크기가 전체 평균 효과크기를 중심으로 하는 정규분포로부터 무작위 추출된 연구라고 가정하므로, 신뢰구간 추정 시 정규분포 가정이나 대표본 가정이 필요하다. 만약 메타분석을 위한 연구의 수가 작은 경우에는 이러한 대표본 가정에 위배될 가능성이 크므로 연구 간 분산 추정치의 정밀도가 낮아지고 결국 통합추정치에 대한 정확도 또한 떨어지게 된다. 반면에 베이지안 메타분석은 사후분포를 이용하기 때문에 정규분포 가정이나 대표본 가정이 필요 없으므로 통합대상 연구의 수가 작은 경우에도 통합추정치 추정 및 신용구간 계산 시 정확도가 높다.

베이지안 메타분석이 전통적 메타분석에 비해 유용한 경우가 있는데, 우선 이상반응 또는 드문 사건에 대한 메타분석에서 전통적 메타분석을 수행할 경우에는 연속성 수정이 필요하다. 반면에 베이지안 방법의 경우 연속성 수정 없이 메타분석이 가능하다. 또한 연구설계가 서로 다른 연구들을 통합할 경우 연구설계에 대한 신뢰성을 사전분포로 반영할 수 있다. 또는 이 경우에 계층적 모형을 사용하여 연구설계별 통합 효과크기에 대한 추정이 가능하며 연구설계 유형 간 이질성에 대한 변동을 포함하므로 전체 통합추정치의 추정과 통합추정치의 신용구간이 넓어져서 보수적인 통합추정치 산출이 가능하다.

하지만 베이지안 메타분석에서는 사전분포의 선택에 따라 분석 결과가 달라질 수 있다. 만약 메타분석 결과가 일관되지 않고 사전분포에 따라 민감하게 달라진다면 통합추정치가 충분한 설득력을 가지지 않으므로 추가적인 연구가 필요하다. 따라서 베이지안 메타분석을 이용한다면 다양한 사전분포에 대한 민감도 분석이 필요하며, 사전분포를 분명하게 명시해야 한다.

8.3 연속형 자료

결과변수가 연속형 자료인 경우 효과크기로 평균차 또는 표준화 평균차를 사용할 수 있으며, 결과변수가 이분형이지만 자료추출 결과가 이원분류표 형태가 아니라 로그 오즈비, 로그 위험비 등으로 주어진 경우 연속형 자료와 동일한 모형을 적용할 수 있다. 결과변수가 연속형인 경우 자료를 추출한 결과는 다음과 같다.

연구(i)	효과크기(Y_i)	효과크기의 분산(ν_i)	공변량(x_i)
1	Y_1	ν_1	x_1
2	Y_2	ν_2	x_2
$\vdots$	$\vdots$	$\vdots$	$\vdots$
k	Y_k	ν_k	x_k

여기서 연구의 개수는 k개이며, Y_i는 i번째 연구에서 효과크기로 연속형 결과변수이고, ν_i는 i번째 연구의 효과크기의 분산, x_i는 연구수준의 공변량이라고 하자. 공변량을 고려하지 않을 경우 베이지안 고정효과모형 또는 랜덤효과모형을 적용할 수 있으며, 연구수준의 공변량을 고려하는 경우 베이지안 고정효과 메타회귀모형 또는 랜덤효과 메타회귀모형을 적용할 수 있다.

8.3.1 베이지안 고정효과모형

고정효과모형에서는 하나의 공통된 효과크기를 추정하기 위한 각 연구들의 관찰된 효과크기의 차이는 표본추출오차 때문이라고 가정한다. 이때 관찰된 효과크기들은 하나의 공통된 효과크기를 중심으로 무작위로 나타난 결과라고 할 수 있다. 통합대상인 연구의 개수가 k개인 경우, 각 연구들의 관찰된 효과크기 Y_i를 하나의 공통된 효과크기 θ가 중심인 정규분포로부터 무작위 추출된 연구라고 할 경우 베이지안 고정효과모형을 구체적으로 표현하면 다음과 같다.

$$\text{(I)}\ \ Y_i \overset{ind}{\sim} N(\theta, \nu_i),\ i = 1, \cdots, k$$

$$\text{(II)}\ \ \theta \sim N(d_0, \sigma_0^2)$$

여기서 Y_i는 i번째 연구에서 관찰된 효과크기이며, ν_i는 i번째 연구의 효과크기의 분산이다. θ는 하나의 공통된 효과크기를 나타내며, θ에 대한 사전분포로 흔히 공액사전분포인 정규분포를 사용한다.

예제 8-1

다음은 예제 3-1의 자료로 개별 연구에서 특별치료를 받는 뇌졸중 환자군과 일반치료를 받는 뇌졸중 환자들의 평균차와 평균차의 분산이며, 난수발생을 통해 임의로 생성한 개별 연구의 평균 연령을 연속형 공변량으로 고려하였다.

연구	평균차	평균차의 분산	평균연령
Edinburgh	−20	40.5080	51.4
Orpington–Mild	−2	2.0806	42.7
Orpington–Moderate	−55	15.6984	44.1
Orpington–Severe	−71	150.2222	49.1
Montreal–Home	−4	17.3077	41.3
Montreal–Transfer	1	1.1673	52.9
Newcastle	11	94.5891	56.8
Umea	−10	6.3109	45.0
Uppsala	7	19.8423	49.5

위 자료에 대한 베이지안 고정효과모형은 다음과 같다.

(I) $Y_i \overset{ind}{\sim} N(\theta, \nu_i),\ i = 1, \cdots, 9$

(II) $\theta \sim N(0, 10^6)$

위 통계적 모형을 WinBUGS에서 사용하는 그래프 모형으로 표현하면 다음과 같다.

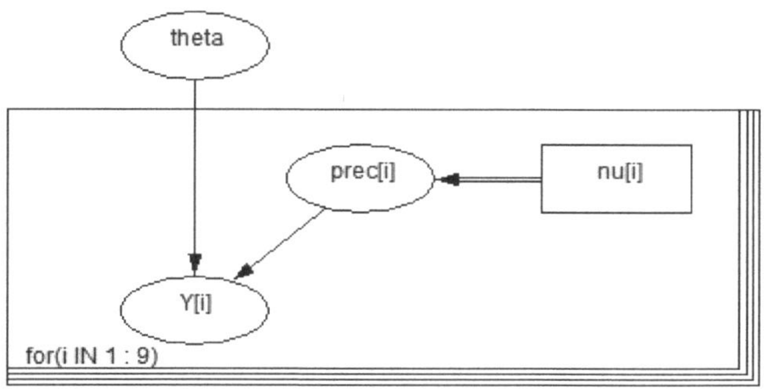

위 모형을 WinBUGS 프로그램으로 표현하면 다음과 같으며, 수렴성 진단을 위하여 2개의 병렬 체인을 고려하였다. 각 체인에서 15,000번의 반복을 수행하되, 초깃값

의 영향을 제거하기 위해 앞부분 5,000개의 난수를 제거한 후 사후평균과 사후분산을 계산하였다.

```
# Bayesian fixed-effect model (continuous)
model
{
    for(i in 1:k)
      {
      prec[i] <-1/nu[i]
      Y[i] ~ dnorm(theta, prec[i])
      }
    theta ~ dnorm(0.0, 1.0E-6)
    MD <- theta
}

# Data
list(Y=c(-20,-2,-55,-71,-4,1,11,-10,7), nu=c(40.5080,2.0806,15.6984,150.2222,
17.3077,1.1673,94.5891,6.3109,19.8423), k=9)

# Initial Values
list(theta=0.0)
list(theta=1.0)
```

위 WinBUGS 프로그램 수행 결과는 다음과 같다.

node	mean	sd	MC error	2.50%	median	97.50%	sample
MD	-3.469	0.7586	0.005084	-4.956	-3.475	-1.973	20000

분석 결과를 살펴보면 평균차에 대해 사후평균은 -3.469이며, 사후표준편차는 0.7586, 95% 신용구간은 (-4.956, -1.973)으로 추정되었다.

8.3.2 베이지안 랜덤효과모형

랜덤효과모형은 각 연구들이 다른 특성을 가지고 있으므로 각 연구들의 실제 효과크기는 다르다고 가정하는 경우에 사용할 수 있다. 이때 각 연구들의 실제 효과크기가 평균 효과크기를 중심으로 흩어져 있는 모집단 내 연구들로부터 무작위 추출된 연구라고 할 경우, 베이지안 랜덤효과모형은 베이지안 계층적 모형을 사용하여 모형화할 수 있다.

통합대상인 연구의 개수가 k개인 경우, 각 연구들의 실제 효과크기 θ_i가 평균 효과크기 μ를 중심으로 하는 정규분포로부터 무작위 추출된 연구라고 할 경우 베이지안 랜덤효과모형을 구체적으로 표현하면 다음과 같다.

(I) $Y_i \overset{ind}{\sim} N(\theta_i, \nu_i),\ i=1,\cdots,k$

(II) $\theta_i \overset{ind}{\sim} N(\mu, \tau^2)$

(III) μ와 τ^2는 독립이며, $\mu \sim N(\mu_0, \sigma_0^2)$, $\tau^2 \sim IG(a, b)$이다.

여기서 Y_i는 i번째 연구에서 관찰된 효과크기이며, θ_i는 i번째 연구의 실제 효과크기, ν_i는 i번째 연구의 효과크기의 분산이다. μ는 모집단의 전체 평균 효과크기이며, τ^2은 연구 간 효과크기의 분산을 나타낸다. 위 계층적 베이지안 모형에서 $\theta_1,\cdots,\theta_k$의 사전분포는 아래와 같이 표현된다.

$$\pi(\theta_1,\cdots,\theta_k) = \int \prod_{i=1}^{k} \pi(\theta_i|\mu,\tau^2)\pi(\mu,\tau^2)d\mu d\tau^2$$

따라서 $\theta_1,\cdots,\theta_k$은 더 이상 독립이 아니며, 사전분포에 의해 각 연구의 효과크기가 연결된다고 할 수 있다.

예제 8-2

예제 8-1 자료에 대한 베이지안 랜덤효과모형은 다음과 같다.

(I) $Y_i \overset{ind}{\sim} N(\theta_i, \nu_i),\ i=1,\cdots,9$

(II) $\theta_i \overset{ind}{\sim} N(\mu, \tau^2)$

(III) $\mu \sim N(0, 10^6)$, $\tau^2 \sim IG(0.001, 0.001)$

위 통계적 모형을 WinBUGS에서 사용하는 그래프 모형으로 표현하면 다음과 같다.

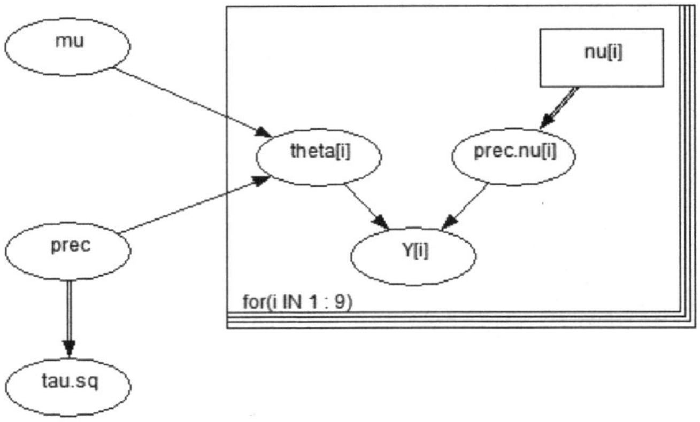

위 모형을 WinBUGS 프로그램으로 표현하면 다음과 같으며, 수렴성 진단을 위하여 2개의 병렬 체인을 고려하였다. 각 체인에서 15,000번의 반복을 수행하되, 초깃값의 영향을 제거하기 위해 반복의 앞부분 5,000개의 난수를 제거한 후 매 10번째 난수를 추출하여(thin =10) 사후평균과 사후분산을 계산하였다.

```
# Bayesian random-effect model (continuous)
model
{
   for( i in 1:k)
   {
    prec.nu[i] <- 1/nu[i]
    Y[i] ~ dnorm(theta[i], prec.nu[i])
    theta[i] ~ dnorm (mu, prec)
   }
    mu ~ dnorm(0.0, 1.0E-6)
    MD <- mu
    prec ~ dgamma(0.001, 0.001)
    tau.sq < - 1/prec
}

# Data
list(Y=c(-20,-2,-55,-71,-4,1,11,-10,7),nu=c(40.5080,2.0806,15.6984,150.2222,
17.3077,1.1673,94.5891,6.3109,19.8423), k=9)

# Initial Values
```

```
list(mu=0, prec =1, theta=c(0,0,0,0,0,0,0,0,0))
list(mu=1, prec =1, theta=c(0,0,0,0,0,0,0,0,0))
```

위 WinBUGS 프로그램의 수행 결과는 다음과 같다.

node	mean	sd	MC error	2.50%	median	97.50%	sample
MD	-15.05	10.34	0.07482	-35.88	-14.96	5.851	20000
tau.sq	924.1	736.2	5.02	266.8	738.2	2688	20000
theta[1]	-19.68	6.198	0.04208	-31.8	-19.67	-7.498	20000
theta[2]	-2.03	1.45	0.009988	-4.867	-2.038	0.8062	20000
theta[3]	-54.06	3.952	0.02857	-61.88	-54.08	-46.33	20000
theta[4]	-60.98	12.22	0.08467	-85.07	-60.85	-37.53	20000
theta[5]	-4.298	4.142	0.03177	-12.36	-4.325	3.856	20000
theta[6]	0.9589	1.086	0.007574	-1.195	0.9616	3.08	20000
theta[7]	7.804	9.28	0.07044	-10.34	7.811	26.07	20000
theta[8]	-10.02	2.496	0.01689	-14.96	-10.01	-5.176	20000
theta[9]	6.373	4.382	0.03104	-2.21	6.376	14.95	20000

분석 결과를 살펴보면 평균차에 대한 사후평균은 -15.05, 사후표준편차는 10.34, 95% 신용구간은 (−35.88, 5.851)로 추정되었다. 그리고 연구 간 효과크기의 분산 τ^2은 사후평균이 924.1, 사후표준편차는 736.2, 95% 신용구간은 (266.8, 2688)로 추정되었다.

8.3.3 베이지안 고정효과 메타회귀모형

고정효과 메타회귀분석모형은 관찰된 효과크기들이 하나의 공통된 효과크기를 중심으로 무작위로 나타난 결과라고 가정하는 경우, 연구수준의 공변량을 보정하기 위해 사용할 수 있다. 베이지안 고정효과 메타회귀모형을 구체적으로 표현하면 다음과 같다.

(I) $Y_i \overset{ind}{\sim} N(\theta + \beta x_i,\, \nu_i),\ i = 1, \cdots, k$

(II) θ와 β는 독립이며, $\theta \sim N(d_0,\, \sigma_0^2)$, $\beta \sim N(\beta_0,\, \xi_0^2)$이다.

여기서 β, θ에 대한 사전분포로 공액사전분포인 정규분포를 사용하였다.

예제 8-3

예제 8-1 자료에 대한 베이지안 고정효과 메타회귀모형은 다음과 같다.

$$\text{(I)}\ Y_i \overset{ind}{\sim} N(\theta+\beta x_i,\, \nu_i),\ i=1,\cdots,9$$

$$\text{(II)}\ \beta \sim N(0,\, 10^6),\ \theta \sim N(0,\, 10^6)$$

위 통계적 모형을 WinBUGS에서 사용하는 그래프 모형으로 표현하면 다음 그림과 같으며, WinBUGS 코드는 아래와 같다. 2개의 병렬 체인 각각에서 15,000개의 난수를 추출하되, 초깃값의 영향을 제거하기 위해 앞부분 5,000개의 난수를 제거한 후 사후평균과 사후분산을 계산하였다.

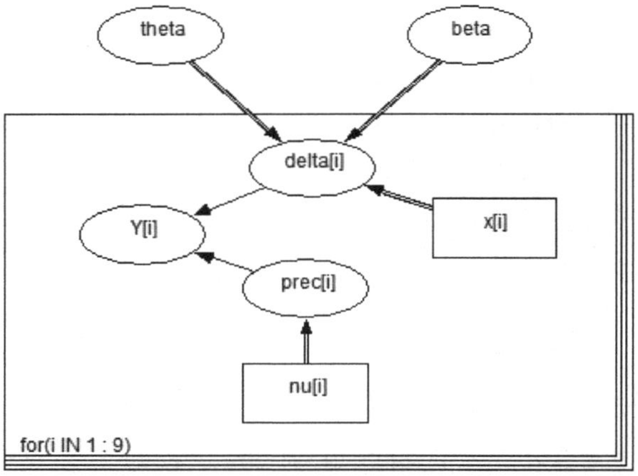


```
# Bayesian fixed-effect meta regression model (continuous)
model
{
    for(i in 1:k)
      {
      prec[i] <-1/nu[i]
      Y[i] ~ dnorm(delta[i], prec[i])
      delta[i] <- theta+beta*x[i]
      }
    theta ~ dnorm(0,1.0E-6)
    MD0 <- theta
    MD1 <- theta+beta
```

```
    beta ~ dnorm(0,1.0E-6)
}

# Data
list(Y=c(-20,-2,-55,-71,-4,1,11,-10,7),
nu=c(40.5080,2.0806,15.6984,150.2222,17.3077,1.1673,94.5891,6.3109,19.8423),
x=c(51.4,42.7,44.1,49.1,41.3,52.9,56.8,45.0,49.5), k=9)

# Initial Values
list(theta=0, beta=0)
list(theta=1, beta=0)
```

위 WinBUGS 프로그램 수행 결과는 다음과 같다.

node	mean	sd	MC error	2.50%	median	97.50%	sample
MD0	-41.59	7.687	0.05228	-56.83	-41.67	-26.42	20000
MD1	-40.8	7.53	0.0512	-55.72	-40.88	-25.93	20000
beta	0.7864	0.1579	0.001079	0.4753	0.7879	1.1	20000

분석 결과를 살펴보면 공변량에 대한 회귀계수 β에 대해 사후평균은 0.7864이며, 사후표준편차는 0.1579, 95% 신용구간은 (0.4753, 1.1)로 추정되었다.

8.3.4 베이지안 랜덤효과 메타회귀모형

랜덤효과 메타회귀분석모형은 각 연구들이 다른 특성을 가지고 있으므로 각 연구들의 실제 효과크기는 다르다고 가정하는 경우, 연구 간 이질성이 있는 경우 연구수준의 공변량을 보정하여 효과크기를 추정하는 방법이다. 베이지안 랜덤효과모형을 구체적으로 표현하면 다음과 같다.

(I) $Y_i \overset{ind}{\sim} N(\theta_i + \beta x_i,\, \nu_i),\ i = 1, \cdots, k$

(II) θ_i와 β는 독립이며, $\theta_i \overset{ind}{\sim} N(\mu, \tau^2),\ \beta \sim N(\beta_{0,}\xi_0^2)$이다.

(III) μ와 τ^2은 독립이며, $\mu \sim N(\mu_0, \sigma_0^2),\ \tau^2 \sim IG(a, b)$이다.

여기서 β와 μ, τ^2에 대해서는 사전정보가 거의 없는 것으로 간주하여 퍼진 형태의 무정보적 사전분포를 고려하여도 무방하다.

예제 8-4

예제 8-1 자료에 대한 베이지안 랜덤효과 메타회귀모형은 다음과 같다.

$$\text{(I)}\ Y_i \overset{ind}{\sim} N(\theta_i + \beta x_i, \nu_i),\ i = 1, \cdots, 9$$

$$\text{(II)}\ \theta_i \overset{ind}{\sim} N(\mu, \tau^2),\ \beta \sim N(0, 10^6)$$

$$\text{(III)}\ \mu \sim N(0, 10^6),\ \tau^2 \sim IG(0.001, 0.001)$$

위 통계적 모형을 WinBUGS에서 사용하는 그래프 모형으로 표현하면 다음과 같다.

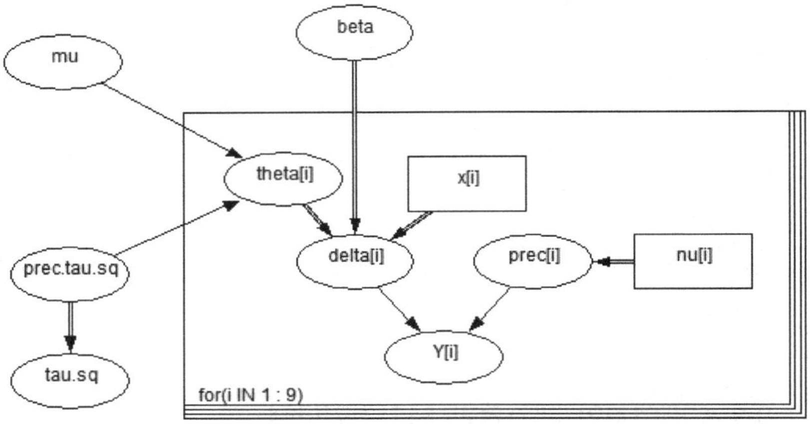

위 모형을 WinBUGS 프로그램으로 표현하면 다음과 같으며, 수렴성 진단을 위하여 2개의 병렬 체인을 고려하였다. 각 체인에서 110,000번의 반복을 수행하되, 초깃값의 영향을 제거하기 위해 반복의 앞부분 10,000개의 난수를 제거한 후 매 50번째 난수를 추출하여(thin=50) 사후평균과 사후분산을 계산하였다.

```
# Bayesian random-effect meta regression model (continuous)
model
{
    for(i in 1:k)
      {
      prec[i]<-1/nu[i]
```

```
        Y[i] ~ dnorm(delta[i], prec[i])
        delta[i] <- theta[i]+beta*x[i]
        theta[i] ~ dnorm(mu,prec.tau.sq)
        }
    mu ~ dnorm(0,1.0E-6)
    prec.tau.sq ~ dgamma(0.001, 0.001)
    beta ~ dnorm(0,1.0E-6)
    tau.sq <- 1/prec.tau.sq
    MD0 <- mu
    MD1 <- mu+beta
}

# Data
list(Y=c(-20,-2,-55,-71,-4,1,11,-10,7),
nu=c(40.5080,2.0806,15.6984,150.2222,17.3077,1.1673,94.5891,6.3109,19.8423),
x=c(51.4,42.7,44.1,49.1,41.3,52.9,56.8,45.0,49.5), k=9)

# Initial Values
list(mu=0, prec.tau.sq=2, beta=0, theta=c(0,0,0,0,0,0,0,0,0))
list(mu=1, prec.tau.sq=2, beta=0, theta=c(0,0,0,0,0,0,0,0,0))
```

위 WinBUGS 프로그램 수행 결과는 다음과 같다.

node	mean	sd	MC error	2.50%	median	97.50%	sample
MD0	-63.62	116.5	4.192	-283.5	-66.76	181.9	200000
MD1	-62.61	114.1	4.105	-278	-65.69	177.7	200000
beta	1.01	2.416	0.08732	-4.09	1.076	5.568	200000
delta[1]	-19.53	6.225	0.01744	-31.76	-19.51	-7.336	200000
delta[2]	-2.054	1.44	0.003472	-4.876	-2.057	0.7738	200000
delta[3]	-54.24	3.951	0.01097	-62.01	-54.23	-46.51	200000
delta[4]	-61.53	12.22	0.06528	-85.71	-61.44	-37.89	200000
delta[5]	-4.43	4.143	0.0147	-12.56	-4.43	3.66	200000
delta[6]	0.9818	1.079	0.002427	-1.138	0.9827	3.096	200000
delta[7]	9.146	9.439	0.0625	-9.369	9.137	27.71	200000
delta[8]	-10.07	2.51	0.005869	-15	-10.08	-5.149	200000
delta[9]	6.463	4.413	0.01078	-2.195	6.464	15.12	200000
tau.sq	1082	1022	16.3	282.2	821	3461	200000

분석 결과를 살펴보면 공변량에 대한 회귀계수 β에 대해 사후평균은 1.01이며, 사후표준편차는 2.416, 95% 신용구간은 (−4.09, 5.568)로 추정되었다.

8.4 이분형 자료

각 연구에서 비교하고자 하는 두 그룹의 결과변수가 각 그룹의 전체 대상자수와 관심사건이 발생한 대상자수로 주어지는 경우, 이항분포를 이용하여 베이지안 메타분석을 실시할 수 있는데, 이때 자료의 형태는 다음과 같다.

연구(i)	그룹 A		그룹 B		공변량(x_i)
	전체 대상자수 (n_i^A)	관심사건 발생자수 (r_i^A)	전체 대상자수 (n_i^B)	관심사건 발생자수 (r_i^B)	
1	n_1^A	r_1^A	n_1^B	r_1^B	x_1
2	n_2^A	r_2^A	n_2^B	r_2^B	x_2
⋮	⋮	⋮	⋮	⋮	⋮
k	n_k^A	r_k^A	n_k^B	r_k^B	$7x_k$

여기서 연구의 개수는 k개이며, i번째 연구의 그룹 A에서 관심사건이 발생한 대상자 수 r_i^A와 그룹 B에서 관심사건이 발생한 대상자 수 r_i^B는 이항분포를 따르며, x_i는 연구수준의 공변량이라고 하자. 공변량을 고려하지 않을 경우 베이지안 고정효과모형 또는 랜덤효과모형을 적용할 수 있으며, 연구수준의 공변량을 고려해야 하는 경우 베이지안 고정효과 메타회귀모형 또는 랜덤효과 메타회귀모형을 적용할 수 있다.

위와 같은 이분형 자료가 주어졌을 경우 효과크기로 오즈비, 상대위험도, 위험차를 고려할 수 있는데 효과크기의 종류에 따라 베이지안 메타분석 모형이 다소 차이가 있다. 여기서는 효과크기가 오즈비인 경우 베이지안 모형에 대해서 설명하고자 한다.

8.4.1 베이지안 고정효과모형

통합 대상인 연구의 개수가 k인 경우, 베이지안 고정효과모형을 구체적으로 표현하면 다음과 같다.

(I) r_i^A와 r_i^B는 독립이며, $r_i^A \overset{ind}{\sim} B(n_i^A, p_i^A)$, $r_i^B \overset{ind}{\sim} B(n_i^B, p_i^B)$, $i = 1, \cdots, k$ 이다.

$logit(p_i^A) = \mu_i$, $logit(p_i^B) = \mu_i + \theta$라고 두자.

(II) μ_i와 θ는 독립이며, $\mu_i \overset{ind}{\sim} N(\nu_i, \delta_i^2)$, $\theta \sim N(d_0, \sigma_0^2)$이다.

여기서 r_i^A는 i번째 연구의 그룹 A에서 관심사건이 발생한 대상자수, n_i^A는 그룹 A의 전체 연구대상자수, p_i^A는 관심사건이 발생할 확률이며 r_i^A는 이항분포 $B(n_i^A, p_i^A)$를 따른다. r_i^B, n_i^B, p_i^B는 그룹 B에 관한 동일한 표기이다.

μ_i는 $\log(odds)$로 $\log(p_i^A/(1-p_i^A)) = logit(p_i^A)$이므로, θ는 $logit(p_i^B) - \log(p_i^A)$로 $\log(OR)$이 된다. θ는 $\log(OR)$이므로 그룹 A에 대한 그룹 B의 오즈비 $OR = \exp(\theta)$가 성립한다. 모수 μ_i, θ에 대한 사전분포로 독립인 정규분포를 고려하며, 이때 초모수 ν_i, δ_i^2, d_0, σ_0^2는 안다고 가정한다.

예제 8-5

다음은 예제 3-3의 BCG 백신 자료이다. 13개 연구에서 추출한 BCG 백신 접종군과 대조군에서의 전체 대상자수와 결핵이 발생한 환자수, 공변량인 위도는 다음과 같다.

연구	백신 접종군		대조군		위도
	전체 대상자수 (n_i^A)	결핵 발생자수 (r_i^A)	전체 대상자수 (n_i^B)	결핵 발생자수 (r_i^B)	(x_i)
Aronson(1948)	123	4	139	11	44
Ferguson & Simes(1949)	306	6	303	29	55
Rosenthal et al(1960)	231	3	220	11	42
Hart & Sutherland(1977)	13598	62	12867	248	52
Frimodt-Moller et al(1973)	5069	33	5808	47	13
Stein & Aronson(1953)	1541	180	1451	372	44
Vandiviere et al(1973)	2545	8	629	10	19
TPT Madras(1980)	88391	505	88391	499	13
Coetzee & Berjak(1968)	7499	29	7277	45	27
Rosenthal et al(1961)	1716	17	1665	65	42
Comstock et al(1974)	50634	186	27338	141	18
Comstock & Webster(1969)	2498	5	2341	3	33
Comstock et al(1976)	16913	27	17854	29	33

위 자료에 대한 베이지안 고정효과모형은 다음과 같다.

$$\text{(I)}\ r_i^A \overset{ind}{\sim} B(n_i^A,\, p_i^A),\ r_i^B \overset{ind}{\sim} B(n_i^B,\, p_i^B),\quad i=1,\cdots,13$$

$$logit(p_i^A)=\mu_i,\ logit(p_i^B)=\mu_i+\theta$$

$$\text{(II)}\ \mu_i \overset{ind}{\sim} N(0,\, 10^6),\ \theta \sim N(0,\, 10^6)$$

여기서 r_i^A는 i번째 연구의 그룹 A에서 관심사건이 발생한 대상자수이고 n_i^A는 그룹 A의 전체 연구대상자수, p_i^A는 그룹 A의 관심사건 발생확률이다. r_i^B는 i번째 연구의 그룹 B에서 관심사건이 발생한 대상자수이고 n_i^B는 그룹 B의 전체 연구대상자수, p_i^B는 그룹 B의 관심사건 발생확률이다. 그룹 A에 대한 그룹 B의 결과 발생에 대한 오즈비는 $OR=\exp(\theta)$이다.

모수에 대한 사전정보가 거의 없으므로 μ_i와 θ의 분산을 크게 하여 퍼진 형태의 무정보적 정규 사전분포를 고려하였다. 위 통계적 모형을 WinBUGS에서 사용하는 그래프 모형으로 표현하면 다음과 같다.

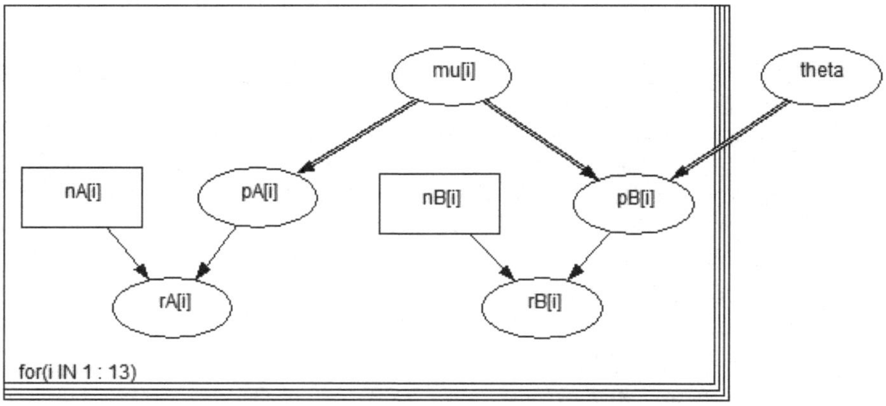

위 모형을 WinBUGS 프로그램으로 표현하면 다음과 같으며 수렴성 진단을 위하여 2개의 병렬 체인을 고려하였다. 각 체인에서 15,000번의 반복을 수행하되, 초깃값의 영향을 제거하기 위해 반복의 앞부분 5,000개의 난수를 제거한 후 매 10번째 난수를 추출하여(thin =10) 사후평균과 사후분산을 계산하였다.

```
# Bayesian fixed-effects model (Odds ratio)
model
{
    for( i in 1 : k )
    {
      rA[i] ~ dbin(pA[i], nA[i])
      rB[i] ~ dbin(pB[i], nB[i])
      logit(pA[i]) <- mu[i]
      logit(pB[i]) <- mu[i] + theta
      mu[i] ~ dnorm(0.0,1.0E-6)
    }

    OR <- exp(theta)
    theta ~ dnorm(0.0, 1.0E-6)
}

# Data
list(rA=c(4,6,3,62,33,180,8,505,29,17,186,5,27),
rB=c(11,29,11,248,47,372,10,499,45,65,141,3,29),
nA=c(123,306,231,13598,5069,1541,2545,88391,7499,1716,50634,2498,16913),
nB=c(139,303,220,12867,5808,1451,629,88391,7277,1665,27338,2341,17854),
k=13)

# Initial Values
list(theta=0, mu=c(0,0,0,0,0,0,0,0,0,0,0,0,0))
list(theta=1, mu=c(0,0,0,0,0,0,0,0,0,0,0,0,0))
```

위 WinBUGS 프로그램 수행 결과는 다음과 같다.

node	mean	sd	MC error	2.50%	median	97.50%	sample
OR	1.613	0.06696	4.53E-04	1.487	1.611	1.749	20000

분석 결과를 살펴보면 그룹 A에 대한 그룹 B의 오즈비의 사후평균은 1.613이며, 사후표준편차는 0.06696, 95% 신용구간은 (1.487, 1.749)로 추정되었다.

8.4.2 베이지안 랜덤효과모형

통합 대상인 연구의 개수가 k개인 경우, 각 연구들의 실제 효과크기인 θ_i가 평균이 d인 모집단에서 무작위 추출된 연구라고 할 경우, 베이지안 랜덤효과모형을 구체적으로 표현하면 다음과 같다.

(I) r_i^A와 r_i^B는 독립이며, $r_i^A \overset{ind}{\sim} B(n_i^A, p_i^A)$, $r_i^B \overset{ind}{\sim} B(n_i^B, p_i^B)$, $i = 1, \cdots, k$이다.

$logit(p_i^A) = \mu_i$, $logit(p_i^B) = \mu_i + \theta_i$로 두자.

(II) θ_i와 μ_i는 독립이며, $\theta_i \overset{ind}{\sim} N(d, \tau^2)$, $\mu_i \overset{ind}{\sim} N(\nu_i, \delta_i^2)$이다.

(III) d와 τ^2는 독립이며, $d \sim N(d_0, \sigma_0^2)$, $\tau^2 \sim IG(a, b)$이다.

여기서 r_i^A는 i번째 연구의 그룹 A에서 관심사건이 발생한 대상자수이고 n_i^A는 그룹 A의 전체 연구대상자수, p_i^A는 관심사건이 발생할 확률이며 r_i^A는 이항분포 $B(n_i^A, p_i^A)$를 따른다. r_i^B, n_i^B, p_i^B는 그룹 B에 관한 동일한 표기이다.

μ_i는 $\log(odds)$로 $\log(p_i^A/(1-p_i^A)) = logit(p_i^A)$이므로, θ_i는 $logit(p_i^B) - logit(p_i^A)$로 $\log(OR_i)$로 설명할 수 있다. 다시 말해, θ_i는 $\log(OR_i)$이므로 i번째 연구에서의 그룹 A에 대한 그룹 B의 오즈비 $OR_i = \exp(\theta_i)$가 성립한다. $\exp(d)$는 모집단의 전체 평균 오즈비이며, τ^2은 연구 간 $\log(OR_i)$의 분산을 나타낸다. 베이지안 방법을 통해 구한 모수 θ_i, d의 추정값에 지수함수를 취하면, 각 연구에서의 오즈비와 전체 평균 오즈비를 구할 수 있다.

위 모형에서 단계 (II)는 사전분포, 단계 (III)는 사전분포의 초모수 d와 τ^2에 대한 초사전분포를 정의하므로, 위 모형은 베이지안 계층적 랜덤효과모형이 된다. 흔히 μ_i, d, τ^2의 사전분포로 퍼진 형태의 무정보적 사전분포를 사용한다.

예제 8-6

예제 8-5 자료에 대한 베이지안 랜덤효과모형은 다음과 같다.

(I) $r_i^A \overset{ind}{\sim} B(n_i^A, p_i^A)$, $r_i^B \overset{ind}{\sim} B(n_i^B, p_i^B)$, $i = 1, \cdots, 13$

$logit(p_i^A) = \mu_i$, $logit(p_i^B) = \mu_i + \theta_i$

(II) $\theta_i \overset{ind}{\sim} N(d, \tau^2)$, $\mu_i \sim N(0, 10^6)$

(III) $d \sim N(0, 10^6)$, $\tau^2 \sim IG(0.001, 0.001)$

여기서 r_i^A는 i번째 연구의 그룹 A에서 관심사건이 발생한 대상자수이고 n_i^A는 그룹 A의 전체 연구대상자수, p_i^A는 그룹 A의 관심사건 발생확률이다. r_i^B는 i번째 연구의 그룹 B에서 관심사건이 발생한 대상자수이고 n_i^B는 그룹 B의 전체 연구대상자수, p_i^B는 그룹 B의 관심사건 발생확률이다. i번째 연구에서의 그룹 A에 대한 그룹 B의 오즈비는 $OR_i = \exp(\theta_i)$이며, $\exp(d)$는 모집단의 전체의 평균 오즈비, τ^2은 연구 간 $\log(OR_i)$의 분산을 나타낸다. 모수에 대한 사전정보가 거의 없으므로 μ_i와 d, τ^2에 대해 퍼진 형태의 무정보적 사전분포를 고려하였다. 위 통계적 모형을 WinBUGS에서 사용하는 그래프 모형으로 표현하면 다음과 같다.

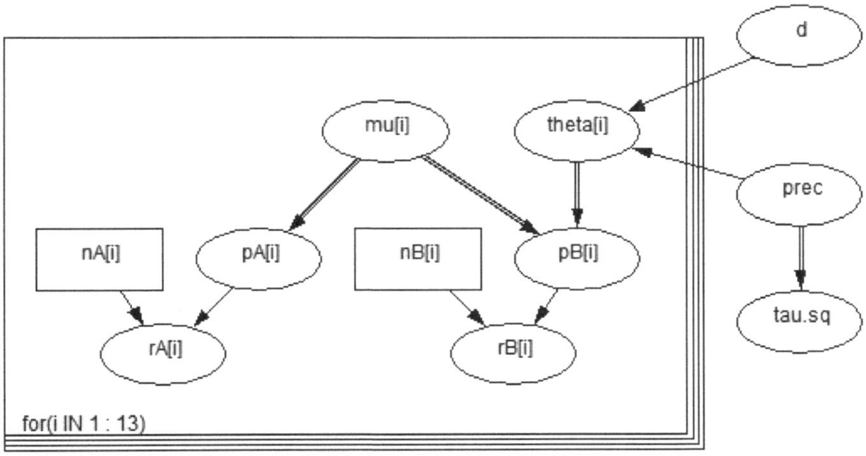

위 모형을 WinBUGS 프로그램으로 표현하면 다음과 같으며 수렴성 진단을 위하여 2개의 병렬 체인을 고려하였다. 각 체인에서 15,000번의 반복을 수행하되, 초깃값의 영향을 제거하기 위해 반복의 앞부분 5,000개의 난수를 제거한 후 매 10번째 난수를 추출하여(thin =10) 사후평균과 사후분산을 계산하였다.

```
# Bayesian random-effects model (Odds ratio)
model
{
    for( i in 1 : k )
    {
      rA[i] ~ dbin(pA[i], nA[i])
```

```
        rB[i] ~ dbin(pB[i], nB[i])
        logit(pA[i]) <- mu[i]
        logit(pB[i]) <- mu[i] + theta[i]
        mu[i] ~ dnorm(0.0,1.0E-6)
        theta[i] ~ dnorm(d, prec)
        OR[i] <- exp(theta[i])
    }

    pooledOR <- exp(d)
    d ~ dnorm(0.0,1.0E-6)
    prec ~ dgamma(0.001,0.001)
    tau.sq <- 1/prec
}

# Data
list(rA=c(4,6,3,62,33,180,8,505,29,17,186,5,27),
rB=c(11,29,11,248,47,372,10,499,45,65,141,3,29),
nA=c(123,306,231,13598,5069,1541,2545,88391,7499,1716,50634,2498,16913),
nB=c(139,303,220,12867,5808,1451,629,88391,7277,1665,27338,2341,17854),
k=13)

# Initial Values
list(d=0, prec =1, theta=c(0,0,0,0,0,0,0,0,0,0,0,0,0),
mu=c(0,0,0,0,0,0,0,0,0,0,0,0,0))
list(d=1, prec =1, theta=c(0,0,0,0,0,0,0,0,0,0,0,0,0),
mu=c(0,0,0,0,0,0,0,0,0,0,0,0,0))
```

위 WinBUGS 프로그램 수행 결과는 다음과 같다.

node	Mean	sd	MC error	2.50%	median	97.50%	sample
OR[1]	2.635	1.265	0.008873	1.065	2.359	5.856	20000
OR[2]	4.221	1.72	0.01309	2.006	3.866	8.609	20000
OR[3]	3.289	1.732	0.01301	1.266	2.876	7.7	20000
OR[4]	4.166	0.587	0.004602	3.147	4.114	5.474	20000
OR[5]	1.373	0.3046	0.002191	0.8718	1.338	2.056	20000
OR[6]	2.607	0.2576	0.001805	2.139	2.594	3.15	20000
OR[7]	3.944	1.7	0.0122	1.695	3.599	8.178	20000

OR[8]	0.999	0.06362	4.60E-04	0.88	0.9972	1.129	20000
OR[9]	1.723	0.3927	0.003048	1.083	1.68	2.613	20000
OR[10]	3.786	0.9895	0.007622	2.269	3.645	6.153	20000
OR[11]	1.436	0.1606	0.001139	1.148	1.428	1.78	20000
OR[12]	1.448	0.7462	0.005657	0.4462	1.301	3.281	20000
OR[13]	1.196	0.3046	0.002018	0.703	1.161	1.892	20000
pooledOR	2.178	0.456	0.003309	1.436	2.125	3.231	20000
tau.sq	0.4289	0.271	0.001811	0.1342	0.361	1.142	20000

분석 결과를 살펴보면 오즈비에 대한 사후평균은 2.178이며, 사후표준편차는 0.456, 95% 신용구간은 (1.436, 3.231)로 추정되었다. 연구 간 효과크기의 분산 τ^2에 대한 사후평균은 0.4289이며 사후표준편차는 0.271, 95% 신용구간은 (0.1342, 1.142)로 추정되었다.

8.4.3 베이지안 고정효과 메타회귀모형

연구들 간의 이질성을 검토하기 위해 연구수준의 공변량을 고려해야 하는 경우 베이지안 고정효과 메타회귀모형은 다음과 같다.

(I) r_i^A와 r_i^B는 독립이며, $r_i^A \overset{ind}{\sim} B(n_i^A, p_i^A)$, $r_i^B \overset{ind}{\sim} B(n_i^B, p_i^B)$, $i=1,\cdots,k$ 이다.
$logit(p_i^A)=\mu_i$, $logit(p_i^B)=\mu_i+\theta+\beta x_i$라고 두자.

(II) β, μ_i, θ는 서로 독립이며, $\beta \sim N(\beta_0, \xi_0^2)$, $\mu_i \overset{ind}{\sim} N(\nu_i, \delta_i^2)$, $\theta \sim N(d_0, \sigma_0^2)$이다.

여기서 모수에 대한 사전정보가 거의 없으므로 β, μ_i, θ에 대한 사전분포로 정규분포에서 분산을 크게 한 퍼진 형태의 무정보적 사전분포를 고려한다.

예제 8-7

예제 8-5 자료에 대한 베이지안 고정효과 메타회귀모형은 다음과 같다.

(I) $r_i^A \overset{ind}{\sim} B(n_i^A, p_i^A)$, $r_i^B \overset{ind}{\sim} B(n_i^B, p_i^B)$, $\quad i=1,\cdots,13$

$$logit(p_i^A)=\mu_i,\ logit(p_i^B)=\mu_i+\theta+\beta x_i$$

$$\text{(II)}\ \beta \sim N(0,\, 10^6),\ \mu_i \overset{ind}{\sim} N(0,\, 10^6),\ \theta \sim N(0,\, 10^6)$$

여기서 r_i^A는 i번째 연구의 그룹 A에서 관심사건이 발생한 대상자수이고 n_i^A는 그룹 A의 전체 연구대상자수, p_i^A는 그룹 A의 관심사건 발생확률이다. r_i^B는 i번째 연구의 그룹 B에서 관심사건이 발생한 대상자수이고 n_i^B는 그룹 B의 전체 연구대상자수, p_i^B는 그룹 B의 관심사건 발생확률이다. x_i는 i번째 연구에서의 메타회귀의 공변량을 나타낸다.

β는 메타회귀 공변량에 대한 회귀계수를 나타내는 것으로 공변량 x_i가 $\log(OR)$에 미치는 영향을 파악할 수 있다. 또한 공변량을 보정한 후 i번째 연구에서의 그룹 A에 대한 그룹 B의 오즈비는 $OR_i = \exp(\theta + \beta x_i)$이며, 공변량에 따른 그룹 A에 대한 그룹 B의 오즈비를 추정할 수 있다.

모수에 대한 사전정보가 거의 없으므로 β, μ_i, θ에 대해 무정보적 사전분포를 고려하였다. 위 통계적 모형을 WinBUGS에서 사용하는 그래프 모형으로 표현하면 다음 그림과 같으며, WinBUGS 코드는 아래와 같다. 수렴성 진단을 위하여 2개의 병렬 체인을 고려하였다. 각 체인에서 15,000번의 반복을 수행하되, 초깃값의 영향을 제거하기 위해 반복의 앞부분 5,000개의 난수를 제거한 후 매 10번째 난수를 추출하여(thin=10) 사후평균과 사후분산을 계산하였다.

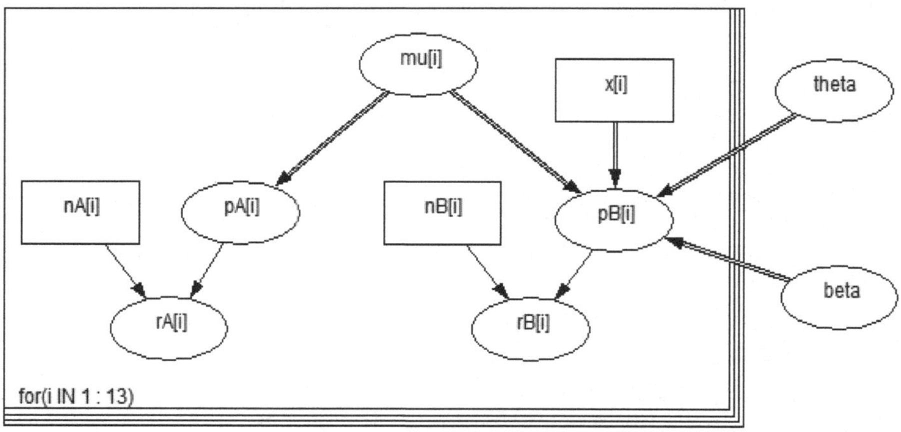


```
# Bayesian fixed-effect meta regression model (Odds Ratio)
model
```

```
{
    for( i in 1 : k )
    {
      rA[i] ~ dbin(pA[i], nA[i])
      rB[i] ~ dbin(pB[i], nB[i])
      logit(pA[i]) <- mu[i]
      logit(pB[i]) <- mu[i] + theta + beta*x[i]
      mu[i] ~ dnorm(0.0,1.0E-6)
    }

    beta ~ dnorm(0.0, 1.0E-6)
    theta ~ dnorm(0.0, 1.0E-6)
}

# Data
list(rA=c(4,6,3,62,33,180,8,505,29,17,186,5,27),
rB=c(11,29,11,248,47,372,10,499,45,65,141,3,29),
nA=c(123,306,231,13598,5069,1541,2545,88391,7499,1716,50634,2498,16913),
nB=c(139,303,220,12867,5808,1451,629,88391,7277,1665,27338,2341,17854),
x=c(44,55,42,52,13,44,19,13,27,42,18,33,33),k=13)

# Initial Values
list(beta=0, theta=0, mu=c(0,0,0,0,0,0,0,0,0,0,0,0,0))
list(beta=1, theta=0, mu=c(0,0,0,0,0,0,0,0,0,0,0,0,0))
```

위 WinBUGS 프로그램 수행 결과는 다음과 같다.

node	mean	sd	MC error	2.50%	median	97.50%	sample
beta	0.03344	0.002795	2.86E-05	0.02797	0.03346	0.03895	20000

분석 결과를 살펴보면 공변량에 대한 회귀계수 β에 대해 사후평균은 0.03344이며, 사후표준편차는 0.002795, 95% 신용구간은 (0.02797, 0.03895)로 추정되었다.

8.4.4 베이지안 랜덤효과 메타회귀모형

연구들 간의 이질성을 검토하기 위해 연구수준의 공변량을 고려해야 하는 경우 베이지안 랜덤효과 메타회귀모형은 다음과 같다.

(I) r_i^A와 r_i^B는 독립이며, $r_i^A \overset{ind}{\sim} B(n_i^A, p_i^A)$, $r_i^B \overset{ind}{\sim} B(n_i^B, p_i^B)$, $i=1,\cdots,k$

이다.

$logit(p_i^A)=\mu_i$, $logit(p_i^B)=\mu_i+\theta_i+\beta x_i$라 두자.

(II) θ_i, μ_i, β는 서로 독립이며, $\theta_i \overset{ind}{\sim} N(d, \tau^2)$, $\mu_i \overset{ind}{\sim} N(\nu_i, \delta_i^2)$,

$\beta \sim N(\beta_0, \xi_0^2)$이다.

(III) d와 τ^2는 독립이며, $d \sim N(d_0, \sigma_0^2)$, $\tau^2 \sim IG(a, b)$이다.

위 모형에서 단계 (II)에서는 θ_i 의 사전분포가 주어지고, 단계 (III)에서는 초모수 d와 τ^2에 대한 초사전분포를 설정하므로, 이는 베이지안 계층적 모형이다. 흔히 μ_i와 β 의 사전분포로는 퍼진 형태의 무정보적 사전분포를 사용한다.

예제 8-8

예제 8-5 자료에 대한 베이지안 랜덤효과 메타회귀모형은 다음과 같다.

(I) $r_i^A \overset{ind}{\sim} B(n_i^A, p_i^A)$, $r_i^B \overset{ind}{\sim} B(n_i^B, p_i^B)$, $i=1,\cdots,13$

$logit(p_i^A)=\mu_i$, $logit(p_i^B)=\mu_i+\theta_i+\beta x_i$

(II) $\theta_i \overset{ind}{\sim} N(d, \tau^2)$, $\mu_i \overset{ind}{\sim} N(0, 10^6)$, $\beta \sim N(0, 10^6)$

(III) $d \sim N(0, 10^6)$, $\tau^2 \sim IG(0.001, 0.001)$

여기서 r_i^A는 i번째 연구의 그룹 A에서 관심사건이 발생한 대상자수이고 n_i^A는 그룹 A의 전체 연구대상자수, p_i^A는 그룹 A의 관심사건 발생확률이다. r_i^B는 i번째 연구의 그룹 B에서 관심사건이 발생한 대상자수이고 n_i^B는 그룹 B의 전체 연구대상자수, p_i^B는 그룹 B의 관심사건 발생확률이다. x_i는 i번째 연구에서의 공변량을 나타낸다.

β는 메타회귀 공변량에 대한 회귀계수를 나타내는 것으로 공변량 x_i가 $\log(OR)$에 미치는 영향을 파악할 수 있다. 또한 공변량을 보정한 후 i번째 연구에서의 그룹 A에 대한 그룹 B의 오즈비는 $OR_i=\exp(\theta+\beta x_i)$이며, 공변량에 따른 그룹 A에 대한 그룹 B의 오즈비를 추정할 수 있다.

모수에 대한 사전정보가 거의 없으므로 μ_i와 β, d, τ^2에 대해 무정보적 사전분포를 고려하였다. 위 통계적 모형을 WinBUGS에서 사용하는 그래프 모형으로 표현하면 다음과 같다.

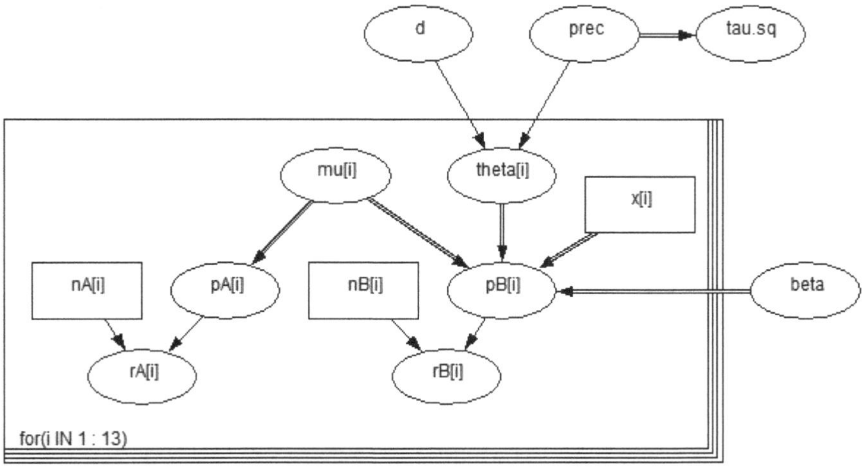

위 모형을 WinBUGS 프로그램으로 표현하면 다음과 같으며 수렴성 진단을 위하여 2개의 병렬 체인을 고려하였다. 각 체인에서 110,000번의 반복을 수행하되, 초깃값의 영향을 제거하기 위해 반복의 앞부분 10,000개의 난수를 제거한 후 매 50번째 난수를 추출하여(thin=50) 사후평균과 사후분산을 계산하였다.

```
# Bayesian random-effects meta regression model (Odds Ratio)
model
{
    for( i in 1 : k )
    {
      rA[i] ~ dbin(pA[i], nA[i])
      rB[i] ~ dbin(pB[i], nB[i])
      logit(pA[i]) <- mu[i]
      logit(pB[i]) <- mu[i] + theta[i]+beta*x[i]
      mu[i] ~ dnorm(0.0,1.0E-6)
      theta[i] ~ dnorm(d, prec)
    }
    d ~ dnorm(0.0,1.0E-6)
    beta ~ dnorm(0.0,1.0E-6)
    prec ~ dgamma(0.001,0.001)
    tau.sq <- 1/prec
```

```
}

# Data
list(rA=c(4,6,3,62,33,180,8,505,29,17,186,5,27),
rB=c(11,29,11,248,47,372,10,499,45,65,141,3,29),
nA=c(123,306,231,13598,5069,1541,2545,88391,7499,1716,50634,2498,16913),
nB=c(139,303,220,12867,5808,1451,629,88391,7277,1665,27338,2341,17854),
x=c(44,55,42,52,13,44,19,13,27,42,18,33,33),k=13)

# Initial Values
list(beta=0, d=0, prec =1, theta=c(0,0,0,0,0,0,0,0,0,0,0,0,0),
mu=c(0,0,0,0,0,0,0,0,0,0,0,0,0))
list(beta=0, d=1, prec =1, theta=c(0,0,0,0,0,0,0,0,0,0,0,0,0),
mu=c(0,0,0,0,0,0,0,0,0,0,0,0,0))
```

위 WinBUGS 프로그램 수행 결과는 다음과 같다.

node	mean	sd	MC error	2.50%	median	97.50%	sample
beta	0.03204	0.006617	3.20E-05	0.01757	0.03236	0.04469	200000
tau.sq	0.06481	0.09957	3.11E-04	0.001025	0.03013	0.3274	200000

분석 결과를 살펴보면 공변량에 대한 회귀계수 β에 대해 사후평균은 0.03204이며, 사후표준편차는 0.006617, 95% 신용구간은 (0.01757, 0.04469)로 추정되었다.

8.5 R2WinBUGS를 이용한 베이지안 메타분석

7.6절에서 소개한 R2WinBUGS 패키지를 이용하여 R 프로그램에서 WinBUGS 프로그램을 연결하여 베이지안 메타분석을 수행할 수 있다.

예제 8-9

예제 8-2에서 다루었던 연속형 결과변수에 대한 베이지안 랜덤효과모형의 적용을 위해 R2WinBUGS를 이용한 R 프로그램과 결과는 다음과 같다. 앞에서 정의된 연속형 결과변수의 베이지안 랜덤효과모형에 대한 model 정의는 "예제8-9.txt"로 저장되어 있다.

MCMC 수렴성 진단을 위하여 2개의 병렬 체인을 고려하였으며, 각 체인에서 15,000번의 반복을 수행하되, 초깃값의 영향을 제거하기 위해 반복의 앞부분 5,000개의 난수를 제거한 후 매 10번째 난수를 추출하여(thin=10) 사후평균과 사후분산을 계산하였다.

```
> # Data
> data <- list(Y=c(-20,-2,-55,-71,-4,1,11,-10,7),
nu=c(40.5080,2.0806,15.6984,150.2222,17.3077,1.1673,94.5891,6.3109,
19.8423), k=9)

> # Parameters
> parameters <- c("MD","tau.sq","theta[1]","theta[2]","theta[3]",
"theta[4]","theta[5]","theta[6]","theta[7]","theta[8]","theta[9]")

> # Initial values
> inits1 <- list(mu=0, prec =1, theta=c(0,0,0,0,0,0,0,0,0))
> inits2 <- list(mu=1, prec =1, theta=c(0,0,0,0,0,0,0,0,0))
> inits <- list(inits1,inits2)

> model.sim <- bugs (data, inits, parameters, "예제8-9.txt", n.chain=2,
n.iter=15000, n.burnin=5000, n.thin=10, codaPkg=TRUE,
bugs.directory = "c:/Program Files/WinBUGS14/")

> model.coda <- read.bugs(model.sim)
> summary(model.coda)

Iterations = 501:1500
Thinning interval = 1
Number of chains = 2
Sample size per chain = 1000

1. Empirical mean and standard deviation for each variable,
   plus standard error of the mean:
              Mean      SD Naive SE Time-series SE
MD        -15.1947  10.736  0.24007        0.26167
deviance   50.6683   4.644  0.10385        0.10224
tau.sq    955.2459 703.897 15.73960       15.73531
```

```
theta[1] -19.5104   6.161  0.13777           0.13781
theta[2]  -2.0390   1.433  0.03204           0.03204
theta[3] -54.2480   4.001  0.08946           0.08947
theta[4] -61.1546  12.144  0.27154           0.27158
theta[5]  -4.5372   4.141  0.09259           0.09201
theta[6]   0.9357   1.057  0.02364           0.02321
theta[7]   7.5015   9.121  0.20395           0.20400
theta[8] -10.0233   2.510  0.05613           0.05482
theta[9]   6.3801   4.315  0.09649           0.10160

2. Quantiles for each variable:

             2.5%      25%     50%      75%     97.5%
MD        -37.730 -21.6225 -15.125   -8.703    7.1464
deviance   44.038  47.3275  49.820   53.122   61.9605
tau.sq    275.370 511.7000 756.750 1159.250 2797.1000
theta[1]  -31.553 -23.6725 -19.455  -15.348   -7.5136
theta[2]   -4.801  -3.0132  -2.060   -1.066    0.7977
theta[3]  -61.980 -57.0200 -54.315  -51.640  -46.2398
theta[4]  -85.324 -69.2925 -61.155  -52.715  -38.5375
theta[5]  -12.733  -7.3647  -4.476   -1.620    3.2880
theta[6]   -1.106   0.2265   0.949    1.636    3.0395
theta[7]  -10.175   1.5600   7.502   13.480   26.0710
theta[8]  -15.040 -11.6225  -9.987   -8.312   -5.2496
theta[9]   -2.201   3.5457   6.399    9.312   14.7912
```

분석 결과를 살펴보면 평균차에 대한 사후평균은 −15.1947, 사후표준편차는 10.736, 95% 신용구간은 (−37.730, 7.1464)로 추정되었다. 그리고 연구 간 효과크기의 분산 τ^2은 사후평균이 955.2459, 사후표준편차는 703.897, 95% 신용구간은 (275.370, 2797.1000)로 추정되었다.

예제 8-10

예제 8−6에서 다루었던 이분형 결과변수에 대한 베이지안 랜덤효과모형의 적용을 위해 R2WinBUGS를 이용한 R 프로그램과 결과는 다음과 같다. 앞서 정의된 연속형 결과변수의 베이지안 랜덤효과모형에 대한 model 정의는 "예제8−10.txt"로 저장되어 있다.

MCMC 수렴성 진단을 위하여 2개의 병렬 체인을 고려하였다. 각 체인에서

15,000번의 반복을 수행하되, 초깃값의 영향을 제거하기 위해 반복의 앞부분 5,000개의 난수를 제거한 후 매 10번째 난수를 추출하여(thin =10) 사후평균과 사후분산을 계산하였다.

```
> # Data
> data <- list(rA=c(4,6,3,62,33,180,8,505,29,17,186,5,27),
    rB=c(11,29,11,248,47,372,10,499,45,65,141,3,29),
    nA=c(123,306,231,13598,5069,1541,2545,88391,7499,1716,50634,2498,16913),
    nB=c(139,303,220,12867,5808,1451,629,88391,7277,1665,27338,2341,17854),
    k=13)

> # Parameters
>  parameters <- c("OR[1]","OR[2]","OR[3]","OR[4]","OR[5]","OR[6]",
"OR[7]","OR[8]","OR[9]","OR[10]" ,"OR[11]","OR[12]","OR[13]",
"pooledOR","tau.sq")

> # Initial values
> inits1 <- list(d=0, prec =1,
theta=c(0,0,0,0,0,0,0,0,0,0,0,0,0),mu=c(0,0,0,0,0,0,0,0,0,0,0,0,0))
> inits2 <- list(d=1, prec =1,
theta=c(0,0,0,0,0,0,0,0,0,0,0,0,0),mu=c(0,0,0,0,0,0,0,0,0,0,0,0,0))
> inits <- list(inits1,inits2)

> model.sim <- bugs (data, inits, parameters, "예제8-10.txt", n.chain=2,
n.iter=15000, + n.burnin=5000, n.thin=10, codaPkg=TRUE,
bugs.directory = "c:/Program Files/WinBUGS14/")
> model.coda <- read.bugs(model.sim)
> summary(model.coda)

Iterations = 501:1500
Thinning interval = 1
Number of chains = 2
Sample size per chain = 1000

1. Empirical mean and standard deviation for each variable,
   plus standard error of the mean:
            Mean      SD Naive SE Time-series SE
```

```
OR[1]        2.620 1.22409 0.027372        0.027370
OR[2]        4.151 1.60982 0.035997        0.037275
OR[3]        3.329 1.95609 0.043740        0.043695
OR[4]        4.186 0.58114 0.012995        0.014976
OR[5]        1.367 0.29766 0.006656        0.006657
OR[6]        2.603 0.24916 0.005571        0.005435
OR[7]        3.943 1.72814 0.038642        0.038652
OR[8]        1.001 0.06221 0.001391        0.001320
OR[9]        1.704 0.39723 0.008882        0.009137
OR[10]       3.787 0.96654 0.021613        0.022386
OR[11]       1.433 0.15679 0.003506        0.003450
OR[12]       1.438 0.73328 0.016397        0.016401
OR[13]       1.195 0.31378 0.007016        0.007009
deviance   164.594 7.22821 0.161628        0.167663
pooledOR     2.162 0.44088 0.009858        0.009860
tau.sq       0.431 0.28894 0.006461        0.006460

2. Quantiles for each variable:
             2.5%      25%      50%      75%   97.5%
OR[1]      1.0220   1.7880   2.3395   3.1223   5.823
OR[2]      2.0186   3.0402   3.8095   4.9512   8.050
OR[3]      1.2478   2.1498   2.8420   3.8540   8.224
OR[4]      3.1218   3.7915   4.1485   4.5390   5.385
OR[5]      0.8707   1.1550   1.3390   1.5485   2.030
OR[6]      2.1480   2.4280   2.5945   2.7620   3.145
OR[7]      1.6609   2.7603   3.6135   4.7160   8.205
OR[8]      0.8879   0.9593   0.9973   1.0410   1.134
OR[9]      1.0800   1.4180   1.6450   1.9360   2.594
OR[10]     2.2976   3.1128   3.6750   4.3030   6.145
OR[11]     1.1490   1.3260   1.4220   1.5350   1.774
OR[12]     0.4430   0.9065   1.2890   1.8493   3.180
OR[13]     0.7023   0.9708   1.1650   1.3690   1.923
deviance 152.6975 159.2750 163.9000 169.0000 180.702
pooledOR   1.4617   1.8690   2.1165   2.3990   3.153
tau.sq     0.1322   0.2544   0.3543   0.5226   1.167
```

분석 결과를 살펴보면 오즈비에 대한 사후평균은 2.162이며, 사후표준편차는

0.44088, 95% 신용구간은 (1.4617, 3.153)로 추정되었다. 연구 간 효과크기의 분산 τ^2에 대한 사후평균은 0.431이며 사후표준편차는 0.28894, 95% 신용구간은 (0.1322, 1.167)로 추정되었다.

8.6 베이지안 메타분석을 위한 R 패키지

최근 R의 JAGS(Just Another Gibbs Sampler)를 기반으로 베이지안 분석을 가능하게 하는 패키지들이 개발되어 제공되고 있으며, 그 중에서도 베이지안 메타분석을 위한 패키지로는 "bayesmeta"와 "bmeta"가 있다. 본 책자에서는 두 패키지에 대해 간략하게 설명하고, 앞 절에서 다룬 예제 자료를 바탕으로 "bmeta" 패키지를 통해 베이지안 메타분석을 수행하는 과정을 정리하였다.

먼저 "bayesmeta" 패키지는 메타분석에서 베이지안 추론을 용이하게 하는 함수들을 제공하고 있으며, 베이지안 메타분석을 위해 사용되는 기본 함수는 bayesmeta( )이다. 고정효과모형의 적용은 불가능하며, 연속형 효과크기의 랜덤효과모형의 적용만 가능하므로 오즈비와 같은 경우 로그변환을 취하고 로그 변환된 오즈의 표준오차의 계산이 선행되어야 한다. 함수의 주요 구성은 다음과 같다.

```
bayesmeta(y, sigma, tau.prior, mu.prior = c("mean"=NA,"sd"=NA), ...)
```

- y: 각 연구들에서 추출된 효과크기의 벡터
- sigma: 각 연구들에서 추출된 효과크기에 대한 표준오차 벡터
- tau.prior: 연구 간 분산에 대한 사전분포로 "uniform", "Jeffreys" 분포 등
- mu.prior: 효과크기에 대한 정규 사전분포의 평균과 표준편차

그 외에도 숲그림을 생성하기 위한 함수인 forest.bayesmeta( )와 사후분포 및 여러 가지 요약 그림들을 생성하기 위한 plot.bayesmeta( )를 제공하고 있다.

다음으로 "bmeta" 패키지는 MCMC 시뮬레이션을 기반으로 베이지안 고정효과모형 및 랜덤효과모형, 베이지안 메타회귀분석 모형을 적용하기 위한 함수를 제공하고 있으며, 또한 여러 형태의 효과크기(오즈비, 평균차 등)를 모두 고려할 수 있다. 이 패키지를 설치하기에 앞서 우선적으로 "R2jags" 및 "rjags" 패키지의 설치가 필요하며, 그 외에도 숲그림 등을 위해 "forestplot" 패키지의 설치도 필요하다. 베이지안 메타분석을 위한 함수 bmeta( )의 구성은 다음과 같다.

```
bmeta(data, outcome = , model = , type = , n.iter = , n.burnin = ,
n.chains = , ...)
```

- data: 관측된 자료들이 포함된 데이터 이름
- outcome: 효과크기의 유형(이분형: "bin", 연속형: "ctns", 빈도: "count")
- model: 효과크기의 사전분포의 유형

효과크기 유형	분포
이분형	자연로그변환된 효과크기의 사전 분포 – 정규분포 가정: "std.norm", student t-분포 가정: "std.dt" – 메타회귀분석: "reg.norm", "reg.dt"
연속형	추출된 자료형식에 따라 다른 옵션 사용 필요 – 각 그룹의 평균과 표준오차가 제공되는 경우: "std.ta" – 그룹 간의 평균차와 표준오차가 제공되는 경우: "std.mv" – 메타회귀분석: "reg.ta", "reg.mv"

- type: 고정효과모형의 랜덤효과모형의 지정(고정효과: "fix", 랜덤효과: "ran")
- n.chains: 수행하는 연쇄의 수(디폴트: 2)
- n.iter: 각 연쇄에 대한 전체 반복 수(디폴트: 10,000)
- n.burnin: 시뮬레이션에 사용되어지는 샘플 수(디폴트: 5,000)

예제 8-11

예제 8-2의 연속형 결과변수에 대한 베이지안 랜덤효과모형의 적용을 위해 bmeta 패키지를 활용한 R 프로그램과 결과는 다음과 같다.

```
> library(bmeta)

> # Data
> data <- list(Y=c(-20,-2,-55,-71,-4,1,11,-10,7),
nu=c(40.5080,2.0806,15.6984,150.2222,17.3077,1.1673,94.5891,6.3109,19.8423))

> d1 <- list(y=data$y, prec=1/data$nu)
> model.sim <- bmeta(d1, outcome="ctns", model="std.mv", type="ran ",
n.iter=15000)
```

```
> model.sim

Inference for Bugs model at "model.txt", fit using jags,
2 chains, each with 15000 iterations (first 5000 discarded), n.thin = 10
n.sims = 2000 iterations saved
          mu.vect sd.vect    2.5%   97.5% Rhat n.eff
delta[1] -17.862   5.472 -28.157  -6.902 1.001  2000
delta[2]  -2.246   1.414  -4.921   0.449 1.001  2000
delta[3] -48.942   3.773 -56.356 -41.375 1.001  2000
delta[4] -34.877   7.834 -50.614 -18.933 1.001  2000
delta[5]  -5.356   3.793 -12.648   1.774 1.001  2000
delta[6]   0.822   1.063  -1.298   2.900 1.001  2000
delta[7]  -1.204   7.215 -14.842  12.872 1.003   670
delta[8] -10.204   2.444 -14.984  -5.355 1.001  2000
delta[9]   3.529   4.011  -4.281  11.458 1.001  2000
mu       -12.807   3.657 -19.681  -5.419 1.001  2000
sigma      9.608   0.368   8.631   9.990 1.001  2000
tau        0.011   0.001   0.010   0.013 1.001  2000
deviance  61.733   6.330  51.194  75.143 1.003   680

For each parameter, n.eff is a crude measure of effective sample size,
and Rhat is the potential scale reduction factor (at convergence, Rhat=1).

DIC info (using the rule, pD = var(deviance)/2)
pD = 20.0 and DIC = 81.7
DIC is an estimate of expected predictive error (lower deviance is better).
```

분석 결과를 살펴보면, "delta"는 효과크기를 나타내는 모수로 그룹 간 평균차를 의미한다. 따라서 평균차에 대한 사후평균은 -12.807, 사후표준편차는 3.657, 95% 신용구간은 (-19.681, -5.419)로 추정되었다. 그리고 모수의 수렴성을 검토하기 위해 사용되는 겔만-루빈 통계량인 "Rhat" 값을 제공하고 있으며, 모든 모수들이 1에 가까운 것을 확인할 수 있다.

예제 8-12

예제 8-6의 이분형 결과변수에 대한 베이지안 랜덤효과모형의 적용을 위해 bmeta 패키지를 활용한 R 프로그램과 결과는 다음과 같다.

```
> library(bmeta)

> # Data
> data <- list(rA=c(4,6,3,62,33,180,8,505,29,17,186,5,27),
rB=c(11,29,11,248,47,372,10,499,45,65,141,3,29),
nA=c(123,306,231,13598,5069,1541,2545,88391,7499,1716,50634,2498,16913),
nB=c(139,303,220,12867,5808,1451,629,88391,7277,1665,27338,2341,17854))

> d2 <- list(y0=data$rA, y1=data$rB, n0=data$nA, n1=data$nB)
> model.sim <- bmeta(d2, outcome="bin", model="std.norm", type="ran ")

         mu.vect sd.vect   2.5%   97.5%  Rhat  n.eff
mu         0.755   0.201   0.384   1.182 1.027    66
rho        2.172   0.454   1.469   3.260 1.027    66
sigma      0.638   0.191   0.370   1.087 1.033    51
tau        3.115   1.781   0.846   7.288 1.033    51
deviance 165.694   6.553 154.147 179.070 1.232    11

For each parameter, n.eff is a crude measure of effective sample size,
and Rhat is the potential scale reduction factor (at convergence, Rhat=1).

DIC info (using the rule, pD = var(deviance)/2)
pD = 19.3 and DIC = 185.0
DIC is an estimate of expected predictive error (lower deviance is better).
```

분석 결과를 살펴보면, "rho"는 효과크기인 오즈비로 사후평균은 2.172, 사후표준편차는 0.454, 95% 신용구간은 (1.469, 3.260)으로 추정되었다.

그 외에도 자기상관계수에 대한 그림을 그릴 수 있는 acf.plot()을 제공하고 있으며, 모수의 수렴성을 검토하기 위한 겔만-루빈 통계량을 그림으로 그릴 수 있는 diag.plot(), 체인에 따른 추정치의 변화를 그릴 수 있는 traceplot.bmeta(), 숲그림을 그리기 위한 forest.plot(), 출판 비뚤림을 확인하기 위한 깔때기 그림을 그릴 수 있는 funnel.plot(), 요약통계량의 사후분포를 그릴 수 있는 posterior.plot()을 활용 할 수 있다. 예제 8-10에 대해 위의 함수들을 이용한 결과들을 살펴보면 다음과 같다.

```
> acf.plot(model.sim,"alpha[1]", title="Autocorrelation plot")
```

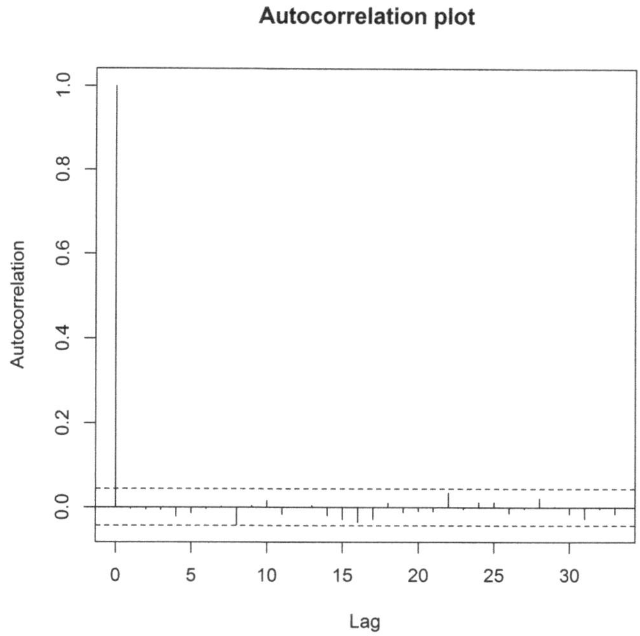


```
> diag.plot(model.sim)
```

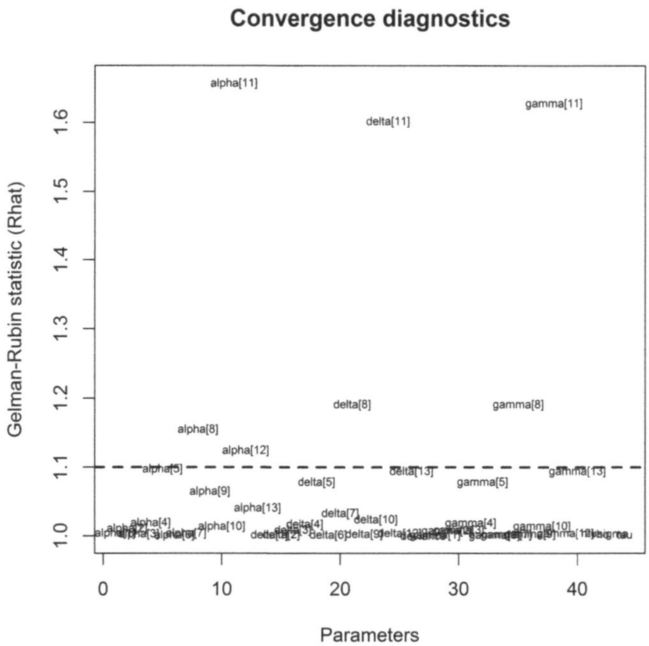

```
> forest.plot(model.sim)
```

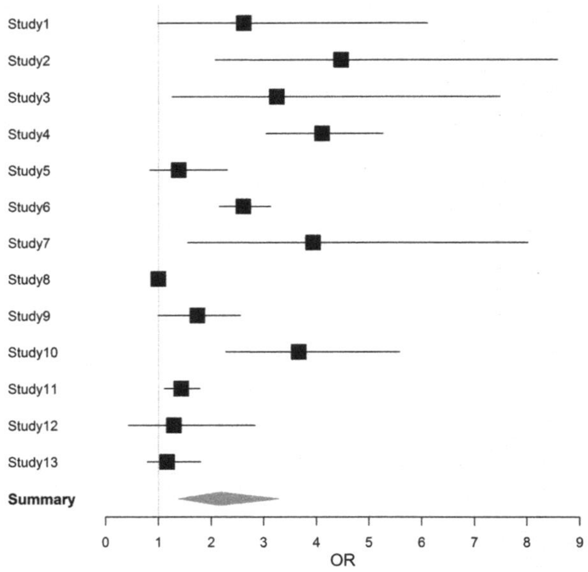


```
> funnel.plot(model.sim)
```

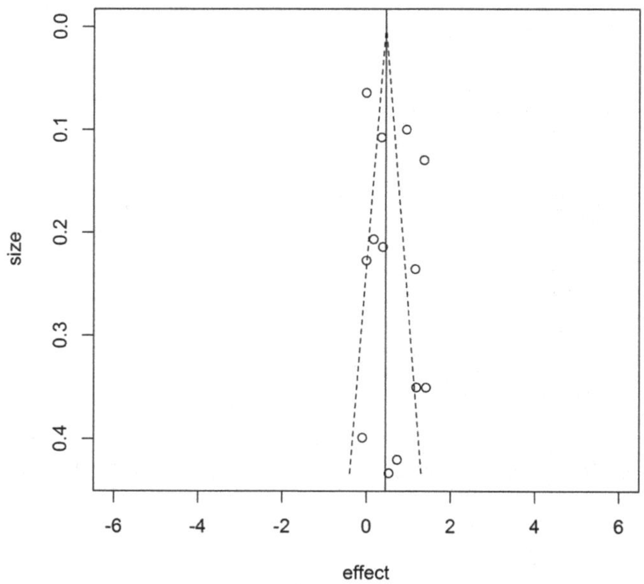

요약

- 베이지안 메타분석은 사전정보 또는 전문가 의견과 같은 다른 외부정보를 사전분포로 사용하여 통합추정치를 추정할 수 있으며, 베이지안 계층적 모형인 베이지안 랜덤효과모형을 사용했을 경우 다른 연구들의 결과를 빌려와서 개별 연구들의 효과크기를 추정할 수 있다.
- 베이지안 메타분석은 사후분포를 이용하여 관심 있는 사건에 대한 사후확률을 추정하여, 효과크기가 어떤 값보다 크거나 작을 확률을 직접적으로 추정할 수 있다.
- 베이지안 메타분석은 사후분포를 이용하기 때문에 정규분포 가정이나 대표본 가정이 필요 없으므로 통합대상 연구의 수가 작은 경우에도 통합추정치 추정 및 신용구간 계산 시 정확도가 높다.
- 베이지안 메타분석에서는 사전분포의 선택에 따라 분석 결과가 달라질 수 있다. 따라서 다양한 사전분포를 사용하여 분석 결과를 도출하는 민감도 분석을 수행하여야 한다.

9장 네트워크 메타분석

메타분석에서 두 그룹 간 효과크기를 비교하고자 할 때, 관심 대상인 두 그룹 간 직접비교한 연구가 충분한 경우 3~8장에서 설명한 내용을 바탕으로 직접비교 메타분석을 수행할 수 있다. 하지만 종종 관심 대상인 두 그룹 간의 직접비교 연구가 없거나, 여러 개의 그룹을 동시에 비교하는 것이 필요한 경우가 있다. 이런 경우 네트워크 메타분석을 수행할 수 있다.

예를 들어 그룹 B와 C를 비교하고자 한다. 이때 〈그림 9-1〉의 (a)와 같이 B와 C를 직접비교한 연구가 없고 A와 B, A와 C를 비교한 연구들만 이용 가능한 경우가 있을 수 있다. 이런 경우 A를 공통대조군으로 하는 간접비교를 수행할 수 있다. (b)와 같이 star 형으로 근거 네트워크가 닫힌 형태가 아닌 경우 B와 C를 비교하고자 할 경우, 먼저 공통대조군 A를 이용하여 C와 D를 비교하고, 공통대조군 A를 이용하여 B와 D를 비교한 후, 다시 D를 공통대조군으로 하는 간접비교를 수행하여 결과적으로 B와 C를 비교할 수 있다. 이런 경우 간접비교를 여러 단계에 걸쳐 수행함으로써 불확실성이 더 커질 수 있다. 만일 (b)와 같은 근거 네트워크에서 A, B, C, D를 동시에 비교하고자 할 경우는 베이지안 네트워크 메타분석을 이용할 수 있다.

만일 〈그림 9-1〉의 (c) 또는 (d)와 같이 비교하고자 하는 그룹들 간의 직접비교 연구와 간접비교 연구가 동시에 있는 경우, 여러 그룹을 동시에 비교하기 위해 혼합비교를 수행할 수 있다. 이때 근거 네트워크는 닫힌 형태가 되며, 이런 경우는 베이지안 네트워크 메타분석뿐만 아니라 전통적 네트워크 메타분석도 수행할 수 있다. 전통적 네트워크 메타분석은 근거 네트워크가 닫힌 형태가 아닌 경우 적용이 불가능하고 간접비교 또는 혼합비교는 분석대상 연구의 수가 작은 경우가 많으므로 베이지안 네트워크 메타분석법을 적용하는 경우가 많다.

최근 의학연구에서는 여러 가지 치료법들을 비교하기 위한 방법으로 간접비교 또는 혼합비교 방법의 활용이 증가하고 있다. 예를 들어 고혈압 약제 B와 C를 비교하고자 할 경우, 약제 B와 C를 직접비교한 임상시험들이 있다면 이들 결과를 이용하여 메타분석을 통해 치료효과를 비교할 수 있을 것이다. 하지만 대부분 약제의 허가

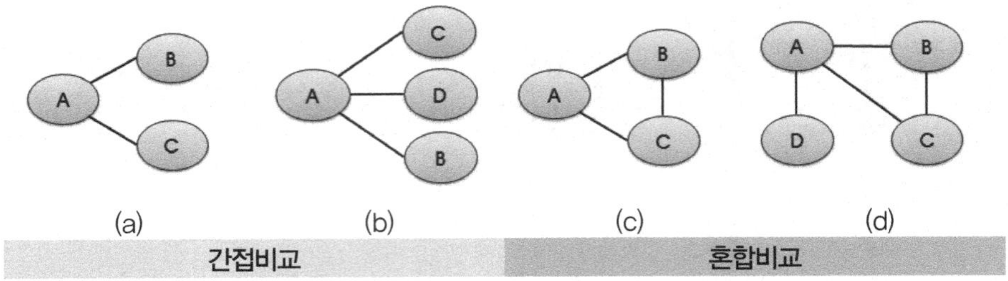

그림 9-1 네트워크 메타분석

승인을 위한 임상시험들에서는 관심 약제와 위약 또는 표준치료제와 비교를 하므로, 실제 효과를 비교하고자 하는 약제와의 직접비교 연구가 거의 없거나 충분하지 않을 수 있다. 따라서 간접비교 또는 혼합비교를 적용하기 위한 가정을 만족하는 경우 이들 방법을 이용하여 치료 효과를 추정함으로써, 효과 추정치의 정밀도를 높이고 네트워크 내에 포함된 연구대상자들을 모두 포함함으로써 일반화 가능성도 높일 수 있다.

9.1 간접비교

Bucher 등(1997)의 간접비교는 비교하고자 하는 두 그룹 간의 직접비교 연구가 없는 경우 사용할 수 있는 방법으로 근거 네트워크의 형태가 〈그림 9-1〉의 (a) 또는 (b)와 같은 형식일 때 사용할 수 있는 방법이다. 예를 들어 그룹 B와 C를 비교하여 효과크기 d_{BC}를 추정하고자 할 경우, 〈그림 9-2〉와 같이 그룹 B와 C를 직접비교한 연구가 없고, 그룹 A와 B, 그룹 A와 C를 직접비교한 연구만 있는 경우 그룹 A를 공통대조군으로 하여 그룹 B와 C의 효과크기를 추정하는 방법을 공통대조군 간접비교라고 한다.

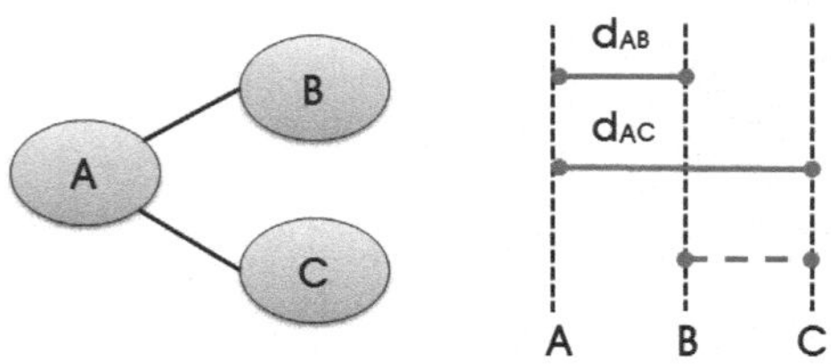

그림 9-2 공통대조군 간접비교
(실선: 직접비교, 점선: 간접비교)

〈그림 9-2〉에서 그룹 A와 B를 직접비교한 연구에서 추정한 효과크기를 d_{AB}, 그룹 A와 C를 직접비교한 연구에서 추정한 효과크기를 d_{AC}라고 할 경우, 간접비교에 의해 추정된 그룹 B와 C의 효과크기와 분산은 다음과 같이 나타낼 수 있다.

$$d_{BC}^{indirect} = d_{AC}^{direct} - d_{AB}^{direct}$$

$$Var(d_{BC}^{indirect}) = Var(d_{AC}^{direct}) + Var(d_{AB}^{direct})$$

추가로 효과크기에 대한 $100(1-\alpha)\%$ 신뢰구간은 다음과 같다.

$$d_{BC}^{indirect} \pm z_{\alpha/2}\sqrt{Var(d_{BC}^{indirect})}$$

여기서 효과크기 d는 로그 오즈비, 로그 위험비, 로그 위험도비, 위험차, 평균차 등이 될 수 있다. 예를 들어 효과크기가 로그 오즈비인 경우 간접비교로 추정된 효과크기는 다음과 같이 풀어 쓸 수 있다.

$$\begin{aligned} d_{BC} &= \log\left(\frac{p_C/(1-p_C)}{p_B/(1-p_B)}\right) \\ &= \log(p_C/(1-p_C)) - \log(p_B/(1-p_B)) \\ &= logit(p_C) - logit(p_B) \\ &= (logit(p_C) - logit(p_A)) - (logit(p_B) - logit(p_A)) \\ &= d_{AC} - d_{AB} \end{aligned}$$

만일 그룹 A와 B를 직접비교한 연구들이 여러 편이 있거나 그룹 A와 C를 직접 비교한 연구들이 여러 편이 있는 경우 d_{AB}와 d_{AC}는 3장부터 8장까지 설명한 직접비교 메타분석을 통해 추정한 통합추정치가 된다. 따라서 각 통합추정치 산출 시 메타분석을 수행하기 위한 기본 가정인 동질성에 대한 검토가 필요하다.

추가로 공통대조군 간접비교에서는 유사성(similarity) 가정을 반드시 만족해야 한다. 유사성 가정이란 그룹 A와 B를 비교한 연구들과 그룹 A와 C를 비교한 연구들에서 그룹 B와 그룹 C를 바꾸어서 연구를 수행하더라도 기존의 연구에서 얻은 결과와 동일한 결과를 얻을 수 있다는 가정으로, 이는 그룹을 바꾸어서 연구를 수행하더라도 결과가 동일할 만큼 간접비교로 고려되는 연구들의 연구대상자, 연구방법, 결과측정방법 등이 유사하다는 의미이다. 따라서 유사성 가정을 교환가능성(exchangeability) 가정이라고 한다.

예를 들어, 그룹 A와 그룹 B를 직접비교한 연구의 모집단을 모집단 1이라고 하고, 여기서 추정한 효과크기를 d_{AB}^{1}라고 하자. 그리고 그룹 A와 그룹 C를 직접비교한 연구의 모집단을 모집단 2라고 하고, 여기서 추정한 효과크기를 d^2_{AC}라고 하자. 만일 유사성 가정을 만족한다면 다음을 만족할 것이다.

$$d^1_{AB} = d^2_{AB}\ ,\ d^2_{AC} = d^1_{AC}$$

즉 모집단 2에 C 대신 B를 적용했을 경우 d^2_{AB}는 모집단 1에서 추정된 효과크기 d^1_{AB}와 동일할 것이며, 모집단 1에 B 대신 C를 적용했을 경우 d^1_{AC}는 모집단 2에서 추정된 효과크기 d^2_{AC}와 동일하다는 것이다.

따라서 공통대조군 간접비교로 추정되는 그룹 B와 그룹 C의 효과크기는 원래 동일 모집단을 대상으로 추정해야 하므로 다음이 성립한다.

$$d^1_{BC} = d^1_{AC} - d^1_{AB} = d^2_{AC} - d^1_{AB} \text{ 또는 } d^2_{BC} = d^2_{AC} - d^2_{AB} = d^2_{AC} - d^1_{AB}$$

따라서 공통대조군 간접비교에서는 유사성 가정을 만족한다면, 직접비교에서 추정한 효과크기들을 이용하여 간접비교를 수행할 수 있다.

공통대조군 간접비교에서 유사성 가정을 검토하는 방법은 결과변수 유형에 따라 다르다. 먼저 결과변수가 이분형 변수인 경우는 공통대조군에서의 관심사건 발생률을 비교함으로써 유사성 가정을 확인할 수 있다. 예를 들어 〈그림 9-2〉에서 그룹 A와 그룹 B를 직접비교한 연구에서 공통대조군인 그룹 A에서의 관심사건 발생률이 20%이고, 그룹 A와 그룹 C를 직접비교한 연구에서 공통대조군인 그룹 A에서의 관심사건 발생률이 30%인 경우, 이들의 발생률이 유사하다고 할 수 있다면 유사성 가정을 만족한다고 할 수 있다. 발생률에 대한 판단은 통계적 유의성보다 해당 분야에서 유사하다고 받아들일 수 있는 기준에 따라 판단해야 한다.

만일 결과변수가 연속형 변수인 경우에는 공통대조군의 결과값만을 통해 연구대상자들 또는 기저 위험이 유사한지 판단하기가 어렵다. 따라서 연속형 변수인 경우 기저(baseline) 값으로부터 결과값이 얼마나 변했는지를 나타내는 변화량을 공통대조군에서 비교하는 것이 효율적이다.

공통대조군 간접비교는 보정된 간접비교라고도 하는데, 여기서 보정의 의미는 공통대조군을 이용하여 각 연구들의 기저상태가 다른 것에 대한 '일종'의 보정을 한다는 것이다.

공통대조군 간접비교는 Canadian Agency for Drugs and Technologies in Health(CADTH)에서 개발한 ITC(Indirect Treatment Comparison)[10]라는 무료 소프트웨어를 활용하여 수행할 수 있다.

10) https://www.cadth.ca/resources/itc-user-guide

예제 9-1

공통대조군 B를 이용하여 그룹 C와 D의 오즈비를 공통대조군 간접비교 방법을 이용하여 추정하고자 한다. 다음은 그룹 B와 D, 그룹 B와 C를 직접비교한 연구들을 대상으로 메타분석을 실시하여 추정한 로그 오즈비의 통합추정치이다.

$$\hat{d}_{BD}^{direct} = 1.0435, \quad Var(\hat{d}_{BD}^{direct}) = 0.2016,$$

$$\hat{d}_{BC}^{direct} = -0.1517, \quad Var(\hat{d}_{BC}^{direct}) = 0.1840$$

따라서 그룹 C에 대한 D의 로그 오즈비와 분산은 다음과 같으며,

$$\hat{d}_{CD}^{indirect} = \hat{d}_{BD}^{direct} - \hat{d}_{BC}^{direct} = 0.1952,$$
$$Var(\hat{d}_{CD}^{indirect}) = Var(\hat{d}_{BD}^{direct}) + Var(\hat{d}_{BC}^{direct}) = 0.3856$$

오즈비와 오즈비의 95% 신뢰구간은 다음과 같다.

$$OR_{CD} = \exp(0.1952) = 1.2156,$$
$$95\%\text{신뢰구간} = (0.3599, 4.1054)$$

9.2 베이지안 네트워크 메타분석

네트워크 메타분석은 〈그림 9-1〉의 (c) 또는 (d)와 같이 비교하고자 하는 그룹들 간의 직접비교 연구와 간접비교 연구가 동시에 있는 혼합비교에서, 여러 그룹을 동시에 비교하기 위해 적용할 수 있는 방법이다. 특히 네트워크 메타분석의 경우 분석

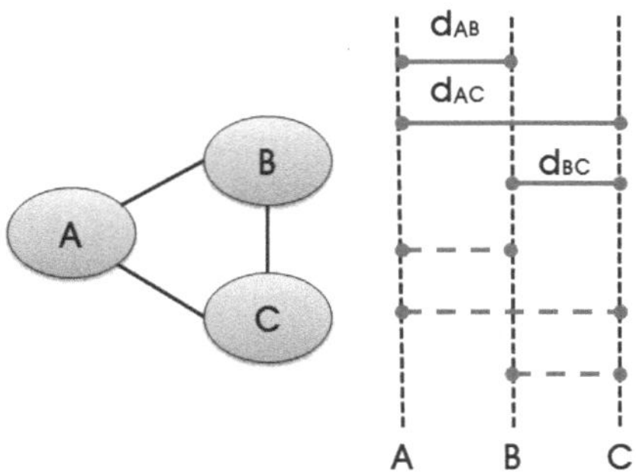

그림 9-3 혼합비교
(실선: 직접비교, 점선: 간접비교)

대상 연구의 수가 작은 경우가 많으므로 베이지안 네트워크 메타분석법을 적용하는 경우가 많다.

〈그림 9-3〉에서 그룹 A와 B를 직접비교한 연구에서 추정한 효과크기를 d_{AB}, 그룹 A와 C를 직접비교한 연구에서 추정한 효과크기를 d_{AC}, 그룹 B와 C를 직접비교한 연구에서 추정한 효과크기를 d_{BC}라고 하자. 혼합비교는 그룹 B와 C의 직접비교뿐만 아니라 그룹 A를 공통대조군으로 하는 간접비교 결과도 함께 고려하는 모형이다.

혼합비교를 수행하기 위해서는 두 그룹 간의 메타분석과 공통대조군 간접비교가 필요하다. 따라서 메타분석을 하기 위해 동질성 가정을 만족해야 하며, 공통대조군 간접비교를 수행하기 위해 유사성 가정도 만족해야 한다. 아울러 혼합비교는 직접비교 결과와 간접비교 결과를 동시에 고려하는 방법이므로, 직접비교 결과와 간접비교 결과가 일관성이 있어야 한다는 가정을 추가로 만족해야 한다.

네트워크 메타분석을 수행하기 위해서는 ① 먼저 〈그림 9-1〉과 같은 근거 네트워크를 작성해야 하는데, 근거 네트워크에서 노드는 그룹을 나타내며 실선은 해당 그룹 간 직접비교가 있음을 나타낸다. 다음으로 ② 포함된 연구들의 연구방법, 연구대상자 등의 연구특성을 고려하여 동질성, 유사성, 일관성 가정을 만족하는지 검토한다. 일관성 가정을 만족하지 못할 경우는 유사성 가정도 만족하지 않게 되며, 만일 일관성 가정을 만족한다면 직접비교와 간접비교를 합쳐서 혼합비교를 수행함으로써 정밀도를 증가시킬 수 있다. ③ 통합추정치를 추정하기 위하여 전통적 통계학 방법 또는 베이지안 방법을 이용한다. 이때 통계적 이질성의 원인이 되는 공변량이 있을 경우 이를 보정할 수도 있다. ④ 추정한 모형의 적합도를 확인하고 통계적 이질성과 일관성을 확인하는 통계량을 이용하여 가정 만족여부를 확인한다. ⑤ 민감도 분석을 수행하여 연구결과가 로버스트한지 검토한다. 이때 베이지안 방법을 사용하여 분석했을 경우 사전분포를 다르게 적용하여 민감도 분석을 실시한다.

9.2.1 연속형 자료

네트워크 메타분석에 포함된 k개의 연구를 이용하여, t개 그룹의 효과크기를 추정하고자 한다. 이때 네트워크 메타분석에 포함된 k개의 개별 연구들은 t개의 그룹 중 두 개 이상의 그룹을 비교한 연구이며, 개별 연구들에서 결과변수가 평균차, 표준화 평균차, 로그 오즈비, 로그 위험비 등의 연속형 자료로 주어진 경우 각 그룹의 전체 대상자수 및 효과크기와 효과크기의 분산(또는 표준편차)을 추출할 수 있다.

네트워크 메타분석도 효과크기가 모든 연구에서 동일하다고 가정할 수 있을 경우 고정효과모형을 사용할 수 있으며, 만일 효과크기가 모든 연구에서 동일하다고 가정할 수 없을 경우는 랜덤효과모형을 사용할 수 있다.

(1) 고정효과 네트워크 모형

네트워크 메타분석에서 결과변수가 연속형 자료일 때, 그룹 b(기저 그룹)에 대한 그룹 j의 효과크기에 관심이 있는 경우 고정효과 네트워크 모형은 다음과 같다.

$$Y_{ij} \overset{ind}{\sim} N(\theta_{ij}, \nu_{ij}),\ i=1,\cdots,k\ ,\ j=1,\cdots,t$$

$$\theta_{ij} = \begin{cases} \mu_{ib} & ,\quad b=1,\cdots,t-1 \qquad\qquad \text{if } j=b \\ \mu_{ib}+d_{bj}=\mu_{ib}+d_{1j}-d_{1b}, & \quad b=1,\cdots,t-1; j=2,\cdots,t\ \text{if } j>b \end{cases}$$

$$d_{11}=0$$

여기서 Y_{ij}는 i번째 연구의 j번째 그룹의 관측값이며, θ_{ij}는 i번째 연구의 j번째 그룹에서의 관측값의 평균, ν_{ij}는 분산을 나타낸다. μ_{ib}는 i번째 연구의 기저 그룹 b의 결과값을 나타내는 기저모수(baseline parameter)이다. d_{bj}는 그룹 b에 대한 그룹 j의 효과크기를 나타내므로, 그룹 1에 대해 $d_{11}=0$이 되며 d_{bj}는 그룹 1을 공통대조군으로 이용하여 $d_{1j}-d_{1b}$가 된다.

모수 μ_{ib}, d_{bj}에 대한 사전분포로 독립인 정규분포를 고려하며, 이때 초모수 η_{ib}, ζ_{ib}^2, m_{bj}, σ_{bj}^2는 안다고 가정한다.

$$\mu_{ib} \overset{ind}{\sim} N(\eta_{ib}, \zeta_{ib}^2),\ d_{bj} \sim N(m_{bj}, \sigma_{bj}^2)$$

연속형 결과변수인 경우 모형의 적합도는 다음과 같은 잔차이탈도(residual deviance)로 나타낼 수 있다.

$$D_{res} = \sum_{i=1}^{k}\sum_{j=1}^{t}(y_{ij}-\theta_{ij})^2/\nu_{ij}$$

모형 선택과 비교를 위해 보통 DIC(deviance information criterion)를 사용하는데 DIC는 모형 적합도와 모형의 복잡성을 동시에 고려한 측도이다. 여기서 p_D는 효과적인 모수 수의 추정치로 베이지안 계층적 모형에서 유용하다.

$$DIC = \overline{D} + p_D$$

여기서 $\overline{D}$는 D_{res}의 사후평균이며, $\overline{D}$가 작을수록 모형 적합도가 높다고 할 수 있는데, 모형이 복잡할수록, 즉 모형에 포함된 모수가 많을수록 모형이 자료를 더 잘 설명하므로 모형 적합도가 높게 되어 $\overline{D}$가 작게 된다. 따라서 모형에 포함된 모수 수에 대한 추정치인 p_D를 함께 고려하는 DIC를 이용하여 DIC가 작은 모형이 좀 더 나은 모형이라고 판단한다. p_D는 WinBUGS에서 burn-in 다음에【Inference】에서【DIC】를 실행시킨 후 업데이트를 하고 다시 DIC 버튼을 클릭하면 구할 수 있다. WinBUGS의 DIC 메뉴에서 구한 p_D와 프로그램에서 위 수식으로 계산한 $\overline{D}$을 더하면 DIC를 구할 수 있다. DIC는 모형 간 비교에 상대적인 측도로 사용되는 것이므로 모형 선택에 대한 절대적인 기준을 제공하지는 않는다.

예제 9-2

다음 자료는 파킨슨병에서 보조치료로 사용하는 약물들 간의 효과를 비교하기 위하여 7개 연구에서 추출한 전체 대상자수와 약물 소진 시간의 평균, 표준편차이다 (Dias, 2011). 이 연구의 목적은 약물 1(위약)에 비해 다른 약물의 효과를 비교하는 것이다.

연구	약물	약물소진시간 평균	약물소진시간 표준편차	전체 대상자수
1	1	−1.22	0.504	54
	3	−1.53	0.439	95
2	1	−0.7	0.282	172
	2	−2.4	0.258	173
3	1	−0.3	0.505	76
	2	−2.6	0.510	71
	4	−1.2	0.478	81
4	3	−0.24	0.265	128
	4	−0.59	0.354	72
5	3	−0.73	0.335	80
	4	−0.18	0.442	46
6	4	−2.2	0.197	137
	5	−2.5	0.190	131
7	4	−1.8	0.200	154
	5	−2.1	0.250	143

위 자료에서 연구 1은 약물 1, 3을 비교한 연구이며, 연구 3은 약물 1, 2, 4를 동시

에 비교한 연구이다. 위 자료를 이용하여 근거 네트워크를 작성하면 다음과 같다. 노드는 각 약물을 나타내며, 괄호 안의 숫자는 연구번호, 실선은 해당 치료군 간 직접비교가 있다는 의미이다.

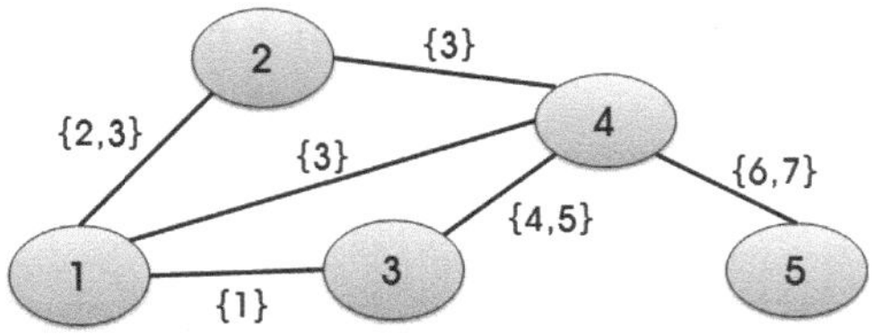

위 자료에 대해 효과크기가 평균차인 경우 고정효과 네트워크 모형은 다음과 같다. 여기서 기저 그룹은 1이다.

$$Y_{ij} \overset{ind}{\sim} N(\theta_{ij}, \nu_{ij}),\ i=1,\cdots,7\ ,\ j=1,\cdots,5$$

$$\theta_{ij} = \begin{cases} \mu_{ib} & ,\quad b=1,\cdots,4 \qquad\qquad \text{if } j=b \\ \mu_{ib}+d_{bj}=\mu_{ib}+d_{1j}-d_{1b}, & b=1,\cdots,4; j=2,\cdots,5\ \text{if } j>b \end{cases}$$

$$d_{11}=0$$

여기서 μ_{ib}는 i번째 연구의 기저 그룹 b에서의 결과값인 평균을 나타내는 기저모수이며, d_{bj}는 그룹 b와 그룹 j의 평균차로 효과크기를 나타낸다. 만일 그룹 1의 위약군이 기저 그룹이라고 한다면, 기본 모수(basic parameter)는 d_{12}, d_{13}, d_{14}, d_{15}가 되며, d_{23}, d_{24}, d_{25}, d_{34}, d_{35}, d_{45}는 기능 모수(functional parameter)로 다음과 같이 기본 모수로 표현할 수 있다.

$$d_{23}=d_{13}-d_{12},\ d_{24}=d_{14}-d_{12},\ d_{25}=d_{15}-d_{12},$$
$$d_{34}=d_{14}-d_{13},\ d_{35}=d_{15}-d_{13},\ d_{45}=d_{15}-d_{14}$$

모수에 대한 사전정보가 거의 없으므로 다음과 같이 무정보적 정규 사전분포를 고려하였다.

$$d_{12}, d_{13}, d_{14}, d_{15} \sim N(0,10^6)$$
$$\mu_1, \mu_2, \mu_3, \mu_4 \sim N(0,10^6)$$

위 통계적 모형을 WinBUGS에서 사용하는 그래프 모형으로 표현하면 다음과 같으며, WinBUGS 프로그램으로 표현하기 위해서 7개 연구의 각 그룹에 대한 평균과 표준오차를 직사각형 방식으로 입력하였다. 여기서 연구의 수 NS=7, 그룹의 수 NT=5를 지정하였으며, WinBUGS 프로그램의 data 부분에서 각 연구의 자료는 한 행으로 입력되어 있는데 t[ ]는 연구별 그룹, y[ ]는 각 그룹의 평균, se[ ]는 각 그룹의 표준편차, na[ ]는 각 연구의 그룹수를 나타낸다.

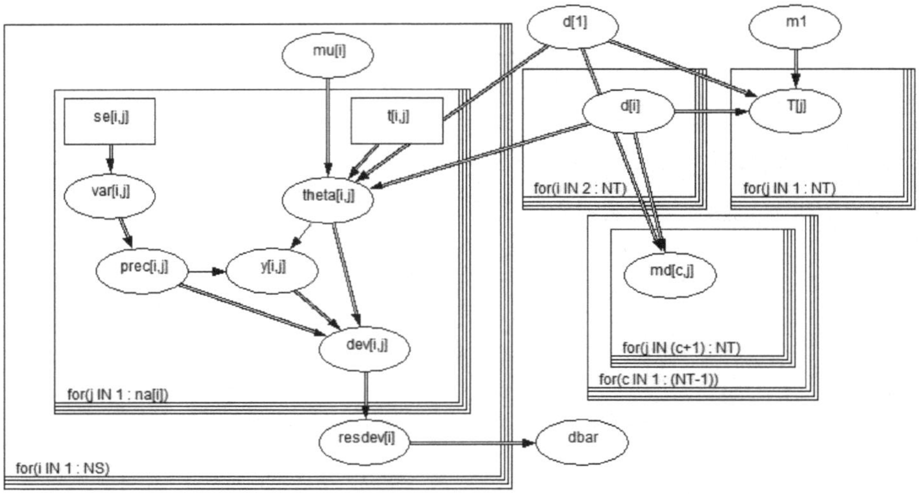

d는 평균차를 나타내는데, d[1]은 d_{11}이므로 0을 할당하며, d[2]는 d_{12}, d[3]은 d_{13}, d[4]는 d_{14}, d[5]는 d_{15}를 나타내며, 7개 개별 연구의 기저 위험을 나타내는 μ_{ib}는 mu[ ]로 나타낸다. 따라서 위 고정효과 네트워크 모형을 WinBUGS 프로그램으로 나타내면 다음과 같다.

```
theta[i,j] <- mu[i] + d[t[i,j]] - d[t[i,1]]
```

7개의 연구 중 그룹 1을 포함하고 있는 3개 연구의 평균으로부터 기본 모수들의 평균과 분산을 계산하여 다음과 같이 해당하는 평균과 분산을 가지는 분포로 지정하였다.

```
m1 ~ dnorm(-0.74,4.699)
```

고정효과 네트워크 모형에 따라 각 그룹 평균 T[1], T[2], T[3], T[4], T[5]는 다음과 같이 나타낼 수 있다.

```
T[j] <-  m1 + d[j]
```

따라서 고정효과 네트워크 모형에 대한 WinBUGS 프로그램은 다음과 같다.

```
# Fixed-effects network meta analysis (Continuous)
model
{
    for(i in 1:NS)
    {
        for (j in 1:na[i])
        {
            var[i,j] <- pow(se[i,j],2)
            prec[i,j] <- 1/var[i,j]
            y[i,j] ~ dnorm(theta[i,j],prec[i,j])
            theta[i,j] <- mu[i] + d[t[i,j]] - d[t[i,1]]
            dev[i,j] <- (y[i,j]-theta[i,j])*(y[i,j]-theta[i,j])*prec[i,j]
        }

        resdev[i] <- sum(dev[i,1:na[i]])

        # Priors for each trial baselines
        mu[i] ~ dnorm(0,.000001)
    }

    dbar <- sum(resdev[])

    # Priors for basic parameters
    d[1] <- 0
    for (j in 2:NT)
    {
       d[j] ~ dnorm(0,.000001)
    }

   # Absolute effect on Treatment 1
    m1 ~ dnorm(-0.74,4.699)
   # Calculate T[j]
    for (j in 1:NT)
```

```
    {
        T[j] <-  m1 + d[j]
    }

     # All pairwise mean difference
       for (c in 1:(NT-1))
         {
         for (j in (c+1):NT)
         {
           md[c,j] <- d[j] - d[c]
         }
       }
}

# Data
list(NS=7, NT=5)

t[,1] t[,2] t[,3] y[,1] y[,2] y[,3] se[,1] se[,2] se[,3] na[]
1 3 NA -1.22 -1.53 NA   0.504 0.439 NA    2
1 2 NA -0.7  -2.4  NA   0.282 0.258 NA    2
1 2 4  -0.3  -2.6  -1.2 0.505 0.510 0.478 3
3 4 NA -0.24 -0.59 NA   0.265 0.354 NA    2
3 4 NA -0.73 -0.18 NA   0.335 0.442 NA    2
4 5 NA -2.2  -2.5  NA   0.197 0.190 NA    2
4 5 NA -1.8  -2.1  NA   0.200 0.250 NA    2
END

# Initial Values
list(d=c(NA,0,0,0,0), mu=c(0, 0, 0, 0, 0, 0, 0), m1=0)
list(d=c(NA,-1,-3,-1,1), mu=c(-3, -3, -3, -3, -3, -3, -3), m1=1)
list(d=c(NA,2,2,2,2), mu=c(-3, 5, -1, -3, 7, -3, -4), m1=-1)
```

위 WinBUGS 프로그램에서는 수렴성 진단을 위하여 3개의 병렬 체인을 고려하였다. 각 체인에서 20,000번의 반복을 수행하되, 초깃값의 영향을 제거하기 위해 반복의 앞부분 10,000개의 난수를 제거한 후 매 20번째 난수를 추출하여(thin=20) 사후평균과 사후분산을 계산하였다.

node	mean	sd	MC error	2.50%	median	97.50%	start	sample
T[1]	-0.745	0.4599	0.002809	-1.65	-0.7394	0.1539	10001	30000
T[2]	-2.555	0.5672	0.003306	-3.676	-2.554	-1.438	10001	30000
T[3]	-1.223	0.6697	0.004065	-2.537	-1.222	0.08687	10001	30000
T[4]	-1.271	0.6666	0.004088	-2.581	-1.271	0.02016	10001	30000
T[5]	-1.573	0.6997	0.004335	-2.953	-1.573	-0.1958	10001	30000
d[2]	-1.811	0.3323	0.001938	-2.462	-1.809	-1.16	10001	30000
d[3]	-0.4779	0.4847	0.002945	-1.422	-0.4795	0.4678	10001	30000
d[4]	-0.526	0.4793	0.003094	-1.467	-0.5265	0.4116	10001	30000
d[5]	-0.8281	0.5239	0.003511	-1.858	-0.8304	0.1946	10001	30000
md[1,2]	-1.811	0.3323	0.001938	-2.462	-1.809	-1.16	10001	30000
md[1,3]	-0.4779	0.4847	0.002945	-1.422	-0.4795	0.4678	10001	30000
md[1,4]	-0.526	0.4793	0.003094	-1.467	-0.5265	0.4116	10001	30000
md[1,5]	-0.8281	0.5239	0.003511	-1.858	-0.8304	0.1946	10001	30000
md[2,3]	1.333	0.5417	0.003188	0.2724	1.331	2.397	10001	30000
md[2,4]	1.284	0.5223	0.003146	0.2635	1.283	2.304	10001	30000
md[2,5]	0.9824	0.564	0.003556	-0.1306	0.9832	2.09	10001	30000
md[3,4]	-0.0481	0.32	0.001915	-0.6756	-0.04739	0.5835	10001	30000
md[3,5]	-0.3502	0.383	0.002331	-1.096	-0.3521	0.4043	10001	30000
md[4,5]	-0.3021	0.2077	0.00125	-0.705	-0.3031	0.1078	10001	30000
dbar	13.24	4.665	0.02725	6.1	12.59	24.09	10001	30000

분석 결과를 살펴보면 시간감소의 사후평균과 95% 신용구간은 그룹 1인 위약군에 -0.745(95% 신용구간: -1.65, 0.1539), 그룹 2에서 -2.555(95% 신용구간: -3.676,-1.438), 그룹 3에서 -1.223(95% 신용구간: -2.537,0.08687), 그룹 4에서 -1.271(95% 신용구간: -2.581, 0.02016), 그룹 5에서 -1.573(95% 신용구간: -2.953, -0.1958)로 그룹 2의 시간감소가 가장 큼을 알 수 있다. 각 그룹 간 평균차를 요약하면 다음과 같다.

평균차	사후평균	사후표준편차	사후중앙값	95% 신용구간
MD_{12}	−1.811	0.3323	−1.809	(−2.462, −1.16)
MD_{13}	−0.4779	0.4847	−0.4795	(−1.422, 0.4678)
MD_{14}	−0.526	0.4793	−0.5265	(−1.467, 0.4116)
MD_{15}	−0.8281	0.5239	−0.8304	(−1.858, 0.1946)
MD_{23}	1.333	0.5417	1.331	(0.2724, 2.397)
MD_{24}	1.284	0.5223	1.283	(0.2635, 2.304)
MD_{25}	0.9824	0.564	0.9832	(−0.1306, 2.09)
MD_{34}	−0.0481	0.32	−0.04739	(−0.6756, 0.5835)
MD_{35}	−0.3502	0.383	−0.3521	(−1.096, 0.4043)
MD_{45}	−0.3021	0.2077	−0.3031	(−0.705, 0.1078)

모형 적합도를 나타내는 $\overline{D}$는 13.3이었으며, 모형의 복잡성을 나타내는 p_D는 11.0으로 추정되어 DIC는 24.3으로 나타났다.

(2) 단순랜덤효과 네트워크 모형

네트워크 메타분석에서는 여러 그룹들 간의 효과크기를 비교하는 것이 목적이다. 따라서 네트워크 메타분석에 포함되는 연구들은 비교하고자 하는 그룹들 중 두 개 그룹에 대해 비교한 연구도 있을 것이고, 세 개 이상의 그룹에 대해 비교한 연구도 있을 것이다. 예를 들어 예제 9-2의 자료에서 연구 3은 세 개의 그룹에 대해 비교한 연구이다. 따라서 세 개 이상의 그룹에 대해 비교한 개별 연구들이 있는 경우 네트워크 모형에서 추정하고자 하는 효과크기들은 더 이상 독립이 아니다.

랜덤효과 네트워크 메타분석의 경우 효과크기들의 분산-공분산 구조에 따라 여러 가지 복잡한 모형으로 확장이 가능하다. 여기서는 그룹들 간의 효과크기가 서로 독립이라고 가정하는 단순랜덤효과 네트워크 모형에 대해 다루고자 한다.

네트워크 메타분석에서 결과변수가 연속형 자료일 때, 그룹 b(기저 그룹)에 대한 그룹 j의 효과크기에 관심이 있는 경우 단순랜덤효과 네트워크 모형은 다음과 같다.

$$Y_{ij} \overset{ind}{\sim} N(\theta_{ij}, \nu_{ij}),\ i=1,\cdots,k\ ,\ j=1,\cdots,t$$

$$\theta_{ij}=\begin{cases}\mu_{ib}, & b=1,\cdots,t-1 \quad \text{if } j=b \\ \mu_{ib}+\delta_{ibj}, & b=1,\cdots,t-1; j=2,\cdots,t \text{ if } j>b\end{cases}$$

$$\delta_{ibj} \overset{ind}{\sim} N(d_{bj},\tau^2)=N(d_{1j}-d_{1b},\tau^2)$$

$$d_{11} = 0$$

여기서 Y_{ij}는 i번째 연구의 j번째 그룹에서 관측값이며, θ_{ij}는 i번째 연구의 j번째 그룹에서의 관측값의 평균, ν_{ij}는 분산을 나타낸다. μ_{ib}는 i번째 연구의 기저 그룹 b의 결과값을 나타내는 기저모수이며, δ_{ibj}는 i번째 연구의 그룹 b에 대한 그룹 j의 효과크기를 나타내며 평균이 d_{bj}이고 분산이 τ^2인 정규분포를 따른다. 효과크기들은 독립이라고 가정했으므로 $j \neq j'$인 경우 δ_{ibj}와 $\delta_{ibj'}$는 서로 독립이며 동일한 분산 τ^2을 가진다. 그룹 1에 대해 $d_{11} = 0$이 되며 효과크기의 평균 d_{bj}는 그룹 1을 공통 대조군으로 이용하여 $d_{1j} - d_{1b}$로 나타낼 수 있다.

모수 μ_{ib}, δ_{ibj}에 대한 사전분포로 독립인 정규분포를 고려하며, 초모수 d_{bj}와 τ^2에 대해서는 초사전분포를 다음과 같이 정의한다.

$$\mu_{ib} \overset{ind}{\sim} N(\eta_{ib}, \zeta_{ib}^2), \ \delta_{ibj} \overset{ind}{\sim} N(d_{bj}, \tau^2)$$

$$d_{bj} \sim N(m_{bj}, \sigma_{bj}^2), \ \tau^2 \sim IG(a, b)$$

예제 9-3

예제 9-2 자료에 대해 효과크기가 평균차인 경우 단순랜덤효과 네트워크 모형은 다음과 같으며, 여기서 기저 그룹은 1이다.

$$Y_{ij} \overset{ind}{\sim} N(\theta_{ij}, \nu_{ij}), \ i = 1, \cdots, 7, \ j = 1, \cdots, 5$$

$$\theta_{ij} = \begin{cases} \mu_{ib} &, \quad b = 1, \cdots, 4 \quad \text{if } j = b \\ \mu_{ib} + \delta_{ibj}, & \quad b = 1, \cdots, 4; j = 2, \cdots, 5 \ \text{if } j > b \end{cases}$$

$$\delta_{ibj} \overset{ind}{\sim} N(d_{bj}, \tau^2) = N(d_{1j} - d_{1b}, \tau^2)$$

$$d_{11} = 0$$

여기서 μ_{ib}는 i번째 연구의 기저 그룹 b에서의 결과값인 평균을 나타내는 기저모수이며, δ_{ibj}는 i번째 연구의 그룹 b에 대한 그룹 j의 평균차를 나타낸다. 따라서 b와 j에 따라 위 단순랜덤효과모형은 다음과 같이 나타낼 수 있다.

$$\delta_{i12} \overset{ind}{\sim} N(d_{12}, \tau^2), \ \delta_{i13} \overset{ind}{\sim} N(d_{13}, \tau^2), \ \delta_{i14} \overset{ind}{\sim} N(d_{14}, \tau^2), \ \delta_{i15} \overset{ind}{\sim} N(d_{15}, \tau^2)$$

$$\delta_{i23} \overset{ind}{\sim} N(d_{23},\tau^2) = N(d_{13}-d_{12},\tau^2),\quad \delta_{i24} \overset{ind}{\sim} N(d_{24},\tau^2) = N(d_{14}-d_{12},\tau^2)$$

$$\delta_{i25} \overset{ind}{\sim} N(d_{25},\tau^2) = N(d_{15}-d_{12},\tau^2),\quad \delta_{i34} \overset{ind}{\sim} N(d_{34},\tau^2) = N(d_{14}-d_{13},\tau^2)$$

$$\delta_{i35} \overset{ind}{\sim} N(d_{35},\tau^2) = N(d_{15}-d_{13},\tau^2),\quad \delta_{i45} \overset{ind}{\sim} N(d_{45},\tau^2) = N(d_{15}-d_{14},\tau^2)$$

모수에 대한 사전정보가 거의 없으므로 d와 μ에 대해서는 다음과 같이 무정보적 정규 사전분포를 고려하였으며, 분산 τ^2에 대해서는 역감마분포 또는 표준편차 τ에 대한 균일분포를 고려할 수 있다.

$$d_{12}, d_{13}, d_{14}, d_{15} \sim N(0,10^6)$$
$$\mu_1, \mu_2, \mu_3, \mu_4 \sim N(0,10^6)$$
$$\tau^2 \sim IG(0.001,\ 0.001) \text{ 또는 } \tau \sim Unif(0,5)$$

위 통계적 모형을 WinBUGS에서 사용하는 그래프 모형으로 표현하면 다음과 같다.

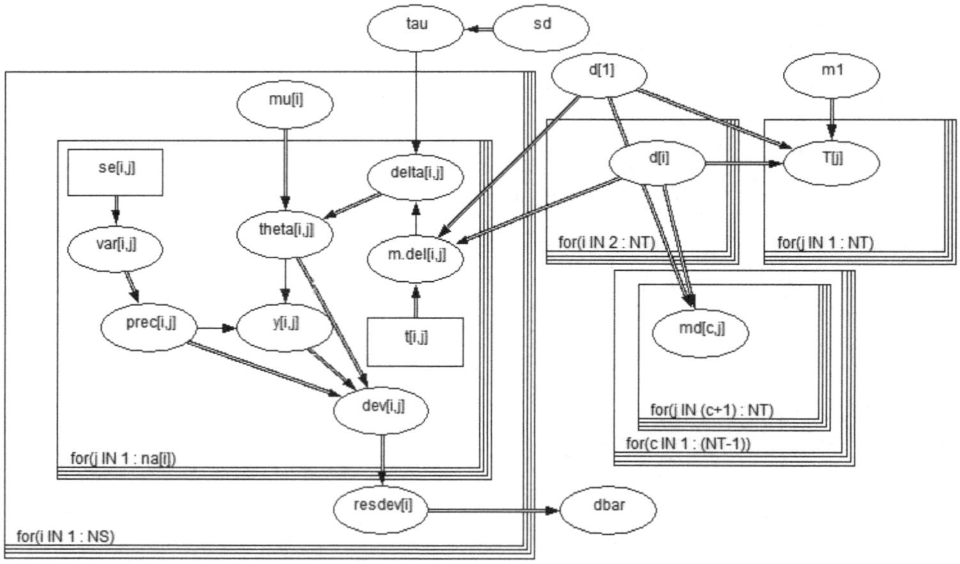

위 모형을 WinBUGS 프로그램으로 표현할 때 고정효과 네트워크 모형과 달라지는 부분은 다음 모형 설정부분이며, 나머지 부분은 모두 동일하다.

```
theta[i,j] <- mu[i] + delta[i,j]*(1-equals(t[i,j],t[i,1]))

delta[i,j] ~ dnorm(m.del[i,j],tau)
m.del[i,j] <- d[t[i,j]] - d[t[i,1]]
```

만일 분산에 대한 역감마분포를 사전분포로 고려한다면, 다음과 같이 수정이 필요하다.

```
sd <- 1/sqrt(tau)
tau ~ dgamma(0.001,0.001)
```

따라서 단순랜덤효과 네트워크 모형에 대한 WinBUGS 프로그램은 다음과 같다.

```
# Simple random-effects network meta analysis (Continuous)
model
{
    for(i in 1:NS)
    {
        for (j in 1:na[i])
        {
            var[i,j] <- pow(se[i,j],2)
            prec[i,j] <- 1/var[i,j]
            y[i,j] ~ dnorm(theta[i,j],prec[i,j])
            theta[i,j] <- mu[i] + delta[i,j](1-equals(t[i,j],t[i,1]))
             delta[i,j] ~ dnorm(m.del[i,j],tau)
             m.del[i,j] <- d[t[i,j]] - d[t[i,1]]
            dev[i,j] <- (y[i,j]-theta[i,j])*(y[i,j]-theta[i,j])*prec[i,j]
        }

        resdev[i] <- sum(dev[i,1:na[i]])

        # Priors for each trial baselines
        mu[i] ~ dnorm(0,.000001)
    }
```

```
    dbar <- sum(resdev[])

 # priors for between-study SD
sd ~ dunif(0,5)
tau <- pow(sd,-2)

    # Priors for basic parameters
    d[1] <- 0
    for (j in 2:NT)
    {
       d[j] ~ dnorm(0,.000001)
    }

   # Absolute effect on Treatment 1
    m1 ~ dnorm(-0.74,4.699)

   # Calculate T[j]
    for (j in 1:NT)
    {
        T[j] <-  m1 + d[j]
   }

    # All pairwise mean difference
      for (c in 1:(NT-1))
        {
        for (j in (c+1):NT)
        {
          md[c,j] <- d[j] - d[c]
        }
      }
}

# Initial Values
list(d=c(NA,0,0,0,0), sd=1, mu=c(0, 0, 0, 0, 0, 0, 0))
list(d=c(NA,-1,-3,-1,1), sd=4, mu=c(-3, -3, -3, -3, -3, -3, -3))
list(d=c(NA,2,2,2,2), sd=2, mu=c(-3, 5, -1, -3, 7, -3, -4))
```

위 WinBUGS 프로그램에서는 수렴성 진단을 위하여 3개의 병렬 체인을 고려하였다. 각 체인에서 20,000번의 반복을 수행하되, 초깃값의 영향을 제거하기 위해 반복의 앞부분 10,000개의 난수를 제거한 후 매 50번째 난수를 추출하여(thin=50) 사후평균과 사후분산을 계산하였다.

node	mean	sd	MC error	2.50%	median	97.50%	start	sample
T[1]	-0.743	0.4607	0.002665	-1.636	-0.7448	0.177	10001	30000
T[2]	-2.598	0.7078	0.004201	-3.984	-2.594	-1.237	10001	30000
T[3]	-1.25	0.8028	0.004889	-2.811	-1.254	0.2849	10001	30000
T[4]	-1.29	0.8	0.004864	-2.859	-1.286	0.2361	10001	30000
T[5]	-1.588	0.9199	0.005274	-3.374	-1.582	0.1663	10001	30000
d[2]	-1.855	0.5385	0.003399	-2.93	-1.844	-0.8598	10001	30000
d[3]	-0.5072	0.6588	0.004193	-1.778	-0.4987	0.7339	10001	30000
d[4]	-0.5465	0.6539	0.00419	-1.828	-0.5393	0.6876	10001	30000
d[5]	-0.8447	0.7971	0.0047	-2.383	-0.8389	0.6507	10001	30000
dbar	13.65	4.984	0.03061	5.889	12.98	25.28	10001	30000
md[1,2]	-1.855	0.5385	0.003399	-2.93	-1.844	-0.8598	10001	30000
md[1,3]	-0.5072	0.6588	0.004193	-1.778	-0.4987	0.7339	10001	30000
md[1,4]	-0.5465	0.6539	0.00419	-1.828	-0.5393	0.6876	10001	30000
md[1,5]	-0.8447	0.7971	0.0047	-2.383	-0.8389	0.6507	10001	30000
md[2,3]	1.347	0.813	0.005048	-0.1686	1.343	2.916	10001	30000
md[2,4]	1.308	0.7974	0.005004	-0.1948	1.305	2.832	10001	30000
md[2,5]	1.01	0.923	0.005244	-0.7017	1.011	2.748	10001	30000
md[3,4]	-0.0393	0.494	0.002879	-0.9759	-0.03806	0.8874	10001	30000
md[3,5]	-0.3375	0.6765	0.003679	-1.637	-0.3366	0.9644	10001	30000
md[4,5]	-0.2982	0.4551	0.002534	-1.172	-0.2986	0.5707	10001	30000
sd	0.3924	0.4266	0.00262	0.0116	0.2703	1.515	10001	30000

분석 결과를 살펴보면 시간감소의 사후평균과 95% 신용구간은 그룹 1인 위약군에서 −0.743(95% 신용구간: −1.636, 0.177), 그룹 2에서 −2.598(95% 신용구간: −3.984, −1.237), 그룹 3에서 −1.25(95% 신용구간: −2.811, 0.2849), 그룹 4에서 −1.29(95% 신용구간: −2.859, 0.2361), 그룹 5에서 −1.588(95% 신용구간: −3.374 0.1663)로 그룹 2의 시간감소가 가장 큼을 알 수 있다. 연구 간 표준편차의 사후평균은 0.3924(95% 신용구간: 0.0116, 1.515)이었으며, 각 그룹 간 평균차를 요약하면 다음과 같다.

평균차	사후평균	사후표준편차	사후중앙값	95% 신용구간
MD_{12}	−1.855	0.5385	−1.844	(−2.93, −0.8598)
MD_{13}	−0.5072	0.6588	−0.4987	(−1.778, 0.7339)
MD_{14}	−0.5465	0.6539	−0.5393	(−1.828, 0.6876)
MD_{15}	−0.8447	0.7971	−0.8389	(−2.383, 0.6507)
MD_{23}	1.347	0.813	1.343	(−0.1686, 2.916)
MD_{24}	1.308	0.7974	1.305	(−0.1948, 2.832)
MD_{25}	1.01	0.923	1.011	(−0.7017, 2.748)
MD_{34}	−0.0393	0.494	−0.03806	(−0.9759, 0.8874)
MD_{35}	−0.3375	0.6765	−0.3366	(−1.637, 0.9644)
MD_{45}	−0.2982	0.4551	−0.2986	(−1.172, 0.5707)

모형 적합도를 나타내는 $\overline{D}$는 13.65이었으며, 모형의 복잡성을 나타내는 p_D는 12.449로 추정되어 DIC는 26.099로 나타났다.

9.2.2 이분형 자료

비교하고자 하는 그룹이 t개 있는 경우, 네트워크 메타분석에 포함된 k개의 개별 연구들은 t개의 그룹 중 두 개 이상의 그룹을 비교한 연구라고 하자. 결과변수가 이분형인 경우 개별 연구들에서 각 그룹의 전체 대상자수와 관심사건이 발생한 대상자수를 추출할 수 있다. i번째 연구의 j번째 그룹에서 전체 대상자수를 n_{ij}, 관심사건이 발생한 대상자수를 r_{ij}라고 하면 r_{ij}는 다음과 같은 이항분포를 따른다.

$$r_{ij} \overset{ind}{\sim} B(n_{ij}, p_{ij})$$

여기서 p_{ij}는 i번째 연구의 j번째 그룹에서 관심사건이 발생할 확률이다.

위와 같은 이분형 자료가 주어졌을 경우 효과크기로 오즈비, 상대위험도, 위험차를 고려할 수 있는데 효과크기의 종류에 따라 네트워크 메타분석모형이 다소 차이가 있다. 여기서는 효과크기가 오즈비인 경우 네트워크 메타분석모형에 대해서 설명하고자 한다.

네트워크 메타분석도 효과크기가 모든 연구에서 동일하다고 가정할 수 있을 경우 고정효과모형을 사용할 수 있으며, 만일 효과크기가 모든 연구에서 동일하다고 가정할 수 없을 경우는 랜덤효과모형을 사용할 수 있다.

(1) 고정효과 네트워크 모형

네트워크 메타분석에서 결과변수가 이분형 자료일 때, 그룹 b(기저 그룹)에 대한 그룹 j의 오즈비에 관심이 있는 경우 고정효과 네트워크 모형은 다음과 같다.

$$r_{ij} \overset{ind}{\sim} B(n_{ij}, p_{ij}),\ i=1,\cdots,k\ ,\ j=1,\cdots,t$$

$$logit(p_{ij}) = \begin{cases} \mu_{ib} &, \quad b=1,\cdots,t-1 \quad \text{if } j=b \\ \mu_{ib}+d_{bj}=\mu_{ib}+d_{1j}-d_{1b}, & b=1,\cdots,t-1; j=2,\cdots,t \quad \text{if } j>b \end{cases}$$

$$d_{11}=0$$

여기서 r_{ij}는 i번째 연구의 그룹 j에서 관심사건이 발생한 대상자수, n_{ij}는 전체 연구대상자수, p_{ij}는 관심사건이 발생할 확률이며 r_{ij}는 이항분포 $B(n_{ij}, p_{ij})$를 따른다. μ_{ib}는 i번째 연구의 기저 그룹 b에서의 발생률을 나타내는 기저모수이며, d_{bj}는 그룹 b에 대한 그룹 j의 상대효과를 나타낸다.

μ_{ib}는 $\log(odds)$로 $\log(p_{ib}/(1-p_{ib}))=logit(p_{ib})$이므로, d_{bj}는 $logit(p_{ij})-logit(p_{ib})$로 $\log(OR_{bj})$이 된다. d_{bj}는 $\log(OR_{bj})$이므로 그룹 b에 대한 그룹 j의 오즈비 $OR_{bj}=\exp(d_{bj})$가 성립한다.

모수 μ_{ib}, d_{bj}에 대한 사전분포로 독립인 정규분포를 고려하며, 이때 초모수 η_{ib}, ζ_{ib}^2, m_{bj}, σ_{bj}^2는 안다고 가정한다.

$$\mu_{ib} \overset{ind}{\sim} N(\eta_{ib}, \zeta_{ib}^2),\ d_{bj} \sim N(m_{bj}, \sigma_{bj}^2)$$

이분형 결과변수인 경우 모형의 적합도는 다음과 같은 잔차이탈도로 나타낼 수 있으며, D_{res}의 사후평균 $\overline{D}$를 이용하여 DIC를 계산할 수 있다.

$$D_{res}=\sum_{i=1}^{k}\sum_{j=1}^{t}2\left\{r_{ij}\log\left[\frac{r_{ij}}{n_{ij}p_{ij}}\right]+(n_{ij}-r_{ij})\log\left[\frac{n_{ij}-r_{ij}}{n_{ij}-n_{ij}p_{ij}}\right]\right\}$$

네트워크 메타분석에서는 여러 그룹들 중 가장 best인 그룹을 찾는 것에 관심이 있을 수 있다. 따라서 그룹 X가 best가 될 사후확률을 순위통계량(rank statistics)을 이용하여 다음과 같이 추정할 수 있다.

$$\Pr\{\text{X is the best}|\text{data}\}=\Pr\{\text{rank}(\text{T}_\text{X})=1|\text{data}\}$$

여기서 T_X는 그룹 X에서의 발생률로, 발생률이 높을수록 best인 경우에 해당된다. 이는 결과변수의 성질에 따라 정의해야 한다.

예제 9-4

다음 자료는 금연을 위한 프로그램인 자기 정신요법(B), 개별 상담(C), 집단상담(D)의 효과를 비접촉(A)과 비교하기 위하여 24개의 연구에서 추출한 전체 대상자수와 금연 성공 대상자수이다(Hasselblad, 1998).

연구	A		B		C		D	
	전체 (n_{iA})	금연 성공 (r_{iA})	전체 (n_{iB})	금연 성공 (r_{iB})	전체 (n_{iC})	금연 성공 (r_{iC})	전체 (n_{iD})	금연 성공 (r_{iD})
1	140	9			140	23	138	10
2			78	11	85	12	170	29
3	702	79	694	77				
4	671	18	535	21				
5	116	8	146	19				
6	731	75			714	363		
7	106	2			205	9		
8	549	58			1561	237		
9	33	0			48	9		
10	100	3			98	31		
11	31	1			95	26		
12	39	6			77	17		
13	1107	95			1031	134		
14	187	15			504	35		
15	584	78			675	73		
16	1177	69			888	54		
17	642	64			761	107		
18	62	5			90	8		
19	234	20			237	34		
20	20	0					20	9
21			49	20	43	16		
22			66	7			127	32
23					76	12	74	20
24					55	9	26	3

위 자료에서 연구 1은 치료 A, C, D를 동시에 비교한 연구이며, 연구 2는 B, C, D를 동시에 비교한 연구이다. 위 자료를 이용하여 근거 네트워크를 작성하면 다음과 같다. 노드는 각 그룹을 나타내며, 괄호 안의 숫자는 연구번호, 실선은 해당 치

료군 간 직접비교가 있다는 의미이다.

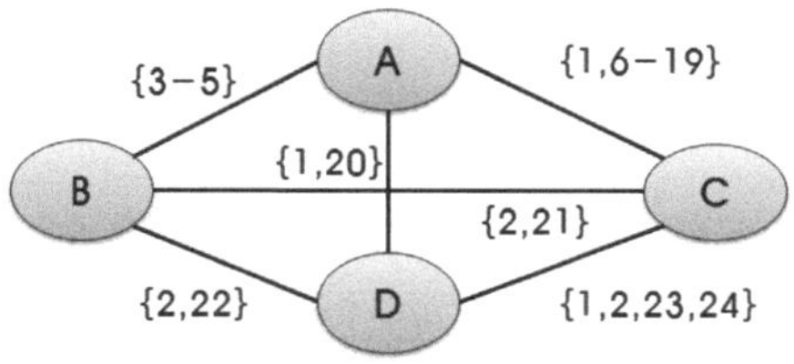

위 자료에 대해 효과크기가 오즈비인 경우 고정효과 네트워크 모형은 다음과 같으며, 여기서 기저 그룹은 A이다.

$$r_{ij} \overset{ind}{\sim} B(n_{ij}, p_{ij}),\ i=1,\cdots,24\ ,\ j=A, B, C, D$$

$$logit(p_{ij}) = \begin{cases} \mu_{ib} & , \quad b=A,B,C \qquad \text{if } j=b \\ \mu_{ib}+d_{bj}=\mu_{ib}+d_{Aj}-d_{Ab}, & b=A,B,C\ ; j=B,C,D \ \text{if } j>b \end{cases}$$

$$d_{AA}=0$$

여기서 μ_{ib}는 i번째 연구의 기저 그룹 b에서의 발생률을 나타내는 기저모수이며, d_{bj}는 그룹 b에 대한 그룹 j의 상대효과를 나타내는 $\log(OR_{bj})$이다. 따라서 b와 j에 따라 위 고정효과모형은 다음과 같이 나타낼 수 있다.

b	j	모형
A	B	$logit(p_{iA})=\mu_{iA}$ $logit(p_{iB})=\mu_{iA}+d_{AB}$
	C	$logit(p_{iA})=\mu_{iA}$ $logit(p_{iC})=\mu_{iA}+d_{AC}$
	D	$logit(p_{iA})=\mu_{iA}$ $logit(p_{iD})=\mu_{iA}+d_{AD}$
B	C	$logit(p_{iB})=\mu_{iB}$ $logit(p_{iC})=\mu_{iB}+d_{BC}=\mu_{iB}+d_{AC}-d_{AB}$
	D	$logit(p_{iB})=\mu_{iB}$ $logit(p_{iD})=\mu_{iB}+d_{BD}=\mu_{iB}+d_{AD}-d_{AB}$
C	D	$logit(p_{iC})=\mu_{iC}$ $logit(p_{iD})=\mu_{iC}+d_{CD}=\mu_{iC}+d_{AD}-d_{AC}$

만일 그룹 A의 비접촉이 상대효과크기인 오즈비의 기저 그룹이라고 한다면, 기본 모수는 d_{AB}, d_{AC}, d_{AD}가 되며, d_{BC}, d_{BD}, d_{CD}는 기능 모수로 다음과 같이 기본 모수로 표현할 수 있다.

$$d_{BC}=d_{AC}-d_{AB}$$
$$d_{BD}=d_{AD}-d_{AB}$$
$$d_{CD}=d_{AD}-d_{AC}$$

모수에 대한 사전정보가 거의 없으므로 다음과 같이 무정보적 정규 사전분포를 고려하였다.

$$d_{AB}, d_{AC}, d_{AD}\sim N(0,10^6)$$
$$\mu_A, \mu_B, \mu_C\sim N(0,10^6)$$

위 모형을 WinBUGS 프로그램으로 표현하기 위해서 24개 연구의 각 그룹에 대한 전체 대상자수와 금연 성공자수를 한 행의 자료로 입력하였다. 따라서 전체 그룹의 수는 2개 그룹을 비교한 연구가 22개, 3개 그룹의 비교한 연구가 2개이므로 $2\times22+3\times2=50$이 되어 N=50이며, 연구의 수 NS=24, 그룹의 수 NT=4가 된다. WinBUGS 프로그램의 data 부분에서 s[ ]는 연구번호, t[ ]는 그룹, r[ ]는 각 그룹의 금연 성공자수, n[ ]는 각 그룹별 전체 대상자수를 나타내며, b[ ]는 개별 연구에서의 기저 그룹을 나타낸다.

위 통계적 모형을 WinBUGS에서 사용하는 그래프 모형으로 표현하면 다음과 같다.

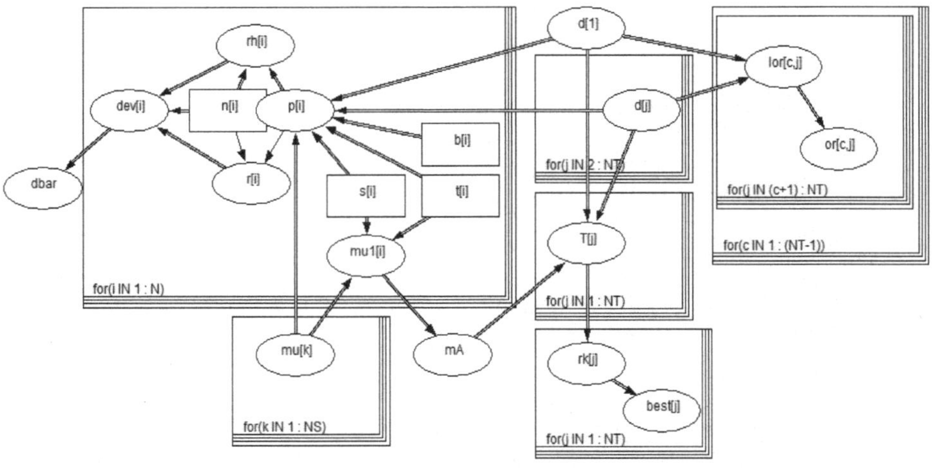

d는 로그 오즈비를 나타내는데, d[1]은 d_{AA}이므로 0을 할당하며, d[2]는 d_{AB}, d[3]은 d_{AC}, d[4]는 d_{AD}를 나타내며, 24개 개별 연구의 기저 위험을 나타내는 로그 오즈인 μ_{ib}는 mu[ ]로 나타낸다. 따라서 위 고정효과 네트워크 모형을 WinBUGS 프로그램으로 나타내면 다음과 같다.

```
logit(p[i]) <- mu[s[i]]+ d[t[i]] - d[b[i]]
```

24개의 연구 중 그룹 A를 포함하고 있는 19개 연구의 기본 모수의 평균을 그룹 A의 로그 오즈 μ_A의 추정값으로 정의하고 mA를 다음과 같이 나타내었다.

```
mA <- sum(mu1[])/19
```

위와 같이 mA를 기본 모수의 평균으로 하나의 값으로 정의하지 않고, 기본 모수들의 평균과 분산을 계산하여 다음과 같이 계산된 평균과 분산을 가지는 확률분포로 지정해도 된다.

```
mA ~ dnorm(-2.585,2.763)
```

고정효과 네트워크 모형에 따라 그룹 A, B, C, D의 금연 성공률 T[1], T[2], T[3], T[4]는 다음과 같이 나타낼 수 있다.

```
logit(T[j]) <-  mA + d[j]
```

추가로 고정효과 네트워크 모형에서는 MCMC 반복마다 추정된 각 그룹의 금연 성공률을 비교하여 각 그룹의 금연 성공률 순위를 다음과 같이 추정할 수 있다.

```
rk[j] <- 5 - rank(T[],j)
best[j] <- equals(rk[j],1)
```

여기서 rank 함수를 이용해서 T[1], T[2], T[3], T[4]의 순위를 오름차순으로 부여하고, 금연 성공률 T[ ]가 가장 큰 경우의 순위를 1로 만들기 위해서 5에서 rank를 빼 주었다. 각 그룹이 순위가 1일 때 best 값을 하나씩 증가시켜서 각 그룹별 금연 성공률이 가장 높았던 횟수를 계산하였다.

고정효과 네트워크 모형에서 궁극적으로 추정하고자 하는 각 그룹 간의 상대효과인 오즈비는 다음과 같이 계산할 수 있다.

```
lor[c,j] <- d[j] - d[c]
log(or[c,j]) <- lor[c,j]
```

예를 들어 c=1, j=2인 경우 $\log(OR_{AB}) = d_{AB}$가 되고, c=2, j=3인 경우 $\log(OR_{BC}) = d_{AC} - d_{AB}$가 된다.

따라서 고정효과 네트워크 모형에 대한 WinBUGS 프로그램은 다음과 같다.

```
# Fixed-effects network meta analysis (Odds ratio)
model
{
    # Model for log-odds
     for(i in 1:N)
     {
        r[i] ~ dbin(p[i],n[i])
        logit(p[i]) <- mu[s[i]]+ d[t[i]] - d[b[i]]
            rh[i] <- n[i]*p[i]
            dev[i] <- 2 * (r[i] * (log(r[i]) - log(rh[i]))
                      + (n[i]-r[i])*(log(n[i]-r[i]) - log(n[i]-rh[i])))
     }
         dbar <- sum(dev[])

    # Priors for each trial baselines
     for(k in 1:NS)
     {
        mu[k] ~ dnorm(0,.000001)
    }

    # Priors for basic parameters
     d[1] <- 0
     for (j in 2:NT)
     {
        d[j] ~ dnorm(0,.000001)
    }
```

```
    # Absolute log odds on Treatment A based on 19 trials
     for (i in 1: N)
     {
        mu1[i] <- mu[s[i]]*equals(t[i],1)
    }
     mA <- sum(mu1[])/19

    # Calculate logit(T[j])
     for (j in 1:NT)
     {
          logit(T[j]) <-  mA + d[j]
    }

    # Rank the treatment effects (with 1=best) & record the best treatment
     for(j in 1:NT)
     {
        rk[j] <- (NT+1) - rank(T[],j)
        best[j] <- equals(rk[j],1)
    }

     # All pairwise log odds ratios and odds ratios
      for (c in 1:(NT-1))
      {
         for (j in (c+1):NT)
         {
           lor[c,j] <- d[j] - d[c]
           log(or[c,j]) <- lor[c,j]
         }
      }
}

# data

list(N=50, NS=24, NT=4)
```

s[]	t[]	r[]	n[]	b[]
1	1	9	140	1
1	3	23	140	1
1	4	10	138	1
2	2	11	78	2
2	3	12	85	2
2	4	29	170	2
3	1	75	731	1
3	3	363	714	1
4	1	2	106	1
4	3	9	205	1
5	1	58	549	1
5	3	237	1561	1
6	1	0	33	1
6	3	9	48	1
7	1	3	100	1
7	3	31	98	1
8	1	1	31	1
8	3	26	95	1
9	1	6	39	1
9	3	17	77	1
10	1	79	702	1
10	2	77	694	1
11	1	18	671	1
11	2	21	535	1
12	1	64	642	1
12	3	107	761	1
13	1	5	62	1
13	3	8	90	1
14	1	20	234	1
14	3	34	237	1
15	1	0	20	1
15	4	9	20	1
16	1	8	116	1
16	2	19	149	1
17	1	95	1107	1
17	3	143	1031	1

```
18  1   15   187  1
18  3   36   504  1
19  1   78   584  1
19  3   73   675  1
20  1   69  1177  1
20  3   54   888  1
21  2   20    49  2
21  3   16    43  2
22  2    7    66  2
22  4   32   127  2
23  3   12    76  3
23  4   20    74  3
24  3    9    55  3
24  4    3    26  3

END

# Initial values
list(d=c(NA,0,0,0),mu=c(0,0,0,0,0,0,0,0,0,0,0,0,0,0,0,0,0,0,0,0,0,0,0,0))
list(d=c(NA,0.1,-1,-0.2),mu=c(1,-1,-2,0,0,-2,1,0,2,2,1,-1,-2,0,0,-2,1,0,2,2,
-2,-0.5,-3,0.5))
```

위 WinBUGS 프로그램에서는 수렴성 진단을 위하여 2개의 병렬 체인을 고려하였다. 각 체인에서 20,000번의 반복을 수행하되, 초깃값의 영향을 제거하기 위해 반복의 앞부분 10,000개의 난수를 제거한 후 매 10번째 난수를 추출하여(thin=10) 사후평균과 사후분산을 계산하였다.

node	mean	sd	MC error	2.5%	median	97.5%	start	sample
T[1]	0.07486	0.004184	3.06E-5	0.06687	0.07477	0.08327	10001	20000
T[2]	0.09258	0.01037	7.261E-5	0.07363	0.09204	0.1144	10001	20000
T[3]	0.1482	0.006932	4.54E-5	0.1348	0.1481	0.162	10001	20000
T[4]	0.1591	0.02213	1.586E-4	0.119	0.158	0.2055	10001	20000
best[1]	0.0	0.0	5.0E-13	0.0	0.0	0.0	10001	20000
best[2]	0.0	0.0	5.0E-13	0.0	0.0	0.0	10001	20000
best[3]	0.3291	0.4699	0.00358	0.0	0.0	1.0	10001	20000
best[4]	0.6708	0.4699	0.00358	0.0	1.0	1.0	10001	20000
d[2]	0.2272	0.1252	7.946E-4	-0.01915	0.2269	0.4733	10001	20000

```
d[3]      0.7659  0.0575  4.251E-4  0.6548  0.766   0.8803  10001  20000
d[4]      0.8416  0.1749  0.001242  0.4982  0.843   1.181   10001  20000
dbar      267.1   7.308   0.0533    254.7   266.4   283.2   10001  20000
or[1,2]   1.265   0.1591  0.001017  0.981   1.255   1.605   10001  20000
or[1,3]   2.154   0.1241  9.223E-4  1.925   2.151   2.412   10001  20000
or[1,4]   2.356   0.4142  0.002895  1.646   2.323   3.258   10001  20000
or[2,3]   1.729   0.2306  0.001564  1.321   1.714   2.225   10001  20000
or[2,4]   1.882   0.3611  0.002378  1.278   1.847   2.682   10001  20000
or[3,4]   1.095   0.1891  0.001317  0.7669  1.079   1.508   10001  20000
```

분석 결과를 살펴보면 금연 성공률의 사후평균과 95% 신용구간은 그룹 A에서 0.07486(95% 신용구간: 0.06687-0.08327), 그룹 B에서 0.09258(95% 신용구간: 0.07363-0.1144), 그룹 C에서 0.1482(95% 신용구간: 0.1348-0.162), 그룹 D에서 0.1591(95% 신용구간: 0.119-0.2055)로 그룹 D의 금연 성공률이 가장 높음을 알 수 있다. 또한 각 반복에서 그룹 A, B, C, D 중 가장 성공률이 높은 그룹을 누적 계산한 결과 그룹 D가 성공률이 가장 높았던 비율이 67.08%로 가장 높았으며, 그룹 C가 성공률이 가장 높았던 비율이 32.91%였다. 각 그룹 간 오즈비를 요약하면 다음과 같다.

오즈비	사후평균	사후표준편차	사후중앙값	95% 신용구간
OR_{AB}	1.265	0.1591	1.255	(0.981, 1.605)
OR_{AC}	2.154	0.1241	2.151	(1.925, 2.412)
OR_{AD}	2.356	0.4142	2.323	(1.646, 3.258)
OR_{BC}	1.729	0.2306	1.714	(1.321, 2.225)
OR_{BD}	1.882	0.3611	1.847	(1.278, 2.682)
OR_{CD}	1.095	0.1891	1.079	(0.767, 1.508)

모형 적합도를 나타내는 $\overline{D}$는 267.1이었으며, 모형의 복잡성을 나타내는 p_D는 26.9로 추정되어 DIC는 294로 나타났다.

(2) 단순랜덤효과 네트워크 모형

결과변수가 이분형 자료일 때 그룹 간의 효과크기가 서로 독립인 경우, 그룹 b(기저그룹)에 대한 그룹 j의 오즈비에 관심이 있는 경우 단순랜덤효과 네트워크 모형은 다음과 같다.

$$r_{ij} \overset{ind}{\sim} B(n_{ij}, p_{ij}),\ i=1,\cdots,k\ ,\ j=1,\cdots,t$$

$$logit(p_{ij}) = \begin{cases} \mu_{ib} \quad\quad , & b=1,\cdots,t-1 \quad\quad\quad \text{if } j=b \\ \mu_{ib}+\delta_{ibj}, & b=1,\cdots,t-1; j=2,\cdots,t \text{ if } j>b \end{cases}$$

$$\delta_{ibj} \overset{ind}{\sim} N(d_{bj}, \tau^2) = N(d_{1j}-d_{1b}, \tau^2)$$

$$d_{11}=0$$

여기서 r_{ij}는 i번째 연구의 그룹 j에서 관심사건이 발생한 대상자수, n_{ij}는 전체 연구대상자수, p_{ij}는 관심사건이 발생할 확률이며 r_{ij}는 이항분포 $B(n_{ij}, p_{ij})$를 따른다. μ_{ib}는 i번째 연구의 기저 그룹 b에서의 발생률을 나타내는 기저모수이며, δ_{ibj}는 i번째 연구의 그룹 b에 대한 그룹 j의 상대효과를 나타내며 평균이 d_{bj}이고 분산이 τ^2인 정규분포를 따른다. 효과크기들은 독립이라고 가정했으므로 $j \neq j'$인 경우 δ_{ibj}와 $\delta_{ibj'}$는 서로 독립이며 동일한 분산 τ^2을 가진다.

모수 μ_{ib}, δ_{ibj}에 대한 사전분포로 독립인 정규분포를 고려하며, 초모수 d_{bj}와 τ^2에 대해서는 초사전분포를 다음과 같이 정의한다.

$$\mu_{ib} \overset{ind}{\sim} N(\eta_{ib}, \zeta_{ib}^2),\ \delta_{ibj} \overset{ind}{\sim} N(d_{bj}, \tau^2)$$

$$d_{bj} \sim N(m_{bj}, \sigma_{bj}^2),\ \tau^2 \sim IG(a, b)$$

예제 9-5

예제 9-4 자료에 대해 효과크기가 오즈비인 경우 단순랜덤효과 네트워크 모형은 다음과 같은데, 여기서 기저 그룹은 A이다.

$$r_{ij} \overset{ind}{\sim} B(n_{ij}, p_{ij}),\ i=1,\cdots,24\ ,\ j=A,B,C,D$$

$$logit(p_{ij}) = \begin{cases} \mu_{ib} \quad\quad , & b=A,B,C \quad\quad\quad \text{if } j=b \\ \mu_{ib}+\delta_{ibj}, & b=A,B,C; j=B,C,D \text{ if } j>b \end{cases}$$

$$\delta_{ibj} \overset{ind}{\sim} N(d_{bj}, \tau^2) = N(d_{Aj}-d_{Ab}, \tau^2)$$

$$d_{AA}=0$$

여기서 μ_{ib}는 i번째 연구의 기저 그룹 b에서의 발생률을 나타내는 기저모수이며,

δ_{ibj}는 i번째 연구의 그룹 b에 대한 그룹 j의 상대효과를 나타내는 $\log(OR_{ibj})$이다. 따라서 b와 j에 따라 위 단순랜덤효과모형은 다음과 같이 나타낼 수 있다.

$$\delta_{iAB} \overset{ind}{\sim} N(d_{AB},\tau^2),\ \delta_{iAC} \overset{ind}{\sim} N(d_{AC},\tau^2),\ \delta_{iAD} \overset{ind}{\sim} N(d_{AD},\tau^2)$$

$$\delta_{iBC} \overset{ind}{\sim} N(d_{BC},\tau^2) = N(d_{AC} - d_{AB},\tau^2)$$

$$\delta_{iBD} \overset{ind}{\sim} N(d_{BD},\tau^2) = N(d_{AD} - d_{AB},\tau^2)$$

$$\delta_{iCD} \overset{ind}{\sim} N(d_{CD},\tau^2) = N(d_{AD} - d_{AC},\tau^2)$$

모수에 대한 사전정보가 거의 없으므로 d와 μ에 대해서는 다음과 같이 무정보적 정규 사전분포를 고려하였으며, 분산 τ^2에 대해서는 역감마분포 또는 표준편차 τ에 대한 균일분포를 고려할 수 있다.

$$d_{AB}, d_{AC}, d_{AD} \sim N(0,10^6)$$
$$\mu_A, \mu_B, \mu_C \sim N(0,10^6)$$
$$\tau^2 \sim IG(0.001,\ 0.001) \text{ 또는 } \tau \sim Unif(0,2)$$

위 통계적 모형을 WinBUGS에서 사용하는 그래프 모형으로 표현하면 다음과 같다.

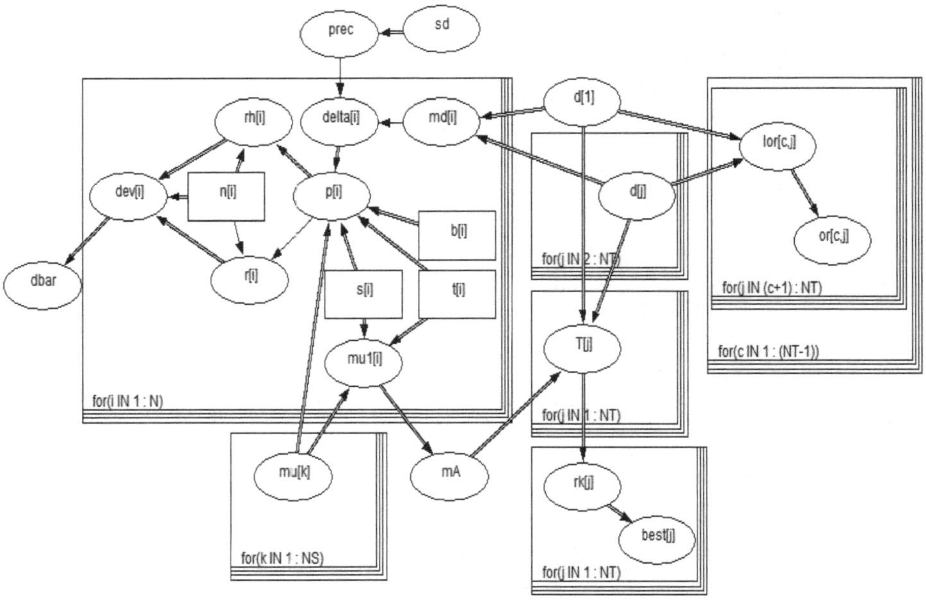

위 모형을 WinBUGS 프로그램으로 표현할 때 고정효과 네트워크 모형과 달라지는 부분은 다음 모형 설정부분이며, 나머지 부분은 모두 동일하다.

```
logit(p[i])<-mu[s[i]]+ delta[i]*(1-equals(t[i],b[i]))
delta[i] ~ dnorm(md[i],prec)
md[i] <- d[t[i]] - d[b[i]]
```

만일 분산에 대한 역감마분포를 사전분포로 고려한다면, 다음과 같이 수정이 필요하다.

```
sd <- 1/sqrt(prec)
prec ~ dgamma(0.001,0.001)
```

따라서 단순랜덤효과 네트워크 모형에 대한 WinBUGS 프로그램은 다음과 같다.

```
# simple random-effects network meta analysis (Odds ratio)
model
{
    # Model for log-odds
     for(i in 1:N)
     {
        r[i] ~ dbin(p[i],n[i])
        logit(p[i])<-mu[s[i]]+ delta[i]*(1-equals(t[i],b[i]))

            delta[i] ~ dnorm(md[i],prec)
        md[i] <- d[t[i]] - d[b[i]]

            rh[i]<-n[i]*p[i]
            dev[i] <- 2 * (r[i] * (log(r[i]) - log(rh[i]))
                      + (n[i]-r[i])*(log(n[i]-r[i]) - log(n[i]-rh[i])))
     }
         dbar <- sum(dev[])

    # Priors for each trial baselines
     for(k in 1:NS)
     {
```

```
        mu[k] ~ dnorm(0,.000001)
    }

# priors for between-study SD
prec <- 1/(sd*sd)
sd ~ dunif(0,2)

    # Priors for basic parameters
     d[1] <- 0
     for (j in 2:NT)
     {
        d[j] ~ dnorm(0,.000001)
    }

    # Absolute log odds on Treatment A based on 19 trials
     for (i in 1: N)
     {
        mu1[i] <- mu[s[i]]*equals(t[i],1)
    }
     mA <- sum(mu1[])/19

    # Calculate logit(T[j])
     for (j in 1:NT)
     {
          logit(T[j]) <-  mA + d[j]
    }

    # Rank the treatment effects (with 1=best) & record the best treatment
     for(j in 1:NT)
     {
        rk[j] <- (NT+1) - rank(T[],j)
        best[j] <- equals(rk[j],1)
    }

     # All pairwise log odds ratios and odds ratios
       for (c in 1:(NT-1))
```

```
    {
      for (j in (c+1):NT)
      {
        lor[c,j] <- d[j] - d[c]
        log(or[c,j]) <- lor[c,j]
      }
    }
}

# initial values
list(d=c(NA,0,0,0), sd=1, mu=c(0,0,0,0,0, 0,0,0,0,0, 0,0,0,0,0, 0,0,0,0,0, 0,0,0,0),
delta=c(0,0,0,0,0,0,0,0,0,0,0,0,0,0,0,0,0,0,0,0,0,0,0,0,0,0,0,0,0,0,0,0,0,0,0,0,0,0,0,0,
0,0,0,0,0,0,0,0,0,0,0,0,0,0,0,0,0,0))

list(d=c(NA,0.1,-1,-0.2), sd=.2,
mu=c(1,-1,-2,0,0,-2,1,0,2,2,1,-1,-2,0,0,-2,1,0,2,2,-2,-0.5,-3,0.5),
delta=c(1,1,1,1,1,1,1,1,1,1,1,1,1,1,1,1,1,1,1,1,1,1,1,1,1,1,1,1,1,1,1,1,1,1,1,1,1,1,1,1,
1,1,1,1,1,1,1,1,1,1,1,1,1,1,1,1,1,1))
```

위 WinBUGS 프로그램에서는 수렴성 진단을 위하여 2개의 병렬 체인을 고려하였다. 각 체인에서 20,000번의 반복을 수행하되, 초깃값의 영향을 제거하기 위해 반복의 앞부분 10,000개의 난수를 제거한 후 매 10번째 난수를 추출하여(thin=10) 사후평균과 사후분산을 계산하였다. 위 WinBUGS 프로그램 수행 결과는 다음과 같다.

node	mean	sd	MC error	2.5%	median	97.5%	start	sample
T[1]	0.06737	0.00629	5.062E-5	0.05492	0.06744	0.07968	10001	20000
T[2]	0.1137	0.03894	2.764E-4	0.05367	0.1084	0.2058	10001	20000
T[3]	0.1415	0.02607	1.738E-4	0.09566	0.1395	0.1983	10001	20000
T[4]	0.1981	0.069	5.254E-4	0.08969	0.1887	0.3573	10001	20000
best[1]	0.0	0.0	5.0E-13	0.0	0.0	0.0	10001	20000
best[2]	0.04685	0.2113	0.001522	0.0	0.0	1.0	10001	20000
best[3]	0.1774	0.382	0.002752	0.0	0.0	1.0	10001	20000
best[4]	0.7757	0.4171	0.002938	0.0	1.0	1.0	10001	20000
d[2]	0.5233	0.3897	0.002723	-0.2266	0.5166	1.318	10001	20000
d[3]	0.8126	0.2343	0.001638	0.3694	0.8055	1.295	10001	20000
d[4]	1.178	0.4542	0.003479	0.3048	1.166	2.1	10001	20000

```
dbar       54.04     10.01      0.07133    36.12      53.45     75.16     10001     20000
or[1,2]    1.824     0.7761     0.005556   0.7972     1.676     3.735     10001     20000
or[1,3]    2.318     0.5713     0.004212   1.447      2.238     3.652     10001     20000
or[1,4]    3.615     1.918      0.01437        1.356  3.21      8.166     10001     20000
or[2,3]    1.446     0.6163     0.004203   0.6078     1.334     2.916     10001     20000
or[2,4]    2.162     1.173      0.008553   0.7618     1.911     4.965     10001     20000
or[3,4]    1.593     0.7816     0.005739   0.6065     1.435     3.498     10001     20000
sd  0.82   0.1827    0.001575   0.536      0.7947     1.248     10001     20000
```

분석 결과를 살펴보면 금연 성공률과 95% 신용구간은 그룹 A에서 0.06737(95% 신용구간: 0.05492-0.07968), 그룹 B에서 0.1137(95% 신용구간: 0.05367-0.2058), 그룹 C에서 0.1415(95% 신용구간: 0.09566-0.1983), 그룹 D에서 0.1981(95% 신용구간: 0.08969-0.3573)로 그룹 D의 금연 성공률이 가장 높음을 알 수 있다. 또한 각 반복에서 그룹 A, B, C, D 중 가장 성공률이 높은 그룹을 누적 계산한 결과 그룹 D가 성공률이 가장 높았던 비율이 77.57%로 가장 높았으며, 그룹 C가 성공률이 가장 높았던 비율이 17.74%였으며, 그룹 B가 성공률이 가장 높았던 비율은 4.69%였다. 연구 간 표준편차의 사후평균은 0.82(95% 신용구간: 0.536, 1.248)이었으며, 각 그룹 간 오즈비를 요약하면 다음과 같다.

오즈비	사후평균	사후표준편차	사후중앙값	95% 신용구간
OR_{AB}	1.824	0.7761	1.676	(0.7972, 3.735)
OR_{AC}	2.318	0.5713	2.238	(1.447, 3.652)
OR_{AD}	3.615	1.918	3.21	(1.356, 8.166)
OR_{BC}	1.446	0.6163	1.334	(0.6078, 2.916)
OR_{BD}	2.162	1.173	1.911	(0.7618, 4.965)
OR_{CD}	1.593	0.7816	1.435	(0.6065, 3.498)

모형 적합도를 나타내는 $\overline{D}$는 54.04이었으며, 모형의 복잡성을 나타내는 p_D는 44.74로 추정되어 DIC는 99.78로 나타났다. 고정효과 네트워크 모형과 비교하면 $\overline{D}$는 감소하고 p_D는 증가하여 DIC가 294에서 99.78로 감소했음을 알 수 있다.

9.2.3 일관성 가정 검토

직접비교 연구와 간접비교 연구를 모두 이용하는 혼합비교에서는 직접비교의 효과크기와 간접비교의 효과크기가 일관성이 있어야 한다. 예를 들어 B에 대한 C의 효과크기를 추정하고자 할 경우 B와 C의 직접비교 연구가 있는 경우 d_{BC}를 바로 추정할 수 있다. 하지만 추가로 A와 B를 직접비교한 연구와 A와 C를 직접비교한 연구가 있을 경우 A를 공통대조군으로 하여 B와 C를 간접비교할 수도 있다(그림 9-3).

이때 직접비교로 추정한 효과크기를 $\hat{d}_{BC}^{direct}$라고 하고, 간접비교로 추정한 효과크기를 $\hat{d}_{BC}^{indirect}$라고 하자. 이때 간접비교로 추정한 효과크기는 A와 B를 직접비교한 연구와 A와 C를 직접비교한 연구의 효과크기의 차이로 다음과 같이 정의할 수 있다.

$$\hat{d}_{BC}^{indirect} = \hat{d}_{AC}^{direct} - \hat{d}_{AB}^{direct}$$

일관성 가정은 혼합비교를 수행하기 위해 반드시 만족해야 하는 가정으로, 이를 확인하는 가장 단순한 방법인 비일관성 추정치(estimate of inconsistency)를 이용하는 방법과 비일관성 요인(inconsistency factor, ICF)을 이용하는 방법을 다루고자 한다.

(1) 비일관성 추정치

비일관성 추정치는 직접비교로 추정한 효과크기와 간접비교로 추정한 효과크기의 차이로 다음과 같이 정의할 수 있다.

$$\hat{w}_{BC} = \hat{d}_{BC}^{direct} - \hat{d}_{BC}^{indirect}$$

만일 직접비교로 추정한 효과크기와 간접비교로 추정한 효과크기가 같다면, 즉 비일관성 추정치가 0이라면 일관성 가정을 만족한다고 할 수 있다. 따라서 $H_0 : w_{BC} = 0$에 대한 가설을 검정하기 위해 표준정규분포를 따르는 다음 검정통계량을 이용한다.

$$Z_{BC} = \frac{\hat{w}_{BC}}{\sqrt{Var(\hat{w}_{BC})}}$$

여기서 비일관성 추정치의 분산은 다음과 같이 계산할 수 있다.

$$Var(\hat{w}_{BC}) = Var(\hat{d}_{BC}^{direct}) + Var(\hat{d}_{BC}^{indirect})$$

비일관성 추정치는 혼합비교에 포함된 연구들 중 세 그룹 이상을 동시에 비교한 연구가 없을 경우, 즉 두 그룹 간 비교하는 효과크기들이 독립인 경우에만 사용할 수 있는 방법이다.

예제 9-6

예제 9-4 자료에서 세 그룹을 동시에 비교한 연구 1과 연구 2를 제외한 나머지 자료를 이용하여 비일관성 추정치를 계산하여 그룹 C에 대한 D의 효과크기의 비일관성 가정을 확인하고자 한다. 그룹 C와 D를 직접비교한 연구 23과 연구 24 자료를 이용하여 고정효과모형(역분산가중치 방법)을 이용하여 메타분석을 수행하는 R 프로그램 및 결과는 다음과 같다.

```
> library(metafor)
> # 그룹 D 자료 입력
> tpos <- c(20, 3)
> tneg <- c(54, 23)
> # 그룹 C 자료 입력
> cpos <- c(12, 9)
> cneg <- c(64, 49)

> dat <- data.frame(tpos, tneg, cpos, cneg)
> dat
    tpos tneg cpos cneg
  1   20   54   12   64
  2    3   23    9   49

> rma(ai=tpos, bi=tneg, ci=cpos, di=cneg, measure="OR", data=dat,
method="FE")
  Fixed-Effects Model (k = 2)

  Test for Heterogeneity:
  Q(df = 1) = 1.5486, p-val = 0.2133

  Model Results:
  estimate      se     zval     pval    ci.lb    ci.ub
    0.4272  0.3549   1.2036   0.2287  -0.2684   1.1228
```

R 분석 결과에 따라 직접비교 통합 로그 오즈비는 $\hat{d}_{CD}^{direct}=0.4272$, $Var(\hat{d}_{CD}^{direct})$ $=0.1260$가 된다. 간접비교로 $\hat{d}_{CD}^{indirect}$를 추정하기 위해서 먼저 $\hat{d}_{BD}^{direct}$와 $\hat{d}_{BC}^{direct}$를 추정해야 한다. 그룹 B와 D를 직접비교한 연구는 연구 22, 그룹 B와 C를 직접 비교한 연구는 연구 21이므로 다음과 같이 로그 오즈비를 계산할 수 있다.

```
> # 그룹 B와 D
> escalc(measure="OR", ai=32, bi=95, ci=7, di=59)
       yi     vi
  1 1.0435 0.2016

> # 그룹 B와 C
> escalc(measure="OR", ai=16, bi=27, ci=20, di=29)
        yi     vi
  1 -0.1517 0.1840
```

따라서

$$\hat{d}_{BD}^{direct} = 1.0435,\ \ Var(\hat{d}_{BD}^{direct}) = 0.2016,$$

$$\hat{d}_{BC}^{direct} = -0.1517,\ \ Var(\hat{d}_{BC}^{direct}) = 0.1840$$

이 되며, $\hat{d}_{CD}^{indirect} = \hat{d}_{BD}^{direct} - \hat{d}_{BC}^{direct} = 0.1952$, $Var(\hat{d}_{CD}^{indirect}) = 0.3856$이 된다.

따라서 비일관성 추정치에 대한 귀무가설 $H_0 : w_{CD} = 0$에 대한 검정통계량은 다음과 같다.

$$Z_{CD} = \frac{\hat{w}_{CD}}{\sqrt{Var(\hat{w}_{CD})}} = \frac{0.4272 - 0.1952}{\sqrt{0.1260 + 0.3856}} = 0.3244$$

유의수준 0.05에서 $z_{\alpha/2} = z_{0.025} = 1.96$이므로 귀무가설을 기각할 수 없으므로 비일관성 추정치는 0이라고 할 수 있다. 따라서 일관성 가정을 만족하지 않는다고 할 수 없다.

(2) 비일관성 요인

만일 비일관성 가정을 만족하지 않는다면, 직접비교로 추정한 효과크기 $\hat{d}_{BC}^{direct}$와 간접비교로 추정한 효과크기 $\hat{d}_{BC}^{indirect} = \hat{d}_{AC}^{direct} - \hat{d}_{AB}^{direct}$가 동일하지 않을 것이다. 따라서 이들의 차이를 나타내는 비일관성 요인 w_{ABC}를 이용하여 다음과 같이 나타낼 수 있다.

$$\hat{d}_{BC}^{direct} = \hat{d}_{BC}^{indirect} + w_{ABC} = \hat{d}_{AC}^{direct} - \hat{d}_{AB}^{direct} + w_{ABC}$$

비일관성 요인을 위와 같이 정의할 때, 좌변은 기능 모수, 우변은 기본 모수로 나타내며, 비일관성 요인 w_{ABC}은 d_{BC}의 바이어스뿐만 아니라 ABCA 사이클에서의 비일관성 정도에 대한 정보도 제공한다. 만일 비일관성 요인이 평균이 0이고 분산이 τ_w^2인 정규분포를 따른다면, 비일관성 요인의 사후평균은 사이클 내의 비일관성 정도를 나타내는 척도가 될 것이다. 예를 들어 w_{ABC}가 다른 비일관성 요인들에 비해 크다면 ABCA 사이클의 일관성이 의심된다고 할 수 있다.

보통 비일관성 요인의 수(inconsistency degree of freedom, ICDF)는 자료를 이용해 비교하는자 하는 그룹 쌍의 수 K와 그룹의 수 T를 이용해 다음과 같이 정의할 수 있다.

$$ICDF = T - K + 1$$

추가로 비일관성 요인의 분산 τ_w^2과 연구 간 이질성을 나타내는 τ^2을 비교하여 비일관성을 파악할 수도 있다. 만일 다음 사후확률이 크다면 비일관성을 의심할 수 있다.

$$\Pr(\tau_w^2 > \tau^2 | data)$$

예제 9-7

예제 9-4 자료의 근거 네트워크를 보면 비교하고자 하는 그룹의 쌍은 6가지이며, 그룹은 4개이므로 ICDF=6-4+1=3이 된다. 따라서 비일관성 요인을 정의하면 다음과 같다.

$$d_{BC} = d_{AC} - d_{AB} + w_{ABC}$$
$$d_{BD} = d_{AD} - d_{AB} + w_{ABD}$$
$$d_{CD} = d_{AD} - d_{AC} + w_{ACD}$$

예제 9-5의 단순랜덤효과 네트워크 모형에 대한 WinBUGS 프로그램에서 비일관성 요인을 추가하기 위해, d_{BC} , d_{BD} , d_{CD}에 해당하는 경우 비일관성 요인을 다음과 같이 더해 준다.

```
md[i] <- d[t[i]] - d[b[i]] + w[1]*(equals(t[i],3)*equals(b[i],2))
              + w[2]*(equals(t[i],4)*equals(b[i],2))
              + w[3]*(equals(t[i],4)*equals(b[i],3))
```

비일관성 요인에 대한 분산이 연구 간 이질성을 나타내는 분산보다 클 사후확률은 다음과 같이 계산한다.

```
prob.w <- step(tau2.w-tau2)
```

따라서 비일관성 요인을 추가한 단순랜덤효과 네트워크 모형에 대한 WinBUGS 프로그램은 다음과 같다.

```
# simple random-effects network meta analysis (Odds ratio)
model
{
   # Model for log-odds
    for(i in 1:N)
    {
      r[i] ~ dbin(p[i],n[i])
      logit(p[i])<-mu[s[i]]+ delta[i]*(1-equals(t[i],b[i]))

      delta[i] ~ dnorm(md[i],prec)
      md[i] <- d[t[i]] - d[b[i]] + w[1]*(equals(t[i],3)*equals(b[i],2))
                 + w[2]*(equals(t[i],4)*equals(b[i],2))
                 + w[3]*(equals(t[i],4)*equals(b[i],3))

      rh[i]<-n[i]*p[i]
      dev[i] <- 2 * (r[i] * (log(r[i]) - log(rh[i]))
                  + (n[i]-r[i])*(log(n[i]-r[i]) - log(n[i]-rh[i])))
    }
    dbar <- sum(dev[])

    # Priors for each trial baselines
    for(k in 1:NS)
    {
      mu[k] ~ dnorm(0,.000001)
   }
   # priors for ICF
    for(h in 1:3)
   {
     w[h] ~ dnorm(0,prec.w)
```

```
  }

  # priors for between-study SD
  sd ~ dunif(0,2)
  tau2 <- sd*sd
  prec <- 1/(sd*sd)

 # priors for ICF SD
  sd.w ~ dunif(0,2)
  tau2.w <- sd.w*sd.w
  prec.w <- 1/tau2.w

  prob.w <- step(tau2.w-tau2)

# Priors for basic parameters
  d[1] <- 0
  for (j in 2:NT)
  {
     d[j] ~ dnorm(0,.000001)
}

# Absolute log odds on Treatment A based on 19 trials
  for (i in 1: N)
  {
     mu1[i] <- mu[s[i]]*equals(t[i],1)
}
  mA <- sum(mu1[])/19

# Calculate logit(T[j])
  for (j in 1:NT)
  {
      logit(T[j]) <-  mA + d[j]
}

# Rank the treatment effects (with 1=best) & record the best treatment
  for(j in 1:NT)
  {
```

```
            rk[j] <- (NT+1) - rank(T[],j)
            best[j] <- equals(rk[j],1)
        }

    # All pairwise log odds ratios and odds ratios
      for (c in 1:(NT-1))
      {
         for (j in (c+1):NT)
         {
           lor[c,j] <- d[j] - d[c]
           log(or[c,j]) <- lor[c,j]
         }
      }
}

# Initial values
list(d=c(NA,0,0,0), sd=1, w=c(0,0,0), sd.w=1,
mu=c(0,0,0,0,0, 0,0,0,0,0, 0,0,0,0,0, 0,0,0,0,0, 0,0,0,0),
delta=c(0,0,0,0,0,0,0,0,0,0,0,0,0,0,0,0,0,0,0,0,0,0,0,0,0,0,0,0,0,0,0,0,0,0,0,0,0,0,
0,0,0,0,0,0,0,0,0,0,0,0,0,0,0,0,0,0,0))

list(d=c(NA,0.1,-1,-0.2), sd=.2, w=c(1,1,1), sd.w=.2,
mu=c(1,-1,-2,0,0,-2,1,0,2,2,1,-1,-2,0,0,-2,1,0,2,2,-2,-0.5,-3,0.5),
delta=c(1,1,1,1,1,1,1,1,1,1,1,1,1,1,1,1,1,1,1,1,1,1,1,1,1,1,1,1,1,1,1,1,1,1,1,1,1,1,
1,1,1,1,1,1,1,1,1,1,1,1,1,1,1,1,1,1,1))
```

위 WinBUGS 프로그램에서는 수렴성 진단을 위하여 2개의 병렬 체인을 고려하였다. 각 체인에서 20,000번의 반복을 수행하되, 초깃값의 영향을 제거하기 위해 반복의 앞부분 10,000개의 난수를 제거한 후 나머지 10,000개의 난수를 생성하기 위하여, 매 10번째 난수를 추출하여(thin=10) 사후평균과 사후분산을 계산하였다. 위 WinBUGS 프로그램 수행 결과는 다음과 같다. 여기서 체인이 두 개이므로 분석에 사용된 샘플 수는 20,000개가 된다.

node	mean	sd	MC error	2.5%	median	97.5%	start	sample
T[1]	0.06698	0.00628	5.492E-5	0.0547	0.06702	0.07937	10001	20000
T[2]	0.1105	0.04299	3.065E-4	0.04573	0.1038	0.2133	10001	20000
T[3]	0.1427	0.02745	1.961E-4	0.09452	0.1406	0.2026	10001	20000
T[4]	0.2045	0.08536	6.256E-4	0.07933	0.1907	0.4149	10001	20000
best[1]	0.0	0.0	5.0E-13	0.0	0.0	0.0	10001	20000
best[2]	0.0565	0.2309	0.001708	0.0	0.0	1.0	10001	20000
best[3]	0.2117	0.4085	0.002757	0.0	0.0	1.0	10001	20000
best[4]	0.7318	0.443	0.003126	0.0	1.0	1.0	10001	20000
d[2]	0.4822	0.4389	0.003148	-0.3776	0.4753	1.358	10001	20000
d[3]	0.8272	0.2423	0.001839	0.3668	0.8213	1.326	10001	20000
d[4]	1.202	0.548	0.003941	0.1618	1.184	2.362	10001	20000
dbar	53.93	10.17	0.0768	36.03	53.29	75.58	10001	20000
or[1,2]	1.787	0.8636	0.006132	0.6855	1.609	3.887	10001	20000
or[1,3]	2.356	0.5978	0.004524	1.443	2.273	3.767	10001	20000
or[1,4]	3.897	2.587	0.02001	1.176	3.268	10.61	10001	20000
or[2,3]	1.574	0.809	0.005683	0.5694	1.408	3.552	10001	20000
or[2,4]	2.507	2.022	0.01481	0.6311	2.019	7.196	10001	20000
or[3,4]	1.706	1.126	0.008456	0.505	1.441	4.559	10001	20000
prob.w	0.2914	0.4544	0.00382	0.0	0.0	1.0	10001	20000
tau2	0.747	0.3529	0.002916	0.2977	0.6696	1.665	10001	20000
tau2.w	0.6215	0.8508	0.006607	4.69E-4	0.2508	3.24	10001	20000
w[1]	-0.1675	0.5066	0.003626	-1.358	-0.0742	0.7615	10001	20000
w[2]	-0.0470	0.5394	0.004055	-1.289	-0.0094	1.065	10001	20000
w[3]	-0.0612	0.5247	0.003646	-1.266	-0.0186	1.023	10001	20000

비일관성 요인의 사후평균은 각각 $w_{ABC}=-0.1675(SE=0.5066)$, $w_{ABD}=-0.0470$ $(SE=0.5394)$, $w_{ACD}=-0.0612(SE=0.5247)$로 추정되었으며, 비일관성 요인의 분산 $\tau_w^2=0.6215$, 연구 간 분산 $\tau^2=0.747$, 비일관성 요인의 분산이 연구 간 분산보다 클 사후확률(prob.w)은 0.2914이므로 비일관성이 없다고 확실하게 말하기는 어렵다. 모형 적합도를 나타내는 $\overline{D}$는 53.93이었으며, 모형의 복잡성을 나타내는 p_D는 45.10로 DIC는 99.03로 나타났다.

9.3 R2WinBUGS를 이용한 네트워크 메타분석

7.6절에서 소개한 R2WinBUGS 패키지를 이용하여 R 프로그램에서 WinBUGS 프로그램을 연결하여 네트워크 메타분석을 수행할 수 있다.

예제 9-8

예제 9-3에서 다루었던 연속형 결과변수에 대한 단순랜덤효과 네트워크 모형의 적용을 위해 R2WinBUGS를 이용한 R 프로그램과 결과는 다음과 같다. 앞에서 정의된 연속형 결과변수의 단순랜덤효과 네트워크 모형에 대한 model 정의는 "예제9-8.txt"로 저장되어 있으며, 자료는 아래의 형태로 "예제9-8.csv"에 저장되어 있다.

	A	B	C	D	E	F	G	H	I	J	K
1	study	T1	T2	T3	Y1	Y2	Y3	SE1	SE2	SE3	na
2	1	1	3	NA	-1.22	-1.53	NA	0.504	0.439	NA	2
3	2	1	2	NA	-0.7	-2.4	NA	0.282	0.258	NA	2
4	3	1	2	4	-0.3	-2.6	-1.2	0.505	0.51	0.478	3
5	4	3	4	NA	-0.24	-0.59	NA	0.265	0.354	NA	2
6	5	3	4	NA	-0.73	-0.18	NA	0.335	0.442	NA	2
7	6	4	5	NA	-2.2	-2.5	NA	0.197	0.19	NA	2
8	7	4	5	NA	-1.8	-2.1	NA	0.2	0.25	NA	2
9											

MCMC 수렴성 진단을 위하여 3개의 병렬 체인을 고려하였다. 각 체인에서 20,000번의 반복을 수행하되, 초깃값의 영향을 제거하기 위해 반복의 앞부분 10,000개의 난수를 제거한 후 매 50번째 난수를 추출하여(thin=50) 사후평균과 사후분산을 계산하였다.

```
> # Data
> data <- read.csv("예제9-8.csv"); attach(data)
> NS <- nrow(data); NT<- 5;
> y <- matrix(c(Y1,Y2,Y3),nrow=NS,ncol=3)
> t <- matrix(c(T1,T2,T3),nrow=NS,ncol=3)
> se <- matrix(c(SE1,SE2,SE3),nrow=NS,ncol=3)
> data2 <- list ("NS", "NT", "y","t","se","na")

> # Parameters
> parameters <- c("T", "d","md","dbar")

> # Initial values
```

```
> inits1 <- list(d=c(NA,0,0,0,0), sd=1, mu=c(0, 0, 0, 0, 0, 0, 0))
> inits2 <- list(d=c(NA,-1,-3,-1,1), sd=4, mu=c(-3, -3, -3, -3, -3, -3, -3))
> inits3 <- list(d=c(NA,2,2,2,2), sd=2, mu=c(-3, 5, -1, -3, 7, -3, -4))
> inits <- list(inits1,inits2,inits3)

> model.sim <- bugs (data, inits, parameters, "예제9-8.txt", n.chain=3,
n.iter=20000, n.burnin=10000, n.thin=50, codaPkg=TRUE,
bugs.directory = "c:/Program Files/WinBUGS14/")
> model.coda <- read.bugs(model.sim)
> summary(model.coda)

1. Empirical mean and standard deviation for each variable,
   plus standard error of the mean:
               Mean     SD Naive SE Time-series SE
T[1]       -0.76320 0.4722  0.01928        0.01926
T[2]       -2.61713 0.7314  0.02986        0.03347
T[3]       -1.30553 0.8247  0.03367        0.02980
T[4]       -1.32497 0.8078  0.03298        0.03778
T[5]       -1.64917 0.9677  0.03951        0.03978
d[2]       -1.85392 0.5500  0.02245        0.02243
d[3]       -0.54234 0.6690  0.02731        0.02736
d[4]       -0.56175 0.6634  0.02708        0.02836
d[5]       -0.88598 0.8450  0.03450        0.03454
dbar       13.53133 4.6778  0.19097        0.20585
deviance    7.53675 4.6778  0.19097        0.20587
md[1,2]    -1.85392 0.5500  0.02245        0.02243
md[1,3]    -0.54234 0.6690  0.02731        0.02736
md[1,4]    -0.56175 0.6634  0.02708        0.02836
md[1,5]    -0.88598 0.8450  0.03450        0.03454
md[2,3]     1.31159 0.8353  0.03410        0.03992
md[2,4]     1.29216 0.8237  0.03363        0.03539
md[2,5]     0.96792 0.9524  0.03888        0.04046
md[3,4]    -0.01942 0.5062  0.02066        0.02196
md[3,5]    -0.34365 0.7542  0.03079        0.03237
md[4,5]    -0.32422 0.4983  0.02034        0.02063
```

```
2. Quantiles for each variable:
               2.5%     25%      50%      75%   97.5%
T[1]       -1.66022 -1.0627 -0.77460 -0.44288  0.1835
T[2]       -4.01710 -3.0590 -2.59900 -2.20325 -1.1078
T[3]       -2.84062 -1.8120 -1.31850 -0.78997  0.3220
T[4]       -2.91362 -1.8562 -1.37800 -0.80320  0.2751
T[5]       -3.48912 -2.2115 -1.65500 -1.06575  0.3171
d[2]       -2.97317 -2.1593 -1.84050 -1.56600 -0.7904
d[3]       -1.93103 -0.9277 -0.51840 -0.16118  0.7008
d[4]       -2.00635 -0.9508 -0.57345 -0.18385  0.8320
d[5]       -2.53827 -1.3115 -0.88770 -0.45498  0.9539
dbar        6.00582 10.1150 13.14000 16.30500 24.0607
deviance    0.01165  4.1232  7.14550 10.31500 18.0610
md[1,2]    -2.97317 -2.1593 -1.84050 -1.56600 -0.7904
md[1,3]    -1.93103 -0.9277 -0.51840 -0.16118  0.7008
md[1,4]    -2.00635 -0.9508 -0.57345 -0.18385  0.8320
md[1,5]    -2.53827 -1.3115 -0.88770 -0.45498  0.9539
md[2,3]    -0.28086  0.8542  1.31900  1.76700  2.8385
md[2,4]    -0.37909  0.8285  1.31800  1.74800  2.8598
md[2,5]    -1.02142  0.4750  0.96445  1.46350  2.8383
md[3,4]    -0.91229 -0.2790 -0.02955  0.25370  0.9793
md[3,5]    -1.60510 -0.7103 -0.31360  0.02233  1.0434
md[4,5]    -1.22110 -0.5350 -0.32055 -0.08624  0.5427
```

분석 결과를 살펴보면, 예제 9-3과 유사함을 알 수 있다.

예제 9-9

예제 9-5에서 다루었던 이분형 결과변수에 대한 단순랜덤효과 네트워크 모형의 적용을 위해 R2WinBUGS를 이용한 R 프로그램과 결과는 다음과 같다. 앞에서 정의된 이분형 결과변수의 단순랜덤효과 네트워크 모형에 대한 model 정의는 "예제 9-9.txt"로 저장되어 있다.

MCMC 수렴성 진단을 위하여 2개의 병렬 체인을 고려하였다. 각 체인에서 20,000번의 반복을 수행하되, 초깃값의 영향을 제거하기 위해 반복의 앞부분 10,000개의 난수를 제거한 후 매 10번째 난수를 추출하여(thin=10) 사후평균과 사후분산을 계산하였다.

```
> # Data
> data <- read.csv("예제9-4.csv"); attach(data)
> N=nrow(data); NS=24; NT=4;
> data2 <- list ("N","NS", "NT", "s","t","r","n","b")

> # Parameters
>  parameters <- c("T", "best","d","dbar","or","sd")

>  # Initial values
> inits1 <- list(d=c(NA,0,0,0), sd=1,
mu=c(0,0,0,0,0,0,0,0,0,0, 0,0,0,0,0,0,0,0,0,0,0,0,0,0),
delta=c(0,0,0,0,0,0,0,0,0,0,0,0,0,0,0,0,0,0,0,0,0,0,0,0,0,0,0,0,0,0,0,0,0,0,
0,0,0,0,0,0,0,0,0,0,0,0,0,0,0,0,0))
> inits2 <- list(d=c(NA,0.1,-1,-0.2), sd=.2,
mu=c(1,-1,-2,0,0,-2,1,0,2,2,1,-1,-2,0,0,-2,1,0,2,2,-2,-0.5,-3,0.5),
delta=c(1,1,1,1,1,1,1,1,1,1,1,1,1,1,1,1,1,1,1,1,1,1,1,1,1,1,1,1,1,1,1,1,1,1,
1,1,1,1,1,1,1,1,1,1,1,1,1,1,1,1,1))
> inits <- list(inits1,inits2)

> model.sim <- bugs (data, inits, parameters, "예제9-9.txt", n.chain=2,
n.iter=20000, n.burnin=10000, n.thin=10, codaPkg=TRUE,
bugs.directory = "c:/Program Files/WinBUGS14/")
> model.coda <- read.bugs(model.sim)
> summary(model.coda)

1. Empirical mean and standard deviation for each variable,
   plus standard error of the mean:
                   Mean       SD  Naive SE Time-series SE
    T[1]        0.06708 0.006313 0.0001412      0.0001753
    T[2]        0.11362 0.039144 0.0008753      0.0008755
    T[3]        0.14084 0.025499 0.0005702      0.0005699
    T[4]        0.19449 0.068167 0.0015243      0.0015241
    best[1]     0.00000 0.000000 0.0000000      0.0000000
    best[2]     0.05150 0.221071 0.0049433      0.0049430
    best[3]     0.19350 0.395140 0.0088356      0.0084243
    best[4]     0.75500 0.430195 0.0096194      0.0096197
    d[2]        0.52646 0.390261 0.0087265      0.0085067
```

```
d[3]        0.81302  0.227628 0.0050899      0.0052607
d[4]        1.15986  0.457284 0.0102252      0.0102218
dbar       54.14035 10.166148 0.2273220      0.2272904
deviance  281.73520 10.166352 0.2273265      0.2272952
or[1,2]     1.82956  0.770551 0.0172300      0.0172312
or[1,3]     2.31524  0.554570 0.0124006      0.0128274
or[1,4]     3.55652  1.919122 0.0429129      0.0441624
or[2,3]     1.44216  0.613365 0.0137153      0.0132071
or[2,4]     2.12809  1.154652 0.0258188      0.0270707
or[3,4]     1.56472  0.762934 0.0170597      0.0170438
sd          0.82151  0.182979 0.0040915      0.0049342

2. Quantiles for each variable:

               2.5%       25%       50%       75%    97.5%
T[1]        0.05482   0.06271   0.06695   0.07122   0.0797
T[2]        0.05511   0.08550   0.10770   0.13543   0.2084
T[3]        0.09648   0.12320   0.13830   0.15602   0.2001
T[4]        0.08748   0.14787   0.18585   0.22972   0.3539
best[1]     0.00000   0.00000   0.00000   0.00000   0.0000
best[2]     0.00000   0.00000   0.00000   0.00000   1.0000
best[3]     0.00000   0.00000   0.00000   0.00000   1.0000
best[4]     0.00000   1.00000   1.00000   1.00000   1.0000
d[2]       -0.21803   0.25867   0.52040   0.78210   1.3300
d[3]        0.37966   0.66247   0.80075   0.94530   1.3050
d[4]        0.28930   0.86352   1.14150   1.44125   2.0932
dbar       35.27950  46.91500  53.85000  60.88750  75.5602
deviance  262.90000 274.50000 281.45000 288.50000 303.2000
or[1,2]     0.80417   1.29500   1.68300   2.18600   3.7821
or[1,3]     1.46192   1.93975   2.22700   2.57400   3.6870
or[1,4]     1.33585   2.37125   3.13150   4.22600   8.1075
or[2,3]     0.61369   1.02375   1.33600   1.73425   2.9362
or[2,4]     0.71187   1.36400   1.89250   2.61350   5.0483
or[3,4]     0.59411   1.04900   1.41450   1.89425   3.3917
sd          0.54156   0.69748   0.79435   0.92023   1.2640
```

분석 결과를 살펴보면, 예제 9-5와 유사함을 알 수 있다.

9.4 네트워크 메타분석을 위한 R 패키지

최근 R 프로그램을 이용하여 네트워크 메타분석이 가능한 패키지들이 개발되어 제공되고 있는데, 그 중에서 베이지안 방법을 기반으로 하는 "netmeta"와 "gemtc" 패키지를 간단하게 소개하고자 한다.

네트워크 메타분석을 위한 모형적합을 위해 "netmeta" 패키지는 일반화선형모형을 기반으로 하고 있으며, "gemtc" 패키지는 다변량 방법을 기반으로 하고 있다. 두 패키지에 대한 중요한 기능을 비교하면 〈표 9-1〉과 같다.

표 9-1 네트워크 메타분석을 위한 R 패키지

기능		gemtc	ponetmeta
효과크기의 유형	연속형	O	O
	이분형	O	X
	빈도	O	X
	생존	O	X
효과크기	상대위험비	X	O
	오즈비	O	O
	절대위험	X	O
	평균차	X	X
	표준화 평균차	O	X
	비율	X	O
이질성 평가	숲그림	O	X
	통계량	O	X
모형의 종류	고정효과모형	O	O
	랜덤효과모형	O	O
모형가정	일치성	X	O
	불일치성	O	X
메타회귀모형	공변량 포함	X	X
사전분포	효과크기	정규분포	정규분포
	이질성 모수	단일/역감마	역감마/위셔드
MCMC	WinBUGS	O	X
	OpenBUGS	O	X
	JAGS	O	O
모형 수렴성 진단	다중체인	O	O
	Trace 그림	O	X
	겔만-루빈 통계량	O	O
순위확률	순위확률 추정치	O	O
	순위확률그림	O	X

위 비교표를 살펴보면, 두 패키지는 서로 장단점을 가지고 있는데, 여기서는 일반적인 기능을 더 많이 제공하고 있는 “gemtc” 패키지에 대해 자세히 살펴보고자 한다.

베이지안 네트워크 메타분석을 위해서는 먼저 mtc.netwok( )을 이용하여 네트워크의 형태를 검토할 수 있으며, plot( )을 이용하여 이를 그림으로 표현할 수 있다. 다음으로 mtc.network( )를 이용하여 형성된 네트워크 형태를 기반으로 베이지안 네트워크 메타분석모형을 실행하기 위해서는 mtc.model( )를 사용하고, 생성된 모형을 기반으로 MCMC 표본을 추출하기 위해서는 mtc.run( )을 사용할 수 있다. 이들 함수들의 기본구성은 다음과 같다.

```
mtc.model(network, n.chain=, linearModel=, ...)
```

- network: mtc.network( )으로 정의된 네트워크 형태입력
- n.chain: 연쇄의 수
- linearModel: 고정/랜덤효과모형의 구분(고정: “fixed”, 랜덤: “random”)

```
mtc.run(model, n.adapt=,  n.iter=, ...)
```

- model: mtc.model( )로 정의된 메타분석모형
- n.iter: 각 연쇄에 대한 전체 반복수
- n.adapt: 추정에 사용되는 표본의 수

여기에서 효과크기의 유형에 따라 자료에 포함된 변수 및 변수명은 다음 표와 같은 규칙을 따라야 한다.

효과크기 유형	필요변수 및 변수명
연속형	[mean, std.err] or [mean, std.dev, sampleSize]
이분형	[responders, sampleSize]
빈도	[resonders, exposure]

그 외에도 수렴성은 진단하기 위해 겔만-루빈 통계량에 대한 그림을 그리기 위해 gelman.plot( )을 사용할 수 있으며, 불일치성 분석을 위한 mtc.nodesplit( ), 순위확률을 계산하기 위한 rank.probability( ), 상대효과를 계산하기 위한 relative.effect( ) 등을 활용할 수 있다.

예제 9-10

예제 9-3의 파킨슨병 자료에 대해 gemtc 패키지를 활용하여 연속형 자료에 대한 랜덤효과 베이지안 네트워크 메타분석을 수행하기 위한 R 프로그램과 결과는 다음과 같다. 예제 자료는 "예제9-10.csv"의 형태로 저장되어 있다.

```
> library(gemtc)
> data <- read.csv("D:/예제9-10.csv")
> net <- mtc.network(data)
> plot(net)
```

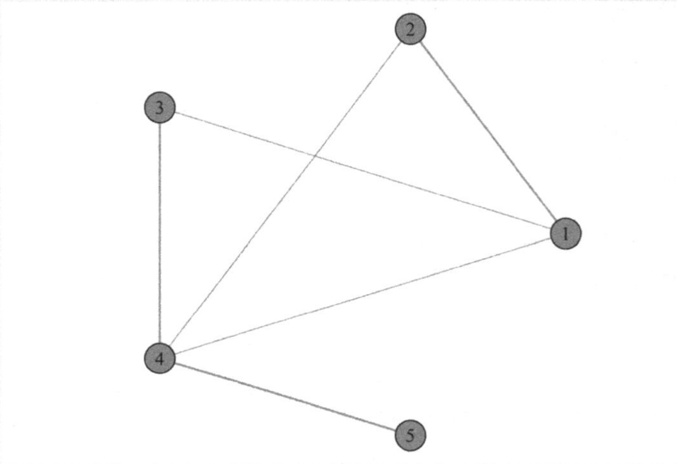


```
> model <- mtc.model(net, n.chain=2, linearModel="random")
> run <- mtc.run(model,n.iter=10000, n.adapt=5000)
> summary(run)

Results on the Mean Difference scale

Iterations = 5001:15000
Thinning interval = 1
Number of chains = 2
Sample size per chain = 10000

1. Empirical mean and standard deviation for each variable,
   plus standard error of the mean:
```

```
           Mean     SD Naive SE Time-series SE
d.4.1  0.54497 0.5247 0.003710       0.003823
d.4.2 -1.39410 0.5905 0.004176       0.004390
d.4.3  0.01376 0.4479 0.003167       0.003167
d.4.5 -0.29855 0.4974 0.003517       0.003495
sd.d   0.62710 0.3257 0.002303       0.007280

2. Quantiles for each variable:

         2.5%     25%      50%      75%   97.5%
d.4.1 -0.5401  0.2785  0.54401  0.81462  1.6381
d.4.2 -2.6068 -1.7016 -1.39457 -1.08215 -0.1844
d.4.3 -0.8994 -0.2184  0.01127  0.24475  0.9284
d.4.5 -1.3111 -0.5568 -0.29794 -0.04272  0.7277
sd.d   0.2645  0.4040  0.53822  0.74645  1.5444

-- Model fit (residual deviance):

    Dbar       pD      DIC
15.03698 14.97731 30.01428
15 data points, ratio 1.002, I^2 = 7%
```

분석 결과를 살펴보면, WinBUGS 기반의 결과에서는 모든 치료법의 비교 결과를 제시하는 반면, 여기에서는 4번 치료법을 참조로 하여 다른 치료법과의 차이를 비교한 결과만을 제시하고 있다. 따라서 특정 치료법과의 효과차이를 비교하기 위해서 relative.effect( )를 사용할 수 있으며, 1번 치료법에 비해 5번 치료법의 효과를 비교하기 위한 R 프로그램과 결과는 다음과 같다. 즉 여기서 d.1.5는 5번 치료법의 평균에서 1번 치료법의 평균을 뺀 차이를 나타낸다.

```
> t15 <- relative.effect(nm, t1=1, t2=5)
> summary(t15)

Results on the Mean Difference scale

Iterations = 5001:15000
```

```
Thinning interval = 1
Number of chains = 2
Sample size per chain = 10000

1. Empirical mean and standard deviation for each variable,
   plus standard error of the mean:

          Mean     SD Naive SE Time-series SE
d.1.5 -0.8484 0.7264 0.005137       0.005503
sd.d   0.6235 0.3324 0.002350       0.007783

2. Quantiles for each variable:

         2.5%     25%     50%     75%  97.5%
d.1.5 -2.3072 -1.2077 -0.8520 -0.4887 0.6376
sd.d   0.2634  0.4026  0.5307  0.7332 1.5955
```

다음으로 MCMC 알고리즘의 수렴성을 확인하기 위해서 gelman.plot()을 사용할 수 있으며, 그 코드와 결과는 다음과 같다. 반복수가 증가할수록 겔만-루빈 통계량이 1에 가까워지므로 MCMC 알고리즘이 수렴함을 알 수 있다.

```
> gelman.plot(nm)
```

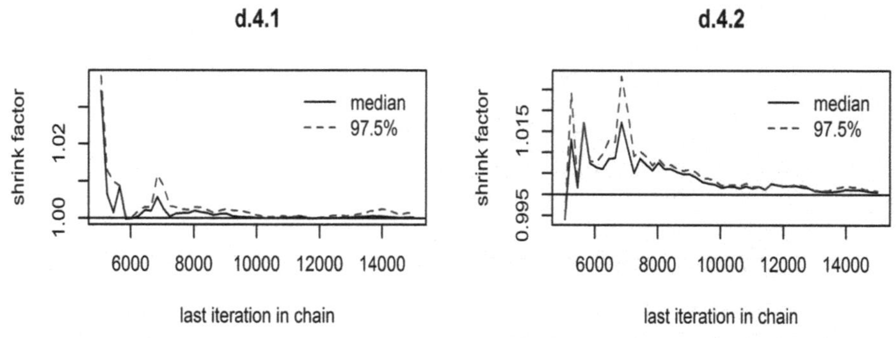

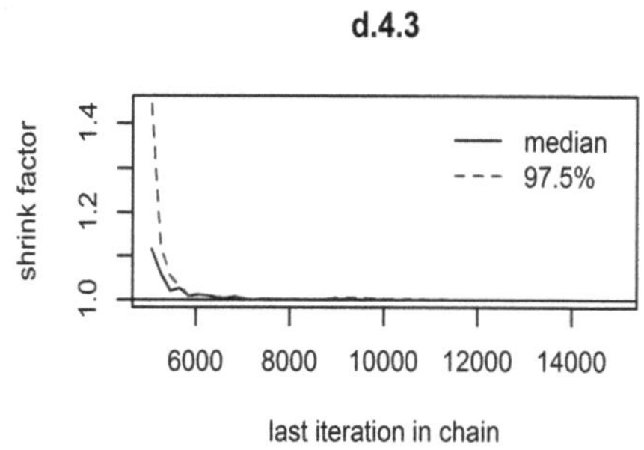

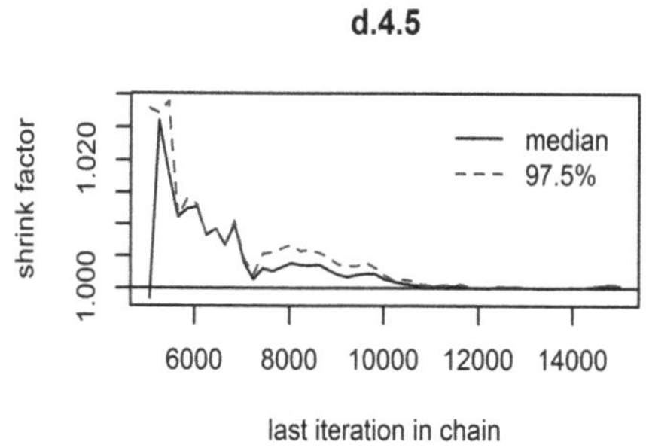

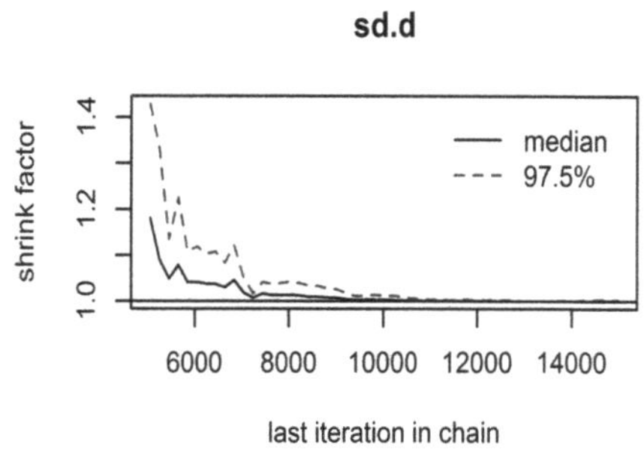

닫힌 형태의 네트워크에서 불일치성을 진단하기 위해서 mtc.nodesplit( )을 사용할 수 있으며, R 프로그램과 결과는 다음과 같다.

```
> incon <- mtc.nodesplit(net)
> summary(incon)

Node-splitting analysis of inconsistency
========================================

   comparison  p.value  CrI
1  d.1.3       0.563900
2  -> direct            -0.31 (-2.1, 1.5)
3  -> indirect          -0.84 (-2.9, 1.3)
4  -> network          -0.54 (-1.6, 0.55)
5  d.1.4       0.535275
6  -> direct            -0.90 (-3.1, 1.3)
7  -> indirect          -0.22 (-2.9, 2.5)
8  -> network          -0.55 (-1.6, 0.52)
9  d.2.4       0.944425
10 -> direct             1.4 (-0.81, 3.6)
11 -> indirect           1.5 (-2., 4.9)
```

```
12 -> network            1.4 (0.17, 2.6)
13 d.3.4        0.573300
14 -> direct             0.096 (-1.2, 1.4)
15 -> indirect           -0.43 (-2.9, 2.0)
16 -> network            -0.017 (-0.93, 0.89)
```

분석 결과를 살펴보면, 각 치료법의 직접비교와 간접비교 그리고 네트워크 추정결과를 제시하고 있으며, 각 추정치의 신용구간이 서로 겹치면서 차이에 대한 p-value가 0.05보다 크므로 불일치성이 있다는 근거는 없다고 볼 수 있다.

마지막으로 순위확률을 계산하기 위해 rank.probability( )을 이용한 코드와 결과는 다음과 같다.

```
> rank.probability(nm)

Rank probability; preferred direction = 1
     [,1]    [,2]    [,3]    [,4]    [,5]
1 0.80690 0.10700 0.05535 0.02980 0.00095
2 0.00125 0.00765 0.01180 0.05065 0.92865
3 0.07795 0.41555 0.29515 0.19940 0.01195
4 0.05485 0.35575 0.47795 0.10700 0.00445
5 0.05905 0.11405 0.15975 0.61315 0.05400
```

분석 결과를 살펴보면, 첫 번째 치료에 대해서는 1번 치료의 순위확률이 0.80690으로 가장 높게 나왔으며, 마지막 치료에 대해서는 2번 치료의 순위확률이 0.92865로 가장 높게 나타났다.

예제 9-11

예제 9-3의 금연 자료에 대해 gemtc 패키지를 활용하여 이분형 자료에 대한 랜덤효과 베이지안 네트워크 메타분석을 수행하기 위한 R 프로그램과 결과는 다음과 같다. 예제 자료는 "예제9-11.csv"의 형태로 저장되어 있다.

```
> library(gemtc)
> data <- read.csv("D:/예제9-11.csv")
> net <- mtc.network(data)
```

```
> plot(net)
```

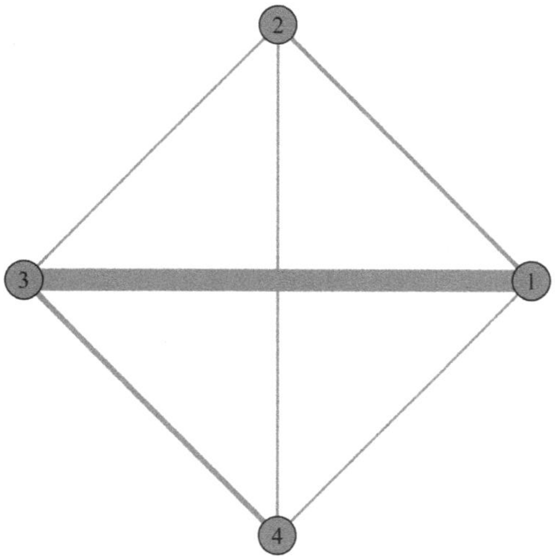


```
> model <- mtc.model(net, n.chain=2, linearModel="random")
> run <- mtc.run(model,n.iter=10000, n.adapt=5000)
> summary(run)

Results on the Log Odds Ratio scale

Iterations = 5001:15000
Thinning interval = 1
Number of chains = 2
Sample size per chain = 10000

1. Empirical mean and standard deviation for each variable,
   plus standard error of the mean:

        Mean     SD Naive SE Time-series SE
d.1.2 0.4673 0.4025 0.002846       0.006892
d.1.3 0.8420 0.2415 0.001708       0.005429
d.1.4 1.0962 0.4354 0.003079       0.009037
sd.d  0.8474 0.1913 0.001353       0.006596
```

```
2. Quantiles for each variable:

         2.5%    25%    50%    75% 97.5%
d.1.2 -0.3125 0.2095 0.4599 0.7240 1.266
d.1.3  0.3875 0.6812 0.8334 0.9942 1.346
d.1.4  0.2717 0.8057 1.0843 1.3770 1.982
sd.d   0.5492 0.7131 0.8230 0.9512 1.297

-- Model fit (residual deviance):

    Dbar        pD       DIC
53.95331 43.71472 97.66803

50 data points, ratio 1.079, I^2 = 9%
```

분석 결과를 살펴보면, 결과는 모두 로그 변환된 오즈비로 추정되고 있으며, 이를 다시 역변환(exp)하여 오즈비의 추정치 및 신용구간을 확인할 수 있다. 예를 들어 1번 치료법에 대한 2번 치료법의 오즈비는 1.5957(=exp(0.4673))이며, 95% 신용구간은 (0.7317(=exp(−0.3125), 3.5466(=exp(1.266))이다.

요약

- 공통대조군 간접비교에서는 동질성 가정 및 유사성 가정을 반드시 만족해야 한다. 유사성 가정이란 그룹을 바꾸어서 연구를 수행하더라도 결과가 동일할 만큼 간접비교로 고려되는 연구들의 연구대상자, 연구방법, 결과측정방법 등이 유사하다는 의미이다.
- 직접비교 연구와 간접비교 연구를 모두 이용하는 혼합비교를 수행하기 위해서는 동질성 가정, 유사성 가정 및 일관성 가정을 반드시 만족해야 한다. 일관성 가정은 직접비교 시 효과크기와 간접비교 시 효과크기가 일관성이 있어야 한다는 것으로, 비일관성 추정치를 이용하는 방법과 비일관성 요인을 이용하는 방법이 있다.
- 간접비교 또는 혼합비교를 적용하기 위한 가정을 만족하는 경우 이들 방법을 이용하여 효과크기를 추정함으로써, 효과크기 추정치의 정밀도를 높이고 네트워크 내에 포함된 연구대상자들을 모두 포함함으로써 일반화 가능성을 높일 수 있다.

진단검사 메타분석 10장

의학연구 분야에서는 질환의 선별 또는 진단을 위하여 진단검사(diagnostic test)를 실시하여 질환의 유무를 판단하는데, 역치(threshold value)에 따라 질환의 유무를 양성(positive)과 음성(negative)으로 판단한다. 이런 진단검사의 목적은 환자의 상태에 대해 믿을 만한 정보를 제공하고, 환자를 치료할 계획에 영향을 주기 위한 것이다. 이와 같은 진단검사의 목적을 달성하기 위해서는 진단검사의 정확도를 평가하는 것이 중요하다.

두 그룹 간의 비교에 관심이 있는 경우 일반적인 연구에서는 자료의 유형에 따라 평균차, 표준화 평균차, 위험비, 오즈비 등의 효과크기를 보고한다. 하지만 진단검사의 정확도에 대한 연구에서는 진단의 정확도를 두 가지 효과크기를 이용하여 보고한다. 진단 정확도는 보통 민감도(sensitivity)와 특이도(specificity)로 나타내는데, 민감도와 특이도는 역치에 따라 서로 관련이 있다. 따라서 진단 정확도에 대한 메타분석에서 민감도와 특이도를 서로 독립인 효과크기로 다룰 수 없으므로, 두 가지 효과크기를 동시에 고려하면서 역치 효과를 고려할 수 있는 메타분석 방법의 적용이 필요하다.

이 장에서는 진단검사의 정확도를 나타내는 효과크기에 대해 우선 설명하고, 진단검사의 결과에 대한 메타분석 방법 및 진단검사 메타분석에서 이질성을 검토하는 방법에 대해 설명하고, R의 패키지를 이용하여 추정하는 방법에 대해 설명하고자 한다.

10.1 진단검사의 정확도

일반적으로 진단검사의 결과 값은 연속형 값으로 주어지는 경우가 많은데, 보통 결과 값이 높을수록 질환을 가질 가능성이 커진다. 따라서 진단검사의 결과값이 역치보다 클 경우 진단검사의 결과가 양성이며 질환이 있다고 판단하고, 역치보다 작을

표 10-1 진단검사 결과와 질환의 이원분류표

		질환(gold standard)	
		유(+)	무(−)
진단검사 결과	양성(+)	진양성(TP)	위양성(FP)
	음성(−)	위음성(FN)	진음성(TN)

경우 진단검사의 결과가 음성이며 질환이 없다고 판단한다. 진단검사 결과는 오류가 발생할 수 있으므로, 일반적으로 진단검사의 결과와 실제 질환이 있는지 여부는 〈표 10−1〉과 같이 나타낼 수 있다.

여기서 진양성(true positive, TP)는 질환이 있는 사람이 진단검사의 결과가 양성인 경우를 말하며, 위양성(false positive, FP)은 질환이 없는 사람이 진단검사의 결과가 양성인 경우를 말한다. 위음성(false negative, FN)은 질환이 있는 사람이 진단검사의 결과가 음성인 경우를 말하며, 진음성(true negative, TN)은 질환이 없는 사람이 진단검사의 결과 음성인 경우를 말한다.

진단검사의 정확도는 진양성, 위양성, 위음성, 진음성을 기반으로 계산되는 민감도(sensitivity), 특이도(specificity), 양성예측도(positive predictive value, PPV), 음성예측도(negative predictive value, NPV), 양성우도비(likelihood ratio of positive predictive value, LR+), 음성우도비(likelihood ratio of negative predictive value, LR−), 진단 오즈비(diagnostic odds ratio, DOR)가 있다. 진단 정확도 지표별 산출식은 〈표 10−2〉와 같다.

진단 정확도 지표별 의미를 살펴보면, 민감도는 질환이 있는 사람 중 검사 결과가 양성인 사람의 비율을 의미하며, 특이도는 질환이 없는 사람 중 검사 결과가 음성인 사람의 비율을 의미한다. 민감도와 특이도는 역치에 따라 서로 의존적으로 변하는데, 역치가 증가할 때 특이도는 증가하고 민감도는 감소하게 되고, 역치가 감소할 때 민감도가 증가하고 특이도가 감소하는 관계에 있으므로 민감도와 특이도는 서로 독립인 효과크기가 아니라고 할 수 있다.

양성예측도는 검사 결과가 양성인 사람 중 실제 질환에 걸린 사람의 비율을 의미하며, 음성예측도는 검사 결과가 음성인 사람 중 실제 질환에 걸리지 않은 사람의 비율을 의미한다. 일반적으로 양성예측도와 음성예측도는 전향적인 연구에서는 산출이 가능하지만 후향적인 연구인 경우 유병률을 이용한 계산이 필요하다.

양성우도비는 질환을 가지지 않은 사람이 이상소견을 보일 확률에 비해 질환을 가진 사람이 이상소견을 보일 확률로 높을수록 좋은 값이고, 음성우도비는 질환을 가지지 않은 사람이 이상소견을 보이지 않을 확률에 비해 질환을 가진 사람이 이상

표 10-2 진단 정확도 지표

지표	산출식
민감도	TP/(TP+FN)
특이도	TN/(FP+TN)
양성예측도	TP/(TP+FP) 또는 민감도*유병률 / [민감도*유병률+(1-유병률)*(1-특이도)]
음성예측도	TN/(FN+TN) 또는 [특이도*(1-유병률)] / [특이도*(1-유병률)+유병률*민감도]
양성우도비	민감도/(1-특이도)
음성우도비	(1-민감도)/특이도
진단오즈비	양성우도비/음성우도비

소견을 보이지 않을 확률로 낮을수록 좋은 값으로 평가한다. 양성우도비와 음성우도비는 질병의 유병률에 영향을 작게 받는 평가지표이다.

진단 오즈비는 진단법 정확도를 하나의 값으로 요약하는 지표로 질환이 있는 사람 중 결과가 양성이 될 오즈가 질환을 가지지 않은 사람 중 결과가 양성이 될 오즈에 비해 몇 배 높은지를 나타내는 오즈비이다. 진단 오즈비는 오즈비로 표현되기 때문에 임상적인 해석이 직관적이지 않으므로 진단검사의 정확도에 대한 개별 연구에서는 거의 사용되지 않으나, 진단검사의 메타분석에서는 중요하게 사용된다.

R 프로그램에서 진단검사의 정확도를 계산하기 위해서는 mada 패키지의 madad 함수를 이용할 수 있다.

예제 10-1

다음 자료는 음주 문제를 진단하기 위해 만들어진 AUDIT-C(a short screening test for alcohol problems) 도구를 활용한 연구결과들을 요약한 자료이다 (Kriston 등, 2008).

연구	TP	FP	TN	FN
1	47	101	738	9
2	126	272	1543	51
3	19	12	192	10
4	36	78	276	3
5	130	211	959	19
6	84	68	89	2

TP: 진양성, FP: 위양성, TN: 진음성, FN: 위음성

1번 연구에서의 진단 정확도를 계산해 보면, 민감도는 47/(47+9)=0.839이며 특이도는 738/(738+101)=0.880이다. 또한 양성우도비와 음성우도비는 0.839/(1−0.880)=6.972와 (1−0.880)/0.839=0.183이며, 진단오즈비는 6.972/0.183=38.158이다.

위 자료를 이용하여 진단검사의 정확도를 계산하는 R 프로그램 및 결과는 다음과 같다.

```
> library(mada)
> # data
> data <- data.frame(TP = c(47, 126, 19, 36, 130, 84), FN = c(9, 51, 10,
3, 19, 2), FP = c(101, 272, 12, 78, 211, 68), TN = c(738, 1543, 192, 276,
959, 89))

> madad(data)

Descriptive summary of data with 6 primary studies.
Confidence level for all calculations set to 95 %
Using a continuity correction of 0.5 if applicable

Diagnostic accuracies
   sens  2.5% 97.5%  spec  2.5% 97.5%
1 0.839 0.722 0.913 0.880 0.856 0.900
2 0.712 0.641 0.774 0.850 0.833 0.866
3 0.655 0.473 0.801 0.941 0.900 0.966
4 0.923 0.797 0.973 0.780 0.734 0.820
5 0.872 0.809 0.917 0.820 0.797 0.841
6 0.977 0.919 0.994 0.567 0.489 0.642

Test for equality of sensitivities:
X-squared = 40.1379, df = 5, p-value = 1.4e-07
Test for equality of specificities:
X-squared = 124.472, df = 5, p-value = <2e-16

Diagnostic OR and likelihood ratios
     DOR    2.5%    97.5% posLR  2.5%  97.5% negLR  2.5% 97.5%
1 38.158 18.154  80.205  6.972 5.618  8.652 0.183 0.100 0.333
2 14.015  9.877  19.886  4.750 4.112  5.487 0.339 0.269 0.428
```

```
3 30.400 11.611  79.596 11.138 6.057 20.480 0.366 0.222 0.606
4 42.462 12.734 141.586  4.189 3.376  5.199 0.099 0.033 0.293
5 31.098 18.788  51.473  4.838 4.220  5.547 0.156 0.102 0.237
6 54.971 13.058 231.411  2.255 1.880  2.705 0.041 0.010 0.162
```

진단검사의 정확도를 나타내는 민감도와 특이도는 역치에 따라 서로 의존적으로 변한다. 따라서 역치의 변화에 따른 민감도와 특이도의 변화를 ROC(Receiver Operating Characteristic) 곡선을 사용하여 나타낼 수 있다. ROC 곡선에서 가로축은 위양성률, 즉 1−특이도를 나타내며, 세로축은 진양성률, 즉 민감도를 나타낸다. 정확도가 높은 진단검사란 민감도와 특이도가 높은 검사이므로, 민감도가 높고 1−특이도에 해당하는 위양성률이 낮은 경우에 해당한다. 따라서 이런 경우 ROC 곡선의 아래 부분의 면적이 커지게 된다. 따라서 ROC 곡선의 아래 부분의 면적을 곡선하 면적(Area Under the Curve, AUC)으로 정의하며, AUC가 1에 가까울수록 정확도가 높은 검사라고 할 수 있다.

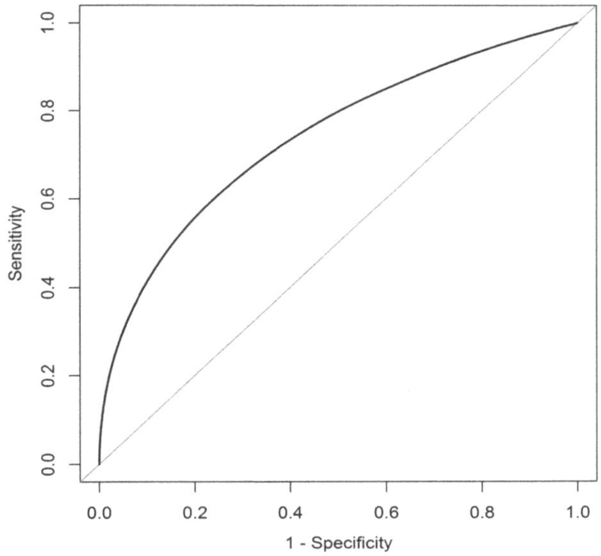

그림 10-1 ROC 곡선

10.2 진단검사 정확도에 대한 탐색적 분석

진단검사 정확도에 대한 메타분석을 실시하고자 할 경우, 우선 개별 연구로부터

〈표 10-1〉과 같은 2×2 이원분류표 형태로 자료를 추출한다. 추출한 자료를 바탕으로 개별 연구들의 민감도와 특이도를 계산하고, 이를 이용하여 SROC(Summary ROC) 그림 또는 숲그림 쌍(Coupled forest plot)을 통해 개별 연구들의 민감도와 특이도를 탐색적으로 분석할 수 있다.

SROC 그림은 개별 연구들의 민감도와 특이도를 ROC 평면상에 함께 나타내는 그래프이며, 민감도와 특이도의 95% 신뢰구간을 십자 형태로 표시하기도 한다. 숲그림 쌍은 개별 연구들의 민감도와 특이도에 대해 독립적으로 동시에 숲그림을 그리는 것으로, 민감도와 특이도의 독립적인 변동의 정도를 한눈에 확인할 수 있으며, 이를 통해 이질성의 존재여부를 시각적으로 확인할 수 있다.

예제 10-2

예제 10-1의 자료에 대해 SROC 그림과 숲그림 쌍을 그리기 위한 R 프로그램 및 결과는 다음과 같다. SROC 그림을 그리기 위해서는 crosshair 함수를, 숲그림 쌍을 그리기 위해서는 forest 함수를 이용한다.

```
> library(mada)
> data <- data.frame( TP = c(47, 126, 19, 36, 130, 84), FN = c(9, 51, 10,
3, 19, 2), FP = c(101, 272, 12, 78, 211, 68), TN = c(738, 1543, 192, 276, 959,
89))
> # 개별 연구의 민감도, 특이도 계산
> x <- madad(data)
> # SROC plot
> crosshair(data)
```

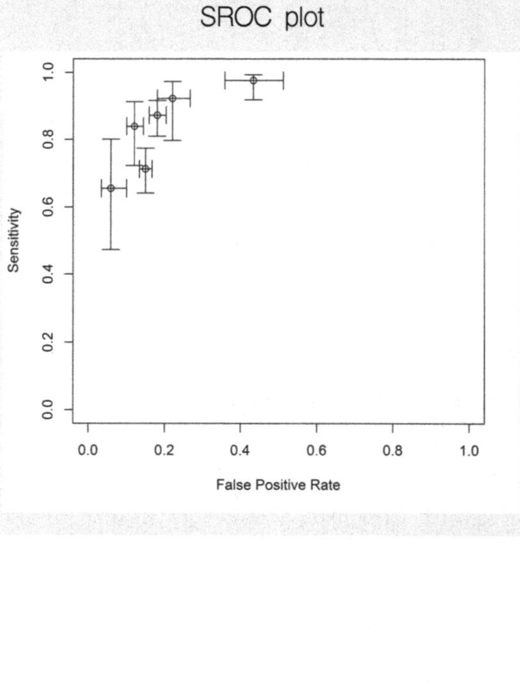

```
> # Coupled forest plot
> par(mfrow=c(1,2))
> forest(x, type="sens", xlab = "", main="Sensitivity")
> forest(x, type="spec", xlab ="", main="Specificity")
```

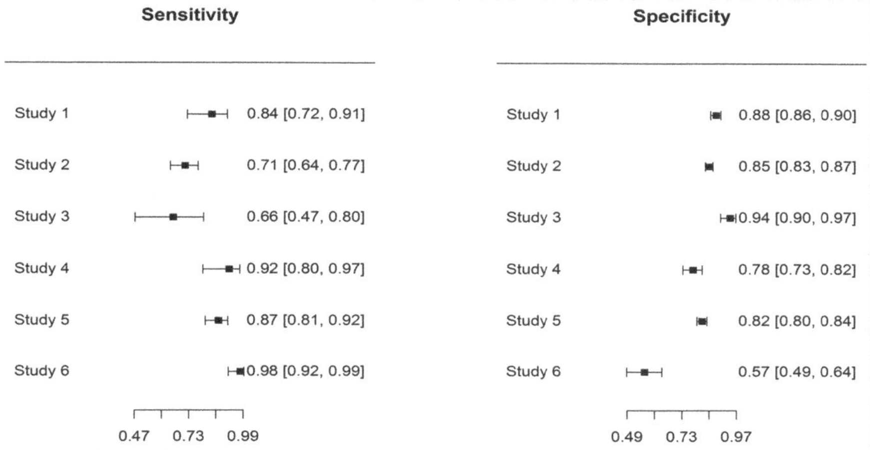

10.3 진단검사 정확도에 대한 메타분석

진단검사 결과에 대한 메타분석 시 민감도/특이도, 양성예측도/음성예측도, 양성우도비/음성우도비, 진단오즈비의 모든 정확도 지표에 대한 통합추정치를 추정하고자 할 경우, 개별 지표에 대해 각각 메타분석을 수행하기보다는 한 가지 지표의 통합추정치를 바탕으로 〈표 10-2〉의 관련 공식을 이용하여 다른 지표들을 추정하는 것을 권고하고 있다. 그리고 진단 정확도 지표들의 특성을 고려해 볼 때 민감도와 특이도의 통합추정치를 사용할 것을 권고하고 있다. 이는 관련 공식에 의해 산출되는 값과 개별 지표의 통합추정치 사이에 불일치가 발생할 수 있기 때문이다(AHRQ, 2012).

민감도와 특이도의 관련성을 고려한 메타분석 방법으로는 ML(Moses-Littenberg) SROC 곡선과 계층적 구조를 기반으로 하는 이변량(Bivariate) 모형과 RG(Rutter-Gatsonis) HSROC(Hierarchical SROC) 모형이 있다.

ML SROC 곡선의 경우 고정효과모형과 유사하게 이질성을 파악할 수 없는 단점을 가지고 있는 반면, 이변량 모형과 RG HSROC 모형은 랜덤효과모형과 유사하게 연구 내 변동과 연구 간 변동을 반영할 수 있어 이질성의 정도에 대해 측정이 가능하다. 이변량 모형의 경우 민감도와 특이도, 그리고 이들 간의 상관관계를 직접 모형을 통해 추정하고, 추정값을 바탕으로 SROC 곡선을 추정할 수 있다. 이변량 모형은 민감도와 특이도의 요약추정치와 신뢰영역(confidence region), 예측영역(prediction region)을 제공하며, 이때 예측영역의 크기는 이질성의 크기(magnitude)에 대한 근거로 활용될 수 있다. RG HSROC 모형은 SROC 곡선을 추정하기 위한 민감도와 특이도의 함수를 모형화하여 추정하는 방법이다.

일반적으로 연구 간 변동이 작아 통합추정치를 제시할 수 있는 경우에는 이변량 모형을 사용할 수 있으며, 연구 간 변동이 커서 통합추정치가 의미가 없을 경우 RG HSROC 모형을 사용하여 요약 곡선을 제시한다. 또한 모형 수렴성에 있어 이변량 모형에서 문제가 발생하는 경우 RG HSROC 모형을 사용할 수 있다.

10.3.1. Moses-Littenberg SROC 곡선

진단 정확도에 대한 메타분석을 위해 초기에 만들어져 널리 사용되었던 모형 중의 하나인 ML SROC 곡선 모형은 고정효과모형과 유사하게 전체 변동 중 연구 내 변동과 연구 간 변동을 분리할 수 없어 연구들 간의 이질성을 고려할 수 없다는 제한점을 가지고 있다. 또한 민감도, 특이도에 대한 통합추정치와 표준편차, 신뢰구간을 제공하지 않으며 단지 SROC 곡선만을 제공하여 탐색적 분석에 주로 사용된다.

ML SROC 곡선을 그리기 위해서는 단순선형회귀모형을 사용하는데, 먼저 각 연구로부터 산출된 민감도와 특이도를 바탕으로 D_i와 S_i를 계산한다.

$$D_i = \text{logit}(Se_i) - \text{logit}(1 - Sp_i) = \ln DOR_i$$
$$S_i = \text{logit}(Se_i) + \text{logit}(1 - Sp_i)$$

여기서 Se_i와 Sp_i는 i번째 연구의 민감도와 특이도를 나타내며, D_i는 $\ln DOR_i$로 진단 오즈비의 로그값이다. S_i는 검사 결과가 양성인 비율과 관련된 값으로 질환을 가진 군과 질환을 가지지 않은 군에서 검사 결과가 양성인 비율이 증가할수록 증가하기 때문에 검사의 역치의 대리지표를 나타낸다. 따라서 D_i와 S_i는 선형인 관계에 있다고 할 수 있다.

다음으로 산출된 D_i를 종속변수로, S_i를 독립변수로 단순선형회귀모형을 적합한다.

$$D_i = \alpha + \beta S_i + \epsilon_i$$

단순선형회귀모형에서 추정된 α, β를 활용하여 특이도의 변화에 따른 민감도를 추정하여 SROC 곡선을 그릴 수 있다.

$$\widehat{Se} = 1/[1 + \exp\{-(\hat{\alpha} + (1+\hat{\beta})\text{logit}(1-Sp))/(1-\hat{\beta})\}]$$

단 특이도의 범위는 외삽(extrapolation) 문제를 고려하여 문헌으로부터 관찰된 특이도의 최솟값과 최댓값을 활용하기 바란다.

추정된 ML SROC 곡선은 (0,0)과 (1,1)을 지나지 않거나 민감도와 특이도가 동시에 증가하는 경우도 발생할 수 있다. 이런 경우 이상치에 해당하는 값을 가지는 연구가 있을 가능성이 있으므로 이를 제외한 분석이 필요하다. 또한 β의 추정값이 극단값으로 추정될 경우 이질성이 의심되므로, 이질성을 설명하기 위해 이질성의 원인으로 의심되는 문헌의 특성에 따른 하위그룹분석을 수행하여야 한다.

예제 10-3

예제 10-1의 자료에 대해 ML SROC 곡선을 추정하기 위한 R 프로그램 및 결과는 다음과 같다. 먼저 각 연구의 (1−특이도, 민감도)와 신뢰영역을 ROCellipse 함수를 이용하여 나타내고, 다음으로 mslSROC 함수를 이용하여 추정된 ML SROC 곡선을 추가한다.

```
> library(mada)
> # Data
> data <- data.frame(TP = c(47, 126, 19, 36, 130, 84), FN = c(9, 51, 10 3, 19,
2), FP = c(101, 272, 12, 78, 211, 68), TN = c(738, 1543, 192, 276 959, 89))
> # 신뢰영역 표시
> ROCellipse(data)
> # ML SROC 곡선
> mslSROC(data,add=TRUE)
```

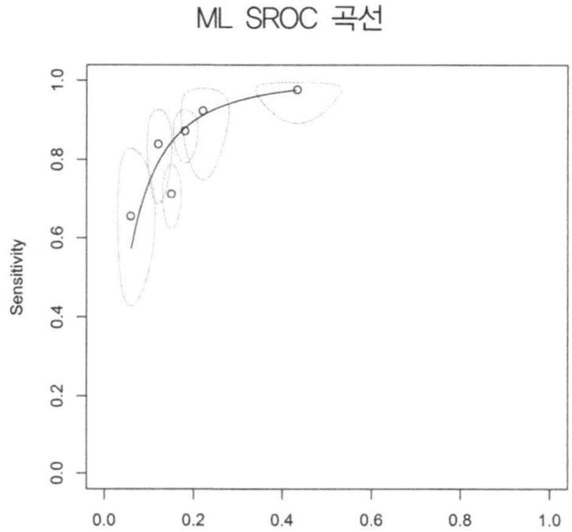

10.3.2. 이변량 모형

이변량 모형은 민감도와 특이도를 직접 모형화하는 방법으로 먼저 민감도와 특이도에 대한 연구 내 변동은 이항분포를 따른다고 가정한다. 민감도에 대해서는 i번째 연구에서 질환을 가지고 있는 군에서 양성이 나오는 대상자수 y_i^A가 $B(n_i^A, p_i^A)$를 따른다고 가정한다. 여기서 n_i^A는 질환을 가진 전체 대상자수이며, p_i^A는 양성이 나올 확률을 의미한다. 특이도에 대해서는 i번째 연구에서 질환을 가지고 있지 않은 군에서 음성이 나오는 대상자수 y_i^B가 $B(n_i^B, p_i^B)$를 따른다고 가정한다. 여기서 n_i^B는 질환을 가지고 있지 않은 전체 대상자수이며, p_i^B는 음성이 나올 확률을 의미한다. 통합 대상인 연구의 개수가 k개인 경우, 이를 정리하면 다음과 같다.

$$y_i^A \sim B(n_i^A, p_i^A),\, y_i^B \sim B(n_i^B, p_i^B),\ \ i = 1, 2, \cdots, k$$

다음으로 각 연구의 민감도와 특이도의 짝을 동시에 고려하여 모형화해야 한다. 이는 민감도와 특이도가 역치를 포함한 연구의 특성과 관련이 있기 때문에 독립이 아니기 때문이다. 민감도와 특이도의 상관관계를 고려하여 모형화하기 위해 우선 민감도와 특이도를 다음과 같이 로짓 변환을 실시한다.

$$\mu_i^A = \log(Se_i/(1-Se_i)),\ \ \mu_i^B = \log(Sp_i/(1-Sp_i))$$

로짓 변환된 μ_i^A는 평균이 μ_A, 분산이 σ_A^2인 정규분포를 따르고, 로짓 변환된 μ_i^B는 평균이 μ_B, 분산이 σ_B^2인 정규분포를 따르고, μ_i^A와 μ_i^B의 공분산은 σ_{AB}인 다음과 같은 이변량정규분포를 따른다고 가정한다.

$$\begin{pmatrix} \mu_i^A \\ \mu_i^B \end{pmatrix} \sim N\left(\begin{pmatrix} \mu_A \\ \mu_B \end{pmatrix}, \Sigma\right),\ \ \Sigma = \begin{pmatrix} \sigma_A^2 & \sigma_{AB} \\ \sigma_{AB} & \sigma_B^2 \end{pmatrix},\ \ i = 1, 2, \cdots, k$$

위 모형에서 분산과 공분산을 이용하여 상관계수 $\rho_{AB} = \sigma_{AB}/(\sigma_A \sigma_B)$를 추정할 수 있으며, 공분산보다 상관계수가 더 해석하기 편하다.

공변량이 없는 경우 이변량 모형에 포함된 모수는 5개(μ_A, μ_B, σ_A^2, σ_B^2, $\rho_{AB} = \sigma_{AB}/(\sigma_A \sigma_B)$)이며, 추정된 모수값을 다음과 같이 역변환하여 민감도와 특이도의 요약추정치와 신뢰구간을 추정할 수 있다.

$$\widehat{Se} = \frac{\exp(\hat{\mu}_A)}{1+\exp(\hat{\mu}_A)},\ \ \widehat{Sp} = \frac{\exp(\hat{\mu}_B)}{1+\exp(\hat{\mu}_B)}$$

일반적으로 민감도와 특이도의 상관계수는 음의 상관관계를 나타내는데, 만약 추정된 로짓 변환된 민감도와 특이도의 상관계수가 0보다 크게 추정되는 경우 이는 연구 간의 이질성으로 인해 나타난 현상으로 볼 수 있어, 추정된 상관계수의 부호는 이질성을 파악할 수 있는 측도의 하나로 활용될 수 있다.

예제 10-4

예제 10-1의 자료에 대해 이변량 모형을 이용하여 민감도와 특이도를 추정하기 위한 R 프로그램 및 결과는 다음과 같다. 이변량 모형을 이용하기 위해서는 reitsma 함수를 이용한다. R의 reitsma 함수에서는 (민감도, 특이도)에 대한 이변량 모형 대신 (민감도(sen), 위양성률(fpr))에 대한 이변량 모형을 적합한다. 여기서 위양성률은 (1-특이도)를 의미한다.

```
> # data
> data <- data.frame(TP = c(47, 126, 19, 36, 130, 84), FN = c(9, 51, 10, 3, 19,
2), FP = c(101, 272, 12, 78, 211, 68), TN = c(738, 1543, 192, 276, 959, 89))
> # 이변량 모형 적합
> fit=reitsma(data, formula=cbind(tsens, tfpr) ~ 1)
> summary(fit)

Call:  reitsma.default(data = data, formula = cbind(tsens, tfpr) ~ 1)

Bivariate diagnostic random-effects meta-analysis
Estimation method: REML

Fixed-effects coefficients
                  Estimate Std. Error      z Pr(>|z|) 95%ci.lb 95%ci.ub
tsens.(Intercept)    1.779      0.466  3.817    0.000    0.866    2.693 ***
tfpr.(Intercept)    -1.558      0.319 -4.881    0.000   -2.184   -0.933 ***
sensitivity          0.856          -      -        -    0.704    0.937
false pos. rate      0.174          -      -        -    0.101    0.282
  ---
Signif. codes:  0  '***'  0.001  '**'  0.01  '*'  0.05  '.'  0.1  ' '  1

Variance components: between-studies Std. Dev and correlation matrix
       Std. Dev tsens  tfpr
tsens     1.077 1.000     .
```

```
tfpr     0.768 0.932 1.000

logLik     AIC     BIC
14.356 -18.711 -16.287

AUC:  0.903
Partial AUC (restricted to observed FPRs and normalized):  0.863
```

이변량 모형을 통해 추정된 요약 민감도(sensitivity)는 0.856이며, 위양성률(false pos. rate)은 0.174이므로 요약 특이도는 1-0.174=0.826이다. 또한 민감도와 (1-특이도)의 상관계수는 0.932이므로 민감도와 특이도는 강한 음의 상관관계를 가진다고 할 수 있다. 추가적으로 AUC(민감도의 범위: 0~1)와 Partial AUC(민감도의 범위: 문헌의 최솟값과 최대값)은 각각 0.903과 0.863으로 외삽문제를 고려한다면 Partial AUC를 진단 정확도 척도로 사용하는 것이 더 타당하다고 할 수 있다.

10.3.3. Rutter-Gatsonis HSROC 모형

RG HSROC 모형은 민감도와 특이도의 함수를 모형화하여 추정하는 방법으로, 먼저 민감도와 위양성률(=1-특이도)에 대한 연구 내 변동은 이항분포를 따른다고 가정한다. 민감도에 대해서는 i번째 연구에서 질환을 가지고 있는 군에서 양성이 나오는 대상자수 y_{i1}가 $B(n_{i1}, p_{i1})$를 따른다고 가정한다. 여기서 n_{i1}는 질환을 가진 전체 대상자수이며, p_{i1}는 양성이 나올 확률을 의미한다. 위양성률에 대해서는 i번째 연구에서 질환을 가지고 있지 않은 군에서 양성이 나오는 대상자수 y_{i2}가 $B(n_{i2}, p_{i2})$를 따른다고 가정한다. 여기서 n_{i2}는 질환을 가지고 있지 않은 전체 대상자 수이며, p_{i2}는 양성이 나올 확률을 의미한다. 통합 대상인 연구의 개수가 k개인 경우, 이를 정리하면 다음과 같다.

$$y_{ij} \sim B(n_{ij}, p_{ij}),\ \ i = 1, 2, \cdots, k,\ j = 1, 2$$

다음으로 위 이항분포에서 양성이 나올 확률 p_{ij}에 대하여 로지스틱 회귀모형을 이용하여 다음과 같이 모형화한다.

$$\mathrm{log}it(p_{ij}) = (\theta_i + \alpha_i d_{ij})\exp(-\beta d_{ij}),\ \ i = 1, 2, \cdots, k,\ j = 1, 2$$

여기서 d_{ij}는 질환을 가진 군의 경우 0.5, 질환을 가지지 않은 군의 경우 −0.5를 대입한다. 즉 각 연구에서 $j=1$인 경우 0.5, $j=2$인 경우 −0.5를 대입한다.

위 모형에서 θ_i는 i번째 연구에서 질환을 가진 군과 질환을 가지지 않은 군에서 검사결과가 양성인 비율의 오즈인 $\text{log}it(Se_i)$와 $\text{log}it(1-Sp_i)$의 평균을 나타내므로, 검사의 역치의 대리지표라고 할 수 있다. α_i는 i번째 연구의 진단 오즈비의 로그값인 $\ln(DOR_i)$로 민감도와 특이도를 동시에 고려한 i번째 연구의 진단 정확도를 나타낸다. 그리고 β는 SROC 곡선의 형태를 나타내는 모수로 모든 연구에서 동일하다고 가정한다. 따라서 θ_i는 평균과 분산이 각각 Θ와 σ_θ^2인 정규분포를 가지는 랜덤효과로 가정하며, α_i는 평균과 분산이 각각 Λ와 σ_α^2인 정규분포를 가지는 랜덤효과로 가정한다. β는 고정효과로 정의한다.

최종적으로 공변량이 없는 경우 RG HSROC 모형에 포함된 모수는 5개(Θ, σ_θ^2, Λ, σ_α^2, β)이며, 추정된 모수값을 이용하여 다음과 같이 특이도의 변화에 따른 민감도를 추정할 수 있으며. 이를 바탕으로 SROC 곡선을 추정할 수 있다. 또한 추정된 모수들의 분산을 이용하여 신뢰영역 및 예측영역을 추정할 수 있다.

$$\widehat{Se}=1/\left[1+\exp\{-\hat{\Lambda}exp\left(-0.5\hat{\beta}+\text{log}it(1-Sp)e^{-\hat{\beta}}\right)\}\right]$$

예제 10-5

예제 10-1의 자료에 대해 RG HSROC 모형을 이용하여 각 모수 및 SROC 곡선을 추정하기 위한 R 프로그램 및 결과는 다음과 같다. RG HSROC 모형을 이용하기 위해서는 reitsma 함수를 이용한다.

```
> # data
> data <- data.frame(TP = c(47, 126, 19, 36, 130, 84), FN = c(9, 51, 10, 3, 19,
2), FP = c(101, 272, 12, 78, 211, 68), TN = c(738, 1543, 192, 276, 959, 89))
> # RG HSROC 모형 적합
> fit=reitsma(data, formula=cbind(tsens, tfpr) ~ 1)
> summary(fit)$coef_hsroc;

   $Theta
   [1] -0.1709677
   $Lambda
   [1] 3.347771
   $beta
```

```
[1] -0.3374042
$sigma2theta
[1] 0.7993988
$sigma2alpha
[1] 0.1124356
```

RG HSROC 모형에서 추정된 $\hat{\Theta}$는 −0.171, $\hat{\Lambda}$는 3348, $\hat{\beta}$는 −0.33이며, θ_i와 α_i의 분산은 0.799와 0.112로 추정되었다.

추가적으로 추정된 SROC 곡선 및 그 신뢰영역과 예측영역을 그리기 위한 R 프로그램 및 결과는 다음과 같다. 아래 그림에서 세모는 RG HSROC 모형을 통해 추정된 요약된 민감도와 특이도를 나타내며 실선의 영역은 신뢰영역, 점선의 영역은 예측영역을 나타낸다.

```
> plot(fit, extrapolate=FALSE, predict=TRUE, pch=2)
> crosshair(data, add=TRUE, level=1)
```

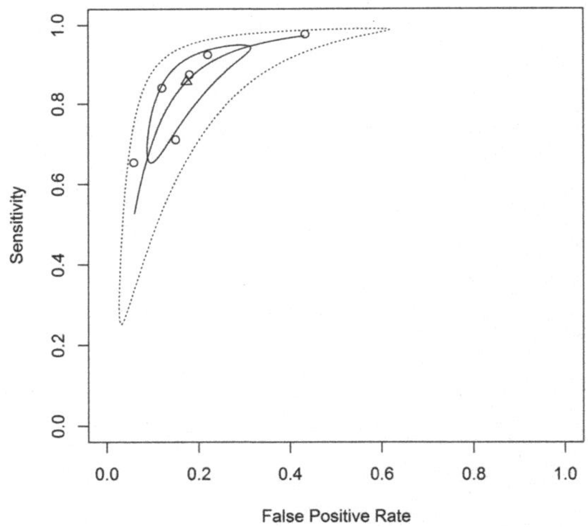

10.4 진단검사 메타분석의 이질성 검토

진단검사 메타분석에서 연구들 간의 이질성은 연구들마다 (1) 다양한 역치를 사용한 경우, (2) 연구 대상자 특성이 다른 경우, (3) 진단방법이 다른 경우, (4) 연구설계 등이 다른 경우에 발생하게 된다.

ML SROC 곡선 방법을 적용하는 경우 하위그룹에서 분리된 SROC 곡선을 보고 시각적으로 판단할 수 있지만 통계적 근거는 제공할 수 없으며 하위그룹에서의 적용 가능한 연구 수에 큰 영향을 받는다는 제한점도 가지고 있다.

이변량 모형 또는 RG HSROC 모형과 같은 계층적 모형을 통해 이질성의 존재 여부를 파악할 수 있는 방법에는 (1) 추정된 연구 간 변동이 연구 내 변동보다 큰 경우, (2) 추정된 SROC 곡선의 예측영역이 큰 경우, (3) 이변량 모형에서 추정된 상관계수가 양수인 경우 등이 있다. 이런 계층적 모형에서는 메타회귀모형과 마찬가지로 연구 수준의 공변량을 추가함으로써 해당 공변량의 이질성에 대한 통계적 유의성을 파악할 수 있다.

10.4.1. 이변량 모형의 이질성 검토

이변량 모형에서의 이질성의 원인이라 판단되는 공변량 Z에 대한 통계적 유의성을 파악하기 위해, 연구 간 변동을 반영하기 위한 이변량정규분포를 다음과 같이 가정한다.

$$\begin{pmatrix}\mu_i^A \\ \mu_i^B\end{pmatrix} \sim N\left(\begin{pmatrix}\mu_A + v_A Z_i \\ \mu_B + v_B Z_i\end{pmatrix}, \Sigma\right),\ \ \Sigma = \begin{pmatrix}\sigma_A^2 & \sigma_{AB} \\ \sigma_{AB} & \sigma_B^2\end{pmatrix},\ \ i = 1, 2, \cdots, k$$

여러 개의 공변량으로 확장할 수 있지만 연구의 수가 충분하지 않은 경우 정규분포 가정을 만족하지 않아 현실적으로는 적용하기가 힘들다. 공변량 Z로 인한 이질성에 대한 통계적 유의성을 검정하기 위해서는 민감도와 특이도를 동시에 고려하는 우도비 검정 방법과 민감도와 특이도를 독립적으로 검정하는 분리된 왈드 통계량을 이용한 t-검정 방법이 있다. 우도비검정에서 귀무가설은 다음과 같으며,

$$H_0 : v_A = v_B = 0$$

왈드 통계량을 이용한 t-검정에서 귀무가설은 다음과 같다.

$$H_0 : v_A = 0,\ \ H_0 : v_B = 0$$

만약 귀무가설이 기각되어 공변량 Z가 통계적으로 유의하다면, 이는 공변량 Z가 이질성의 원인이 된다고 판단할 수 있으며, 이러한 경우 다음과 같이 공변량 Z에 따른 요약 민감도와 특이도를 제시할 수 있다.

$$\text{logit}(\widehat{Se}) = \begin{cases} \widehat{\mu_A}, & Z=0 \\ \widehat{\mu_A} + \widehat{\upsilon_A}, & Z=1 \end{cases}, \quad \text{logit}(\widehat{Sp}) = \begin{cases} \widehat{\mu_B}, & Z=0 \\ \widehat{\mu_B} + \widehat{\upsilon_B}, & Z=1 \end{cases}$$

예제 10-6

예제 10-1의 자료에 대해 다음과 같이 이질성의 원인으로 의심되는 공변량 Z에 대한 값을 추가한 자료를 이용하여 이변량 모형을 이용한 공변량 Z의 통계적 유의성을 살펴보기 위한 R 프로그램 및 결과는 다음과 같다.

연구	TP	FP	TN	FN	Z
1	47	101	738	9	0
2	126	272	1543	51	0
3	19	12	192	10	0
4	36	78	276	3	1
5	130	211	959	19	0
6	84	68	89	2	1

```
> # data
> data <- data.frame(TP = c(47, 126, 19, 36, 130, 84), FN = c(9, 51, 10, 3, 19,
2), FP = c(101, 272, 12, 78, 211, 68), TN = c(738, 1543, 192, 276, 959, 89)),
Z= c(0,0,0,1,0,1))
> # 공변량 Z를 추가한 이변량 모형 적합
> fit=reitsma(data, formula=cbind(tsens, tfpr) ~ Z)
> summary(fit)

                    Estimate Std. Error      z Pr(>|z|) 95%ci.lb 95%ci.ub
tsens.(Intercept)      1.226      0.346  3.542    0.000    0.547    1.904 ***
tsens.Z                1.862      0.729  2.554    0.011    0.433    3.291   *
tfpr.(Intercept)      -1.954      0.277 -7.054    0.000   -2.496   -1.411 ***
tfpr.Z                 1.181      0.479  2.463    0.014    0.241    2.120   *
---
Signif. codes:  0 '***' 0.001 '**' 0.01 '*' 0.05 '.' 0.1 ' ' 1
```

분석 결과를 살펴보면, 공변량 Z의 유의확률은 로짓 변환된 민감도에 대해 0.011, 로짓 변환된 특이도에 대해 0.014로 모두 유의한 차이를 나타내고 있다. 따라서 공변량 Z에 따른 민감도와 특이도를 다음과 같이 제시해야 한다.

Z	민감도	1-특이도
0	$\frac{\exp(1.226)}{1+\exp(1.226)}=0.773$	$\frac{\exp(-1.954)}{1+\exp(-1.954)}=0.124$
1	$\frac{\exp(1.226+1.862)}{1+\exp(1.226+1.862)}=0.956$	$\frac{\exp(-1.954+1.181)}{1+\exp(-1.954+1.181)}=0.316$

요약

- 진단 정확도에 대한 메타분석에서 민감도와 특이도를 서로 독립인 효과크기로 다룰 수 없으므로, 두 가지 효과크기를 동시에 고려하면서 역치 효과를 고려할 수 있는 메타분석 방법의 적용이 필요하다.
- 진단검사 메타분석에서 개별 연구들의 민감도와 특이도를 탐색적으로 분석하기 위해 SROC 그림 또는 숲그림 쌍을 그릴 수 있다.
- 진단검사 결과에 대한 메타분석 시 개별 지표에 대해 각각 메타분석을 수행하기보다는 효과크기들 간의 불일치성을 고려하여, 민감도와 특이도의 요약추정치를 바탕으로 관련 공식을 이용하여 다른 진단 정확도 지표를 추정하는 것을 권고한다.
- 민감도와 특이도의 관련성을 고려한 메타분석 방법으로는 Moses-Littenberg SROC 곡선과 계층적 구조를 기반으로 하는 이변량 모형, Rutter-Gatsonis HSROC 모형이 있다.
- 진단검사 메타분석에서의 이질성의 여부를 검토하는 방법에는 이변량 모형에서의 민감도와 특이도의 상관계수의 부호, 연구 간 변동과 연구 내 변동 크기의 비교, 예측영역의 크기 등을 활용할 수 있다.

참고문헌

- 김달호 (2013) R과 WinBUGS를 이용한 베이지안 통계학. 자유아카데미.
- Agresti A (2002) Categorical Data Analysis. Wiley.
- Agency for Healthcare Research and Quality (2012) Methods Guide for Medical Test Reviews. AHRQ.
- Binod N, Danielle R et al. (2014) Network Meta-Analysis Using R: A Review of Currently Available Automated Packages. *PLOS ONE*, 26.
- Borenstein M (2009) Introduction to Meta-Analysis. Wiley.
- Bucher HC, Guyatt GH, Griffith LE et al. (1997) The results of direct and indirect treatment comparisons in meta-analysis of randomized controlled trials. *J Clin Epidemiol,* 50, 683-691.
- Cai T, Parast L, and Ryan L (2010) Meta-Analysis for Rare Events. *Statistics in Medicine*, 29(20), 2078-2089.
- Colditz GA, Brewer TF, Berkey CS et al. (1994) Efficacy of BCG Vaccine in the Prevention of Tuberculosis : Meta-Analysis of the Published Literature. *Journal of the American Medical Association*, 271(9), 698-702.
- Dias S, Welton NJ, Caldwell DM et al. (2010) Checking consistency in mixed treatment comparison meta-analysis. *Statistics in Medicine,* 29, 932-944.
- Christian R, Tim F (2016) Bayesian Random-Effects Meta-Analysis. R package bayesmeta.
- Park DA, Hwang JS, Lee SH, Sul AR, Choi WJ, Oh SH, Lee JY, Lee YK, Lee DH, Choi SG (2014) Systematic review of diagnostic tests. National Evidence-based Healthcare Collaborating Agency.
- Dias S, Welton NJ, Sutton AJ & Ades AE. NICE DSU Technical Support Document 2: A Generalised Linear Modelling Framework for Pairwise and Network Meta-Analysis of Randomised Controlled Trials. 2011; last updated March

2013; available from http://www.nicedsu.org.uk.

- Fiore MC, Bailey WC, Choen SJ et al. (1996) Smoking Cessation, Clinical Practice Guideline No. 18 (AHCPR Publication no. 96–0692), Rockville, MD: Agency for Health Care Policy and Research, U.S. Department of Health and Human Services.
- Gert V (2016) Network Meta-Analysis Using Bayesian Methods. R packages gemtc.
- Hart RG, Benavente O, McBride R et al. (1999) Antithrombotic therapy to preventstroke in patients with atrial fibrillation: A meta-analysis. *Annals of Internal Medicine*, 131, 492–501.
- Hartung J, Knapp G, and Sinha B (2008) Statistical Meta-Analysis With Appilications. Wiley.
- Hasselblad V (1998) Meta-Analysis of Multi-Treatment Studies. *Medical Decision Making*, 18, 37-43.
- Hedges L (1981) Distribution theory for Glass's estimator of effect size and related estimators. *Journal of Educational Statistics*, 6, 107-128.
- Higgins JPT and Green S (2009) Cochrane Handbook for Systematic Reviews of Interventions. The Cochrane Collaboration.
- Hoaglin DC, Hawkins N, Jansen JP et al. (2011) Conducting indirect -treatment -comparison and network-meta-analysis studies: report of the ISPOR Task Force on Indirect Treatment Comparisons Good Research Practices: part 2. *Value Health.* 14(4), 429-437.
- Hong H, Carlin BP, Chu H, Shamliyan TA, Wang S, Kane RL. A Bayesian Missing Data Framework for Multiple Continuous Outcome Mixed Treatment Comparisons. Methods Research Report. (Prepared by the Minnesota Evidence-based Practice Center under Contract No. 290-2007-10064-I.) AHRQ Publication No.13-EHC004-EF. Rockville, MD: Agency for Healthcare Research and Quality; January 2013. www.effectivehealthcare.ahrq.gov/reports /final.cfm.
- Jang EJ, Kim DH, Ahn J et al (2013) Methods for Bayesian meta-analysis. National Evidence-based Healthcare Collaborating Agency.
- Jansen JP, Fleurence R, Devine B et al. (2011) Interpreting indirect treatment comparisons and network meta-analysis for health-care decision making: report of the ISPOR Task Force on Indirect Treatment Comparisons Good Research Practices: part 1. *Value Health.* 14(4), 417-428.
- Knapp G and Hartung (2003) Improved tests for a random effects meta- regression

with a single covariate. *Statistics in Medicine*, 22, 2693–2710.

- Kilinskaya E, Morgenthaler S, and Staudte RG (2008) Meta Analysis : Aguide to Calibrating and Combining Statistical Evidence. Wiley.
- Kim SY, Park JE, Seo HJ et al. (2011) NECA's guidance for undrtking systematic reviews and meta-analyses for intervention. National Evidence-based Healthcare Collaborating Agency.
- Kriston L, H¨olzel L, Weiser A, Berner M, H¨arter M (2008). "Meta-Analysis: Are 3 Questions Enough to Detect Unhealthy Alcohol Use?" *Annals of Internal Medicine,* 149, 879–888.
- Lu G and Ades AE (2004) Combination of direct and indirect evidence in mixed treatment comparisons. *Statistics in Medicine*, 23, 3105-24.
- Lu G and Ades AE (2006) Assessing evidence inconsistency in mixed treatment comparisons. *Journal of the American Statistical Association*, 01, 447-59.
- Lumley T (2009) rmeta: Meta-Analysis. R package version 2.16, URL http://CRAN.R-project.org/package=rmeta.
- McDaniel MA, Whetzel DL, Schmidt FL et al. (1994) The validity of employment interviews: A comprehensive review and meta-analysis. *Journal of Applied Psychology*, 79, 599–616.
- Normand ST (1999) Meta-analysis: Formulating, evaluating, combining, and reporting. *Statistics in Medicine*, 18, 321–359.
- Pritz MB (1997) Treatment of cerebral vasospasm due to aneurysmal subarachnoid hemorrhage: Past, present, and future of hyperdynamic therapy. *Neurosurgery Quarterly*, 7, 273-285.
- Rothman KJ, Greenland S, and Lash TL (2008) Modern Epidemiology. Lipincott Williams & Wilkins.
- Schwarzer G (2010) meta: Meta-Analysis with R. R package version 1.6-0, URL http://CRAN.R-project.org/package=meta.
- Sterne JAC, Newton HJ, and Cox NJ (2009) Meta-Analysis in Stata: An Updated Collection from the Stata Journal. StataCorp LP.
- Tao D, Gianluca B (2016) Bayesian Meta-Analysis and Meta-Regression. R package bmeta.
- Tierney JF, Stewart LA, Ghersi D et al. (2007) Practical methods for incorporating summary time-to-event data into meta-analysis. *Trials,* 8, 16.
- Trikalinos TA, Trow P, Schmid CH. Simulation-Based Comparison of Methods for

Meta-Analysis of Proportions and Rates. Methods Research Report. (Prepared by the Tufts Medical Center Evidence-based Practice Center under Contract No. 290-2007-10055-I.) AHRQ Publication No. 13(14)-EHC084-EF. Rockville, MD: Agency for Healthcare Research and Quality; November 2013. www.effectivehealthcare.ahrq.gov/reports/final.cfm.

- Viechtbauer W (2010) Conducting Meta-Analyses in R with the metafor Package. *Journal of Statistical Software*, 36(3), 1-48.
- Viechtbauer W (2010) metafor: Meta-Analysis Package for R. R package version 1.4-0, URL http://CRAN.R-project.org/package=metafor.
- Whitehead A (2002) Meta-Analysis of Controlled Clinical Trials. Wiley.
- Zhou XH, Obuchowski NA, McClish DK (2002) Statistical Methods in Diagnostic Medicine. Wiley.

확률분포

부록

1 정규분포

확률변수 X의 확률밀도함수가

$$f(x) = \frac{1}{\sqrt{2\pi\sigma^2}} e^{-\frac{(x-\mu)^2}{2\sigma^2}}, \quad -\infty < x < \infty$$

일 때, X는 평균이 μ이고 분산이 σ^2인 정규분포(normal distribution)를 따른다고 하며, 이를 $X \sim N(\mu, \sigma^2)$로 나타내자. 정규분포의 형태는 평균 μ와 분산 σ^2에 의해서 결정되며, $x = \mu$에서 대칭을 이루는 종의 모양이다. 정규분포에서 평균이 0이고 분산이 1인 경우를 표준정규분포(standard normal distribution)라고 한다. $X \sim N(\mu, \sigma^2)$를 따를 때 확률변수 X를 표준화한 $Z = (X-\mu)/\sigma$는 표준정규분포를 따른다. 즉, $Z \sim N(0, 1)$이다.

2 균일분포

확률변수 X의 확률밀도함수가

$$f(x) = \frac{1}{b-a}, \quad a < x < b$$

일 때, X는 균일분포(uniform distribution)를 따른다고 하며, 이를 편의상 $X \sim U(a, b)$으로 나타내자. 균일분포의 평균과 분산은

$$E(X) = \frac{a+b}{2}$$
$$Var(X) = \frac{(b-a)^2}{12}$$

이다.

3 감마분포(역감마분포)

확률변수 X의 확률밀도함수가

$$f(x) = \frac{\beta^{\alpha}}{\Gamma(\alpha)} x^{\alpha-1} e^{-\beta x}, \quad 0 < x < \infty$$

일 때, X는 감마분포(gamma distribution)를 따른다고 하며 이를 $X \sim Gamma(\alpha, \beta)$로 나타내자. 감마분포의 평균과 분산은

$$E(X) = \frac{\alpha}{\beta}$$
$$Var(X) = \frac{\alpha}{\beta^2}$$

이다.

만약 $1/X$가 감마분포를 따르면 X는 역감마분포(inverse-gamma distribution)를 따른다고 하며 이를 $X \sim IG(\alpha, \beta)$로 나타내자. 이 경우 확률밀도함수는

$$f(x) = \frac{\beta^{\alpha}}{\Gamma(\alpha)} x^{-(\alpha+1)} e^{-\beta/x}, \quad 0 < x < \infty$$

이다. 역감마분포는 흔히 분산을 모형화하는 데 사용된다. 역감마분포의 평균과 분산은

$$E(X) = \frac{\beta}{\alpha-1} \, (\alpha > 1)$$
$$Var(X) = \frac{\beta^2}{(\alpha-1)^2(\alpha-2)} \, (\alpha > 2)$$

이다.

4 이항분포

확률실험의 결과가 상호 배반적인 두 개의 사건으로 나타나는 경우가 있다. 예를 들면 사망 여부, 흡연 여부, 제품의 불량 여부 등과 같은 것이다. 이와 같이 실험의 결과가 단지 두 개의 사건 중 어느 하나만으로 나타날 때 이를 베르누이 시행(Bernoulli trial)이라고 한다. 이때 우리가 관심 있는 결과가 일어나는 것을 성공(S), 다른 결과를 실패(F)라고 하자.

베르누이 시행을 한 번 실시했을 때 $X=1$은 성공을, $X=0$은 실패를 나타낸다고 하자. 성공의 확률을 p로, 실패의 확률을 $q=1-p$로 나타내면 X의 확률분포함수는 다음과 같이 주어진다.

$$P(X=x)=p^x(1-p)^{1-x},\quad x=0,1$$

이때 X는 베르누이 분포(Bernoulli distribution)를 따른다고 하며, 이를 $X\sim Ber(p)$로 나타내자.

베르누이 시행을 독립적으로 n번 반복했을 때 성공의 횟수를 X라 하면 X의 확률분포함수는

$$P(X=x)=\binom{n}{x}p^x(1-p)^{n-x},\quad x=0,1,2,\cdots,n$$

으로 주어진다. 이때 X는 이항분포(binomial distribution)를 따른다고 하며 이를 $X\sim B(n,p)$로 나타내자. 이항분포의 평균과 분산은

$$E(X)=np$$
$$Var(X)=np(1-p)$$

이다. 이항분포에서 $n=1$인 경우 베르누이 분포가 된다.

찾아보기

| 저자 소개 |

김달호(金達鎬)
경북대학교 통계학과(이학사)
미국 미네소타 대학교 통계학과(통계학 석사)
미국 플로리다 대학교 통계학과(통계학 박사)
현) 경북대학교 통계학과 교수

장은진(張銀眞)
경북대학교 통계학과(이학사)
경북대학교 통계학과(통계학 석사)
경북대학교 통계학과(통계학 박사)
현) 안동대학교 정보통계학과 조교수

황진섭(黃鎭燮)
경북대학교 통계학과(이학사)
경북대학교 통계학과(통계학 석사)
경북대학교 통계학과(통계학 박사)
현) 대구대학교 전산통계학과 조교수

R과 WinBUGS를 이용한

메타분석 -제2판-

| 저 자 | 김달호 · 장은진 · 황진섭
| 발행인 | 주정희
| 발행처 | 자유아카데미
| 주 소 | 경기도 파주시 회동길 37-42 파주출판도시
| 전 화 | 031-955-1321
| 팩 스 | 031-955-1322
| 홈페이지 | www.freeaca.com
| 전자우편 | main@freeaca.com(대표)
editor@freeaca.com(편집)
crm@freeaca.com(영업)
| 등 록 | 제406-2003-017호, 1980. 7. 12
| 제2판1쇄 | 2016년 11월 1일 발행
| 정 가 | 28,000원

저자와의 협의하에 인지생략

ISBN 979-11-5808-112-6 93310